한국산업인력공단 시행
국가기술자격증

2023
최신판

NCS 기반

임 상 심 리 사 　 분 야 의 　 최 강 자

홍쌤's
임상심리사 2급
2차 실기 대비

홍현희 편저

임상심리의 전문가 홍쌤의
동영상 강의 저자직강

유료 동영상 강의(ipassone.com) 교재

최신 출제경향을 완벽 반영한 **핵심이론**

2022~2017년 6개년도 **최신기출복원문제** 수록

출제 가능성이 높은 **적중예상문제** 수록

미디어정훈
www.정훈에듀.com

머리말

　심리학과 마음에 대한 관심이 어느 때보다 높은 지금, 임상심리사에 대한 관심도 덩달아 높아지고 있습니다. 임상심리사 2급 실기시험은 임상심리학과 관련된 기본적인 개념의 이해와 더불어 임상심리사로서 좀 더 깊이 있는 지식을 활용하여 실제 치료 장면에 적용할 수 있는지를 확인하는 시험입니다. 익히 알려져 있는 것처럼 필기시험보다는 실기시험의 합격률이 매우 낮습니다. 그만큼 더 준비를 철저히 해야 한다는 뜻입니다. 임상심리사 시험은 필기와 실기가 따로 분리되어 연결되지 않는 시험이 결코 아닙니다. 필기에서 출제된 내용에 깊이를 더해 실기에 출제되기도 하고, 실기에서 출제되었던 문제들이 필기에 출제되기도 합니다. 따라서 필기에서 잘 이해가 가지 않았거나 빠뜨리고 지나친 부분이 있다면 꼼꼼하게 살펴보시는 일이 합격에 매우 중요합니다.

　그동안 미디어정훈을 포함하여 많은 임상심리사 수험서가 나왔지만 방대한 양의 전공서적과 원서, 학술논문 내용을 포함한 수험서는 찾아보기 힘들었던 것이 사실입니다. 수험생 여러분의 다양한 피드백과 강의 경험, 편집부 직원들의 노력을 바탕으로 본서를 집필하였습니다. 본서는 이론별 중요 개념을 제시한 〈핵심키워드〉와 필기 수험서의 기본개념에 더해 보다 심층적인 부분 및 최신 기출에 추가된 내용을 모은 〈더 알아보기〉 부분까지 추가하였습니다. 〈핵심키워드〉와 〈더 알아보기〉, 〈기출문제〉를 모두 서술할 수 있어야 완벽하게 안다고 할 수 있습니다. 〈핵심키워드〉만 보고도 서술할 수 있다면 〈기출문제〉를 풀어보세요. 만약 공부하시다가 이론에서 막히는 부분이 있다면 주저 없이 다시 필기 수험서로 돌아가 이론을 완벽하게 이해하시기 바랍니다. 그래도 이해가 되지 않는다면 전공서를 참고하셔야 합니다. 완벽하게 이해하지 못하면 글로 쓸 수 없기 때문입니다.

　이 책으로 공부하시는 모든 수험생 여러분이 임상심리사로서의 역량 향상과 임상심리사 2급 합격이라는 두 가지 목표를 이루시기를 진심으로 바랍니다. 마지막으로 많은 도움을 주신 미디어정훈 사장님을 비롯한 편집부 직원들께 감사의 인사를 전합니다.

편저자 홍현희

1 최신출제경향을 완벽 반영한 핵심이론 위주로 구성하였습니다.

2 핵심키워드와 더 알아보기를 통해 수험생의 이해를 도왔습니다.

3 2022~2017년 6개년도 최신기출복원문제와 적중예상문제를 수록하였습니다.

기출연도 표시

자주 출제된 이론에 기출연도 표시를 하여
빈출내용을 학습할 수 있게 하였습니다.

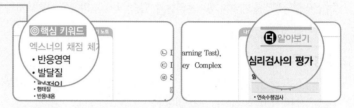

(3) 방어기제의 종류

① 억압 : 용납되지 않는 욕구, 생각 또는 경험을 무의식의 영역으로 몰아
내는 무의식적 과정이다. 의식적 과정인 억제와는 달리 무의식적으로
일어난다는 점에서 억제와 구별된다.
② 부인 : 타인에게는 분명해 보이는 현실적 측면을 인정하려 하지 않는다.
③ 투사 : 용납할 수 없는 자신의 감정이나 충동, 사고 등을 부당하게 타인

기출 DATA
방어기제의 의미와
2022-3회

핵심키워드 & 더 알아보기

이론별 중요 개념을 제시한 '핵심키워드'와
보다 자세한 내용을 소개한 '더 알아보기'를
통해 학습 효과를 더욱 높였습니다.

◎ 핵심 키워드

엑스너의 채점 체계

• 반응영역
• 발달질
• 형태질
• 반응내용

ⓛ Learning Test),
ⓒ Dewey Complex
ⓐ S

더 알아보기

심리검사의 평가

• 연속수행검사

최신기출복원문제

2022년~2017년 6개년도 기출복원문제를
수록하여 최신 출제경향을 파악할 수 있게
하였습니다.

부록 Clinical Psychology Practitio
2022년 3회 기출복원문제

부록 Clinical Psychology Practit
2017년 1회 기출복원문제

과목 적중예상문제

1 다음 사례를 읽고 연구 절차상의 문제점 및 대안

한 임상심리학자는 최근에 자신이 개발한 사회공포증
위해 실험을 시행하였다. 이를 위해 사회공포증으로 의
료 프로그램을 시행한 후 그 변화를 살펴보았다. 치료
료 종료 후 프로그램에 참여한 실험 대상자들에게 자세

적중예상문제

다양한 예상문제를 통해 실전에
완벽하게 대비할 수 있습니다.

꼼꼼한 해설

시험을 처음 준비하는 수험생들도
이해하기 쉽도록 자세하고 명쾌한
모범답안을 제시하였습니다.

모범답안

학자는 사회공포증이 의심되는 20실험 대상
원이니 만큼 통계적 검증력이 제한 등밖에 없
(연령, 성별, 증상의 심각성 정도 등 시히고
선정하여 실험 결과의 신뢰성이 담보되 표본의 대표성과 크기 등을 다시 고려해야 한다.
실험집단, 통제집단, 자극의 3요소로 이루어진다.
것은 보다 정확한 인과관계의 추론을 위한 것이므
위의 실험에서는 통제집단 없이 실험집단의 점수
상심리사는 인과관계의 추론을 위해 통제집단을
하여 두 집단을 동질적으로 구성하며, 실험과정에

🧑‍🤝‍🧑 임상심리사 2급 기본정보

(1) 개 요

임상심리사는 인간의 심리적 건강 및 효과적인 적응을 다루어 궁극적으로는 심신의 건강 증진을 돕고, 심리적 장애가 있는 사람에게 심리평가와 심리검사, 개인 및 집단 심리상담을 수행하며, 심리재활프로그램을 개발 및 실시하고 심리학적 교육, 심리학적 지식을 응용해 자문을 합니다. 임상심리사는 주로 심리상담에서 인지, 정서, 행동적인 심리상담을 하지만 정신과의사들이 행하는 약물치료는 하지 않습니다. 정신과병원, 심리상담기관, 사회복귀시설 및 재활센터에서 주로 근무하며 개인이 혹은 여러 명이 모여 심리상담센터를 개업하거나 운영할 수 있습니다. 이 외에도 사회복지기관, 학교, 병원의 재활의학과나 신경과, 심리건강 관련 연구소 등 다양한 사회기관에 진출할 수 있습니다.

(2) 수행직무

국민의 심리적 건강과 적응을 위해 기초적인 심리평가, 심리검사, 심리치료상담, 심리재활, 및 심리교육 등의 업무를 주로 수행하며, 임상심리사 1급의 업무를 보조합니다.

🧑‍🤝‍🧑 자격시험안내

(1) 시행처

한국산업인력공단

(2) 응시자격

임상심리와 관련하여 1년 이상 실습수련을 받은 자 또는 2년 이상 실무에 종사한 자로서 대학졸업자 및 졸업예정자

> 대학원 이수기간을 실무경력으로 인정받으려면, 대학원의 학과명, 전공명, 학위명 중 어느 하나에서라도 반드시 "심리", "상담", "치료"가 포함되어야 함(예외 : 심리, 상담, 치료관련 학과가 아닌 경우, 임상심리사 2급 필기과목과 명칭이 동일한 과목을 3과목 이상 대학원 이수기간 중 이수하였을 때 인정)

☞ 제출서류 : '대학졸업증명서' 또는 '대학졸업예정증명서'와 '1년 이상의 실습수련 증명서' 또는 '2년 이상의 실무경력 증명서'

(3) 시험정보

구 분	필기시험	실기시험
시험과목	심리학개론, 이상심리학, 심리검사, 임상심리학, 심리상담	임상 실무 (기초심리평가, 기초심리상담, 심리치료, 임상심리의 자문·교육·심리재활)
검정방법	객관식 4지 택일형 (과목당 20문항/총 100문항)	필답형 (서술형, 단답형, 임상사례형, 20문제 내외)
시험시간	2시간 30분(문제당 1.5분)	3시간
합격기준	100점을 만점으로 하여 과목당 40점 이상, 전과목 평균 60점 이상	100점을 만점으로 하여 과목당 60점 이상
시험수수료	19,400원	20,800원

👥 시험일정

구 분	필기시험				실기시험		
	원서 접수	시험 일시	합격(예정)자 발표	응시자격 서류 제출	원서 접수	시험 일시	합격자 발표
1회	1월 말	3월 초	필기시험 이후 2주 이내	3~4월	4월 초	4~5월	실기시험 이후 약 1개월 후
3회	6월 중순	7월 초 ~ 중순		9월	9월 초	10월 말	

☞ 필기시험 합격 시 2년 동안 필기시험 면제

※ 국가자격시험 시행계획은 매년 12월 초 한국산업인력공단 홈페이지(www.q-net.or.kr)에 공고되며, 시험일정은 변동될 수 있으므로 반드시 홈페이지에서 최종공고사항을 확인하시기 바랍니다.

👥 검정현황

구 분		필기시험			실기시험		
		응시인원(명)	합격인원(명)	합격률(%)	응시인원(명)	합격인원(명)	합격률(%)
2022	1회	2,888	2,362	81.8	3,306	133	4.0
	3회	3,027	2,282	75.4	3,486	1,921	55.1
2021	1회	3,353	2,990	89.2	3,273	1,160	35.4
	3회	3.116	2,592	83.2	3,188	1,454	45.6
2020	1회	3,257	2,600	79.8	1,391	429	30.8
	3회	1,775	1,403	79.0	2,283	441	19.3
2019	1회	3,034	2,099	69.18	3,015	292	9.68
	3회	2,982	1,913	64.15	2,843	1,083	38.09
2018	1회	2,812	1,789	63.62	3,000	414	13.8
	3회	2,809	2,182	77.68	3,189	727	22.8

시험에 관한 자세한 사항은 한국산업인력공단 Q-net 홈페이지(www.q-net.or.kr)를 참조하시거나, 큐넷 고객센터(1644-8000)에 문의하시기 바랍니다.

 홍쌤이 전수하는
'실기시험 점수' 수직상승 공부법

1 실기 기출문제를 완벽하게 이해하라!

임상심리사 2급 실기시험은 기출문제에서 60% 이상 출제되는 문제은행 방식을 택하고 있습니다. 다시 말해 기출문제를 완벽하게 이해하고 적을 수 있다면 합격의 기준인 60점에 간신히 맞출 수 있는 것입니다. 사실, 임상심리사 2급 시험의 범위는 상당히 광범위합니다. 일례로 기초심리평가 과목 범위에 해당하는 Rorschach 잉크반점검사만 하더라도 대학원에서 1학기 이상의 시간을 집중적으로 배우고 수련을 받아도 모두 이해하기 어려울 정도입니다. 따라서 어떤 문제가 나올지 예상하고, 그것을 맞추는 것은 거의 복권 당첨에 가까운 일입니다. 그렇기 때문에 기출문제를 완벽하게 알아야 함을 강조하는 것입니다. 적어도 10년 정도 기간 내에 출제된 모든 기출문제를 완벽하게 써낼 수 있어야 합격의 최저점인 60점에 도달할 수 있다고 확신할 수 있습니다. 기출문제를 반드시 완벽하게 쓸 수 있도록 많은 연습을 해야 합니다. 여기에 운이 좋게도 기출문제 이외에서 공부한 부분이 출제된다면 60점보다는 여유 있는 점수로 합격하게 되겠지요.

2 확실한 답부터 위에 작성하라!

임상심리사 2급 실기시험은 주관식 시험입니다. 기출문제의 배점을 보시면 6점 또는 8점이 배점된 문제들이 있는데 6점 배점의 문제에서 6가지를 적으라고 되어 있다면 짐작하시는 대로 1가지에 1점씩 배점이 되는 것입니다. 대개의 경우는 답안을 적은 순서대로 채점을 하게 됩니다. 만약 6점 배점문제에서 답 8개를 적었는데 위에서부터 6개까지 오답이 섞여 있다면 오답 수만큼 감점이 된다는 뜻입니다. 혹시라도 뒷부분에 정답을 적었는지 살피고 점수를 주는 친절한 채점자는 거의 없다고 보면 됩니다. 또한 6점 배점 문제에 정답을 8개 적었다고 해도 추가점수를 받는 일은 없습니다. 따라서 확실한 답부터 순서대로, 정확하게 요구하는 개수의 답안을 적으면 됩니다.

3 머리가 아닌 손이 기억하게 하자!

머리가 아닌 손이 기억하게 하자는 말이 무슨 말인지 어리둥절하실 수 있겠습니다. 제 말의 뜻은 손이 기억한다는 말을 할 수 있을 정도로 답안을 많이 적어봐야 한다는 것입니다. 〈기출문제〉의 예상답안을 반복적으로 적는 연습을 하여 문제를 보면 바로 답을 적어 내려갈 수 있도록 철저하게 준비하는 일이 필요합니다. 〈핵심키워드〉의 제목만으로도 적으실 수 있을 정도가 되어야 실기 시험을 치르실 때 당황하지 않고 응용문제도 적을 수 있습니다. 여기에서 가장 중요한 것은 요령 없이 성실하게 공부하는 태도겠지요.

4 강사가 되어보라!

여러분이 임상심리사 2급과정의 강사라고 생각하시고 당장 내일 모레 강의 준비를 해야 해서 공부를 한다고 상상해보세요. 모르는 걸 가르칠 수는 없지요. 이런 태도 변화만으로도 학습의 능률이 오르게 됩니다.

차 례

1
과목

기초심리평가

출제경향

기초심리평가는 심리학적 기본 지식, 전반적인 이상심리학에 대한 이해와 심리검사에 대한 지식을 필요로 한다. 기본적 수준의 지식과 더불어 심층적인 이해를 점검하는 문제도 출제되기 때문에 풍부한 배경지식과 핵심개념을 갖추는 것이 중요하다.

이상심리학의 제이론

CHAPTER 01

Key Point

이상심리학은 이상행동과 정신장애의 원인을 설명하는 다양한 이론적 관점이다.

나의 필기 노트

1 》 정신분석적 관점의 주요 개념

1) 이상행동 및 정신장애의 원인

(1) 자아를 중심으로 원초아와 초자아의 균형을 잘 유지하지 못하면, 즉 자아가 미숙하여 주도적이고 지배적인 역할을 하지 못하거나 원초아와 초자아가 적절한 타협을 하지 못하면 내면적 갈등이 생긴다.

(2) 정신분석적 관점에서는 이로 인해 나타나는 부정적인 정서 상태가 이상행동이나 정신장애의 원인이 된다고 간주한다.

2) 방어기제의 특징

기출 DATA
방어기제의 특징 2018-3회

(1) 방어기제의 의미 : 불안이나 죄책감 같은 불쾌한 정서 상태에서 이성적이거나 합리적으로 자신을 보호하지 못할 때 붕괴 위기의 자아를 보호하기 위한 무의식적인 반응이다.

(2) 방어기제의 구분

① **일차적 방어기제 vs 이차적 방어기제**

㉠ 일차적 방어기제 : 수용할 수 없는 생각 및 욕구를 의식에서 차단하는 억압과 부인이다.

㉡ 이차적 방어기제 : 일차적 방어기제에서 나오는 승화, 투사, 반동형성 등이다.

② **정신증적 방어기제 vs 신경증적 방어기제**

㉠ 정신증적 방어기제 : 왜곡, 망상적 투사, 부인 등 현실 접촉의 어려움을 반영하며 아동 또는 정신증적 장애를 가진 사람이나 꿈에서 볼 수 있다.

㉡ 신경증적 방어기제 : 주지화, 합리화, 치환 등 정서적 어려움과 관련되며 정신증적 방어기제보다 더 흔하게 나타난다.

③ **미성숙한 방어기제 vs 성숙한 방어기제**
  ㉠ 미성숙한 방어기제 : 행동화, 투사, 분열 등의 미성숙한 방어기제는 청소년, 혹은 정서장애 및 성격장애를 앓거나 충동 통제의 어려움을 겪는 사람에게서 볼 수 있다.
  ㉡ 성숙한 방어기제 : 반면에 의식적 억제, 유머, 이타적 행동 등의 건강한 방어에 해당한다.

(3) 방어기제의 종류
  ① **억압** : 용납되지 않는 욕구, 생각 또는 경험을 무의식의 영역으로 몰아내는 무의식적 과정이다. 의식적 과정인 억제와는 달리 무의식적으로 일어난다는 점에서 억제와 구별된다.
  ② **부인** : 타인에게는 분명해 보이는 현실적 측면을 인정하려 하지 않는다.
  ③ **투사** : 용납할 수 없는 자신의 감정이나 충동, 사고 등을 부당하게 타인의 탓으로 돌린다.
  ④ **행동화** : 문제 상황에서 적절한 해결책을 모색하는 대신 부정적인 행동을 한다.
  ⑤ **회피** : 문제 상황에 직면하지 않고 피한다.
  ⑥ **합리화** : 자신의 생각이나 행동, 감정의 진실한 동기를 숨기고, 자신의 선택을 적절하지 않은 방식으로 유리하게 해석한다.
  ⑦ **주지화** : 불편한 감정을 조절하거나 최소화하기 위해 지나치게 추상적으로 사고하거나 일반화한다.
  ⑧ **신체화** : 심리적인 갈등과 어려움이 신체적 증상으로 나타난다.
  ⑨ **취소** : 용납할 수 없는 감정이나 생각, 행동을 없던 것으로 하려고 한다.
  ⑩ **치환**(전치) : 정서적 반응을 야기한 상황보다 덜 위협적인 대상에 자신의 정서를 표출한다.
  ⑪ **반동형성** : 용납할 수 없는 생각이나 감정을 감추고 정반대의 행동이나 생각, 감정들로 대치한다.
  ⑫ **동일시** : 타인의 일을 마치 자기 자신의 일인 것처럼 느끼고 행동한다.
  ⑬ **퇴행** : 자신의 발달 단계 이전의 단계로 돌아가는 것으로, 심각한 스트레스 상황에서 미성숙하고 부적절한 행동을 보인다.
  ⑭ **내사** : 다른 사람의 가치와 기준을 비판 없이 자신의 자아나 초자아의 일부로 받아들인다.
  ⑮ **수동공격** : 간접적인 방식으로 분노와 적대감을 표현한다.

기출 DATA
방어기제의 의미와 방어기제의 유형
2022-3회

◎핵심 키워드
방어기제
•구분
 −일차적/이차적 방어기제
 −정신증적/신경증적 방어기제
 −미성숙한/성숙한 방어기제
•종류
 −억압 −반동형성
 −부인 −동일시
 −투사 −퇴행
 −행동화 −내사
 −합리화 −수동공격
 −주지화 −이상화
 −신체화 −격리
 −취소 −저항
 −치환 −분열
 −승화 −왜곡
 −억제 −유머
 −불평과 도움 거부

⑯ **불평과 도움 거부** : 지속적으로 자신이 힘들다고 호소하며 도움을 구하지만 정작 도움을 주려고 하면 거부한다.

⑰ **이상화** : 어떤 상황과 사람의 긍정적인 측면만 부각하여 인지하고 부정적인 측면은 무시한다.

⑱ **격리** : 감정과 생각을 분리한다.

⑲ **저항** : 자신의 긍정적 변화에 도움을 주는 통찰, 방법, 기억을 차단하고 거부한다.

⑳ **분열** : 자신과 다른 사람을 전적으로 좋게, 또는 전적으로 나쁘게 지각한다.

㉑ **왜곡** : 외부현실을 자신의 내적인 욕구에 맞도록 변형하여 지각한다.

㉒ **승화** : 수용될 수 없는 (잠재적으로) 부적응적 감정 및 충동을 사회적으로 수용되는 행동으로 변형시켜 표현함으로써 감정적 갈등이나 내외적인 스트레스를 처리한다.

㉓ **유머** : 자신이 처한 상황에서 재미있고 즐거운 면에 초점을 둔다.

㉔ **억제** : 비생산적이고 정서적 혼란감을 느끼게 하는 사건에서 의도적으로 주의를 돌리는 것으로 무의식적으로 생각하지 않는 억압과는 구별된다.

(4) 심리성적 발달단계에 따른 방어기제 : 구강기에는 원초적 방어기제인 부인과 왜곡, 항문기에는 취소와 퇴행 및 반동 형성, 잠재기에는 승화, 성기기에는 주지화가 주 방어기제이다.

2 ≫ 행동주의적 관점

1) 이상행동 및 정신장애의 원인

(1) 인간의 모든 행동은 주변 환경과의 상호작용으로 학습된 결과물이며 이상 행동도 주변 환경으로부터의 잘못된 학습에서 기인된 것으로 여긴다.

(2) 고전적 조건형성의 원리로 다양한 행동과 정서 자극이 학습되며 정서장애 가 형성될 수 있다.

> **예** 수업시간에 반 친구들 앞에서 발표를 할 때 말을 더듬어 망신을 당하는 사람이 사회불 안장애가 생긴 경우

(3) 조작적 조건형성으로 이상행동이 형성될 수 있다.

> **예** 공격적 행동을 할 때 친구들의 관심을 받는 경험으로 인해 공격적 행동이 강화된 경우

2) 모우러(Mowrer, 1939, 1950)의 2요인 이론

(1) 고전적 조건형성으로 공포 반응이 형성된다.

(2) 형성된 공포 반응은 조작적 조건형성으로 유지된다.

> **예** 수업 시간에 대답을 하지 못해 다른 사람들 앞에서 극도의 창피함을 느낌 → 지속적으 로 발표하는 상황을 회피함 → 공포 반응을 소거할 수 있는 다른 경험(수업시간에 창피 함을 느끼지 않고 잘 대답하는 경험)을 하지 못함 → 공포 반응이 유지됨

◎ **핵심 키워드**
모우러의 2요인 이론

3 ≫ 인지적 이론의 관점

1) 이상행동 및 정신장애의 원인 : 부적응적인 이상행동의 원인은 문제해결 능 력의 부족과 인지 과정에서의 왜곡에서 기인한다고 보는 관점이다.

2) 인지적 오류

(1) 우울한 사람은 인지적 오류로 인해 현실을 실제보다 부정적으로 왜곡 및 과장하여 해석한다.

기출 DATA
인지적 오류★
2018-3회, 2015-1회, 2007

5

◎핵심 키워드
인지적 오류의 종류 2022-1회
• 흑백논리적 사고
• 과잉일반화
• 정신적 여과
• 의미 확대/축소
• 개인화
• 잘못된 명명
• 독심술
• 예언자적 오류
• 정서적 추론
• 임의적 추론
• 파국화

(2) 인지적 오류의 종류

① **흑백논리적 사고**(이분법적 사고, Dichotomous Thinking) : 생활사건의 의미를 이분법적인 범주 중 하나로 해석하는 오류로 완벽하지 않은 것은 곧 잘못된 것이라고 판단하는 경우

예 1등이 아니면 실패라고 생각하는 경우

② **과잉일반화**(Overgeneralization) : 한두 번의 사건에 근거하여 일반적인 결론을 내리고 무관한 상황에도 그 결론을 적용시키는 오류

예 맞선으로 처음 만난 사람에게서 좋은 인상을 받았다고 하여 그 사람의 모든 됨됨이가 올바르고 선하다고 판단하는 경우

③ **정신적 여과**(Mental Filtering ; 선택적 추상화 ; Selective Abstraction) : 어떤 상황에서 일어난 여러 가지 일 중에 일부만 뽑아내어 상황 전체를 판단하는 오류

예 친구와의 전체적 대화 내용이 긍정적이었음에도 불구하고 약간의 부정적인 내용에 근거해 자신을 비판했다고 생각하는 경우

④ **의미 확대/축소**(Magnification/Minimization) : 어떤 사건의 의미나 중요성을 실제보다 지나치게 확대하거나 축소하는 오류

예 친구가 한 칭찬은 듣기 좋은 인사치레로 의미를 축소하고, 비판은 평소 친구의 속마음이라고 확대하여 받아들이는 경우

⑤ **개인화**(Personalization) : 자신과 무관한 사건을 자신과 관련되어 잘못 해석하는 오류

예 지나가는 길에 벤치에 앉아서 웃으며 이야기하는 사람을 보고 자신을 보며 웃었다고 생각하는 경우

⑥ **잘못된 명명**(Mislabeling) : 개인의 특성, 행동을 표현할 때 과장되거나 부적절한 명칭을 사용하는 오류

예 "나의 인생은 실패작이다."라고 말하는 경우

⑦ **독심술**(Mind-reading) : 제대로 된 근거 없이 타인의 마음을 자신의 마음대로 추측하고 단정짓는 오류

예 '가만보니 부장님은 나를 싫어하는 것이 틀림없어.'라고 생각하는 경우

⑧ **예언자적 오류**(Fortune-telling) : 충분한 근거 없이 앞으로 일어날 일에 대해 단정하는 오류

예 '보나마나 이번 시험에는 떨어졌어.'라고 생각하는 경우

⑨ **정서적 추론**(감정적 추리, Emotional Reasoning) : 충분한 근거 없이 막연히 느껴지는 감정에 근거해 결론을 내리는 인지적 오류

예 '내가 죄책감이 드는 것을 보니 내가 잘못한 것이 틀림없어.'라고 생각하는 경우

⑩ **임의적 추론**(Arbitrary Inference) : 결론을 지지하는 증거가 없거나 증거가 결론과 배치되는데도 불구하고 어떤 결론을 이끌어 내는 인지적 오류

> **예** 메일에 바로 답장을 하지 않았다고 해서 상대방이 자신을 무시한다고 생각하는 경우

⑪ **파국화**(재앙화, Catastrophizing) : 다른 가능성은 생각하지 않고 부정적 결과만을 예상하는 오류

> **예** '이번 프로젝트의 실수로 나는 회사에서 해고당해서 실업자가 되고 결국에는 노숙자로 살게 될거야.'라고 생각하는 경우

4 ≫ 생물학적 관점

1) 이상행동 및 정신장애의 원인 : 정신 장애도 신체적 질병과 마찬가지로 신체적 원인에서 비롯된다는 관점을 말한다.

2) 유전 및 뇌의 이상

(1) 유전적 요인 : 유전적 이상이 뇌구조의 결함, 신경생화학적 이상을 초래하면 정신장애의 원인이 된다.

> **예** 조현병, 양극성장애는 유전적 유사성이 클수록 발병확률이 높다.

(2) 뇌의 구조적 손상 : 세균 침입, 물질 남용, 뇌종양과 같은 질병, 상해 등의 원인으로 해마, 전두엽피질 등 뇌구조가 손상되거나 구조 이상이 생기면 정신장애가 발생될 수 있다.

> **예** 만성 조현병 환자의 큰 뇌실, 전두엽피질, 해마 등의 위축, 교통사고로 전전두엽이 손상된 환자의 실행기능 손실

(3) 뇌의 생화학적 이상 : 도파민, 세로토닌과 같은 신경전달물질의 과다 또는 결핍이 정신장애와 관련된다.

> **예** 도파민이 과다할 때 환각이나 망상과 같은 조현병 증상이 발생한다.

나의 필기 노트

5 » 통합적 관점

기출 DATA
통합적 관점
2019-1회, 2017-3회,
2016-1회

(1) 취약성-스트레스 모형(Vulnerability-stress model, 소인-스트레스 이론, 병적 소질-스트레스 조망)

① 심리적(예 부모의 양육방식, 개인적 성격특성) 또는 생물학적 취약성(예 유전적 이상, 뇌신경적 이상)과 같은 개인의 취약성과 신체적 변화(예 질병, 장애 발생), 심리사회적 변화(예 실직, 이혼, 가족의 사망)와 같은 심리사회적 스트레스가 함께 작용하여 정신장애가 발생한다는 이론이다.

② **정신장애 발생에 미치는 취약성과 스트레스의 비중은 개인차 존재** : 매우 심각한 취약성을 가진 개인은 경미한 스트레스에도 정신장애를 나타내고, 매우 심각한 스트레스가 발생한 개인은 취약성은 경미하더라도 정신장애를 나타낼 수 있다.

  ㉠ 위험요인 : 개인의 정신건강에 위협이 되는 심리적·생물학적 취약성, 심리사회적 변화 등의 요인이다.

     예 기질, 부모의 불화·이별·죽음, 부정적인 학교경험 등

  ㉡ 보호요인 : 위험 요인과 반대되는 개념으로 개인의 정신건강에 위협이 되는 요인이 있어도 정신장애로 발달되지 않도록 보호해주는 요인이다.

     예 지지적인 사회관계, 역경을 이겨내는 탄력성

(2) 생물심리사회적 모델(Biopsychosocial model)

① 정신장애 및 신체질환이 생물학적, 심리적, 사회적 요인에 의해 함께 영향을 받는다는 모델이다(Engel, 1977).

② 신체질환을 생물학적 원인으로만 설명하고 물리적으로만 치료하는 것에 대한 비판으로 제기되었으며 건강심리학의 이론적 토대가 되었다.

③ 전체는 부분의 합 이상이라는 전체론적 입장에서의 체계이론에 바탕을 두었다.

　㉠ 동일 결과성의 원리(principle of equifinality) : 원인은 다양하지만 동일한 증상을 보이는 것을 의미한다.

　　예 조현병의 원인이 다양할 수 있음(부모의 학대, 방임, 유전, PTSD 등)

　㉡ 다중 결과성의 원리(principle of multifinality) : 원인은 동일하지만 다양한 증상을 보이는 것을 의미한다.

　　예 부모의 학대와 방임은 비행, 성격장애, PTSD 등 다양한 정신장애의 원인이 될 수 있다.

④ **상호적 인과론의 입장** : 서로 영향을 주고받는 관계가 성립한다.

　예 부모의 양육방식 ↔ 아동의 행동

⑤ **항상성 유지 경향성** : 유기체는 일정한 상태를 유지하려는 성향이 있다.

　예 자극추구 성향의 사람은 자극적 상황을 즐기며 찾아다닌다.

⑥ 이상행동과 정신장애의 이해를 위해서는 발달 정신 병리적 지식에 대한 이해가 있어야 한다.

02 주요 정신장애

CHAPTER

Key Point

정신장애의 진단 및 통계편람(DSM-5)을 바탕으로 범주화된 주요한 정신장애를 다룬 장으로 정신장애별로 각각의 특징에 대한 확실한 이해가 필요하다.

나의 필기 노트

기출 DATA
주요우울장애
2017-3회, 2017-1회

◎핵심 키워드
주요우울장애 진단기준 9가지
(주요우울삽화)

1 》》 주요 우울장애

A. 다음의 주요 우울장애의 핵심증상 9가지 중 5개 이상의 증상이 거의 매일 연속적으로 2주 이상 나타나며 이전의 기능과 비교할 때 변화를 보이는 경우에 해당한다. 증상 중에 지속적인 우울한 기분 또는 흥미나 즐거움의 현저한 저하 가운데 하나는 반드시 포함되어야 한다.
   1. 하루의 대부분, 거의 매일 지속되는 우울한 기분이 주관적 보고나 객관적 관찰을 통해 나타난다.
      ※ 아동과 청소년의 경우 화가 난 기분이나 과민한 기분으로 나타나기도 한다.
   2. 거의 모든 일상 활동에 대한 흥미나 즐거움이 하루의 대부분, 또는 거의 매일 뚜렷하게 저하된다.
   3. 체중조절을 하고 있지 않은 상태에서 현저한 체중의 감소 또는 증가가 나타나거나 현저한 식욕의 감소 또는 증가가 거의 매일 나타난다.
      ※ 아동은 기대치에 비해 체중 증가가 미달된다.
   4. 거의 매일 불면이나 과다 수면에 시달린다.
   5. 거의 매일 정신운동성 초조 혹은 지체가 나타난다. 즉, 안절부절못하거나 축 처져있는 느낌이 주관적으로도, 다른 사람의 관찰로도 보고된다.
   6. 거의 매일 피로감을 느끼고 활력이 상실된다.
   7. 거의 매일 무가치감과 몹시 부적절한 죄책감을 느낀다.
   8. 거의 매일 사고력과 집중력 감소, 또는 우유부단함이 주관적·객관적 관찰에서 나타난다.
   9. 반복적으로 죽음에 대한 생각을 하고 특정한 계획 없이 반복적으로 자살기도를 하거나 구체적인 자살 계획을 세운다.
B. 이러한 증상은 사회적, 직업적, 다른 중요한 기능에서 현저한 고통과 손상을 초래한다.
C. 삽화가 물질이나 다른 의학적 상태 때문이 아니다.

나의 필기 노트

기출 DATA
범불안장애
2017-3회, 2017-1회

◎**핵심 키워드**
범불안장애 진단기준
불안증세 6가지

2 》》 범불안장애

A. 다양한 사건이나 활동(예 직업이나 학업수행)에 대해 과하게 걱정하거나 불안해한다. 이러한 상태가 적어도 6개월 동안 50% 이상의 날에 나타나야 한다.
B. 개인은 이러한 걱정을 통제하기 어렵다고 느낀다.
C. 불안과 걱정은 다음 중 3개 이상의 증세와 관련된다(아동의 경우는 1개 이상).
   1. 안절부절못하거나 가장자리에 서있는 것 같은 아슬아슬한 느낌
   2. 쉽게 피로해짐
   3. 주의집중의 곤란이나 정신이 멍해지는 느낌
   4. 빈번한 분노 폭발
   5. 근육의 긴장
   6. 수면장해(수면의 시작과 지속의 곤란, 또는 초조해 하거나 불만족스러운 수면)
D. 불안, 걱정, 신체적 증상이 심각한 고통을 유발하거나 사회적, 직업적 또는 다른 중요한 영역의 활동에 현저한 손상을 초래한다.
E. 이러한 장해는 물질(예 남용하는 약물, 치료약물)이나 다른 의학적 상태(예 부신피질호르몬 과다증)의 생리적 효과에 기인한 것이 아니다.
F. 이러한 장해는 다른 정신장애에 의해 더 잘 설명되지 않는다.
   예 공황장애에서 공황발작이 일어나는 것, 강박장애의 오염, 다른 강박사고, 분리불안장애에서 애착대상과의 이별 등에 대한 불안과 걱정

3 》》 제Ⅰ형 / 제Ⅱ형 양극성장애

1) 제Ⅰ형 양극성장애

A. 적어도 1회의 조증삽화 기준을 만족한다(조증삽화 기준 A~D).
B. 조증 및 주요우울삽화는 조현병, 조현양상장애, 조현정동장애, 망상장애, 달리 명시된 또는 명시되지 않는 조현병 스펙트럼 및 기타 정신병적 장애 등의 다른 정신장애에 의해 더 잘 설명되지 않는다.

조증 삽화

A. 비정상적으로 들뜨거나, 의기양양 혹은 과민하거나, 목표 지향적 활동 및 에너지 수준의 증가가 적어도 일주일간(입원이 필요한 경우라면 기간과 상관없이) 거의 매일, 하루 중 대부분 지속된다.

제Ⅰ형 양극성장애의 진단을 위해서는 '조증삽화 기준이 만족'되어야 한다(조증삽화는 경조증·주요우울 삽화에 앞서거나 뒤따를 수 있음). 반면 제Ⅱ형 양극성장애의 진단을 위해서는 아래에 제시된 현재 또는 과거의 경조증 삽화의 진단기준을 만족시킴과 동시에 현재 또는 과거의 주요우울삽화 진단기준이 만족되어야 한다.

11

◎핵심 키워드

제Ⅰ형 양극성장애의 진단기준
조증삽화의 진단기준

B. 기분장애 및 증가된 에너지와 활동을 보이는 기간 중 다음 3가지 또는 그 이상의 증상을 보이며(기분이 단지 과민하기만 하다면 4가지) 평소 모습에 비해 변화가 뚜렷하고 심각한 정도로 나타난다.
  1. 자존감의 증가 혹은 과대감
  2. 수면 욕구 감소 예 단 3시간의 수면만으로 충분하다고 느낌
  3. 평소에 비해 말이 많아지거나 계속 말을 하여 끊기 어려울 정도이다.
  4. 사고의 비약 또는 사고가 빠른 속도로 이어지는 것 같은 주관적인 경험을 한다.
  5. 주의산만이 주관적으로 보고되거나 객관적으로 관찰된다.
     예 중요하지 않거나 상관없는 외적 자극에 너무 쉽게 주의가 흐트러짐
  6. 목표 지향적 활동(예 직장의 사회 활동, 학교의 학습 활동)이 증가하고 정신운동성의 초조가 나타난다. 예 목적이나 목표 없이 부산하게 움직임
  7. 고통스러운 결과를 유발할 가능성이 높은 활동에 지나치게 몰두한다.
     예 과소비, 무분별한 성행위, 어리석은 사업 투자
C. 기분장애가 심각하여 사회적, 직업적 기능의 현저한 손상을 초래할 정도이거나 자해 혹은 타해를 예방하기 위해 입원이 필요하다. 정신병적 양상이 동반되기도 한다.
D. 삽화가 물질(예 남용, 치료약물 등)의 생리적 효과나 다른 의학적 상태에서 기인된 것이 아니다.
※ 약물치료나 전기치료 등 우울치료 중에 조증삽화가 나타났을지라도 치료의 직접적 효과가 나타날 수 있는 기간 이후까지 명백한 증상이 지속된다면 제Ⅰ형 양극성장애로 진단될 수 있다.
※ A~D까지가 조증삽화이며 일생 동안 적어도 1회 이상 조증삽화가 있어야 제Ⅰ형 양극성 장애로 진단될 수 있다.

2) 제Ⅱ형 양극성장애

◎핵심 키워드

제Ⅱ형 양극성장애의 진단기준
경조증삽화의 진단기준

A. 적어도 1회의 경조증삽화 진단기준(경조증삽화 기준 A~F)을 만족함과 동시에 적어도 1회의 주요우울삽화 진단기준(주요우울삽화 기준 A~C)이 만족되어야 한다.
B. 조증삽화는 한 번도 나타난 적이 없어야 한다.
C. 경조증 삽화 및 주요우울 삽화가 조현병, 조현양상장애, 조현정동장애, 망상장애, 달리 명시된 또는 명시되지 않는 조현병 스펙트럼 및 기타 정신병적 장애 등의 다른 정신장애에 의해 더 잘 설명되지 않는다.
D. 우울증과 관련된 증상 또는 우울증/경조증의 빈번한 순환으로 발생하는 예측 불가능성이 사회적, 직업적, 다른 중요한 기능에서 현저한 고통과 손상을 초래한다.

경조증 삽화

A. 비정상적으로 들뜨거나, 의기양양 혹은 과민하거나 활동, 에너지의 증가가 적어도 4일 연속으로 하루 중 대부분 지속된다.
B. 기분장애 및 증가된 에너지와 활동을 보이는 기간에 다음 중 3가지 또는 그 이상의 증상을 보이며(기분이 단지 과민하기만 하다면 4가지) 평소 모습에 비해 변화

가 뚜렷하고 심각한 정도로 나타난다.

1. 자존감의 증가 혹은 과대감
2. 수면 욕구 감소 **예** 단 3시간의 수면만으로 충분하다고 느낌
3. 평소에 비해 말이 많아지거나 계속 말을 하여 끊기 어려울 정도이다.
4. 사고의 비약 또는 사고가 빠른 속도로 이어지는 것 같은 주관적인 경험을 한다.
5. 주의산만이 주관적으로 보고되거나 객관적으로 관찰된다.
   예 중요하지 않거나 상관없는 외적 자극에 너무 쉽게 주의가 흐트러짐
6. 목표 지향적 활동(**예** 직장의 사회 활동, 학교의 학습 활동)이 증가하거나 또는 정신운동 초조가 나타난다. **예** 목적이나 목표 없이 부산하게 움직임
7. 고통스러운 결과를 유발할 가능성이 높은 활동에 지나치게 몰두한다.
   예 과소비, 무분별한 성행위, 어리석은 사업 투자

C. 삽화는 증상이 없을 때의 개인의 특성과는 분명히 다른 기능의 변화가 동반된다.
D. 기분의 장애 및 기능의 변화가 객관적으로 관찰된다.
E. 삽화가 사회적 · 직업적 기능의 현저한 손상이나 입원을 요구할 정도로 심각하지는 않다. 만약 정신병적 양상이 있다면 조증 삽화에 해당한다.
F. 삽화가 물질(**예** 남용약물, 치료약물 등)의 생리적 효과나 다른 의학적 상태에서 기인된 것이 아니다.

※ A~F까지 경조증 삽화이며 경조증 삽화가 제I형 양극성장애에서 흔히 발생하기는 하지만 진단의 필수조건은 아니다.

주요우울 삽화

A. 다음의 주요우울장애의 핵심증상 중 5개 이상의 증상이 거의 매일 연속적으로 2주 이상 나타나며 이전과 비교할 때 변화를 보이는 경우에 해당한다. 증상 중에 지속적인 우울한 기분 또는 흥미나 즐거움의 현저한 저하 가운데 하나는 반드시 포함되어야 한다.

1. 하루의 대부분, 거의 매일 지속되는 우울한 기분이 주관적 보고나 객관적 관찰을 통해 나타난다.
   ※ 아동과 청소년의 경우 화가 난 기분이나 과민한 기분으로 나타나기도 한다.
2. 거의 모든 일상 활동에 대한 흥미나 즐거움이 하루의 대부분, 또는 거의 매일 뚜렷하게 저하된다.
3. 체중조절을 하지 않는 상태에서 현저한 체중 감소 · 증가가 나타나거나 현저한 식욕 감소 · 증가가 거의 매일 나타난다.
   ※ 아동은 기대치에 비해 체중 증가가 미달된다.
4. 거의 매일 불면이나 과다 수면에 시달린다.
5. 거의 매일 정신운동성 초조 혹은 지체가 나타난다. 즉, 안절부절못하거나 축 처져있는 느낌이 주관적으로도, 다른 사람의 관찰로도 보고된다.
6. 거의 매일 피로감을 느끼고 활력을 상실한다.
7. 거의 매일 무가치감과 몹시 부적절한 죄책감을 느낀다.
8. 거의 매일 사고력과 집중력 감소, 또는 우유부단함이 주관적 · 객관적 관찰을 통해 나타난다.

> 9. 반복적으로 죽음에 대한 생각을 하고 특정한 계획 없이 반복적으로 자살기도를 하거나 구체적인 자살 계획을 세운다.
> B. 이러한 증상은 사회적, 직업적, 다른 중요한 기능에서 현저한 고통과 손상을 초래한다.
> C. 삽화가 물질이나 다른 의학적 상태 때문이 아니다.
> ※ 진단기준 A~C는 주요우울 삽화(Episode)이며 주요우울삽화가 제I형 양극성장애에서 흔하게 나타나기는 하지만 진단의 필수적인 조건은 아니다.

4 》》 성격장애

1) **성격장애의 의미** : 어린 시절부터 형성되어 성인기에 부적응적 양상으로 나타나는 정신장애를 말한다.

2) **성격장애의 특징**

    (1) 인지, 정동, 대인관계, 충동조절 영역에서 개인의 지속적인 내적 경험과 행동양식이 사회적 기준에서 심각하게 일탈되어 있다.

    (2) 고정된 행동양식은 개인의 생활 전반에 넓게 퍼져 있으며 융통성이 없다.

    (3) 고정된 행동양식이 직업적, 사회적 또는 다른 중요한 기능영역에 현저한 손상을 초래한다.

    (4) 고정된 행동양식은 오랜 기간 변하지 않고 지속되어 왔으며 발병 시기는 청소년~성인기 초기이다.

3) **성격장애의 종류**

◎핵심 키워드
A군 성격장애 종류 3가지

    (1) A군 성격장애

      ① **편집성 성격장애** : 광범위한 불신

> A. 타인의 동기를 악의가 있는 것으로 해석하여 타인을 전반적으로 불신한다. 이러한 증상은 성인기 초기에 시작되어 다음 7가지 중 4가지 또는 그 이상의 증상이 나타난다.
> 1. 충분한 근거가 없는데도 타인이 자신을 관찰하며 해를 끼치고 속인다고 의심한다.

◎핵심 키워드
편집성 성격장애의 특징

> 2. 근거 없이 친구와 동료들의 충정 및 신뢰에 대해 의심한다.
> 3. 어떤 정보가 자신에게 불리한 방향으로 이용될 것이라는 의심 때문에 타인에게 비밀을 털어놓기를 꺼린다.
> 4. 통상 악의 없는 말과 사건을 자신에게 해가 되는 것으로 해석한다.
> 5. 모욕이나 상처받은 것에 대해 용서하지 못하고 지속적으로 원한을 품는다.
> 6. 타인이 볼 때 명백하지 않은 것을 자신의 성격과 평판에 대한 공격으로 지각하고 화를 내며 반격한다.
> 7. 타당한 이유 없이 애인, 배우자의 정절을 반복적으로 의심한다.
>
> B. 조현병, 우울장애, 정신병적 양상을 동반한 양극성 장애, 다른 정신병적 장애의 경과 중 발생한 것은 여기 포함되지 않으며 다른 의학적 상태에서 기인한 것이 아니다.

- ㉠ 과도한 의심과 적개심으로 친밀한 대인관계 형성이 어렵고 주변사람들과 적대적 관계를 맺는다.
- ㉡ 지나치게 타인을 의심하기 때문에 비밀이 많고, 치밀하게 계획하는 경향을 보인다.
- ㉢ 의심이 많고 논쟁적이기 때문에 상대방을 화나게 하는 경우가 많은데 상대가 화를 내면 자신의 의심을 합리화하는 증거로 사용한다.
- ㉣ 우울증, 공포증, 알코올 남용 등 다른 정신장애와 공병률이 높으며 다른 성격장애와 관련성이 높아 조현형·조현성·자기애성·회피성·경계성 성격장애 요소들도 함께 지니고 있는 경우가 많다.
- ㉤ 강한 스트레스 상황에서 망상장애, 조현병으로 발전되는 경우도 있다.

② **조현성 성격장애** : 사회적 유대의 결핍

◎핵심 키워드
조현성 성격장애의 특징

> A. 사회적 유대와 관계로부터 유리되어 있고, 대인관계에서 감정표현이 제한적이다. 이러한 양상이 성인기 초기에 시작되며 다음 7가지 중 4가지 또는 그 이상의 증상이 나타난다.
> 1. 가족과의 관계를 포함하여 친밀한 관계를 원하지도 즐기지도 않는다.
> 2. 항상 혼자 하는 행동을 선택한다.
> 3. 타인과의 성적 경험에 관심이 거의 없다.
> 4. 거의 모든 분야에서 즐거움을 느끼려 하지 않는다.
> 5. 가족 외에 친한 친구가 없다.
> 6. 타인의 칭찬이나 비난에 무관심하다.
> 7. 감정적으로 냉담하고 단조로운 정동표현을 보인다.
>
> B. 조현병, 우울장애, 정신병적 양상을 동반한 양극성 장애, 다른 정신병적 장애, 자폐스펙트럼 장애 경과 중 발생한 것은 조현성 성격장애로 진단되지 않으며 다른 의학적 상태에서 기인한 것이 아니다.

㉠ 감정이 없는 사람처럼 보인다.

㉡ 불리한 상황에서 소극적으로 반응하며 사회기술과 성적욕구가 부족하여 친구도 거의 없고 종종 결혼도 하지 않는다.

㉢ 대인관계에 대한 요구가 없이 사회적으로 고립되어 있으며 혼자 하는 일은 잘 수행한다.

㉣ 아동・청소년기에 또래관계가 원만하지 못하여 외톨이로 지내며, 사회불안과 학습부진 등의 문제가 분명하게 드러난다.

◎ 핵심 키워드
조현형 성격장애의 특징

③ **조현형 성격장애** : 사회적 유대의 결핍과 괴이성

> A. 친분관계에 대한 불편감이 뚜렷하고, 인간관계를 맺는 능력의 감퇴, 인지와 지각의 왜곡, 행동의 괴이성으로 인한 사회적 대인관계의 결함이 광범위하게 나타난다. 이러한 증상은 성인기 초기에 시작되며, 다음 9가지 중 5가지 또는 그 이상의 항목에 해당한다.
>
> 1. 관계망상 유사사고(심한 망상적 관계망상은 제외)
> 2. 행동에 영향을 미치며 해당 문화권의 기준에 맞지 않는 이상한 믿음, 마술적 사고 **예** 미신, 텔레파시, 기이한 공상
> 3. 신체적 착각을 포함한 기이한 지각 경험
> 4. 이상한 사고와 언어
> 5. 의심, 편집증적 사고
> 6. 부적절하고 메마른 정동
> 7. 기이하고 편향적이며 괴이한 행동이나 외모
> 8. 가족 외에 친한 친구나 측근의 부재
> 9. 친하다고 해도 불안감이 감소되지 않으며 자신에 대한 부정적 판단보다는 편집증적 공포와 관련된 과도한 사회적 불안감을 느낀다.
>
> B. 조현병, 우울장애, 정신병적 양상을 동반한 양극성 장애, 다른 정신병적 장애, 자폐스펙트럼 장애 경과 중 발생한 것은 조현형 성격장애로 진단되지 않는다.

㉠ 다른 성격장애에 비해 심각한 사회적 부적응을 경험한다.

㉡ 조현병이나 다른 정신병적 장애로 발전되는 경우도 있으며 과거 주요우울장애 상태를 보였거나 주요우울장애와 함께 진단받는 경우가 많다.

(2) B군 성격장애

◎ 핵심 키워드
B군 성격장애 종류

① **반사회성 성격장애** : 규범・법규의 위반과 타인 착취, 무책임성

> A. 15세 이후에 시작되며, 타인의 권리를 무시하는 행동이 다음 7가지 중 3가지 이상 나타난다.
>
> 1. 체포사유가 되는 행위를 반복하는 것과 같이 법적으로 사회적 규범에 맞지 않는다.
> 2. 반복적으로 거짓말을 하거나 가명을 사용하는 등 자신의 이익과 쾌락을 위해 타인을 속인다.
> 3. 충동적이다.

> 4. 반복적인 신체적 싸움, 폭력 등으로 나타나는 공격성을 보인다.
> 5. 자신과 타인의 안전을 무시하는 무모성을 보인다.
> 6. 일정한 직업이 없고 경제적 책임을 지지 못하는 등의 무책임함을 보인다.
> 7. 절도, 다른 사람을 학대, 혹은 해치는 일에 무관심하거나 합리화하는 등 양심에 가책을 느끼지 않는다.
> B. 최소 18세 이상에 진단될 수 있다.
> C. 15세 이전에 품행장애가 시작된다.
> D. 반사회적 행동은 양극성장애, 조현병의 경과 중에 발생한 것에만 국한되지 않는다.

ㄱ 타인의 권리를 지속적으로 침해하는 행동 양상이 아동기, 초기 성인기에 시작하여 성인기까지 지속되며 사이코패스라고도 불린다.

ㄴ 거짓말이 특징이기 때문에 타인의 보고를 임상적 평가에 통합하는 것이 중요하다.

ㄷ 타인에 대한 공감이 결여되어 있으며 냉담하고 냉소적이다.

ㄹ 자기를 과대평가하며 언변이 뛰어나 대인관계 초반에는 매력적으로 보이기도 한다.

ㅁ 지루함을 참지 못하고 긴장을 호소하며 불쾌감을 드러낸다.

ㅂ 불안장애, 우울장애, 물질사용장애, 신체증상장애, 도박장애, 기타 충동조절 장애가 동반되기도 한다.

ㅅ 대가족 출신의 남성, 약물 남용자, 교도소에 수감 중인 죄수, 도시 빈민층에게 흔하다.

② **경계성 성격장애** : 버림받을 것에 대한 극심한 두려움

> 대인관계, 자아상, 정서의 불안정성과 충동성이 성인기 초기에 시작하여 생활전반에 두드러지게 나타나며 다음 9가지 중 5가지 또는 그 이상의 증상을 보인다.
> 1. 실제적 또는 가상적으로 버림받지 않기 위해 필사적인 노력을 한다.
> 2. 자신에 대한 평가 절하와 극단적인 이상화를 특징으로 하는 불안정하고 강렬한 대인관계 양상을 보인다.
> 3. 정체성 혼란 : 자기 지각과 자아상의 불안정성이 지속적으로 드러난다.
> 4. 최소한 2가지 이상의 상황에서 자신을 손상시킬 가능성이 있는 충동성을 보인다.
>   예 과소비, 물질남용, 과식, 부주의한 운전
>   ※ 5번 진단기준의 자살시도, 자해는 포함되지 않는다.
> 5. 반복적으로 자살 시도·위협 또는 자해행동을 한다.
> 6. 뚜렷한 기분 변화에 따른 정서적 불안정성을 보인다.
>   예 과민성, 불안, 간헐적인 심한 불쾌감
> 7. 만성화된 공허감을 느낀다.

◎ 핵심 키워드
반사회성 성격장애의 진단기준
반사회성 성격장애 특징

◎ 핵심 키워드
경계성 성격장애의 진단기준

17

> 8. 분노를 조절하기 힘들고 과도하게 분노한다. 예 잦은 신체 싸움, 늘 화를 냄
> 9. 일시적인 스트레스와 관련된 피해적 사고, 혹은 심한 해리증상을 나타낸다.

- ㉠ 극단적 심리적인 불안정성을 보인다.
- ㉡ 타인에게서 버림받는 것에 대한 극도의 두려움을 보이기 때문에 늘 함께 있어주거나 강한 애정표현을 받기 원하고, 이러한 욕구가 좌절되었을 때 상대에게 극심한 증오를 표현하며, 자해·자살과 같은 극단적 행동을 한다.
- ㉢ 버림받는 상황이 예상되면 사고, 감정, 행동이 극심하게 불안정해진다.
- ㉣ 자아상이 상당히 불안정하기 때문에 돌발행동을 보이며, 이에 대해 본인도 혼란스러워 한다.
- ㉤ 유병률은 일반 인구의 2% 정도이며 75%가 여성으로 알려진다.
- ㉥ 사춘기, 청년기에 자아 정체성에 문제를 겪는 경우 경계성 성격장애와 유사한 행동을 보일 수 있다.
- ㉦ 기분장애, 물질남용, 공황장애, 섭식장애 등이 공병하며 기분장애의 경우 특히 자살가능성이 높다.

③ **연극성 성격장애** : 타인의 관심과 애정에 대한 과도한 요구

> 과도한 감정표현과 타인의 주의를 끌려는 행동이 성인기 초기에 시작되며, 다음 8가지 중 5가지 또는 그 이상의 증상이 나타난다.
> 1. 자신이 관심의 중심이 되기를 바라며 주 관심 대상에 있지 않은 상황을 불편해 한다.
> 2. 종종 상황에 어울리지 않게 성적으로 유혹적이거나 자극적인 행동을 한다.
> 3. 감정의 변화 속도가 빠르고 감정표현이 피상적이다.
> 4. 타인의 관심을 집중시키기 위해 지속적으로 외모를 사용한다.
> 5. 지나치게 인상적이지만 구체적 내용이 없는 언어를 사용한다.
> 6. 자기연극화, 연극성과 과장된 감정표현이 특징적이다.
> 7. 다른 사람이나 상황에 쉽게 영향을 받는 피암시적 성향을 지닌다.
> 8. 실제보다 대인관계를 더 가까운 것으로 생각한다.

- ㉠ 극적인 감정표현과 감정의 기복이 심한 것이 특징이며 감정의 깊이가 없고 피상적이다.
- ㉡ 외모가 화려하며 이성에게 유혹적인 행동을 종종 하는데 이는 타인의 관심을 끌기 위한 것이다.
- ㉢ 타인의 관심과 사랑을 받고 싶은 강렬한 욕구가 있으며 특별한 관심을 주지 않으면 자신을 싫어하는 것으로 생각하여 우울해하고 불안감을 느낀다.

㉣ 관심의 대상이 되는 타인에게 질투감, 분노감을 느낀다.

㉤ 대인관계 초기에는 매우 매력적일 수 있으나 지속적으로 끊임없는 애정과 관심을 요구하기 때문에 부담스럽게 느껴질 수 있다.

㉥ 거절에 대한 민감성이 높으며 자신의 요구를 들어주도록 타인을 조종하는 기술이 뛰어나다.

㉦ 자신의 요구를 관철시키기 위해 자살로 위협하거나 무모한 행동을 할 때도 있다.

④ **자기애성 성격장애** : 과대한 자기상

◎ **핵심 키워드**
자기애성 성격장애 진단기준

> 공상, 또는 행동상에서 과대성이 나타나며 자신을 숭배할 것을 요구하고 일상생활 전반에서 공감 능력이 부족하다. 보통 청소년기에 시작되며 다음 9가지 중 5가지 이상의 증상이 나타난다.
> 1. 자신이 중요하다고 느끼는 정도가 강하다.
>   예 스스로를 과장하며 이렇다 할 능력과 성취 없이 특별대우 받기를 기대한다.
> 2. 무한한 성공, 탁월함, 권력, 아름다움, 또는 이상적 사랑과 같은 공상에 몰두한다.
> 3. 자신은 특별한 존재이기 때문에 다른 특별한 높은 지위의 사람이나 기관만이 자신을 이해할 수 있고 자신과 관련되어야 한다고 믿는다.
> 4. 과도하게 자신을 숭배할 것을 요구한다.
> 5. 특별대우를 받을 자격이 있는 것처럼 행동하는 특권의식을 가진다.
>   예 자신의 요구에 자동적으로 순응하기를 불합리하게 기대한다.
> 6. 대인관계가 착취적이다. 예 자신의 이익을 위해 타인을 이용한다.
> 7. 공감능력의 결여로 타인의 감정과 요구를 인식 또는 확인하려고 하지 않는다.
> 8. 다른 사람들이 자신을 부러워하거나 시기한다고 믿는다.
> 9. 건방지고 오만한 태도와 행동을 보인다.

㉠ 자신의 능력을 과대평가하며 잘난 척하고 허세를 부리며 자신의 성취를 과장한다.

㉡ 항상 특별한 대우를 기대하고 그렇지 못한 경우 당황하며 분노한다.

㉢ 과장된 자기상이 현실에서는 종종 상처받기 때문에 우울 또는 분노를 느끼며 자존감이 매우 연약하다.

㉣ 겉으로 자기애성 특징을 드러내는 외현적 자기애와 겉으로 드러내지 않는 내현적 자기애로 구분된다.

㉤ 50~75%가 남성이며 나이가 들면서 육체적·직업적 한계에 부딪힐 때 어려움을 겪게 된다.

(3) C군 성격장애

① **회피성 성격장애** : 타인의 부정적 평가를 두려워하여 대인관계를 회피함

> 사회관계의 억제, 부적절감, 부정적 평가에 대한 예민함이 일상생활 전반에 드러난다. 청년기에 시작되며 다음 7가지 중 4가지 이상의 증상이 나타난다.
> 1. 타인의 비판, 거절, 인정받지 못할 것에 대한 두려움 때문에 의미 있는 대인관계가 필요한 직업적 활동을 회피한다.
> 2. 자신에 대한 호감을 느낀다는 확신 없이는 타인과 관계하는 것을 피한다.
> 3. 수치심과 놀림을 받을 것에 대한 두려움으로 친근한 대인관계만 제한적으로 맺는다.
> 4. 사회적 상황에서 비판받거나 거절당할지도 모른다는 두려움에 집착한다.
> 5. 자신에 대한 부적절감으로 새로운 대인관계를 잘 맺지 못한다.
> 6. 자신을 사회적으로 부적절하고 매력이 없으며 타인에 비해 열등하다고 여긴다.
> 7. 당황하는 모습이 드러날 것을 걱정하여 어떤 새로운 일이나 개인적 위험을 감수하는 일을 마지못해서 한다.

ㄱ 타인이 자신을 부정적으로 평가할 것에 대해 극심한 두려움을 지닌다.

ㄴ 자신은 부정적으로 지각하고, 타인은 위협적으로 지각한다.

ㄷ 낯설거나 새로운 일, 환경을 두려워하여 피하려고 하며 사회적 책임을 지지 않으려한다.

ㄹ 타인의 인정, 관심에 대한 강렬한 소망과 거절에 대한 두려움을 동시에 지니기 때문에 불안, 슬픔, 분노와 같은 부정적 정서가 만성화되는 경향이 있다.

ㅁ 극소수의 사람에게만 의지하고 집착하는 경향이 있어 의존성 성격장애와 함께 진단되는 경우가 많으며 A형 성격장애와 함께 진단되는 경우도 있다.

ㅂ 사회공포증과 매우 유사하나 더 어린 시절부터 시작되고 촉발 사건을 찾아내기 어렵다.

ㅅ 유병률의 남녀 성비는 거의 비슷하며, 어린 시절부터 매우 수줍어하고 낯선 사람이나 환경을 두려워하며 고립된 경우가 많다.

ㅇ 아동기의 수줍음은 성장하며 완화되지만 회피성 성격장애의 수줍음은 사춘기, 청년기 초기에 오히려 증가하는 양상을 보이다가 성인기 이후에는 점차 완화된다.

② **의존성 성격장애** : 타인의 보살핌을 받으려는 과도한 집착

> 일상생활 전반에서 돌봄을 받으려 하는 과도한 욕구가 복종적이고 매달리는 행동, 이별에 대한 공포를 야기한다. 이는 청년기에 시작되며 다음 8가지 중 5가지 이상의 증상이 나타난다.
>
> 1. 타인의 충고나 확신 없이 일상적인 판단을 하는 데 어려움을 겪는다.
> 2. 자신의 삶에서 가장 중요한 부분에 대해 타인이 책임지기를 바란다.
> 3. 지지와 칭찬을 잃어버릴 것에 대한 두려움과, 타인과의 의견이 다를 때 표현에 어려움을 보인다.
>   ※ 보복에 대한 현실적인 공포는 포함하지 않는다.
> 4. 자신의 판단이나 능력에 자신감이 없어서 계획을 하거나 스스로 일을 시작하기가 어렵다.
> 5. 타인의 돌봄, 지지를 지속시키기 위해 불쾌한 일이라도 스스로 자원한다.
> 6. 혼자서는 자신을 제대로 돌볼 수 없다는 심한 공포로 인해 불편함과 절망감을 느낀다.
> 7. 친밀한 관계가 끝나면 자신을 돌봐주고 지지해 줄 다른 관계를 시급히 찾는다.
> 8. 혼자서 자신을 돌볼 수 없다는 공포에 비현실적으로 집착한다.

ㄱ 혼자 세상을 살아가기에 자신이 너무 나약하다고 생각하여 주변에서 의지할 대상을 늘 찾고 그 대상에게 복종한다.

ㄴ 연약한 모습을 보여 타인의 지지와 보호를 유도한다.

ㄷ 의존 대상에게서 거절이나 버림을 받으면 극심한 좌절감과 불안을 느껴 적응 기능이 와해된다.

ㄹ 의존 대상에게 버림받지 않기 위해 순종적이고 헌신적인 태도를 보인다.

ㅁ 의존 대상과 관계가 끝나면 일시적으로 극심한 혼란을 겪지만 곧 다른 의존 대상을 찾아 비슷한 관계를 형성한다.

ㅂ 사회 활동에 소극적이며 책임져야 하는 지위, 상황에서 심한 불안감을 느낀다.

ㅅ 대인관계는 주로 의지하려는 소수의 사람에 제한된다.

◎핵심 키워드
강박성 성격장애 진단기준

③ **강박성 성격장애** : 지나친 꼼꼼함과 인색함으로 인한 비효율적·부적응적 양상

생활 전반에서 정돈, 완벽, 정신적 통제와 대인관계의 통제에 지나치게 집착하여 융통성, 개방성, 효율성의 희생을 감내하는 양상으로, 청년기에 시작되며 다음 8가지 중 4가지 이상의 증상이 나타난다.
1. 중요하지 않은 세부사항, 규칙, 순서, 목록, 조직, 스케줄에 집착하여 정작 활동의 중요한 부분은 놓친다.
2. 완벽함의 추구가 오히려 일의 완수를 방해한다.
   예 완벽한 기준을 만족하려고 일을 끝내지 못하는 경우
3. 명백히 경제적인 필요에 의한 것이 아닌 일이나 성과에 지나치게 열중하여 여가활동이나 친구 교제를 마다한다.
4. 지나치게 양심적이고 소심하며 도덕윤리나 가치관에 융통성이 없다(종교적·문화적 정체성으로 설명되지 않음).
5. 낡고 쓸 수 없는 물건을 감정적으로 가치가 없어도 버리지 못한다.
6. 정확하게 자신의 일하는 방법에 순응하거나 따르지 않으면 일의 위임이나 협업하지 않으려 한다.
7. 타인과 자신을 위해 돈을 쓰는 데에 인색하며 돈은 미래의 다가올지도 모르는 재난에 대비하는 것으로 인식한다.
8. 경직성과 완고함을 나타낸다.

㉠ 구체적으로 절차나 규칙이 확실하게 보이지 않으면 결정을 내리지 못하고 많은 시간을 보내며 고통스러워 한다.
㉡ 일의 우선순위와 순서를 정하지 못해 일을 시작하지도 못한다.
㉢ 자신의 식대로 일을 처리하지 못할 때, 표현을 직접적으로 하지 않아도 불안해하거나 분노를 느낀다.
㉣ 감정표현을 억제하는 편이며 자유롭게 감정표현을 하는 사람과 함께 있을 때 불편함을 느낀다.
㉤ 이성적인 것과 도덕적 윤리를 매우 중요하게 여기며 충동적인 사람을 혐오한다.
㉥ 지나치게 완고하고 타협을 하지 못해 직업적 부적응을 겪기도 한다.
㉦ 돈에 매우 민감하여 인색하고, 만약의 상황에 대비하여 저축하기 때문에 자신과 가족을 위한 소비를 하지 못한다.
㉧ 지금 당장 필요하지 않거나 약간이라도 쓸 수 있는 물건을 버리지 못하고 모두 모아두어서 주변과 갈등을 빚는다.
㉨ 유병률은 약 1%이며 남성이 여성보다 2배 정도 많다.
㉩ 불안장애의 하위유형인 강박장애와 함께 나타나는 경우는 거의 없고, 강박성 성격장애의 특징들은 주로 경쟁적이고 촉박한 시간에 집착하는 'A형'성격과 겹치는 부분이 많다.

나의 필기 노트

5 » 외상 및 스트레스 관련 장애 (Trauma-and Stressor-Related Disorders)

1) 반응성 애착장애(Reactive Attachment Disorder)

기출 DATA
반응성 애착장애 2014

◎핵심 키워드
반응성 애착장애 진단기준

> A. 성인 양육자에 대해 정서적으로 억제되고 위축된 행동이 다음의 2가지 형태로 모두 나타난다.
> 　1. 정신적 고통을 느낄 때 양육자에게 위안을 구하지 않거나 최소한의 위안만을 구한다.
> 　2. 정신적 고통을 느낄 때 양육자의 위안에 반응하지 않거나 최소한의 정도만 반응한다.
> B. 사회적 · 정서적 장애가 지속적으로 다음 중 2가지 이상의 증상으로 나타난다.
> 　1. 다른 사람에게 사회적 · 정서적 반응을 나타내지 않는다.
> 　2. 긍정적인 정서를 거의 느끼지 못한다.
> 　3. 위협적이지 않은 상황에서 성인 양육자와 상호작용 할 때, 설명되지 않는 짜증, 슬픔, 무서움 등의 감정을 드러낸다.
> C. 아동은 다음 3가지 중 한 가지 이상의 방식으로 불충분한 양육을 받은 극단적인 경험이 있다.
> 　1. 성인 양육자로부터 위로와 자극, 애정과 같은 기본적 정서 요구에 대한 결핍이 사회적 방임이나 박탈로 나타난다.
> 　2. 주 양육자의 잦은 교체로 안정적인 애착을 형성할 기회가 제한되었다.
> 　3. 특정한 사람과 애착 형성할 기회가 심각하게 제한된 비정상적 구조(예 아동이 많고 돌보는 사람은 적은 양육기관)에서 양육되었다.
> D. C의 양육 결핍이 양육자에 대한 위축된 행동 A의 원인인 것으로 판단되어야 한다.
> E. 진단기준은 자폐스펙트럼 장애 기준을 충족하지 않는다.
> F. 장애가 5세 이전에 시작된 것이 뚜렷해야 한다.
> G. 아동이 최소한 9개월 이상의 발달 연령에 해당한다.

(1) 애착외상의 억제형으로, 아동을 적절하게 돌보지 못했기 때문에 아동의 사회적 유대관계가 심하게 손상되어 있고, 발달적으로 적절한 관계 형성을 하지 못하며 사회성 발달에 어려움을 보인다.

(2) 사회적 방임과 관련되어 있기 때문에 인지, 언어에서의 발달 지연이 종종 함께 나타나며 상동증적 행동문제도 보일 수 있다.

(3) 적절한 개입이 없을 때 여러 해 동안 지속된다.

(4) 사회적 관계를 맺지 못한다는 점은 자폐스펙트럼 장애와 유사하지만 자폐스펙트럼장애는 정상적인 양육을 통해서도 나타나는 반면, 반응성 애착장애는 정상적인 양육의 결핍으로 나타난다는 차이점이 있다.

(5) 자폐스펙트럼 장애에서 흔하게 나타나는 특정 영역에 제한적인 관심과 의례적인 반복 행동이 나타나지 않는다.

◎ 핵심 키워드
탈억제성 사회적 유대감장애
진단기준

2) 탈억제성 사회적 유대감장애(탈억제 사회관여 장애, Disinhibited Social Engagement Disorder)

A. 낯선 성인에게 아동이 활발하게 접근하여 소통하는 행동패턴이 다음 4가지 중 2가지 이상의 방식으로 나타난다.

　1. 낯선 성인에게 접근하거나 소통하는 데 주저함이 없다.

　2. 지나치게 친숙한 언어나 신체적 행동을 보인다(연령에 적합하지 않으며 문화적으로도 수용되는 수준이 아니다).

　3. 낯선 환경에서 주변을 탐색하고 나서 성인양육자가 있는지 확인하지 않는다.

　4. 낯선 성인을 아무런 주저함 없이 따라간다.

B. 진단기준 A의 행동은 충동성에만 제한되지 않으며, 사회적으로 억제가 되지 않는 행동을 포함한다.

C. 아동은 다음 3가지 중 한가지 이상의 방식으로 불충분한 양육을 받은 극단적인 경험이 있다.

　1. 성인 양육자로부터 위로와 자극, 애정과 같은 기본적 정서 요구에 대한 결핍이 사회적 방임이나 박탈로 나타난다.

　2. 주 양육자의 잦은 교체로 안정적인 애착을 형성할 기회가 제한되었다.

　3. 특정한 사람과 애착 형성할 기회가 심각하게 제한된 비정상적 구조(예 아동이 많고 돌보는 사람은 적은 양육기관)에서 양육되었다.

D. C의 양육 결핍이 양육자에 대한 위축된 행동 A의 원인인 것으로 판단되어야 한다.

E. 아동이 최소한 9개월 이상의 발달 연령에 해당한다.

◎ 핵심 키워드
외상 후 스트레스장애 진단기준

3) 외상 후 스트레스장애(Post Traumatic Stress Disorder)

※ 아래의 진단기준은 성인, 청소년과 7세 이상의 아동에게 해당된다.

A. 실제적이고 위협적인 죽음, 심각한 상해, 성폭력에 대한 노출이 다음 중 한 가지 이상에서 나타난다.

　1. 외상 사건을 직접 경험한다.

　2. 외상 사건이 타인에게 일어난 것을 생생하게 목격한다.

　3. 외상 사건이 가족, 가까운 친척이나 친한 친구에게 발생한 것을 알게 된다.

　4. 외상 사건의 혐오스러운 세부 사항에 반복적으로 또는 지나치게 노출된다.
　　예 재난사건을 처리하는 소방관

B. 외상 사건이 일어난 후 시작된 외상 사건과 연관된 침습적 증상이 다음 5가지 중 한 가지 이상 나타난다.

　1. 고통스러운 외상 사건의 기억이 반복적이며 침투적(침습적)으로 떠오른다.
　　예 7세 이상의 아동은 외상 사건을 주제로 한 놀이를 반복적으로 하는 증상이 나타나기도 한다.

　2. 외상 사건과 관련된 꿈을 반복적으로 꾼다.

※ 아동은 알 수 없는 내용의 악몽을 꾸기도 한다.

3. 외상 사건이 다시 경험되는 것처럼 느껴지고 행동하게 되는 해리성 반응(플래시백)을 겪는다(아동은 외상의 특정한 재현이 놀이형식으로 나타날 수 있다).

4. 외상 사건의 상징이나 그와 유사한 내·외부적 단서에 노출되었을 때 극심한 심리적 고통을 느낀다.

5. 외상 사건의 상징이나 그와 유사한 내·외부적 단서에 대한 생리적 반응이 뚜렷하게 나타난다.

C. 외상 사건과 관련된 자극에 대한 지속적 회피가 다음 중 한 가지 또는 두 가지 모두 일어난다.

1. 외상 사건 또는 밀접하게 관련된 고통스러운 기억, 생각, 감정을 회피한다.

2. 외상 사건 또는 밀접하게 관련된 고통스러운 기억, 생각, 감정을 상기시키는 외부적 단서를 회피한다.

D. 외상 사건 후 시작 또는 악화된 외상 사건과 관련된 인지, 감정의 부정적 변화가 다음 7가지 중 2가지 이상 나타난다.

1. 외상 사건의 중요부분을 기억하지 못하는 무능력 증세를 보인다(물질에 의한 결과가 아니며 해리성 기억상실 때문).

2. 자신과 타인, 또는 세상에 대한 지속적이고 과장적이며 부정적 믿음을 갖는다.
예 '누구도 신뢰할 수 없다'는 신념

3. 외상 사건의 원인과 결과를 지속적으로 왜곡하고 자신 또는 타인을 비난한다.

4. 부정적인 감정을 지속적으로 느낀다.

5. 주요 활동에 대한 흥미와 참여가 현저하게 줄어든다.

6. 타인과의 거리감과 소외감을 느낀다.

7. 긍정적 감정을 경험하지 못한다.

E. 외상 사건 후 악화된 외상 사건과 관련된 각성과 반응에서 뚜렷한 변화가 다음 중 2가지 이상에서 드러난다.

1. 자극이 없거나 거의 없는데도 불구하고 과민하거나, 분노를 사람과 사물을 향해 언어적·신체적인 공격성으로 드러낸다.

2. 자기 파괴적이거나 무모한 행동을 보인다.

3. 과각성 상태에 있다.

4. 과도하게 놀라는 반응을 보인다.

5. 집중하기 어려워한다.

6. 수면장애를 겪는다.

F. 진단기준 B, C, D, E는 1개월 이상 나타난다.

G. 장애가 사회적, 직업적, 또는 다른 일상생활의 중요 기능영역에 심각한 고통이나 손상을 초래한다.

H. 장애가 물질로 인한 생리적 효과나 다른 의학적 상태 때문이 아니다.

나의 필기 노트

◎핵심 키워드

외상 후 스트레스 장애 특징
• 외상 후 스트레스 장애를 겪는 아동에게서 나타나는 재경험의 특징
• 외상 사건과 관련된 인지, 감정의 부정적 변화 7가지
• 외상 사건과 관련된 각성과 반응의 뚜렷한 변화 6가지
• 이중표상이론

(1) 한 가지 이상의 외상 사건 노출로 침습증상, 외상 사건을 재차 경험하는 것처럼 느끼는 플래시백이 나타나 극심한 심리적 고통을 겪는다.

(2) 외상 사건을 상기시키는 단서를 회피하는 행동과 부정적인 인지적 · 정서적 변화가 나타난다.

(3) 외상 후 스트레스 장애는 다양한 연령대에서 발생될 수 있고, 증상은 사건 발생 후 3개월 이내 나타나며 몇 개월에서 몇 년까지 지속된다.

(4) 아동은 외상 사건의 기억을 떠올리기보다 외상 사건과 관련된 주제를 놀이로 나타낼 수 있다.

(5) 아동은 외상 사건과 직접적으로 관련된 꿈보다 괴물이 나타나거나 타인을 구출해내는 내용의 꿈을 꾸는 경향이 있다.

(6) 아동은 외상의 특정적 재현을 놀이 형식으로 나타낼 수 있다.

(7) 아동은 성인과 달리 외상을 회피하거나 부인하지 못하는 경향이 있으며 심리적 충격을 분리불안, 신체화 증상, 비행 행동 등으로 나타낼 수 있다.

(8) 다른 장애와 공병률이 높으며 외상 후 스트레스 장애 환자의 50%는 주요우울장애를, 38%는 불안장애를 겪는 것으로 드러난다.

(9) 남성은 알코올 의존, 주요우울장애, 품행장애 순으로 공병이 나타나고 여성은 주요우울장애, 사회공포증, 특정공포증 순으로 나타난다.

(10) 이중 표상이론(Dual Representation Theory)

언어적으로 접근 가능한 기억체계(VAM ; Verbally Accessible Memory)와 상황적으로 접근 가능한 기억체계(SAM ; Situationally Accessible Memory)가 모두 외상 후 스트레스 장애에 관여한다는 이론이다.

① 언어적 접근가능 기억체계(VAM) : 의식적인 기억으로 의도적 회상이 가능하며 외상 사건과 관련된 기억의 어려움, 부정적 신념과 정서에 해당된다.

② 상황적 접근가능 기억체계(SAM) : 상황에 관련한 생리적 · 정서적 반응으로 언어적 접근과 의식적 통제가 어려우며 플래시백과 같은 침습적 증상에 해당된다.

6 »» 자폐스펙트럼 장애(Autism Spectrum Disorder)

◎ 핵심 키워드
자폐스펙트럼 장애의 진단기준
• 사회적 의사소통과 상호작용의 결함 특징 3가지
• 행동·흥미·활동의 제한적, 반복적 패턴 특징 2가지

A. 사회적 의사소통과 상호작용이 다양한 맥락에서 지속적인 결함을 보이며 현재 또는 과거에 아래와 같은 방식으로 나타난다.
  1. 사회적·정서적 상호작용에 결함이 있다.
    예 타인에게 비정상적인 방식으로 접근을 시도하고 자신의 차례에 맞춰 대화하지 못하며 타인과 관심사의 공유가 안 되고, 심한 경우 사회적 상호작용을 시작조차 하지 못한다.
  2. 사회적 상호작용을 위한 비언어적 의사소통 행동에 결함이 있다.
    예 통합된 형태로 언어적·비언어적 의사소통을 하지 못하고, 눈 맞춤, 표정, 몸동작이 비정상적이며, 심한 경우 비언어적 의사소통을 전혀 하지 못한다.
  3. 대인관계를 발전하고 유지하며 상대를 이해하는 데 결함이 있다.
    예 사회적 맥락에 적절한 행동을 하지 못하고, 타인과 상상놀이를 하거나 친구를 사귀는 데 어려움을 보이며, 심한 경우 친구에 대해 전혀 관심을 보이지 않는다.
B. 행동, 흥미, 활동의 제한적·반복적 패턴이 다음 중 2가지 이상 나타난다.
  1. 물체나 언어를 사용해 정형화되고 반복적인 운동 동작을 한다.
    예 장난감을 한 줄로 정렬하거나 물체를 뒤집는 행동, 반향 언어, 단순한 운동 상동증, 기이한 어구 사용
  2. 동일한 것이나 일상적인 것에 집착하고 고집을 부리며 언어적·비언어적 행동의 의식화된 패턴이 드러난다.
    예 작은 변화에 심한 불편감을 보임, 사고패턴의 경직성, 매일 동일한 일상을 반복하거나 같은 음식을 먹으려는 욕구, 의식화된 인사법
  3. 매우 제한되고 고정적인 흥미를 보이는데 그 강도나 초점이 비정상적이다.
    예 특이한 물건에 보이는 강한 집착
  4. 감각 자극에 대해 과도하게 혹은 과소하게 반응을 보이거나 환경의 감각적인 면에 비정상적으로 관심을 보인다.
    예 고통이나 온도에 대한 무감각, 특정 소리나 재질에 대한 혐오 반응, 빛 혹은 물건의 움직임에 몰두
C. 위와 같은 증상들은 어린 아동기에 나타난다.
D. 위와 같은 증상들은 사회적, 직업적 또는 다른 중요한 기능 영역에서 현저한 손상을 야기한다.
E. 이러한 장해는 지적장애 혹은 전반적 발달지연으로 인해 더 잘 설명되지 않는다.

(1) 사회적 상호작용에서의 결함과 제한적인 반복적 행동패턴 양상이 핵심 증상이다.

(2) 대인관계의 형성 및 의사소통이 이루어지지 않아 부모, 형제, 또래와 적절한 인간관계를 맺지 못한다.

(3) 연령에 적절한 언어를 습득하지 못하여 의사소통에 현저한 장애를 보이며, 상대의 말을 그대로 따라하는 '반향 언어증'이 나타나기도 한다.

27

(4) 관심을 나타내는 분야가 매우 협소하고 이에 몰두하며 반복적인 행동을 보인다.

(5) 주변의 상황이 항상 똑같이 유지되기를 원하며 사소한 변화에 민감하게 반응하기도 한다.

(6) 지적능력이 제한적이지만 관심을 두는 영역에서는 매우 뛰어난 능력을 보이는 캐너 증후군이 나타나기도 한다.

(7) 남아가 여아보다 3~4배 많으나 여아에게서 그 정도가 더 심하게 나타나는 경향이 있다.

(8) 보통 3세 이전에 발병하나 증상이 모호하여 잘 파악하기 어렵다.

(9) 자폐스펙트럼 장애 아동의 예후에 가장 큰 영향을 미치는 요인은 의사소통 능력과 전반적인 지적 수준이다.

7 》》 조현병(Schizophrenia)

A. 다음 중 2가지 또는 그 이상의 증상(1, 2, 3 중 하나는 반드시 포함)이 1개월 동안 (성공적으로 치료되었을 경우 그 이하) 상당한 기간 동안 나타난다.
   1. 망상   2. 환각
   3. 혼란스러운 언어(와해된 언어) **예** 빈번한 주제 이탈, 뒤죽박죽된 표현
   4. 심하게 혼란스럽거나 긴장증적인 행동
   5. 음성증상들 **예** 감소된 감정표현, 무의욕증

B. 장해 시작 후 상당시간 동안, 직업, 대인관계, 자조와 같은 주요한 영역 중 1가지 또는 그 이상에서 기능 수준이 장해 시작 전보다 현저하게 저하된다(아동기 · 청소년기에 시작된 경우 대인관계, 학업적 · 직업적 기능에서 기대되는 수준에 이르지 못함).

C. 장해가 계속된다는 징후가 최소한 6개월 이상 지속된다. 이 6개월의 기간에는 기준 A를 충족하는 증상들(즉, 활성기의 증상)을 보이는 1개월 이상의 기간과, 전구기 또는 관해기의 증상이 나타나는 기간이 포함된다. 이러한 전구기와 관해기 동안, 장해의 징후는 오로지 음성증상만 나타나거나 기준 A 중 2개 이상의 증상이 약화된 형태 (**예** 기이한 신념, 비일상적인 지각경험)로 나타날 수 있다.

D. 조현정동장애와 정신증적 특성을 보이는 우울 또는 양극성장애의 가능성은 없어야 한다. 즉, (1) 조증삽화, 주요우울삽화가 활성기 증상과 동시에 나타난 적이 없어야 하며, (2) 만약 활성기 증상과 함께 기분삽화가 나타났었다면, 활성기, 잔류기 전체 기간 중 짧은 기간 동안에만 보였던 것이어야 한다.

E. 장해는 물질(**예** 남용물질, 치료약물) 또는 다른 신체적 질병의 생리적 효과에 의한 것이 아니다.

F. 아동기에 시작된 자폐스펙트럼장애나 의사소통장애의 과거 병력이 있는 경우, 조현
병 진단에 필요한 다른 증상과 함께 현저한 망상 및 환각이 1개월 이상 나타날 경
우에만 조현병을 추가적으로 진단한다.

(1) 특 징

① 망상, 환각, 와해된 언어(혼란스러운 언어)를 특징으로 현실 검증력 손
상이 주된 증상이다.

 ㉠ 망상(delusion) : 분명한 잘못이 드러남에도 지속되는 자신과 세상에
관한 그릇된 믿음을 말한다.

  ⓐ 피해망상 : 정부/외부의 정보기관, 권력기관, 특정 단체나 개인
이 자신을 미행하거나 감시하고 있다고 믿는다.

  ⓑ 과대망상 : 자신이 매우 뛰어난 인물이며 중요한 임무를 맡았다
고 믿는다.

   예 신의 계시를 받은 예언자

  ⓒ 관계망상 : 일상의 일들이 자신과 관련 있다는 믿음으로 미디어
의 뉴스, 중요 인물, 지나가는 사람이 자신과 관련되어 있다고
믿는다.

  ⓓ 애정망상 : 연예인 같은 유명한 사람이 자신과 사랑하는 사이라
고 믿는다.

  ⓔ 신체망상 : 자신이 심각한 질병에 걸렸다고 믿으며 내용이 매우
기괴하여 이해하기 어렵다.

 ㉡ 환각(hallucination) : 현저히 왜곡된 지각을 말한다.

  ⓐ 환청 : 환각 중 가장 많이 나타나는 증상으로 청각적 외부 자극 없
이 어떤 의미 있는 소리를 듣거나 사람의 목소리를 듣는 증상

  ⓑ 환시 : 환청 다음으로 흔하게 나타나며 시각적 외부자극 없이
보이는 증상

  ⓒ 환후 : 후각적 외부 자극 없이 냄새를 맡는 증상

  ⓓ 환촉 : 촉각적 외부 자극 없이 촉각자극을 느끼는 증상

  ⓔ 환미 : 미각적으로 환각적 자극을 느끼는 증상

 ㉢ 와해된 언어(disorganized speech)

  ⓐ 비논리적이며 혼란스러운 언어이다.

  ⓑ 사고장애로 인해 말하고자 하는 바를 논리적으로 진행시키지 못하고,
다른 사고가 침투하여 횡설수설하고 상대방이 이해하기 어렵다.

 ㉣ 심하게 혼란스럽거나 긴장증적인 행동

29

ⓐ 심하게 혼란스러운 행동 : 나이나 상황에 걸맞지 않는 엉뚱하고 부적응적인 행동이 나타난다.

ⓑ 긴장증적인 행동 : 근육이 굳어져서 움직이지 못하는 것처럼 특정자세를 유지하는 증상으로 몇 시간 동안 기괴하고 부적절한 자세를 취한다.

(2) 증상과 치료

① **양성증상** : 정상인에게는 존재하지 않으며 조현병 환자에게만 존재하는 증상으로 망상, 환각, 혼란스러운 언어가 해당된다.

기출 DATA
양성증상의 치료
2020-1회, 2017-1회

② **양성증상의 치료**

㉠ 입원치료 : 현실 검증력의 손상과 자신 및 타인을 해칠 위험이 있기 때문에 입원치료가 권장된다.

㉡ 약물치료 : 항정신병 약물을 처방한다.

㉢ 체계적 둔감법 : 불안할 때마다 환각을 경험할 경우 체계적 둔감법을 이용해 불안을 감소시키도록 한다.

㉣ 전기경련치료(전기충격치료) : 약물치료로 호전되지 않는 환자에게 쓰이기는 하나 치료기제가 밝혀지지 않았고, 많은 환자들이 공포감을 느껴 잘 사용하지 않는다.

③ **음성증상** : 정상인에게는 존재하는 사고, 감정 행동 등이 조현병 환자에게는 존재하지 않거나 저하되는 현상으로 조현병 환자가 아니라도 경험할 수 있으며 약물에도 잘 호전되지 않는다.

㉠ 감정적 둔마(감퇴된 정서표현) : 얼굴표정이나 눈 맞춤, 말의 억양 또는 말을 할 때 정서적 강조를 주는 손동작이나 얼굴 등의 감소가 해당된다.

㉡ 무의욕증 : 동기와 목적의식이 없고 자기 주도적인 활동이 감소한다.

㉢ 무언증 : 언어표현이 감소한다.

㉣ 무쾌락증 : 긍정적 자극에 대해 즐거움을 느끼는 경험능력이 감소되거나 이전 경험에서 즐거움에 관환 회상이 저하된다.

㉤ 비사회성 : 사회적인 상호작용에 흥미가 저하된다.

④ **음성증상의 치료** : clozapine, risperidone, remoxipride, sulpiride 등이 있으며 clozapine을 제외하고는 대부분 도파민 억제제로, 추체외로 부작용(extrapyramidal side-effect) 등의 여러 부작용이 있다.

(3) **예후요인** : 병전 기능이 좋은 편이었고, 양성 증상이 음성증상보다는 두드러지며, 이른 연령에 발병하는 조발성이 아닌 늦게 나타나는 만발성이고 지능이 좋을수록 예후가 좋다.

나의 필기 노트

기출 DATA
신경성 식욕부진증
2021 - 3회

8 ≫ 신경성 식욕부진증(Anorexia Nervosa)

A. 필요에 비해 음식섭취를 지나치게 제한함으로써 나이, 성별, 발달수준과 신체건강에 비추어 현저한 저체중 상태를 초래한다. 현저한 저체중은 최소한의 정상 수준에 미달하는 체중을 말하며, 아동·청소년의 경우 발달 단계상 기대되는 최소한의 체중보다 몸무게가 적은 것을 의미한다.

B. 체중 증가와 비만에 대한 극심한 두려움 또는 체중 증가를 막는 행동이 지속적으로 나타나며, 심각한 저체중일 때도 그러한 양상을 보인다.

C. 자신의 체중과 체형을 왜곡하여 인식하고 자기평가에 체중과 체형의 지나친 영향을 받으며 체중미달에 대한 심각성을 지속적으로 부정한다.

Note : 명시할 점
- 제한형 : 지난 3개월 동안 폭식 또는 제거행동(예 구토, 이뇨제, 관장제 오용)이 반복적으로 나타나지 않으며 저체중의 주원인은 체중관리, 단식, 과도한 운동이다.
- 폭식/제거형 : 지난 3개월 동안 폭식 또는 제거행동이 반복적으로 나타난다.

(1) 특 징

① 지속적으로 음식물 섭취를 제한하고, 체중 증가와 비만에 대한 극심한 두려움이 있으며, 정상적으로 여겨지는 최소수준보다 낮은 체중을 유지한다(BMI 지수17kg/m² 이하). * BMI 지수 = 체중(kg)/키(m)²

   예 몸무게 35kg, 키 160cm일 경우 $35/1.6^2 = 13.67$

② 음식을 먹지 않으려고 한다는 의미에서 거식증으로 불리기도 한다.

③ 실제로는 매우 말랐음에도 자신을 뚱뚱하다고 여기며 체중 감소에 과하게 집착한다.

④ 음식을 소량만 취하거나 아예 먹지 않고, 과도하게 운동을 하며, 먹은 음식을 토하거나 관장약, 이뇨제 등으로 제거하기 위해 노력한다.

⑤ 지나친 절식과 운동으로 신체기능이 저하되어 죽음에 이르기도 한다.

⑥ 일반적으로 청소년기나 성인기 초반에 발병하며 완벽주의적이고 내성적이며 모범적인 여자 청소년에게 흔하게 나타난다.

⑦ 스트레스 유발 사건과 관련되어 발병하는 경우가 많으며 마른 체형을 선호하는 사회문화적 분위기나 외모가 중요한 직업군에서 발병률이 높다.

⑧ 식사를 하지 않기 위해 가족이나 친한 사람을 만나지 않아 사회적으로 고립된 경향이 있고 학업이나 일에 강박적으로 집중하는 경우도 있다.

⑨ 우울을 느끼며 대인관계가 위축되어 있고, 성욕을 상실하는 경우가 잦다.

(2) 원 인

① **생물학적 관점**

㉠ 유전, 시상하부의 기능장애

㉡ 자가중독이론 : 절식과 과도한 운동 후 엔도르핀 증가로 인한 긍정적인 정서 경험이 신경성 식욕부진증 행동을 강화하여 지속하게 한다 (Marazzi 외, 1986).

② **정신분석적 관점**

㉠ Freud : 식욕을 성욕의 대체 행위로 생각했으며 신경성 식욕부진증의 원인을 성욕에 대한 방어로 간주한다.

㉡ 대상관계이론 : 음식은 모성을 상징하며 청소년기 딸과 어머니의 갈등이 표현된 것으로 간주한다.

③ **행동주의적 관점**

㉠ 체중 공포증으로 볼 수 있다.

㉡ 접근-회피갈등 : 절식으로 인한 음식에 대한 강박이 우세할 때는 폭식행동이 나타나고, 몸무게 증가에 대한 두려움이 우세할 때는 절식행동이 나타나게 되며, 신경성 식욕부진증은 음식 회피가 우세한 결과이고, 신경성 폭식증은 접근과 회피가 번갈아 일어나는 증상이다.

④ **인지적 관점** : 자신의 신체상에 대한 왜곡된 지각과 날씬한 몸매가 다른 사람의 인정과 사랑을 얻는 중요한 요인이라는 비합리적 신념이 원인이라고 간주한다.

(3) 치 료

① 영양실조에 의한 합병증의 위험으로 입원 치료가 많으며 음식 섭취를 통한 체중 증가가 치료에서 가장 중요하다.

② 체중 증가 행동의 강화와 체중 감소 행동에 처벌을 준다.

③ 인지행동치료를 통해 체중과 체형에 관한 비합리적 신념을 논박하고 합리적 신념으로 대체하도록 한다.

④ 가족 치료를 통해 가족 간 비효과적인 의사소통 양식을 수정한다.

⑤ 우울장애와 같은 이차적인 정신장애가 흔하게 동반되므로 다양한 치료 기법으로 신경성 식욕부진증을 악화시키는 요인을 제거해야 한다.

03 CHAPTER 심리평가의 기초

Key Point

심리평가의 목적과 심리평가자의 자질을 이해하며, 심리평가의 구성요소인 면담, 행동관찰, 검사 등을 파악하는 것이 핵심이다.

나의 필기 노트

1 » 심리평가의 정의 및 목적

1) 심리평가의 정의

(1) 심리평가란 '사람의 심리적 특성을 이해하기 위해 심리검사, 면담, 행동관찰, 기타 다양한 기록을 포함한 다양한 평가 결과를 전문가적 지식으로 종합하여 의뢰 사유에 관한 최종적 해석을 내리는 전문적 과정'이다.

(2) 심리평가는 심리 평가자의 심리학적 지식, 임상 경험을 기반으로 심리기능 측정검사 도구를 활용해 수검자 개인을 이해하고, 장점과 단점 모두를 포함한 심리적 기능을 파악해 개인의 심리적 자산을 더욱 효율적으로 함양할 수 있도록 도와주는 과정이다.

(3) 모든 심리평가는 수검자의 전반적 심리 상태 및 기능 파악을 기본적인 목표로 하며, 각각의 심리평가는 측정하려고 하는 심리적 기능의 일부를 검사 도구를 활용해 확인하고 구체화하는 작업이다.

(4) 심리 평가에서 적응·부적응, 일탈 문제를 확인할 때는 정상적으로 기능하는 사람들의 일반적인 특징을 먼저 이해하고 있어야 한다.

(5) 심리평가자의 과학자로서의 자질과 예술가로서의 자질

① **과학자로서의 자질** : 심리 평가자는 전문적 지식, 객관적 실험, 논리적 검증에 의해 내담자에 대해 종합적·체계적 해석과 판단을 내린다.

② **예술가로서의 자질** : 인간의 심리가 보편적인 규칙만으로는 규명될 수는 없다는 사실을 이해하고, 동일한 문제 양상이라도 내담자 특성에 따라 전혀 다른 가설로 설명될 수 있음을 인식하며 심리 평가자로서 다양한 평가 경험과 치료 경험에 근거한 통찰력을 발휘해야 한다.

기출 DATA
심리평가자의 과학자로서의 자질과
예술가로서의 자질 ★
2020-3회, 2014, 2011

◎ 핵심 키워드
심리평가의 목적

기출 DATA
심리평가에서
심리검사를 실시하는 목적
2021-1회

2) 심리평가의 목적

(1) **진단 및 감별 진단** : 임상적 진단을 명료화·세분화하며, 증상 및 문제의 심각성 정도를 구체화한다.

(2) **성격 및 정신병리에 대한 이해** : 내담자의 자아 기능, 자아강도, 인지 기능 등을 측정하고 평가한다.

(3) **치료 전략의 평가** : 적절한 치료 유형, 치료 전략, 치료적 개입에 의한 효과 등을 평가한다.

2 » 심리평가를 위한 중요자료

1) 접수면접의 임상면담

(1) 내담자에게는 전체적인 평가 과정을 안내하는 전반적 틀을 제공한다.

(2) 평가자에게는 내담자를 이해하는 가치 있는 자료와 인상을 제공한다.

> **예** 인적사항, 의뢰 사유, 주호소 문제, 현병력, 과거 병력, 개인력, 가족력, 생활과 적응, 대인관계

기출 DATA
접수면접에서 파악해야 할 내담자의
정보 2020-2회

2) 접수면접에서 파악해야 할 내담자의 정보

(1) **내담자의 기본 정보** : 인적 사항, 종교, 질병 유무, 투약하고 있는 약의 존재 여부, 치료 경험, 신체적 결함, 신청 경로 등

(2) **외모 및 행동** : 옷차림, 말투, 위생 상태, 눈 맞춤 가능 여부, 대화 태도, 예절, 표정 등

(3) **주호소 문제**(내담자가 상담을 받기 위해 찾아온 이유) : 주호소 문제 및 주호소 문제와 관련된 개인사적 정보와 가족 관계

(4) **현재/최근 주요기능 상태** : 현재의 적응 기능과 최근 1년간의 적응 기능을 바탕으로 내담자의 전반적 기능 상태를 파악한다(인지, 생활 활동, 사회 참여, 대인관계, 이동성, 자조 능력).

(5) **스트레스의 원인** : 내담자의 표현 그대로 내담자의 스트레스 원인을 기록한다.

(6) **사회적 지원 체계** : 내담자가 곤란을 겪을 때 의지하거나 지원을 받을 수 있는 대상이 있는지 파악한다.

나의 필기 노트

3) 초기 면담의 행동관찰에 포함되어야 할 요소

(1) 일반적이거나 특징적인 외양, 행동, 동작, 태도 및 말투

(2) 면담에 임하는 태도가 협조적인지 피상적인지 저항적이거나 방어적인지 판단

(3) 시간과 장소, 인물에 대한 지남력

(4) 정서의 적절성과 정서적 표현

(5) 언어적이거나 비언어적인 의사소통 방식

(6) 환각이나 착각, 이인화 등과 같은 지각장애의 유무

(7) 사고의 흐름과 내용이 일반적인지 기이한지 판단

(8) 기억장애 유무

(9) 면담 시 정서적 반응과 융통성

※ 아동의 경우 : ① 용모 및 인상, ② 언어능력, ③ 청각·시각의 이상 여부, ④ 시선처리(눈 맞춤 가능 여부), ⑤ 또래와 비교한 신체 발달 상태, ⑥ 영양 상태, ⑦ 위생 상태

기출 DATA
초기 면담의 행동관찰에
포함되어야 할 요소
2016-3회, 2013

심리평가 이전 면담 시 유의
사항 2020-1, 2015 기출
• 현재 내담자가 겪고 있는 문제
를 명료화하고 구체화한다.
• 내담자가 겪고 있는 문제가 발
생하게 된 원인과 그동안 내담
자의 적응과정과 방식, 문제가
발생되는 현재 상황의 특징을
알아보고 내담자 개인의 성격
및 대인관계에서 나타나는 특
징을 파악한다.

현병력에 포함되어야 하는 사항

• 현재의 증상 출현과 발달
• 병전 성격
• 문제의 진술 혹은 의뢰 사유
• 현재의 생활 조건(환자의 가족, 주거조건, 현재 직장·작업 조건, 경제적 문제)

기출 DATA
현병력에 포함되어야 할 사항
2019-3회, 2016-1회

4) 임상면접의 서면보고서 작성 구성내용

(1) **개인적 자료** : 성별, 연령, 생년월일, 결혼 여부, 취업 여부, 주소, 연락처, 면담 날짜

(2) **의뢰 사유와 주호소 문제** : 현 시점에서 도움을 받고 싶은 이유와 당면한 문제의 진술

(3) **행동관찰** : 일반적·특징적 외양, 언어적·비언어적 의사소통 방식, 면담 태도[협조적/비협조적(저항적, 방어적, 피상적), 면담할 때의 정서적 반응 과 융통성]

기출 DATA
임상면접의 서면보고서
2019-3회

(4) **현재의 생활조건** : 내담자가 당면한 문제나 적응과 관련된 현재의 생활조건

> 예 환자의 직계가족, 주거조건, 현재의 직장조건, 경제적 문제, 특수한 긴장이나 스트레스 유발사건 등

(5) **개인의 발달사적 과거력** : 내담자의 인격 형성과 발달에 영향을 미친 과거 사건들, 주요 행동양식

> 예 출생과 초기 발달, 초기 아동기의 신체적 건강, 가족관계, 교육력, 직업력, 성적 적응과 결혼, 현재 증상의 출현과 발달

(6) **가족배경** : 조부모, 부모, 형제 등 의미 있는 관계를 가졌던 친척들에 대한 정보

(7) **심리검사 결과** : 실시한 각종 심리검사 결과를 종합한 내용으로 내담자의 인지적 · 정서적 · 대인관계적 · 적응적 특징을 포함

(8) **의학적 결과** : 의학적인 검사의 전반적인 결과

(9) **요약과 평가** : 수집된 내용을 임상적으로 진단, 당면한 문제의 본질, 내담자의 현재 · 과거 적응방식과 자아강도 및 취약성, 문제의 심각성과 예후를 요약하고 평가

(10) **전문가적 견해** : 내담자를 위한 적절한 치료개입과 치료에 영향을 미치는 주요소 언급

3 》》 심리평가의 전통적 모델과 치료적 모델

구 분	전통적 모델	치료적 모델
평가 목표	진단이 주기능으로 현존하는 문제와 관련한 차원과 범주를 명확하게 기술함	수검자 개인의 삶에서 부딪히는 문제들을 해결하도록 돕기 위해 문제에 대한 이해를 확장시키고, 수검자 개인과 다른 사람에 대해 생각하고 느끼는 새로운 방식을 학습하도록 함
평가자 역할	객관적 관찰자로서 비교적 제한된 역할만을 수행함	관찰자이며 참가자로서 임하게 되며 초기 과정부터 상담을 통해 핵심적인 문제를 탐색하고 치료적 개입을 하는 등 보다 능동적인 역할을 함

나의 필기 노트

◎핵심 키워드
행동관찰의 유형
• 자연관찰법
• 유사관찰법
• 자기관찰법
• 참여관찰법

4 » 행동관찰의 유형

1) **자연관찰법** : 비참여 관찰자가 미리 선정된 관찰대상의 행동을 자연스러운 환경에서 체계적으로 관찰하고 기록하는 방법이다.
   예 병동 내 관찰, 가정 내 관찰, 학교 내 관찰 등

2) **유사관찰법** : 관찰의 효율성을 높이기 위해 제한이 가해진 체계적 환경에서 관찰하는 방법이다. 예 면담실 관찰, 놀이실의 놀이상황 평가 등

3) **자기관찰법** : 관찰자가 자기 자신의 행동을 스스로 관찰하고 기록하는 방법이다.
   예 흡연, 음주, 음식섭취, 두통 등

4) **참여관찰법** : 자연스러운 환경 내에 참여하고 있는 관찰자가 관찰 대상의 행동을 관찰하는 방법이다. 예 부모의 아동관찰, 교사의 학생 관찰 등

5 » 심리검사

1) 심리검사의 개념과 목적

(1) 심리검사의 개념 : 심리검사란 성격, 적성, 지능과 같은 인간의 다양한 심리적 특성을 파악하기 위해 여러 가지 도구들을 활용하여 양적·질적으로 측정하고 평가하는 일련의 절차를 말한다.

(2) 심리검사의 주요 목적
   ① 임상적 진단의 명료화와 세분화
   ② 증상과 문제의 심각도 구체화
   ③ 피검자의 자아 강도 평가
   ④ 적절한 치료 유형 제시
   ⑤ 인지적 기능 측정

기출 DATA
심리검사의 주요 목적
2015-3회

2) 심리검사의 유형과 특징

◎ 핵심 키워드
객관적 검사의 특징
중심경향치
Z점수의 계산

(1) 객관적 검사

구조화된 과제, 채점 과정 표준화, 해석 규준이 제시된 검사

예 MMPI, Wechsler, MBTI 등

① 검사 점수의 해석

㉠ 원점수 : 개별적 채점의 결과로 얻은 실제 점수로 원점수만으로는 개인 간 비교가 불가능하여 이상 수준을 알 수 없다.

㉡ 백분위 점수 : 원점수의 분포에서 100개의 동일구간으로 점수들을 분포하여 변환 값을 부여한 점수로 개인이 집단에서 차지하는 상대적 위치를 파악할 수 있다. 예 상위 5%, 하위 95%

㉢ 중심 경향치 : 자료의 대푯값으로 모든 점수를 합한 뒤 인원수로 나눈 평균, 가장 많이 나타나는 값인 최빈치, 자료의 중앙에 있는 값을 나타내는 중앙값이 있으며 최빈치, 중앙값, 평균은 상·하위 50% 백분위 점수이다.

㉣ 표준편차 : 평균에서 떨어져 있는 정도를 나타내는 것으로 자료의 분산 정도를 알 수 있고, 보통평균에서 2 표준편차 이상 떨어진 점수를 이상치로 여긴다.

㉤ Z점수 : 평균 0, 표준편차 1로 직선변환한 점수로 표준 정규분포 곡선에서 최빈치, 중앙값, 평균은 모두 Z점수 0이 되며 점수의 상대적 위치를 비교할 수 있다.

$$Z점수 = \frac{원점수 - 평균}{표준편차}$$

기출 DATA
T점수의 산출
2017-1회

㉥ T점수 : 개인의 위치를 파악하기에는 용이하지만 심리검사에서 '-(minus)'에 대한 해석이 어렵기 때문에 Z점수에 임의의 표준편차를 곱하고 임의의 평균을 더하여 사용하기에 편리한 수치로 전환시킨 점수로, 흔히 평균 50, 표준편차(σ) 10을 사용하여 계산한다.

$$T점수 = 50 + Z점수 \times 10$$

기출 DATA
MMPI
2016-3회, 2016-1회

② MMPI는 평균 50, 표준편차 10을 사용하여 2 표준편차 이상인 70점 이상을 임상적으로 유의미하다고 여겼으나 MMPI-2로 개정되면서 정상군과 임상군을 구분하는 가장 이상적인 점수가 65점 이상이라는 Butcher와 Williams(1992)의 연구 결과에 따라 65점 이상이 기준이 되었다.

③ 웩슬러(Wechsler) 지능검사는 평균IQ 100, 표준편차 15를 사용하며, 1 표준편차 사이 점수(100±15)에 해당하는 IQ 85~115(68%)를 평균 지능으로 간주하고, 2 표준편차 이하에 해당하는 IQ 70 이하부터 지적 장애로 간주한다(IQ 130 이상은 영재로 간주).

(2) **투사적 검사** : 모호한 자극을 인지적으로 해석하는 과정에서 개인의 심리적 독특성을 이끌어내는 검사 **예** 로샤(Rorschach), TAT, CAT, HTP, SCT 등

(3) **객관적 검사와 투사적 검사의 장단점**

구분	객관적 검사	투사적 검사
장점	• 검사의 시행, 채점, 해석이 용이함 • 검사의 신뢰도 · 타당도 검증 • 검사자 · 상황 변인의 영향이 적기 때문에 개인 간 비교가 객관적으로 제시되어 객관성이 증대됨	• 독특하고 다양한 반응 도출 가능 • 방어의 어려움 • 평소에는 의식하지 못했던 사고, 감정의 자극으로 전의식적 · 무의식적 심리적 특성 반영 가능
단점	• 문항내용이 사회적으로 바람직한 내용인지 아닌지에 따라 수검자의 응답이 달라질 수 있음(방어 가능성) • 응답방식에 따라 결과가 영향을 받음(긍정 · 부정 응답 방식) • 응답 범위가 제한되어 있어 특정한 상황에서 특성-상황 상호작용을 파악하기 어렵고 검사결과가 지나치게 단순화됨	• 검사의 신뢰도 부족 • 검사의 타당도 부족 • 반응에 대한 상황적 요인에 영향을 받음 **예** 검사자의 인종, 성, 태도, 검사자에 대한 수검자의 선입견 등

기출 DATA
객관적 검사의 장단점
2017-3회

◎핵심 키워드
객관적/투사적 검사의 장단점 비교

(4) **객관적 검사와 투사적 검사의 검사 결과의 불일치 원인**
① 성격은 복합적인 구조로 이루어져 있어 단편적으로 측정될 수 있는 차원이 아니다.
② 객관적 검사는 의식적으로 인식되는 수준과 행동을 측정하며, 투사적 검사는 무의식적이고 구조적인 수준을 평가하기 때문에 각각의 검사는 성격의 서로 다른 수준을 측정하고 있다.
③ 측정방법 관련 요인이 결과에 많은 영향을 미치게 된다.

기출 DATA
객관적 검사(MMPI)와 투사적 검사(Rorschach)의 불일치 원인
2016-3회

◎핵심 키워드

표준검사집(Full Battery)과 단일 검사(Test by Test) 분석의 장단점

기출 DATA

Full Battery 사용하는 이유
2021-3회

(5) 표준검사집(Full Battery) 검사와 단일 검사(Test by Test) 분석의 장단점

구분	표준검사집 (심리검사 배터리, Full Battery)	단일 검사 (Test by Test)
장점	• 모든 영역을 다루는 하나의 심리검사는 없기 때문에 다양한 검사에서 폭넓은 자료를 얻을 수 있음 • 여러 검사 결과를 서로 비교하여 교차 타당성을 검증할 수 있음 • 각 검사마다 측정하는 영역이 달라 수검자의 자아기능, 본능적 힘, 방어기제, 현실적 요구가 어떤 방식으로 배열과 균형을 이루는지에 대한 전체적이고 구체적인 모습을 얻을 수 있음	• 시간과 비용 면에서 경제적임 • 심리평가 목적에 맞는 최적의 검사도구 선정이 가능
단점	• 시간과 비용이 단일검사에 비해 많이 소요됨 • 모든 검사 결과를 이용하지 않을 경우 시간과 노력에 비해 효용이 적음	• 배터리 검사에 비해 자료에서 얻는 정보가 제한적임 • 각 검사별로 세워진 가설들에 대해 타당성을 교차검증할 수 없음 • 각 검사결과를 비교·통합하는 과정이 없으므로 수검자의 자아 기능, 본능적 힘, 방어기제, 현실적 요구가 어떤 방식으로 배열과 균형을 이루는지에 대한 전체적이며 구체적인 모습을 얻을 수 없음

◎핵심 키워드

컴퓨터 프로그램을 이용한 심리검사 방법의 장단점

(6) 컴퓨터 프로그램을 이용한 심리검사 방법의 장단점

장 점	단 점
• 검사 내용의 표준화, 체계화로 검사자의 주관적 판단을 방지 • 개인 간 비교, 개인 내 비교가 모두 가능함 • 시간의 절약(간편하고 신속한 검사 수행) • 원거리 검사 가능	• 상황에 따라 서로 상반되는 결과가 유도될 수 있음 • 잘못된 프로그래밍으로 인한 오류가 발생할 수 있음 • 검사 소요시간을 제외하고는 수검 태도에 대한 정보를 거의 얻기 힘듦

◎핵심 키워드
심리검사의 선정 조건

3) 심리검사의 선정 조건

(1) 심리검사의 목적을 분명하게 하고, 목적에 맞는 적절한 검사를 선정한다.

(2) 표준화 검사를 사용할 경우, 검사의 신뢰도를 검토한다(적어도 신뢰도 계수가 0.7 이상의 검사 사용).

(3) 검사의 타당도를 검토한다.

(4) 심리검사의 실용성 검토 : 검사 시행·채점이 간편하고, 시행 시간도 적절하며, 검사지 비용도 지나치게 부담스럽지 않은 검사를 선정한다.

심리검사 결과 해석지침 2020-3, 2014 기출

• 검사자는 검사정보를 내담자가 이해하기 쉬운 용어로 제공하여 정보의 의미를 자신의 문제와 연결할 수 있도록 내담자가 해석의 중심이 되어야 한다.
• 내담자에게 필요한 것은 검사점수 자체가 아니라 검사점수가 지닌 정보라는 것을 유념하여 검사점수가 내담자의 의사결정에 도움이 되도록 한다.
• 개인차에 대하여 높은 점수는 좋고 낮은 점수는 나쁘다는 등의 의미를 부여하지 않고 중립적 입장을 유지해야 한다.
• 검사 점수 외에 다른 정보들도 고려하여 검사 결과를 종합적으로 해석해야 한다.

임상적 실무에서 의사결정을 할 때 통계적 판단과 임상적 판단의 장단점

구 분	통계적 판단	임상적 판단
장 점	• 모호한 개념을 구체화하여 보다 명확하게 정의함으로써 통계적 공식에 따른 구체적 예측이 가능하다. • 임상적 판단에서는 제시하기 어려운 신뢰도를 제시할 수 있다.	• 다양한 검사자료, 사례사, 의학적 기록, 언어/비언어적 행동의 관찰에 의한 광범위한 정보들을 토대로 비교적 정확성 있는 판단을 할 수 있다. • 과학적 예측이나 통계적인 방법으로 규정이 힘든 경우에도 적용할 수 있다.
단 점	• 인간은 복잡한 존재로서 수량화하는 데 한계가 있다. • 통계적으로 유의미하거나 유의미하지 않다는 것만으로 의사결정을 내리기에는 한계가 있다. 통계적 판단과 함께 관찰 및 다양한 정보를 통합하여 보다 입체적인 판단이 필요하다.	• 통계적 접근에 비해 신뢰도가 떨어진다. • 임상가의 주관적 판단이 개입될 수 있으며 검사과정에서 편향이 나타날 수 있다.

기출 DATA
심리평가 최종 보고서 작성
2021-3회, 2016-3회

심리검사 결과와 생활사적 정보의
통합 2020-3회

6 » 심리평가의 최종 보고서 작성

1) 심리검사 결과와 생활사적 정보의 통합

(1) 수검자의 지능이나 정서, 성격 등의 심리적 특성들은 인격적 특성 및 적응적 행동과 밀접한 관계가 있기 때문에 생활사적 정보 및 심리검사 결과를 통합하여 평가보고서를 작성해야 한다.

(2) 심리검사 결과와 생활사적 정보를 통합하여 인과관계를 파악할 수 있으며, 수검자를 다양한 측면에서 바라볼 수 있다.

2) 구체적 내용

(1) 인적사항

(2) 의뢰 사유, 주호소 문제

(3) 현병력, 과거병력, 개인력, 가족력

(4) 실시된 검사 종류, 행동관찰, 검사 내용 및 결과

(5) 의심되는 진단명 및 치료 시 권고사항

지능검사

Key Point

지능검사는 개인의 지적 기능 수준과 양상을 평가하며, 개인의 성격을 반영하는 역동적인 임상도구임을 이해하는 것이 중요하다.

나의 필기 노트

1 》 지능의 정의 및 종류

1) 웩슬러(Wechsler)의 지능의 정의

(1) 지능을 '개인이 합목적적으로 활동하고 합리적으로 사고하며 환경을 효과적으로 처리하는 전반적, 총합적 능력'으로 규정하였다.

(2) 이에 따라 이전의 지능에 대한 여러 정의를 종합하고 지능에 인지적 요소와 성격, 정서, 사회적 요인을 포함하였다.

2) 유동성 지능과 결정성 지능

(1) **유동성 지능(타고난 지능)** : 14세경까지 꾸준히 발달하나 22세 이후 급격하게 감소되는 선천적인 능력으로 뇌손상이나 정상적인 노령화에 의해 감소되는 지적 능력을 말한다.

(2) **결정성 지능(학습된 지능)** : 유동적 지능을 토대로 개인의 문화적, 교육적 경험에 영향을 받는 지능으로 40세 또는 환경적 영향에 의해 그 이후까지 발전될 수 있는 지적 능력을 말한다.

◎핵심 키워드
웩슬러의 지능의 정의
유동성 지능
결정성 지능

기출 DATA
결정성 지능, 유동성 지능
2019-3회, 2015-3회

나의 필기 노트

기출 DATA
지능 평가의 주요 쟁점
2021-1회, 2018-1회

2 » 지능 평가의 주요 쟁점

1) 이론적 입장(개념적 접근)

(1) 지능을 과학적으로 정의하기 위해 노력한다.

(2) 집단 대상의 지능검사 결과와 개인의 성별, 연령, 학력 변인 등의 상관관계를 연구하고 요인 분석을 실시하였다.

(3) **대표학자** : 스피어만(Spearman), 손다이크(Thorndike), 서스톤(Thurstone), 카텔(Cattell), 길포드(Guilford)

2) 임상적 입장

(1) 지능은 전체적인 잠재적 적응 능력이다.

(2) 경험적·이론적 배경이 충분하지 않아도 지능 구성요소에 대한 가설을 바탕으로 지능검사를 제작하고 타당도를 검증하였다.

(3) 동기나 성격같은 비(非)지적 요소가 지능검사 결과에 영향을 미치며, 이는 임상적으로 중요한 정보를 제공한다고 주장한다.

(4) **대표학자** : 비넷(Binet), 터먼(Terman), 웩슬러(Wechsler)

3 » 웩슬러(Wechsler) 지능검사

기출 DATA
'Full Battery'에서 웩슬러 지능
검사가 자주 사용되는 이유
2021-3회, 2018-3회

1) 'Full Battery'에서 웩슬러 지능검사가 자주 사용되는 이유

(1) 지능의 언어적·비언어적 측면을 모두 고려한다.

(2) 넓은 연령대(만 2세 6개월~69세 11개월)에 사용이 가능하다.

(3) 편차지능지수의 사용으로 개인이 속한 해당 연령집단 내에서 상대적인 위치를 IQ로 환산해 수검자의 지능에 대한 상대적 위치에 대한 정보를 제공해주므로 개인 간의 비교가 쉽다.

(4) 소검사 점수 간의 분산을 분석하여 수검자의 인지적 강점과 약점을 파악하는 개인 내 비교가 가능하다.

(5) 소검사 프로파일을 분석하여 수검자의 적응적·부적응적 측면에 대해 효율적으로 파악하는 것이 가능하다.

(6) 웩슬러는 지능을 '개인이 목적에 맞게 활동하고 합리적으로 사고하며 자신을 둘러싼 환경을 효과적으로 처리해 나가는 전반적·총합적 능력'으로 정의하며 전반적인 인지적 기능에 대한 포괄적 평가(인지적 약점과 강점에 대한 평가)뿐 아니라 성격적·정서적·사회적 요인을 포함시켜 지능을 폭넓게 개념화 하였다.

(7) 단순히 '지능수준'을 평가하는 것이 아니라 개인의 성격을 반영해주는 역동적 도구이다.

2) 웩슬러 지능검사의 구성 체계

(1) K-WAIS-Ⅲ(Korean-Wechsler Adult Intelligence Scale-Ⅲ, 한국 웩슬러 성인용 지능검사-3판)

언어성 지능		동작성 지능	
• 상식	• 산수	• 빠진 곳 찾기	• 토막 짜기
• 숫자	• 이해	• 차례 맞추기	• 바꿔 쓰기
• 어휘	• 공통성	• 모양 맞추기	

(2) K-WISC-Ⅲ(Korean-Wechsler Intelligence Scale for Children-Ⅲ, 한국 웩슬러 아동 지능검사-3판)

언어성 지능		동작성 지능	
• 상식	• 산수	• 빠진 곳 찾기	• 기호 쓰기
• 숫자	• 이해	• 차례 맞추기	• (동형 찾기)
• 어휘	• 공통성	• 모양 맞추기	• (미로)
		• 토막 짜기	

* 괄호표시는 선택 소검사임

(3) K-WAIS-Ⅲ와 K-WISC-Ⅲ의 해석

① 언어성 지능과 동작성 지능

㉠ 언어성 지능

ⓐ 아동기에서부터 축적된 경험과 지식, 조직화된 능력을 측정한다.

ⓑ 타고난 지능보다는 학습된 지능인 결정성 지능에 해당한다.

ⓒ 정상 수준 이상의 지능 수준에서 언어성 지능이 동작성 지능에 비해 높으면 교육적 수준이 높고 지적활동이 지배적임을 시사한다.

기출 DATA
언어성 지능, 동작성 지능
2016-3회

ⓛ 동작성 지능

ⓐ 축적된 경험의 활용능력과 즉각적인 문제해결 능력, 대처능력 등의 비교적 덜 조직화된 능력을 측정한다.

ⓑ 타고난 지능, 즉 지능의 잠재성을 나타내는 유동성 지능에 해당한다.

ⓒ 동작성 지능이 언어성 지능보다 높은 경우 잠재된 능력에 비해 학습 경험이 낮음을 시사한다.

② 언어성 지능 점수와 동작성 지능 점수의 편차

㉠ 언어성 지능 점수와 동작성 지능 점수 간의 불일치는 보편적으로 나타날 수 있지만 그 편차가 비정상적으로 클 때, 피검자에게 실질적 장애가 있음을 반영한다.

㉡ 불일치 점수가 30 이상인 경우 정신증적 진행, 기질적 손상, 유의미한 발달상의 문제가 의심된다.

③ 언어성 지능과 동작성 지능 편차에 대한 해석

㉠ 언어성 지능과 동작성 지능이 비슷하면 언어적 능력을 이용한 언어적 문제 해결과, 시각적 분석과 운동기능이 필요한 비언어적 문제 해결에서 동등한 능력을 발휘할 수 있다.

㉡ 언어성 지능 〉 동작성 지능

ⓐ 시각 운동 기능보다 언어적 표현, 분석, 회상 능력이 우수한 사람으로 주지화 방어를 많이 사용하는 경향이 있다.

ⓑ 성취 동기가 높고 언어적 관심이 많다.

ⓒ 교육수준이 높고 문화적 경험이 풍부하지만 비교적 즉각적인 문제 해결 기술이나 동작성 기술, 기계적 응용력 수준은 떨어진다.

ⓓ 언어성 지능이 높게 나타나는 정신장애

• 우울장애 : 우울로 인해 집중력 저하, 낮은 동기, 정신운동속도가 지연되어 동작성 지능이 낮게 나타난다.

• 불안장애 : 불안으로 인해 동작성 과제 수행의 어려움을 겪어 동작성 지능이 낮게 나타난다.

• 조현병 스펙트럼 : 분열적 성향 또는 매우 관념적이거나 편집증적 성향이 있는 조현병 환자들은 다른 사회적 관심들을 철회하기 위해 단어, 언어적 상징에 의존하므로 언어성 지능이 높을 수 있다. 반면에 조현병적 혼란이 지각, 시각－운동 분석 능력에 더 쉽게 영향을 미치므로 동작성 지능이 언어성 지능보다 낮을 수 있다.

- 뇌손상 : 시각 또는 운동능력에 특정한 영향을 미치는 뇌 영역에 손상을 입은 기질적 뇌손상 환자도 전반적인 동작성 지능 점수가 낮게 나타난다.
- 양극성 장애에서 리튬(Lithium) 장기 복용 시 정신운동 속도가 느려져 동작성 지능이 낮게 나타난다.

ⓒ 동작성 지능 〉 언어성 지능

우수한 시각적 분석 능력 또는 잘 조정된 운동 반응을 보인다.

ⓐ 반영적 사고 성향에 비해 행위나 활동을 더 선호하는 사람으로 기계적 활동에 대한 관심이 많다.

ⓑ 언어적 기술을 강조하지 않는 사회문화적 배경도 영향을 미칠 수 있다.

ⓒ 잠재능력에 비해 학습경험 수준이 낮다고 볼 수 있다.

ⓓ 병리적 측면에서 동작성 지능이 높은 사람은 충동적이고 행동지향적인 양식이 지배적인 행동화 경향을 많이 보인다.

ⓔ 동작성 지능이 높게 나타나는 정신장애

- ADHD : 행동화 경향으로 인해 동작성 지능이 언어성 지능보다 높게 나타난다.
- 조현병 스펙트럼 : 일부 조현병 환자는 환청으로 인해 동작성 지능에 비해 언어성 지능이 낮아지게 된다.
- 뇌손상 : 언어 능력과 관련한 좌반구에 신경학적 문제를 갖고있는 기질성 뇌손상 환자는 언어성 지능은 떨어지는 반면 동작성 지능은 유지된다.
- 자폐스펙트럼 장애 : 언어성 과제 수행의 어려움으로 언어성 지능이 낮게 나타난다.
- 학습장애 : 성취지향적인 언어성 검사에서 점수가 낮게 나타난다.

(4) K-WAIS-Ⅳ(Korean-WechslerAdult Intelligence Scale-Ⅳ, 한국 웩슬러 성인용 지능검사-4판)

① 2012년 K-WAIS-Ⅳ로 표준화되었다.

② 임상적 실제에 근거한 기존 검사를 Ⅳ판에서 C-H-C(Cattell-Horn-Caroll)이론에 근거하여 개정하였다.

③ 언어성·동작성 척도를 제거하고, 전체 지능·언어이해·지각추론·작업기억·처리속도·일반능력지수를 제공한다.

기출 DATA
K-WAIS-Ⅳ ★
2017-1회, 2016-3회,
2016-1회

④ 차례 맞추기, 모양 맞추기 소검사를 제거하여 검사 수행 시 요구되는 운동성/속도 비중을 낮추어 연령에 따른 지능의 저평가 경향성이 감소되었다.

⑤ 퍼즐, 무게비교의 추가로 유동적 추론의 측정이 강화되었다.

⑥ 실시 연령은 16세 0개월~69세 11개월이다.

⑦ K-WISC-IV와 만 16세 0개월~16세 11개월까지 연령대가 겹치게 되는데, 인지 능력 평균 하, 언어적 손상 또는 언어적 표현의 어려움이 있는 수검자는 K-WISC-IV(또는 K-WISC-V)를 시행한다.

┃ 구성 체계 ┃

언어이해(VCI)	지각추론(PRI)	작업기억(WMI)	처리속도(PSI)
• 공통성 • 어휘 • 상식 • (이해)	• 토막 짜기 • 행렬 추론 • 퍼즐 • (무게비교) • (빠진 곳 찾기)	• 숫자 • 산수 • (순서화)	• 동형 찾기 • 기호 쓰기 • (지우기)

* 괄호표시는 선택 소검사임

㉠ 지표지수(모든 웩슬러 검사에 해당)
ⓐ 언어이해지표(VCI ; Verbal Comprehension Index) : 학습된 지식(결정성 지능), 언어적 개념 형성, 언어적 추론/이해에 대한 측정치이다.

ⓑ 지각추론지표(PRI ; Perceptual Reasoning Index) : 유동적 추론(유동성 지능), 시각-운동 통합, 공간처리, 세부에 대한 주의력, 학습을 통해 배울 수 없는 문제를 해결하기 위해 시공간적인 시각-운동 기술을 적용하는 능력에 대한 측정치이다.

ⓒ 작업기억지표(WMI ; Working Memory Index) : 입력된 정보의 일시적 저장, 조작(계산/변환 처리), 산출이 일어나는 곳에 대한 정신적 용량에 대한 측정치이다. 학습의 핵심적 요소로 유동적 추론, 학습 용량, 주의력 등의 개인차를 설명한다.

ⓓ 처리속도지표(PSI ; Processing Speed Index) : 단순하고 일상적인 정보를 오류 없이 신속하게 처리하는 능력에 대한 측정치이다. 학습은 일상적인 정보 처리와 복잡한 정보 처리가 함께 요구되기 때문에 처리속도가 약점이면 과제 처리에 소요되는 정신적 에너지 및 시간이 늘어나 학습 효율성이 떨어지게 된다.

┃ 소검사 구성 ┃

소검사명 (약자)	설 명	측정 영역	지표
토막 짜기 (BD) (시간제한)	흰 면/빨간 면의 토막으로 제시된 모형/그림과 똑같은 모양을 만듦	추상적 시각자극의 분석과 종합, 시지각/시각적 조직화, 시공간적 문제해결, 시각–운동 협응	지각 추론
공통성 (SI)	사물/개념을 나타내는 두 단어를 듣고, 두 단어가 서로 묶일 수 있는 공통점을 말함	결정성 지능, 언어적 추론/개념 형성, 언어적 문제 해결, 비본질–본질적인 특성 간의 구분, 언어적 표현	언어 이해
숫 자 (DS)	• 숫자 바로 따라하기 과제에서는 검사자가 읽어준 것과 같은 순서로 따라함 • 숫자 거꾸로 따라하기 과제에서는 검사자가 읽어준 것과 반대 순서로 따라함 • 숫자 순서대로 따라하기 과제에서는 검사자가 읽어준 숫자를 (숫자의) 순서로 따라함	• 숫자 바로 따라하기 : 청각적 단기기억, 계열화 기술, 주의 집중력 • 숫자 거꾸로 따라하기 : 청각적 단기기억, 작업기억, 정신적 조작, 시공간적 형상화 • 숫자 순서대로 따라하기 : 정신적 조작, 작업기억	작업 기억
행렬추론 (MR)	불완전한 행렬을 보고, 다섯 개의 반응선택지에서 행렬의 빠진 부분을 고름	유동성 지능, 비언어적 문제 해결, 비언어적 추론, 공간적 시각화에 대한 측정	지각 추론
어 휘 (VC)	• 그림 문항에서는 소책자에 제시된 그림의 이름을 말함 • 말하기 문항에서는 검사자가 읽어주는 단어의 뜻을 말함	결정성 지능, 학습된 지식, 언어적 개념화, 언어적 추론, 장기기억, 언어적 표현	언어 이해
산 수 (AR) (시간제한)	검사자가 말해주는 일련의 산수 문제를 암산	주의집중력, 청각적·언어적 이해, 정신적 조작, 작업기억, 장기기억, 수 관련 추론 능력	작업 기억
동형찾기 (SS) (시간제한)	반응 부분에 제시된 모양이 보기에 제시된 모양과 일치하는지 보고 '예/아니오'에 표시함	시각–운동 처리 속도, 시각–운동 협응, 단기 시각 기억, 인지적 유연성, 시각적 변별, 집중력	처리 속도
퍼 즐 (VP) (시간제한)	완성된 퍼즐그림을 보고 퍼즐을 완성할 수 있는 세 개의 퍼즐 조각을 보기에서 고름	비언어적 추론, 유동성 지능, 추상적 시각 자극의 분석/통합 능력, 공간적 시각화/조작 능력	지각 추론
상 식 (IN)	일반적 지식에 대한 광범위한 주제의 질문에 대답	결정성 지능, 학교나 환경에서 얻은 정보를 유지하고 인출하는 능력, 장기기억, 언어적 표현과 이해 능력, 폭넓은 독서와 초기환경의 풍부함	언어 이해
기호쓰기 (CD) (시간제한)	숫자와 대응되는 간단한 기하학적 모양의 기호표를 보여주고 숫자만 제시된 표에서 숫자에 대응하는 기호를 빈칸에 그림	시각–운동 처리 속도, 단기기억, 학습 능력, 시지각, 시각–운동 협응, 주의력, 동기 인지적 유연성	처리 속도
순서화 (LN)	연속된 숫자와 글자를 읽어주고, 숫자 → 글자의 순서대로 정렬하여 말하도록 함	주의력, 정신적조작, 계열화, 유연성, 청각적 작업기억, 시공간적 형상화, 처리 속도	작업 기억

병전기능 추정

수검자의 원래 지능수준을 추정해 현재 지능수준과의 차이를 알아봄으로써 급성/만성적 병적 경과, 지능의 유지/퇴보 정도를 파악할 수 있다. 어휘, 상식, 토막짜기 소검사의 결과, 내담자의 연령, 학력, 직업, 학교 성적 등을 종합적으로 고려하여 병전지능 추정에 사용할 수 있다.

병전기능 추정에 사용되는 소검사

어휘, 상식, 토막짜기는 안정적인 것으로 알려져 있어 병전지능추정에 사용될 수 있다. 현재지능이 추정된 병전지능과 유의미한 차이가 있으면 지적기능의 저하가 있는 것으로 해석할 수 있다.

기출 DATA

소검사 상식의 측정영역
2020–3회

나의 필기 노트

소검사명 (약자)	설 명	측정 영역	지표
무게비교 (FW) (시간제한)	양팔 저울 양쪽에 올려진 도형들의 무게를 바탕으로 양팔 저울의 균형을 맞추기 위해 비어있는 쪽에 어떤 도형의 조합을 넣어야 하는지 유추하도록 함	양적 추론, 유추적 추론, 귀납적/연역적 추론 실행기능 기술	지각 추론
이 해 (CO)	일반적 규칙, 사회적 상황에 대한 이해를 바탕으로 검사자의 질문에 대답함	일반적 규칙·사회적 상황에 대한 이해, 언어적 추론·개념화, 언어적 이해와 표현, 언어적 문제 해결력 측정, 결정성 지능 반영	언어 이해
지우기 (CA) (시간제한)	무선으로 배열된 그림, 일렬로 배열된 그림에서 표적 그림에 표시	시각적 선택주의, 각성, 처리속도, 시각적 무시	처리 속도
빠진 곳 찾기 (PCm) (시간제한)	제시된 그림에서 빠져있는 중요한 부분을 가리키거나 말함	집중력, 시각적 지각/조직화, 시각적 변별, 사물의 본질적인 세부에 대한 시각적 재인, 추리, 장기기억	지각 추론

기출 DATA
K-WAIS-IV의 이해 소검사의 특징 2021-1회

(5) K-WISC-IV(Korean-Wechsler Intelligence Scale for Children-IV, 한국웩슬러 아동지능검사-4판)

◎핵심 키워드
K-WISC-IV의 구성체계
2022-3회

① 2011년 K-WISC-IV로 표준화되었다.

② 임상적 실제에 근거한 기존 검사를 IV판에서 C-H-C(Cattell-Horn-Caroll) 이론에 근거하여 개정하였다.

③ 공통 그림 찾기, 순차 연결, 행렬 추리, 단어 추리, 선택의 추가로 작업 기억, 처리 속도, 유동적 추론의 측정을 개선하였다.

④ 차례 맞추기, 모양 맞추기, 미로 소검사의 제거로 시간 제약이 있는 수행에 대한 강조를 줄였다.

⑤ 실시연령은 6세 0개월~16세 11개월이다.

⑥ K-WPSSI-IV와만 6세 0개월~7세 7개월까지 연령대가 겹치게 되는데, 인지 능력 평균 하, 언어적 손상 또는 언어적 표현의 어려움이 있는 아동은 K-WPSSI-IV를 시행한다.

∥ 구성 체계 ∥

언어이해지표(VCI)	지각추론지표(PRI)	작업기억지표(WMI)	처리속도지표(PSI)
• 공통성 • 어휘 • 이해 • (상식) • (단어추리)	• 토막 짜기 • 공통 그림 찾기 • 행렬 추리 • (빠진 곳 찾기)	• 숫자 • 순차 연결 • (산수)	• 동형 찾기 • 기호 쓰기 • (선택)

* 괄호표시는 선택 소검사임

┃ 소검사 구성 ┃

소검사명 (약자)	설 명	측정 영역	지 표
토막짜기 (BD) (시간제한)	흰 면/빨간 면의 토막으로 제시된 모형/그림과 똑같은 모양을 만듦	추상적 시각 자극의 분석과 종합, 시지각/시각적 조직화, 시공간적 문제 해결, 시각-운동 협응	지각 추론
공통성 (SI)	사물/개념을 나타내는 두 단어를 듣고 두 단어가 서로 묶일 수 있는 공통점을 말함	언어적 추론/개념 형성, 언어적 문제 해결, 비본질-본질적인 특성 간의 구분, 언어적 표현, 결정성 지능	언어 이해
숫 자 (DS)	• 숫자 바로 따라하기 과제에서는 검사자가 읽어준 것과 같은 순서로 따라함 • 숫자 거꾸로 따라하기 과제에서는 검사자가 읽어준 것과 반대 순서로 따라함	• 숫자 바로 따라하기 : 청각적 단기 기억, 계열화 기술, 주의 집중력 • 숫자 거꾸로 따라하기 : 청각적 단기 기억, 작업기억, 정신적 조작, 시공간적 형상화	작업 기억
공통그림 찾기 (PCn)	두 줄/세 줄로 이루어진 그림들을 보여주며 공통적으로 묶일 수 있는 그림을 각 줄에서 하나씩 선택	비언어적 추상화, 범주적 추론 능력	지각 추론
기호쓰기 (CD) (시간제한)	숫자와 대응되는 간단한 기하학적 모양의 기호표를 보여주고 숫자만 제시된 표에서 숫자에 대응하는 기호를 빈칸에 그림	시각-운동 처리 속도, 단기기억, 학습 능력, 시지각, 시각-운동 협응, 주의력, 동기 인지적 유연성	처리 속도
어 휘 (VC)	• 그림 문항에서는 소책자에 제시된 그림의 이름을 말함 • 말하기 문항에서는 검사자가 읽어주는 단어의 뜻을 말함	결정성 지능, 학습된 지식, 언어적 개념화, 언어적 추론, 장기기억, 언어적 표현	언어 이해
순차연결 (LN)	연속된 숫자와 글자를 읽어주고, 숫자 → 글자의 순서대로 정렬하여 말하도록 함	주의력, 정신적 조작, 계열화, 유연성, 청각적 작업기억, 시공간적 형상화, 처리 속도	작업 기억
행렬추리 (MR)	불완전한 행렬을 보고, 다섯 개의 반응 선택지에서 행렬의 빠진 부분을 고름	유동성 지능, 비언어적 문제 해결, 비언어적 추론, 공간적 시각화에 대한 측정	지각 추론
이 해 (CO)	일반적 규칙, 사회적 상황에 대한 이해를 바탕으로 검사자의 질문에 대답함	언어적 추론/개념화, 언어적 이해/표현, 언어적 문제 해결	언어 이해
동형찾기 (SS) (시간제한)	반응 부분에 제시된 모양이 보기에 제시된 모양과 일치하는지 보고 '예/아니오'에 표시함	시각-운동 처리 속도, 시각-운동 협응, 단기 시각기억, 인지적 유연성, 시각적 변별, 집중력	처리 속도
빠진 곳 찾기 (PCm) (시간제한)	제시된 그림에서 빠져있는 중요한 부분을 가리키거나 말함	집중력, 시각적 지각/조직화, 시각적 변별, 사물의 본질적인 세부에 대한 시각적 재인, 추리, 장기기억	지각 추론

나의 필기 노트

소검사명 (약자)	설 명	측정 영역	지 표
선택 (CA) (시간제한)	무선으로 배열된 그림, 일렬로 배열된 그림에서 표적 그림에 표시	시각적 선택주의, 각성, 처리속도, 시각적 무시	처리 속도
상 식 (IN)	일반적 지식에 대한 광범위한 주제의 질문에 대답	결정성 지능, 학교/환경에서 얻은 정보를 유지/인출하는 능력, 장기기억	언어 이해
산 수 (AR) (시간제한)	검사자가 말해주는 일련의 산수 문제를 암산	주의 집중력, 청각적 언어적 이해, 정신적 조작, 작업기억, 장기기억, 수 관련 추론 능력	작업 기억
단어추리 (WR)	단서를 듣고 공통된 개념의 단어를 말함	언어적 이해, 유추/일반적 추론 능력, 언어적 추상화, 특정 분야의 지식, 서로 다른 유형의 정보통합 능력	언어 이해

(6) K-WISC-V(Korean-Wechsler Intelligence Scale for Children-V, 한국웩슬러 아동지능검사-5판)

① 2014년 개정된 WISC-IV를 바탕으로 2019년 K-WISC-V로 표준화되었다.

② 실시연령은 6세 0개월~16세 11개월이다.

③ 지능이론, 인지/신경 발달, 인지신경과학, 학습 과정에 대한 최근 심리학 연구를 기반으로 제작되었다.

④ 유동적 추론을 강화하여 새로운 소검사 3개(무게 비교, 퍼즐, 그림기억)가 추가되었으며 기존 IV버전과 실시 및 채점 절차가 달라졌다.

⑤ 전체 지능, 기본지표점수(언어 이해, 시공간, 유동 추론, 작업기억, 처리 속도), 추가지표점수(양적 추론, 청각 작업기억, 비언어, 일반 능력, 인지 효율)를 제공한다는 점에서 기존 IV버전과 완전히 다르다.

⑥ 미국 원판의 5개의 소검사가 반영되지 않았으며 미국 원판과는 달리 태블릿도 사용하지 않는다.

⑦ 총 16개의 소검사로 구성되어 있으며 기존의 지각추론지표가 시공간 추론과 유동 추론으로 바뀌어 시간 추론과 유동적 추리 능력에 대한 더욱 정확한 측정이 가능해졌다.

⑧ 기본지표와 추가지표의 어떠한 소검사도 대체가 불가능하다.

▌구성 체계 ▌

전체척도(Full scale)				
언어 이해(VCI)	시공간(VSI)	유동 추론(PRI)	작업기억(WMI)	처리 속도(PSI)
• 공통성 • 어휘 • (상식) • (이해)	• 토막 짜기 • (퍼즐)	• 행렬 추리 • 무게 비교 • (공통 그림 찾기) • (산수)	• 숫자 • (그림 기억) • (순차연결)	• 기호 쓰기 • (동형 찾기) • (선택)
기본지표척도(Primary index scale)				
언어 이해(VCI)	시공간(VSI)	유동 추론(PRI)	작업 기억(WMI)	처리 속도(PSI)
• 공통성 • 어휘	• 토막 짜기 • 퍼즐	• 행렬추리 • 무게비교	• 숫자 • 그림 기억	• 기호 쓰기 • 동형 찾기

추가지표척도 (Ancillary index scale)				
양적 추론	청각 작업기억	비언어	일반 능력	인지 효율
• 무게 비교 • 산수	• 숫자 • 순차 연결	• 토막 짜기 • 퍼즐 • 행렬 추리 • 무게 비교 • 그림 기억 • 기호 쓰기	• 공통성 • 어휘 • 토막 짜기 • 행렬 추리 • 무게 비교	• 숫자 • 그림 기억 • 기호 쓰기 • 동형 찾기

3) 웩슬러 지능검사의 실시

(1) 라포의 형성

① 지능검사는 다른 심리검사에 비해 수검자의 불안과 저항을 유발하기 쉽기 때문에 시작 전에 검사에 대한 소개를 하고, 가능한 한 지능에 대한 직접적 평가라는 말을 피하며 수검자의 문제 해결에 도움이 되는 자료를 얻는 검사임을 강조한다.

② 전문가답게 서두르지 말고 과제를 실시하며 문항 간, 소검사 간 이행을 부드럽고 수월하게 할 수 있도록 표준화된 어구를 꾸며서 이야기할 수도 있으나 검사 문항이나 실시 지시문을 변경하지는 않아야 한다.

③ 일정한 페이스를 유지하되 수검자의 기분이나 협조에 관한 변화에 대해서는 언제나 주시해야 한다. 휴식이 필요하다고 느낄 경우, 소검사를 마친 후 쉬어야 하며 소검사 중간에는 쉬지 않는다.

④ 수검자의 노력을 칭찬함으로써 열의와 관심을 보이고, 어떤 과제를 수행하지 못하거나 질문에 답을 하지 못했을 경우 "최선을 다하면 됩니다."라는 말로 용기를 북돋운다.

기출 DATA
웩슬러 지능검사의 실시에서 라포의 형성 2018-3회, 2012

나의 필기 노트

◎핵심 키워드
K-WAIS-Ⅳ의 실시 순서

(2) 실시 순서

① K-WAIS-Ⅳ : 토막짜기 → 공통성 → 숫자 → 행렬추론 → 어휘 → 산수 → 동형찾기 → 퍼즐 → 상식 → 기호 쓰기 → (순서화) → (무게비교) → (이해) → (지우기) → (빠진 곳 찾기)

② K-WISC-Ⅳ : 토막짜기 → 공통성 → 숫자 → 공통 그림 찾기 → 기호 쓰기 → 어휘 → 순차 연결 행렬 추리 → 이해 → 동형찾기 → (빠진 곳 찾기) → (선택) → (상식) → (산수) → (단어 추리)

(3) 해 석

① Wechsler 지능검사 합산점수의 해석을 위한 규준

합산 점수	분 류
130 이상	매우 우수
120~129	우수
110~119	평균 상
90~109	평균
80~89	평균 하
70~79	경계선
69~55	경도 지적장애(Mild)
35-40~50-55	중등도 지적장애(Moderate)
20-25~35-40	고도 지적장애(Severe)
20~25 이하	최고도 지적장애(Profound)

② 10단계 해석 전략

㉠ 1단계 : 전체지능지수(FSIQ) 보고 및 기술
㉡ 2단계 : 언어이해지수(VCI) 보고 및 기술
㉢ 3단계 : 지각추론지수(PRI) 보고 및 기술
㉣ 4단계 : 작업기억지수(WMI) 보고 및 기술
㉤ 5단계 : 처리속도지수(PSI) 보고 및 기술
㉥ 6단계 : 지수 수준 차이 비교 평가
㉦ 7단계 : 소검사 수준 차이 비교 평가
㉧ 8단계 : 강점 및 약점 평가
㉨ 9단계 : 소검사 내의 점수 패턴 평가(Option)
㉩ 10단계 : 과정 분석 수행(Option)

③ Wechsler 웩슬러 지능검사의 양적 분석

㉠ 수검자 수행에 대한 기술 : 실시된 각 소검사의 원점수는 모두 표준점수로 환산하게 되고 모든 소검사의 표준점수는 평균 10, 표준편차 3, 조합점수는 소검사 환산점수의 다양한 조합을 바탕으로 한 표준점수

5단계 해석전략
• 1단계 : 전체지능지수를 보고하고 기술한다.
• 2단계 : 언어이해지수, 지각추론지수, 작업기억지수, 처리속도지수를 보고하고 기술한다.
• 3단계 : 지수 수준 차이를 비교 및 평가한다.
• 4단계 : 소검사 수준 차이를 비교 및 평가한다.
• 5단계 : 수검자의 인지적 강점 및 약점을 평가한다.

기출 DATA
웩슬러 지능검사의 양적 분석
2018-3회

로 평균 100, 표준편차 15를 기준으로 하며 이를 통해 동일 연령대에서 수검자가 차지하는 상대적 위치를 파악할 수 있다.

ⓛ 백분위 : 연령 기준 백분위로 같은 연령대의 다른 수검자와 비교한 수검자의 순위를 나타낸다.

ⓒ 측정 오차와 신뢰 구간 : 수검자가 지능검사를 통해 얻은 점수는 진점수가 아니라 수검자의 실제능력과 측정오류를 포함한 진점수의 추정치이므로 표준오차를 이용하여 신뢰 구간을 설정함으로써 보다 정확하게 나타낼 수 있다.

ⓔ 기술적 분류 : 수검자의 수행이 어떤 수준에 속하는지에 대해 질적인 용어로 기술적 분류를 할 수 있다. 예를 들어 조합점수의 범위가 130 이상이면 '최우수', 120~129이면 '우수', 110~119이면 '평균 상', 90~109이면 '평균', 80~89이면 '평균 하', 70~79이면 '경계선', 69 이하이면 '매우 낮은'으로 기술한다.

ⓜ 프로파일의 분석 : FSIQ, VCI, PRI, WMI, PSI 점수를 검토하고 각각 백분위와 신뢰구간을 함께 고려한다. 지수 수준에서의 차이값을 비교하여 평가한다(유의미하게 차이나는 지수점수는 해당 영역에서 수검자의 능력이 다르다는 것을 의미함). 강점과 약점을 평가하고, 소검사 수준에서의 차이값을 비교 분석한다.

4) KABC-II 카우프만 아동용 지능검사(Kaufman Assessment Battery for Korean Children, Second edition)

기출 DATA
카우프만 아동용 지능검사
2022- 1회, 2016-3회

◎핵심 키워드
카우프만 아동용 지능검사

(1) 아동·청소년의 정보 처리와 인지 능력의 측정을 위해 개발된 개인지능검사이다.

(2) 지능이론에 근거하여 개발된 임상적 진단검사이며 문화공평성 평가가 이루어지도록 고안되었다.

(3) Cattell-Horn-Carroll(CHC)의 심리측정학적 입장과 뇌와 행동의 관계를 규명하는 Luria의 임상적·신경심리학적 이론적 입장에 근거한 이원적 이론구조를 지닌다.

(4) 비언어성 척도로 언어장애 아동의 지능을 효과적으로 평가한다.

(5) 기본사고 처리과정 장애(학습장애 핵심 양상) 파악에 유용하다.

05 CHAPTER 표준화된 성격검사

Key Point

표준화된 성격검사는 검사실시와 채점이 비교적 용이하고 객관성을 확보할 수 있는 검사이다. 하지만 투사적 검사와 마찬가지로 기계적인 해석은 가능하지 않으며 임상심리사의 수련과 경험이 바탕이 되어야 풍부하고 정확한 해석을 내릴 수 있다.

나의 필기 노트

기출 DATA
MMPI-2 2022 -3회, 2016-1회

1 》 다면적 인성검사(MMPI-2)

1) 다면적 인성검사의 제작 : 1940년 Hathaway와 Mckinley가 정신 장애군과 정상 성인군을 변별해주는 문항들의 통계적 결과에 따라 선택된 경험적 접근 방식으로 제작되었다.

2) 다면적 인성검사의 구성

아래 다섯 척도로 구성되며 전체 규준과 성별 규준을 함께 제공한다.
(1) 타당도 척도
(2) 임상 척도
(3) 재구성 임상 척도
(4) 성격 병리 5요인 척도
(5) 내용 척도
(6) 보충 척도

◎ 핵심 키워드
MMPI의 타당도 척도 4가지와 척도별 점수의 해석

3) 척도의 특성과 내용

(1) 타당도 척도
① ? 척도(무응답척도, Cannot Say)
응답하지 않은 문항 또는 '예', '아니오' 모두에 응답한 문항들의 총합으로 보통 30개 이상의 문항을 누락하거나 양쪽 모두에 응답하는 경우 프로파일은 무효로 간주한다.

나의 필기 노트

　　　㉠ ? 척도의 높은 점수(원점수 ≥ 30)

　　　　　ⓐ 부주의함이나 심리적 혼란 같은 수검자의 심각한 정신병리로 인한 반응상의 어려움

　　　　　ⓑ 수검자가 자신의 바람직하지 않은 부분을 거짓으로 응답하기보다 인정하지 않고 회피하려는 시도

　　　　　ⓒ 검사 및 검사자에 대한 비협조적 태도

　　　　　ⓓ 개인적 정보 노출에 대한 방어적 태도

　　　　　ⓔ 수검자의 우유부단함, 의미 있게 응답하기 위해 필요한 정보나 경험의 부족함 등을 측정

　　　㉡ ? 척도의 경우 낮은 점수는 없다.

기출 DATA
? 척도의 높은 점수 2015-3회
? 척도의 상승 원인 2022-3회

② **F 척도**(비전형 척도, Infrequency)

　비전형적인 방식으로 응답하는 사람을 탐지한다.

　　　㉠ 높은 점수 : 수검자가 대부분의 정상적인 사람과 다르게 반응하며, 문제 영역이 많고 그 정도가 심각한 것으로 볼 수 있으나 T점수 ≥ 80인 경우 고의적 과장이 의심되며, F에 비해서 Fp에서 매우 높은 경우(T ≥ 100)는 꾀병의 가능성이 있다.

　　　㉡ 낮은 점수 : 사회적인 순응성이 높고 정상적인 생활을 하는 것으로 볼 수 있으나, 다른 사람에게 정상인으로 보이려는 의도를 가진 일부 정신과 환자에게서도 낮은 점수가 나타난다.

③ **L 척도**(부인척도, Lie)

　수검자가 자신을 좋게 보이도록 다소 고의적이고 부정직하며 세련되지 못한 시도를 반영한다.

　　　㉠ 높은 점수 : 수검자가 자신의 심리적 문제와 결점을 부정하고 있을 가능성이 높으며 특히 부인, 억압의 방어기제를 사용하는 경우에 나타난다.

　　　㉡ 낮은 점수 : 수검자가 비교적 자신의 결점을 인정하고 솔직하며 허용적인 것으로 볼 수 있으나, 오히려 자신을 병적으로 보이게 하려는 수검자에게서도 나타날 수도 있다.

기출 DATA
L 척도 2018-1회

④ **K 척도**(교정척도, Correction)

　수검자의 심리적인 약점에 대한 방어적·경계적인 태도를 측정하고 L척도에 비해 간접적이고 세련된 방식으로 방어하며 적당한 정도의 상승은 적절한 수준의 현실 감각과 자아강도를 반영한다.

　　　㉠ 높은 점수 : 심리적 어려움에 대한 방어, 억압 성향을 나타내며 자신의 문제에 대한 통찰이 부족하고 인정하지 못하는 경향이 높아 예후가 좋지 않다.

기출 DATA
K 척도 2018-1회

나의 필기 노트

ⓒ 낮은 점수 : 45T 이하일 경우 자신의 문제를 솔직히 인정하며 방어 수준이나 대처 능력이 저하된 상태로 해석되나 35T 이하일 경우 수검자가 자신의 단점을 과장하거나 심각한 정서적 장애를 가지고 있는 것을 왜곡하려는 성향을 의심할 수 있다(꾀병이 아닐 경우 자아강도가 매우 약해져 있음이 시사됨).

(2) 타당도 척도의 해석

① LKS 〉 F : 일반적으로 자신을 과도하게 바람직한 방식으로 보이고 싶어하는 사람

② LKS 〈 F : 과도하게 비판적이거나 자신의 문제를 과장하고 싶은 사람

③ LFK의 상대적 상승도

◎핵심 키워드
타당도척도 LFK의 상대적 상승도

ⓐ 삿갓형(Λ형)[L, K(50T 이하), F(60T 이상)] : 자신의 심리적 어려움을 인정하고 도움을 요청하는 상태를 말하며 만약 L, K가 더 낮은 30T 이하라면 자신의 증상을 과장하려는 경향이나 지나치게 자기 비판적이고 당면한 문제를 해결할 자신이 없음을 반영한다.

ⓑ V형[L, K(60T 이상), F(50T 이하)] : 자신의 문제를 부인, 회피하는 경향성을 반영하며 방어적임을 나타낸다. 방어적인 정상인 또는 입사 지원자에게서 자주 나타나는 프로파일이나 만성적인 정신장애의 경우에도 나타날 수 있다. 주방어기제는 억압, 부인을 사용하며 자발적으로 치료에 참여하는 경우가 거의 없다.

ⓒ 정적 기울기(／모양)[L(40T 정도) 〈 F(50~55T 정도) 〈 K(60~70T 정도)] : 적절한 스트레스 대처능력, 또는 세련된 방어 프로파일을 의미한다.

ⓓ 부적 기울기(＼모양)[L(60T 정도) 〉 F(50T 정도) 〉 K(40~45T 정도)] : 다소 유치한 방식으로 자신을 좋게 보이도록 하는 시도를 반영하며 교육 수준, 사회 경제적 수준이 낮은 계층에서 많이 나타난다. 주로 좋게 보이려는 시도가 실패하여 신경증 척도(1, 2, 3)의 동반 상승이 보이기도 한다.

기출 DATA
L, K 등 방어 척도의 지나친 상승
시(T ≥ 70) 수검자에 대한 조치
2020-3회, 2018-1회

(3) L, K 등 방어 척도의 지나친 상승 시(T ≥ 70) 수검자에 대한 조치

① 수검자가 자신에게 심리적 문제가 있음을 드러내는 것에 거부감을 가지고 있을 경우 임상심리사는 척도점수가 중요하며 각 문항의 개별적인 응답 내용은 중요한 것이 아니라는 점을 강조해야 한다.

② 수검자가 검사 및 검사자를 불신할 경우에는 검사 결과에 대해 반드시 비밀 유지가 이루어짐을 수검자에게 확신시켜야 한다.

(4) 임상 척도(65T 이상 해석)

척도명	높은 점수의 특징(T ≥ 65)	주 방어 기제	긍정적 해석 (경미한 상승)
Hs 건강염려증	과도한 건강에 대한 염려, 만성적인 경향이 있는 모호한 여러 가지 신체화 증상, 자기 중심적, 자신의 문제에 대한 통찰이 부족하여 심리학적 해석 거부, 타인의 관심 요구(신체적 증상에 대한 배려를 원함)	신체화	신중성, 양심적, 사려 깊음
D 우울증	우울, 비관적 기분, 자신에 대한 과소 평가와 열등감, 심각한 심리적 고통, 변화와 증상 완화에 대한 소망	-	평가
Hy 히스테리	의존적, 유아적, 자신의 문제에 대한 통찰의 부족, 기능에 대한 신체 증상, 자기중심성, 타인의 관심 요구, 스트레스가 높을 때 신체화	억압, 부인	표현성(감정표현), 우호적, 정이 많음
Pd 반사회성	자기중심적, 이기적, 반사회적, 반항적, 충동적, 판단 부족, 신뢰성 결여, 가족·학업·직업 문제, 자기 과시적, 반사회적 성격장애가 흔하고 심리적 치료 예후가 좋지 않음	외향화, 합리화, 주지화, 행동화	주장성, 독립적, 활동적
Mf 남성성 –여성성	• 남성 : 심미적 흥미, 수동 의존적, 대학 교육을 받은 남성의 경우 60~70T가 보편적임 • 여성 : 주장적, 경쟁적, 자신감 넘침(반드시 동성애적 성향을 시사하는 것은 아님)	-	• 역할 유연성 • 남성 : 공감, 이해 • 여성 : 능동적, 자신감
Pa 편집증	타인에 대한 의심과 경계심, 타인이 부당하게 자신을 대우하거나 피해를 입히려고 시도한다고 생각함, 지나치게 예민하며 화를 잘 내고 원한을 품으며 논쟁적임, 사고장애·관계망상·피해망상·관계사고 등 분명한 정신증적 행동이 나타날 수 있음, 70T 이상은 흔히 조현병, 망상장애 편집형, 조현형 성격장애 진단을 받음, 치료자와 라포형성이 매우 어려우며 치료적 예후가 좋지 않음	투사	호기심
Pt 강박성	긴장, 불안, 걱정, 강박적, 융통성 결여, 자신감 없고 결정의 어려움, 자기비난, 죄책감, 열등감, 지나친 주지화 방어 사용	주지화, 합리화, 취소	조직화
Sc 정신분열증	사고장애 가능성, 사회적 고립, 소외감, 위축, 열등감, 혼란감, 판단력 장애, 적절하지 못한 정서 반응, 현실검증장애, 망상, 환각, 기괴함, 부적절한 문제 해결 기술	-	풍부한 상상력, 창의적
Ma 경조증	• 사고비약, 과도한 활동성, 방향성 부족, 부족한 좌절 인내, 지나친 음주, 과장된 자기평가, 충동적 행동, 망상 • 매우 낮은 점수(35T 미만) : 낮은 에너지 수준, 동기 부족 등을 보이며 2번 척도의 뚜렷한 상승이 없어도 우울이 시사되지만 연령이 증가함에 따라 9번 척도는 정상집단에서도 감소하는 경향이 있음, 45세 이하의 젊은 연령의 정상	부인, 행동화	자율성, 정력적

기출 DATA
Hs 건강염려증 척도 2015

기출 DATA
Pa 편집증 척도 2020-1회

척도명	높은 점수의 특징(T ≥ 65)	주 방어 기제	긍정적 해석 (경미한 상승)
	범위 프로파일에서 낮은 9번 척도는 의학적 문제(질병)를 시사할 수 있으므로 건강검진을 받아보아야 함		
Si 내향성	• 사회적으로 내향적, 수줍음, 민감, 보수적, 순종적, 융통성 부족, 사회적 상황에서의 심한 불편 · 긴장감 • 낮은 점수 : 외향적, 쾌활, 공격적, 충동적, 탈억제적, 기회주의적	–	–

※ 긍정적 해석의 제안 : Kunce & Anderson(1984)의 MMPI – 2 임상척도와 기본차원 간의 연결

(5) 재구성 임상척도(65T 이상 해석)

① 재구성 임상척도는 MMPI와 MMPI – 2의 요인분석 결과 불안, 일반적인 부적응, 정서적 고통감으로 명명된 요인이 몇몇 임상척도 사이의 높은 상관이 나타나게 하는 요인임을 파악하게 되어 이러한 제한점을 해결하기 위해 개발되었다. 즉, 수검자가 특정 임상척도에서 받은 점수는 특정 임상척도에서 측정하는 특징과 더불어 공통적인 정서적 고통감이 함께 반영된 결과인 것이다.

② Auke Tellegen은 임상척도 상승의 의미를 보다 명확하게 해석하기 위해 공통적인 정서적 고통감을 나타내는 의기소침(RCd) 척도를 분리한 뒤 각 임상척도만의 핵심 특성을 측정하였다.

㉠ RCd(의기소침) : 전반적인 심리적 불편감과 고통을 반영한다.

㉡ RC1(신체증상 호소) : 신체화 증상을 반영한다.

㉢ RC2(낮은 긍정 정서) : 2번 척도(D)는 우울감의 증가라면 RC2는 긍정적 정서의 감소를 나타낸다.

㉣ RC3(냉소적 태도) : 타인은 남에 대한 배려가 없고 자신만 생각하며 믿을 수 없고 착취적이라고 여기는 냉소적 태도를 반영한다.

㉤ RC4(반사회적 행동) : 반사회적 특성을 반영한다.

㉥ RC6(피해의식) : 피해의식을 반영하며 타인에 대한 기본적인 신뢰감을 형성하지 못함을 나타낸다.

㉦ RC7(역기능적 부정 정서) : 만성적 불안, 과민성, 성마름 반영, 자신의 정서가 지나침을 알지만 억제에 대한 무력감을 느낀다(자아 이질적).

㉧ RC8(기태적 경험) : 혼란감, 빈약한 판단력 및 집중력, 망상적 사고와 같은 정신증적 양상을 반영한다.

㉨ RC9(경조증적 상태) : 공격적, 도발적, 고압적, 충동조절의 어려움을 반영한다.

나의 필기 노트

기출 DATA
성격병리 5요인 척도
2022-1회, 2021-3회,
2018-3회

◎핵심 키워드
성격병리 5요인 척도

(6) 성격병리 5요인 척도

① 성격장애를 정상적 성격 기능의 연장선상에서 개념화하고 차원적으로 접근하였다.

② 정상적인 기능 및 임상적 문제 모두와 관련되는 성격 특질을 평가하기 위해 제작된 척도이다.

㉠ AGGR(공격성)

공격성에 초점이 맞춰져 있다.

ⓐ 높은 점수(T > 65)를 보이는 사람은

• 언어적·신체적으로 공격적이다.

• 다른 사람을 지배하거나 통제하기 위해 폭력을 사용한다.

• 다른 사람을 위협하기를 즐긴다.

ⓑ 낮은 점수는 해석하지 않는다.

㉡ PSYC(정신증)

정상적이지 않음에 초점이 맞춰져 있다.

ⓐ 높은 점수(T > 65)를 보이는 사람은

• 현실과 단절된 경험을 하며, 관계망상을 보고한다.

• 다른 사람에게 없는 신념이 있거나 이상한 감각 또는 지각적 경험을 한다.

• 정신증을 반영하지만 주관적 고통감을 호소할 때도 상승하는 경향이 있다.

ⓑ 낮은 점수는 해석하지 않는다.

㉢ DISC(통제 결여)

위험을 즐기며 충동적임에 초점이 맞춰져 있다.

ⓐ 높은점수(T > 65)를 보이는 사람은

• 충동적이며 자기통제가 결여되어 있다.

• 신체적으로 위험한 행동을 추구한다.

• 일상생활을 쉽게 지루해하며 흥분되는 경험을 찾아다닌다.

• 물질·행위 중독 가능성이 증가된다.

ⓑ 낮은 점수(T ≤ 40)를 보이는 사람은

• 자제력이 있고 충동성을 보이지 않는다.

• 신체적으로 위험한 일을 하지 않는다.

• 지루함을 잘 견디며 규칙이나 법을 잘 따른다.

  ⓔ NEGE(부정적 정서성/신경증)

  부정적 방향으로 감정과 사고가 기울어짐에 초점이 맞춰져 있다.

   ⓐ 높은 점수(T > 65)를 보이는 사람은

- 부정적 정동을 경험하는 소인을 가진다(부정적 정서를 잘 느끼는 체질).
- 문제로 발전할 만한 정보에 주의를 기울인다.
- 자기 비판적이며 과도한 걱정을 한다.
- 불안에 취약함을 반영한다.

   ⓑ 낮은 점수는 해석하지 않는다.

  ⓜ INTR(내향성/낮은 긍정적 정서)

  기쁨이나 긍정적 정서에 대한 제한적 경험과, 사회적 내향성에 초점이 맞춰져 있다.

   ⓐ 높은 점수(T > 65)를 보이는 사람은

- 기쁨이나 즐거움을 경험할 수 있는 능력이 거의 없다.
- 사회적으로 내향적이다.
- 슬프거나 울적하고 우울한 느낌을 보고한다.
- 우울에 취약함을 반영한다.

   ⓑ 낮은 점수(T ≤ 40)를 보이는 사람은

- 기쁨과 즐거움을 잘 느낄 수 있다.
- 사교적이고 에너지가 많다.

2 » 다면적 인성검사의 실시

1) 다면적 인성검사의 실시와 채점

(1) 수검자에 대한 고려사항

 ① 초등학교 6학년 수준 이상의 독해력이 요구된다.

 ② **검사 연령** : 만 19세 이상은 MMPI-2, 만 13~18세는 MMPI-A를 실시하며 독해가 가능할 경우 나이의 상한 제한은 없다.

 ③ 표준화된 검사로 추정한 지능(IQ)이 80 이상이어야 한다.

 ④ 심하게 정신적으로 혼란한 상태가 아니라면 정신적 손상이 수행에 방해를 주지 않는다(정신운동 속도의 지체, 충동성 등의 영향으로 인해 수행 시간이 진단적으로 유의미할 수 있으므로 시간 측정 필요).

나의 필기 노트

◎핵심 키워드
다면적 인성검사의 실시 지침

기출 DATA
다면적 인성검사의 기본적 해석 순서
2015-1회

(2) 검사의 실시

① 수검자와의 라포 형성을 위해 진지하고 성실한 태도로 검사의 목적과 비밀 보장의 유지를 설명한다.

② 답안지 수거 시 무응답 문항이 있는지 확인하고, 재응답을 권유해야 한다.

③ 현재 상태를 기준으로 답안을 작성하도록 안내한다.

④ 수검자에게 가능한 솔직하게 응답해야 하며 '예, 아니오' 응답 중 선택이 어렵다면 가장 비슷하게 느껴지는 방향으로 응답할 것을 안내한다.

2) 다면적 인성검사의 기본적 해석 순서

(1) MMPI-2 검사 태도에 대한 검토

검사 태도는 양적, 질적 측면 모두 고려하여 평가한다.

① **양적 측면** : 무응답, VRIN, TRIN, F, F(B), F(P), L, K, S 점수에 기초하여 검토한다.

② **질적 측면** : 검사 소요 시간(보통 검사하는 데 60~90분 정도 소요), 검사 수행 시의 구체적인 행동을 관찰한다.

(2) **척도별 점수 검토** : 척도별 점수의 상승 정도를 파악하고, 피검자의 연령, 성별, 교육수준, 증상 등을 고려한 가설을 설정한다.

(3) **척도 간의 연관성 분석** : 척도의 특성 및 피검자의 상태를 고려한 다른 척도와의 관계 양상을 검토한다.

(4) **척도 간의 응집·분산의 확인 및 해석적 가설 설정** : 높이 상승한 두 개 척도의 관계성을 고려하고 다른 척도와의 분산도를 파악한다. 분산도가 크다면 상승한 척도의 특성이 더욱 뚜렷하게 나타남을 의미한다.

(5) **낮은 임상척도 검토** : 낮은 점수는 높은 점수의 반대로만 해석하는 것이 아니며 낮은 점수가 나타내는 고유한 특성을 고려해야 한다.

(6) **형태적 분석 실시** : 척도를 집단으로 묶어서 척도 상승, 분산, 형태에 대한 분석을 하며 세 쌍 이상의 상승 프로파일도 동시에 고려하여 다른 정보들과 결과로 나타난 정보가 일치하는지를 검토하고 일치된 가설을 수검자의 주요 특성으로 간주한다.

(7) **전체 프로파일 형태에 대한 분석 실시**

① 주로 신경증 영역(1, 2, 3번 척도)과 정신증 영역(6, 7, 8, 9번 척도)에서 상승도와 기울기를 고려한다.

나의 필기 노트

② 수검자의 고통의 정도와 수검자의 심리적 고통이 자아 동질적인지 자아 이질적인지가 나타난다.

③ 정신증 영역의 4가지 척도 점수가 신경증 영역의 3가지 척도점수보다 높은 경우 수검자는 현실 검증력의 손상, 자아 통제력의 약화, 지남력의 상실 등의 심리적 장애를 경험할 가능성이 높다.

④ 신경증 영역의 3가지 척도 점수가 정신증 영역의 4가지 척도 점수보다 높으면 우울, 불안, 사기 저하 등의 정신증적 혼란감이 없는 다양한 신경증적 상태를 경험하고 있을 가능성이 높다.

3) 코드 유형에 따른 해석

◎핵심 키워드
MMPI의 코드 프로파일 1-2/2-1의 해석

(1) 1-2/2-1 프로파일

① 다양한 신체증상을 호소하고, 신체적 기능에 대해 과도한 염려를 나타낸다.

② 기질적 원인이 발견되지 않음에도 고통을 호소하며, 원인이 있더라도 그 정도를 과장한다.

③ 불행감, 우울감을 느끼고 걱정이 많으며 신경질적이다.

④ 타인의 관심과 지지에 민감하며 수동의존적이다.

⑤ 타인에게 적의를 품지만 직접적으로 나타내지 않고 신체적 증상으로 타인을 조정하려 한다.

⑥ 주방어기제는 억압, 부인이다.

⑦ 심리적 원인에 대한 통찰을 거부(신체적 고통을 견디려 함)하므로 전통적 심리치료를 통한 예후는 좋지 않다.

◎핵심 키워드
MMPI의 코드 프로파일 1-3/3-1의 해석

기출 DATA
MMPI 코드 프로파일 1-3/3-1의 해석 2021-3회

(2) 1-3/3-1 프로파일

① 전환장애로 진단을 받는 경우가 많아 전환 V 프로파일로 불린다(1, 3번 척도의 65T 이상 상승, 2번 척도는 그보다 많이 낮음).

② 자신의 심리적 어려움을 신체적 어려움으로 전환(외재화)하기 때문에 불안이 거의 없고, 신체적 증상에 대한 불편감만 과도하게 호소한다.

③ 2, 7번 척도도 같이 높다면 전환 증상이 심리적 어려움을 효과적으로 해결해주지 못하기에 우울감, 불안감을 경험한다고 해석할 수 있다.

④ 주로 두통, 요통 감각 상실, 거식증, 폭식증, 흉통, 구토, 수면부족, 피로감 등을 호소한다.

⑤ 3번 척도가 1번 척도보다 높으면 스트레스 상황에서 신체적 증상을 나

타내는 경향이 더욱 현저해지며 신체적 증상으로 인한 2차 이득(책임, 의무의 면제, 타인의 동정으로 타인 조종)이 있는 경우가 많다.

⑥ 방어기제는 억압, 부인이며 L, K 동반 상승이 흔하다(자신이 정상이라고 주장함).

⑦ 미성숙하고 이기적이며, 자기 중심적이고 타인의 지지와 관심에 민감하여 매우 의존적이다.

⑧ 심리적 원인에 대한 통찰을 거부(신체적 고통을 견디려 함)하므로 전통적 심리치료를 통한 예후는 좋지 않다.

(3) 2-7/7-2 프로파일

① 불안, 초조, 긴장된 모습을 보이며 걱정을 지나치게 많이 하고, 실제 및 가상의 위협에 취약하다.

② 흔히 강박사고, 강박행동이 보고된다.

③ 다소 모호한 양상의 피로감, 피곤함, 소진감 등 신체증상을 호소하는 경우도 흔하며 불면증, 거식증, 폭식증을 호소하기도 한다.

④ 자신의 문제에 골몰하고 반추하며 대부분의 시간을 보낸다.

⑤ 미성숙하며 성취 욕구, 인정 욕구가 강하다.

⑥ 우유부단하며 부적절감, 불안정감, 열등감을 품고 있다.

⑦ 자기 처벌적이며 일상생활 문제가 발생하면 자신을 비난한다.

⑧ 문제해결 양상과 사고 과정이 경직되어 있고 매우 꼼꼼하고 완벽주의적이며 도덕적이다.

⑨ 타인과의 관계에서 고분고분하고 수동-의존적인데 이는 자기주장이 힘들기 때문이다.

⑩ 심한 불편감을 경험하고 있기 때문에 심리치료를 받으려는 동기가 강하다.

⑪ 다른 환자들에 비해 심리치료 장면에 더 오래 머무는 경향이 있으며 느리지만 진전된다.

◎핵심 키워드
MMPI의 코드 프로파일 2-7/7-2의 해석

(4) 2-4-7/2-7-4/4-7-2 프로파일

① 만성적 우울, 불안, 수동-공격적 패턴

② 분노감이 있으나 적절하게 표현을 못하며 이에 대한 죄책감을 지닌다.

③ 4번 척도가 가장 높게 상승되어 있을 때는 보다 충동적이며 쉽게 화를 내는 양상을 나타낸다.

④ 스트레스에 대한 내구력이 낮고 사소한 일에도 과민반응하며 정서적으로 불안정하다.

◎핵심 키워드
MMPI의 코드 프로파일 2-4-7의 해석

⑤ 열등감, 부적절감이 많고 우울감을 경감시키기 위해 약물, 알코올에 과도하게 의존하는 경향성을 나타낸다.

⑥ 기본적 신뢰감, 애정 욕구가 좌절된 구강-의존기적인 성격 특징을 지니는 것으로 보인다.

(5) 3-4/4-3 프로파일

① 만성적이고 강한 분노감을 보이나 적절하게 표현하지 못한다.

② 가족에 대한 만성적 적개심과 타인의 인정, 관심에 대한 욕구가 강하다.

③ 거부에 대한 민감성 때문에 거부, 비난에 대해 적대적 반응을 보인다.

④ 겉으로는 순응적, 사교적으로 보이나 내면의 분노감이 있고, 반항적, 성적 적응장애를 겪거나 부부 불화도 잦다.

⑤ 자살 기도를 하기도 하며, 음주에 대한 의존도도 높다.

⑥ 3번 척도 〉 4번 척도

　　㉠ 감정, 충동을 보다 억제하고 분노를 간접적으로 표현하거나 공격적인 사람들과 어울리며 대리적으로 표현하는 양상을 보인다.

　　㉡ 자기중심적이나 겉으로는 조용하고 순종적이다.

　　㉢ 감정을 지나치게 통제하기 때문에 한번 감정이 폭발하면 과도하게 공격적이 되나 곧 이성을 되찾는다.

　　㉣ 의존과 독립에 대한 갈등을 경험하며 대인관계에서 양가적 태도를 보인다.

⑦ 4번 척도 〉 3번 척도

　　㉠ 자신의 감정을 과도하게 통제하다가 주기적으로 분노감, 적개심을 폭발적으로 표출하는 경향이 있다.

　　㉡ 평소에는 말이 없다가 극히 사소한 일에 폭발적으로 분노를 표출하기 때문에 주변사람들은 이해하지 못하고 놀라는 반응을 보인다.

　　㉢ 다소 오랫동안 참다가 폭발하기 때문에 8번 척도가 동반 상승할 때처럼 비논리적이지는 않다.

(6) V 모양의 척도 4-5-6 프로파일(수동-공격형 V)

① 4, 6번 척도의 상승, 5번 척도가 4, 6번 척도보다 10점 이하로 낮거나 50T 이하의 프로파일을 말한다.

② 수동공격형 V 또는 Scarlett O'hara V라고도 부르며 여성에게 흔하다.

③ 매우 수동-의존적이고 전통적 여성의 역할에 과도하게 동일시된다.

④ 겉으로는 자신만만하고 사교적으로 보이나 내적으로는 분노감, 적대감이 넘치고, 애정에 대한 욕구가 강하다.

◎핵심 키워드
MMPI 코드 프로파일 3-4/4-3의 해석

기출 DATA
V 모양의 척도 4-5-6 프로파일
2017-3회

◎핵심 키워드
MMPI 코드 프로파일 4-5-6의 해석
• 수동공격형 V
• 수동적, 전통적
• 여성에게 흔함
• 타인에 대한 지나친 관심 요구

⑤ 타인에게 지나치게 애정과 관심을 요구하지만 만족하지 못한다.

⑥ 남자에 대한 의존성은 수동–공격적 경향성을 보인다.

⑦ 원하는 것을 얻기 위해 요구적·도발적 태도를 보이고, 타인을 조종하려고 하는데 이러한 태도는 타인을 짜증나게 만들어 떠나게 한다.

⑧ 6번 척도는 편집증적 경향이라기보다 타인에 대한 비난, 만성적 분노감을 반영한다.

⑨ 타인을 화나게 하지만 그에 대한 책임은 인정하지 않기 때문에 치료적 개입이 매우 어렵다.

(7) 4–6/6–4 프로파일

① 분노, 적개심, 불신이 주요 특징이다.

② 까다롭고 타인을 원망하며 화를 잘 내고 논쟁을 자주 벌인다.

③ 권위적인 대상에 대한 적개심이 많고 권위에 손상을 입히려고 시도한다.

④ 타인의 관심에 대한 요구가 많고, 타인이 자신을 어떻게 대우하는지에 민감하며 사소한 비판, 거부에도 심한 분노감을 표출한다.

⑤ 타인의 동기를 의심하고 잘 믿지 못하며 타인의 요구를 잘 들어주지 않는다.

⑥ 대인 관계를 악화시키는 자신의 태도에 대한 통찰은 전혀 없으며 원인을 항상 외부에 전가한다.

⑦ 타인의 잘못, 실수를 찾아내어 비난하고, 자기 자신은 보호하며 과대평가한다.

⑧ 자기평가는 비현실적이며 때로는 과대 망상적이기도 하다.

⑨ 흔히 성격장애(특히 수동–공격적), 조현병(특히 망상형) 진단이 내려진다.

⑩ 4, 6의 상승도가 높을수록, 6이 높을수록 정신증적 상태일 확률이 높다.

(8) 4–9 프로파일

① 반사회적 인격장애의 특징을 보인다.

② 사회적 규범과 가치관, 제도에 대해 무관심하거나 무시하는 반응을 보인다.

③ 반사회적 행위로 인해 권위적인 인물과의 잦은 마찰을 겪는다.

④ 충동적이고 무책임하기 때문에 타인과의 관계에서 신뢰를 얻기 어렵다.

⑤ 활동에너지가 높다.

(9) 6–8 프로파일

① 심각한 정신병리의 가능성을 지니며 F척도가 동반 상승한다.

② 6과 8의 T점수가 70점 이상이며 7과의 차이가 10점 이상이면 조현병을 의심해야 한다.

◎ **핵심 키워드**
MMPI 코드 프로파일 4–6/6–4의 해석

기출 DATA
4–9 프로파일 ★
2021–1회, 2020–1회,
2017–1회, 2015–1회

기출 DATA
6–8 프로파일 2016–3회

67

③ 현저한 사고 과정의 어려움을 나타내고, 산만하고 우회적인 사고경향성, 기괴한 사고 내용을 보인다.

④ 얼굴 표정이나 목소리 톤에서 나타나는 정서적 표현이 감소된 정서적 둔마(둔화)가 나타난다.

⑤ 대인관계 기술이 부족하고, 사회적으로 철수되며, 심한 열등감 및 불안 정감을 느낀다.

(10) 6-7-8/6-8-7 프로파일

① 6, 8이 7보다 유의하게 상승되어 있는 경우를 말한다.

② 정신증 V형이라고도 불린다.

③ 심각한 정신병리를 반영한다.

④ 피해망상, 과대망상, 환각을 경험한다.

⑤ 얼굴 표정이나 목소리 톤에서 나타나는 정서적 표현이 감소되는 감정적 둔마와 부적절한 정서 상태를 보인다.

⑥ 타인에 대한 의심과 사회적 철수를 보인다.

◎ 핵심 키워드

MMPI 코드 프로파일 8-9/9-8의 해석

(11) 8-9/9-8 프로파일

① 타인에게 다소 자기중심적이고 유아적 기대를 한다.

② 타인에게 많은 관심을 요구하며 이러한 욕구가 충족되지 않을 때 화를 내고 적대적으로 행동한다.

③ 타인과의 정서적 관계 형성을 두려워하기 때문에 친밀한 관계를 회피하며 사회적으로 위축되어 있다.

④ 고립되어 있다.

⑤ 특히 이성과의 관계를 불편하게 여기며 성적 적응이 곤란한 경우가 흔하다.

⑥ 과잉 활동적이고 정서적으로 불안정하다.

⑦ 자기평가가 비현실적으로 과장되어 있고 허풍스러우며 변덕스러운 사람이라는 인상을 풍긴다.

⑧ 성취 욕구가 강하고 성취에 대한 압박감을 느끼지만 실제 수행은 기껏해야 평균 수준인 경우가 많다.

⑨ 열등감, 부적절감, 낮은 자존감을 느끼기 때문에 경쟁적 상황이나 성취 지향적 상황에서 나서지 못한다.

⑩ 매우 상승했을 때 조현병 진단이 가장 흔하다.

투사검사

CHAPTER 06

Key Point

투사검사는 객관적 검사에 비해 검사의 실시나 해석 과정에서 검사자의 주관성이 개입될 가능성이 높으나 수검자 반응의 제약이 적어 내담자에 대한 보다 풍부하고 깊이 있는 해석을 할 수 있다는 장점이 있다. 많은 경험적 근거를 바탕으로 체계화하려는 노력을 통해 채점자간 신뢰도를 높이게 되었다.

1 » HTP(집/나무/사람) 검사

1) 집/나무/사람의 의미

(1) **집** : 전반적으로 가정생활을 반영하며 자기-지각, 가정 생활의 질, 가족 안에서의 자신에 대한 지각을 나타낸다.

(2) **나무** : 자신에 대한 무의식적·원시적 자아개념 반영, 나무 전체 구조는 수검자의 대인 관계에 대한 균형감, 나무 기둥은 자아 강도, 가지는 수검자 자신의 대처 능력에 대한 주관적 느낌을 반영한다.

(3) **사람** : 현실에서 느끼는 자기 자신에 대한 태도·느낌, 되고 싶은 자기 모습, 자신의 삶에서 가장 중요한 인물, 성적 정체감을 반영한다.

2) 그림의 특징에 따른 해석

(1) **크게 그려졌을 때** : 공격성, 충동 조절의 문제, 행동화 가능성을 시사하고, 내면적 열등감, 무가치감을 과잉 보상하려는 시도를 반영한다.

(2) **작게 그려졌을 때** : 내면의 열등감, 부적절감, 사회적 상황에서 불안감, 지나친 억제, 낮은 자아 강도, 위축감, 우울감, 사회적 위축을 반영한다.

(3) **높게 그려졌을 때** : 욕구나 포부 수준이 높고 현실 세계보다는 자신만의 공상 속의 과도한 낙관주의, 대인관계에 대한 무관심, 고집스러운 경향을 반영한다.

(4) **낮게 그려졌을 때** : 상당한 내면의 불안정감과 부적절감, 또는 우울증적 상태를 나타내며, 현실에 뿌리를 두고 실제적인 것을 추구하는 경향성을 반영하기도 한다.

나의 필기 노트

기출 DATA
투사검사의 장단점
2019-3회

기출 DATA
HTP(집/나무/사람) 검사
2014

◎핵심 키워드
HTP(집/나무/사람) 검사의 해석

기출 DATA
HTP검사 그림의 특징에 따른 해석
2020-3회

기출 DATA
로샤 검사
2016-3회, 2016-1회

2 》 Rorschach 검사

1) Rorschach 검사의 특징

(1) Rorschach 검사는 가장 널리 사용되는 대표적인 투사검사라고 할 수 있다.

(2) Rorschach 검사는 수검자의 인지, 정서, 대인관계, 자기상에 대한 종합적이면서 다각적 정보를 제공하는 장점을 지닌다.

2) 와이너의 Rorschach 검사 분류 제안

기출 DATA
와이너의 Rorschach 검사
분류 제안 2018-1회

홍쌤's 한마디

로르샤흐 검사가 객관적 검사인지 투사적 검사인지 두 가지 중 하나만 선택하라고 한다면 당연히 투사적 검사로 구분됩니다. 하지만 와이너(Weiner)가 제안한 대로 로르샤흐 검사에 대한 수검자의 반응을 연상, 귀인, 상징화 등 투사에 따라서만 해석하는 것이 아니라 수검자의 지각적 특성에 대한 해석을 보여주는 검사라는 사실도 실시와 해석에서 고려해야 합니다.

와이너(Weiner)는 객관적 검사와 투사적 검사의 구분에서 Rorschach 검사를 투사적 검사로 분류하는 것에 대해 이의를 제기하였다.

(1) Rorschach 검사를 객관적 도구가 아니라고 분류하는 것은 전적으로 주관적 측정이라는 오명을 쓰는 결과를 낳고 이로 인해 Rorschach 검사 해석이 수검자와 검사자에 따라 달라진다는 비난을 받게 된다. 검사 해석이 지나치게 주관적이 되는 것은 검사자의 미숙함이 원인이다.

(2) Rorschach 검사를 투사적 검사로 구분하는 것은 반응 과정에 반드시 투사가 작용하고 그로 인해 유용한 정보를 얻을 수 있다는 것을 의미하는데 Rorschach 검사에서 투사는 가장 중요한 핵심이 아니다. 수검자는 연상이나 귀인, 상징화에 의존하지 않더라도 해석적으로 의미 있는 반응을 할 수 있으며 검사자의 지시에 잘 따를 수 있고 타당한 프로토콜을 만들 수 있다.

3) 엑스너의 종합채점 체계

기출 DATA
엑스너(Exner)의 채점 체계 ★
2020-1회, 2019-3회,
2017-3회, 2015-3회,
2015-1회, 2012

(1) 1961년 엑스너(Exner)가 타당성과 신뢰도의 문제를 해결하기 위해 경험적 근거를 바탕으로 종합채점 체계를 발전시켰다(수검자의 반응 양식이 일반적인 규준에 부합하는지/벗어나는지 점검).

(2) 채점 체계
반응 영역, 결정인, 반응 내용은 수검자에게 질문하여 파악이 가능하다.

① **반응 영역** : 수검자가 카드의 어느 영역에 반응했는지를 채점한다(수검자가 반응한 영역).

⊙ W : 전체반응

◎핵심 키워드
엑스너의 채점 체계
• 반응영역
• 발달질
• 결정인
• 형태질
• 반응내용
• 평범반응
• 조직활동
• 특수점수

ⓛ D : 규준집단의 95% 이상이 반응한 영역

ⓒ Dd : W나 D로 채점되지 않은 영역

ⓔ S : 흰 공간을 사용하여 반응했을 때 다른 영역과 함께 채점됨

　예 WS, DS, DdS

② **반응 영역의 발달질**

해당 위치의 발달 수준으로 반응의 구체성, 반응 대상 간의 관계성 지각을 채점한다.

㉠ +(통합 반응) : 두 가지 이상의 분리된 대상(하나 이상이 일정한 형태)이 서로 관계를 맺는 것으로 지각할 때 채점한다.

ⓒ o(보통 반응) : 일정한/구체적 형태를 지닌 하나의 반점 영역을 지각할 때 채점한다.

ⓒ v/+(모호통합 반응) : 일정한 형태가 없는 두 가지 이상의 분리된 대상이 서로 관계를 맺는 것으로 지각할 때 채점한다.

ⓔ v(모호 반응) : 일정한 형태가 없는 하나의 반점 영역을 지각했을 때 채점한다.

③ **결정인** : 반응 결정에 영향을 준 반점의 특징을 채점한다(반응에 대한 이유).

┃ 결정인 기호와 기준 ┃

범 주	기호	기 준
형 태	F	형태 : 반점의 형태에 반응한 것으로 단독 또는 다른 결정인과 함께 사용
운 동	M	인간 운동반응 : 인간 활동(동물, 가공인물의 인간적 활동도 포함)
	FM	동물 운동반응 : 동물의 활동(동물의 종 대표적 활동이 아닌 경우는 M)
	m	무생물 운동반응 : 생명/감각/기관이 없는 대상의 움직임
유채색	C	순수색채반응 : 오로지 반점의 유채색이 반응의 원인이며 형태는 미포함
	CF	색채−형태 반응 : 1차는 색채, 2차는 형태가 반응의 원인
	FC	형태−색채 반응 : 1차는 형태, 2차는 색채가 반응의 원인
	Cn	색채명명반응 : 실제 색채명이 반응
무채색	C'	순수 무채색 반응 : 오로지 반점의 무채색이 반응의 원인이며 형태는 미포함
	C'F	무채색−형태 반응 : 1차는 무색채, 2차는 형태가 반응의 원인
	FC'	형태−무채색 반응 : 1차는 형태, 2차는 무채색이 반응의 원인
음영−재질	T	순수재질반응 : 음영으로 촉감 묘사
	TF	재질−형태 반응 : 1차 재질+2차 형태
	FT	형태−재질 반응 : 1차 형태+2차 재질

범 주	기호	기 준
음영 – 차원	V	순수차원반응 : 음영 때문에 깊이/차원으로 묘사, 형태는 미포함
	VF	차원 – 형태 반응 : 1차 음영 + 2차 형태
	FV	형태 – 차원 반응 : 1차 형태 + 2차 차원
음영 – 확산	Y	순수음영반응 : 완전하게 형태가 없는 음영에 반응하며 재질, 차원은 미포함
	YF	음영 – 형태 반응 : 1차 음영 + 2차 형태
	FY	형태 – 음영 반응 : 1차 형태 + 2차 음영
형태차원	FD	형태에 근거한 차원 반응 : 형태(윤곽 크기, 모양)때문에 깊이/거리/차원 지각, 음영 미포함
쌍과 반사	(2)	쌍반응 : 반점의 대칭 때문에 두 가지 이상의 동일 대상 지각, 반사/거울 반영 미포함
	rF	반사 – 형태반응 : 반점의 대칭 때문에 거울에 반영된 모습/반사로 지각, 일정한 형태 미포함
	Fr	형태 – 반사반응 : 반점의 대칭 때문에 거울에 반영된 모습/반사로 지각, 일정한 형태

④ **형태질**

기출 DATA
형태질 2017-3회

반점의 특징에 근거해 보았을 때 반응 내용이 적절한지를 평가한다.

㉠ + : 'o' 채점 반응에서 형태를 비일상적으로 상세하게(사진처럼) 설명하는 경우에 채점한다.

㉡ o : 대상의 특징을 묘사하기 위한 일상적 반응으로 '+'처럼 자세하지는 않을 때 채점한다.

㉢ u : 대상의 특징을 묘사하기 위한 비일상적인 반응이지만 쉽게 알아볼 수 있을 때 채점한다.

㉣ – : 반응하는 형태가 왜곡되고 임의적·비현실적인 경우에 채점한다.

⑤ **반응 내용** : 반응에 대한 내용을 채점하는 것으로 반응의 기호화는 내용을 모두 포함하는 것이 매우 중요하다.

분 류	기호	기 준
사람 전체	H	사람의 전체 형태에 대한 반응, 역사적 실존 인물을 포함한 경우 두 번째 기호로 Ay 추가
가공적, 신화적인 사람 전체	(H)	가공적/신화 속의 사람 전체 형태에 대한 반응 예 악마, 거인, 도깨비 등
사람 신체의 부분	Hd	사람의 신체 일부분에 대한 반응 예 손가락, 머리, 팔 등
가공적, 신화적인 사람 신체의 부분	(Hd)	가공적/신화 속의 사람 신체 일부분에 대한 반응 예 악마의 손가락, 도깨비 머리, 동물을 제외한 모든 종류의 가면 등
사람의 경험	Hx	대상에 대해 사람이 느끼는 정서적/감각적 경험을 묘사하는 반응, 두 번째로 기호화 예 화가 난 사람, 슬픈 개 등

분 류	기 호	기 준
동물 전체	A	동물의 전체 형태에 대한 반응
가공적, 신화적인 동물 전체	(A)	가공적/신화 속의 동물 전체 형태에 대한 반응 예 용, 유니콘 등
동물의 부분	Ad	동물의 일부분에 대한 반응 예 개의 발, 소 머리, 동물 가죽 등
가공적, 신화적인 동물의 부분	(Ad)	가공적/신화 속의 동물 일부분에 대한 반응 예 용의 발톱, 유니콘의 뿔, 모든 동물 가면 등
해 부	An	근육, 뼈, 내장 등 내부 해부구조에 대한 반응, 조직 슬라이드를 포함한다면 두 번째로 Art 추가 예 심장, 뇌, 갈비뼈 등
예 술	Art	구체적이든 추상적이든 그림 같은 예술품에 대한 반응으로 표현된 내용은 두 번째로 기호화 예 보석, 촛대, 장식품, 유화 등
인류학	Ay	문화적/역사적 의미가 있는 반응 예 로마 시대의 투구, 나폴레옹의 모자 등
피	Bl	인간/동물의 피에 대한 반응
식 물	Bt	식물/식물부분에 대한 반응 예 나무, 꽃, 뿌리, 새 둥지(식물로 만들었으므로) 등
의 복	Cg	입는 것에 대한 반응 예 모자, 벨트, 넥타이 등
구 름	Cl	구름이라는 내용이 분명한 반응으로, 구름이 변형된 안개는 Na로 기호화
폭 발	Ex	불꽃, 폭발에 대한 반응 예 축제의 폭죽 등
불	Fi	불, 불이 났을 때의 연기에 관한 반응
음 식	Fd	먹을 수 있는 음식에 관한 반응, 사람은 사람이, 동물은 그 동물이 일반적으로 먹는 음식 예 치킨, 스테이크, 벌레를 먹는 새
지 도	Ge	구체적이든 그렇지 않든 지도에 관한 반응
가 구	Hh	가정 용품에 대한 반응 예 침대, 의자, 책상, 동물가죽 깔개는 동물 부분에 추가적으로 가구 기호화(Ad, Hh)
풍 경	Ls	풍경, 바다 풍경에 대한 반응 예 산, 언덕, 동굴, 바닷 속 풍경 등
자 연	Na	다양한 자연 환경에 관한 반응이며 Bt, Ls로 채점되지 않은 반응 예 태양, 달, 하늘, 수증기(Ls와 구분이 어려우므로 주의해서 채점)
과 학	Sc	직간접적인 과학, 공상 과학의 산물에 관한 반응 예 비행기, 자동차, 무기, 악기 등
성	Sx	단순한 성별 표기 목적이 아닌 성에 관련한 기관, 활동에 대한 반응 예 남근, 가슴, 성관계
X-ray	Xy	구체적으로 X선 내용에 관한 반응(MRI와 같은 종류도 포함)으로 Xy는 An 표기 안함 예 뼈, 내부 기관 등

⑥ **평범 반응**

일반적인 (흔한) 반응인지 평가하여 P로 기호화한다.

㉠ 카드 I(W) : 박쥐 또는 나비(반점의 꼭대기를 상단부로 지각)로 묘사하며 처음부터 창의적인 사람의 반응과 기괴한 반응(조현적 양상)이 차이를 보인다.

㉡ 카드 II(D1) : 곰, 개, 코끼리로 묘사된다.

㉢ 카드 III(D9) : 인간상, 인형, 만화 등을 묘사한다. 창의적인 사람의 반응과 기괴한 반응(조현적 양상)이 현저한 차이를 보인다.

㉣ 카드 IV(D7) : 인간, 거인을 묘사하며 평범 반응으로 채점되려면 인간을 닮은 모습이어야 한다.

㉤ 카드 V(W) : 박쥐 또는 나비(반점의 꼭대기를 상단부로 지각)로 묘사된다.

㉥ 카드 VI(D1) : 동물 가죽이나 모피로 묘사된다.

㉦ 카드 VII(D9) : 사람의 머리나 얼굴로 묘사된다.

㉧ 카드 VIII(D1) : 전체 동물상이 묘사되고, 일반적으로 개, 고양이, 다람쥐로 표현되며 창의적인 사람의 반응과 기괴한 반응(조현적 양상)이 가장 현저한 차이를 보인다.

㉨ 카드 IX(D3) : 인간 또는 인간과 유사한 형상으로 표현된다.

㉩ 카드 X(보는 부속기관은 D1에 한정) : 게, 거미로 묘사된다.

⑦ **조직 활동** : 자극의 조직화 수준 – 인지적 에너지를 얼마나 썼는지를 평가한다.

기출 DATA
로샤검사의 특수 점수, 특수 내용
2018–1회

⑧ **특수 점수**

특이한 언어반응(6), 보속반응(1), 특수내용(4), 인간표상(2), 개인적 반응(1), 색채투사(1)의 총 15개 특수 점수가 있다.

㉠ 특이한 언어 반응(6개)

특이한 언어 반응이 나타났는지 평가한다.

ⓐ 일탈된 언어(DV ; Deviant Verbalization)

부적절한 단어가 하나 이상 사용된 경우, 신조어/중복 사용 두 가지 형태가 있으며 기괴성에 따라 수준 1(가벼운 인지적 비논리성, 기이하지는 않음), 수준 2(심각한 인지적 혼란, 기괴하고 부적절한 반응)로 나뉜다.

• 신조어 : 수검자의 언어 능력으로 볼 때 충분히 정확하게 표현할 수 있음에도 불구하고 부적절한 단어를 사용하거나 신조어를 사용하는 경우를 말한다.

• 중복 사용 : 동의어를 반복해서 사용한다.

ⓑ 일탈된 반응(DR ; Deviant Response)

수검자가 과제에서 일탈되어 있거나 반응을 왜곡시키는 어휘를 사용하여 반응의 질이 기이하고 특이할 때 채점하며 부적절한 구를 삽입하거나 우회적 반응이 포함된다. 기괴성에 따라 수준 1, 2로 나뉜다.

• 부적절한 구 : 매우 부적절하거나 아무런 관련이 없는 구를 사용한다.

• 우회적 반응 : 수검자가 과제 자체를 무시한 채 부적절한 부연설명을 하는 산만한 반응이다.

ⓒ 모순적 결합(INCOM ; Incongruous Combination) : 부적절하거나 불가능한 특징이 한 대상에 합쳐진 경우, 종의 특성과 관련 없는 반응으로 기괴성에 따라 수준 1, 2로 나뉜다.

ⓓ 우화적 결합(FABCOM ; Fabulized Combination) : 두 가지 이상의 대상이 불가능한 방식으로 관계를 맺고 있는 경우로 기괴성에 따라 수준 1, 2로 나뉜다.

ⓔ 오염반응(CONTAM ; Contamination) : 부적절한 반응 결합 중 가장 기괴한 반응으로 두 가지 이상의 대상을 비현실적으로 하나의 대상에 중첩되게 지각하는 경우이며 다른 특수점수보다 채점에 우선권이 있다.

※ 모순적 결합(INCOM), 우화적 결합(FABCOM), 오염반응(CONTAM)은 부적절한 반응 결합에 속하며 정신장애군에서도 흔하지 않은 반응이다.

ⓕ 부적절한 논리(ALOG ; Inappropriate Logic) : 검사자가 촉구하지 않았는데도 수검자가 자신의 반응을 정당화하기 위해 비합리적 논리를 말하는 경우이다.

ⓛ 보속 반응, 반응 반복(PSV ; Perseveration)

ⓐ 카드 내 보속 반응 : 같은 반점에 두 개 이상의 동일한 반응이 나타나는 경우를 말한다.

ⓑ 내용 보속 : 이전에 나타났던 반응이 다른 카드에서 다시 나타나는 경우를 말한다.

ⓒ 기계적 반복 : 동일한 대상을 기계적으로 반복해서 보고하는 경우를 말한다.

나의 필기 노트

기출 DATA
특수내용(AB, AG, COP, MOR)
2020-3회, 2018-1회

◎ **핵심 키워드**
로샤검사의 특수내용 채점

ⓒ 특수 내용(AB, AG, COP, MOR)
독특한 인지적 특징 및 자아 특징을 투사한다.
  ⓐ 추상적 내용(AB ; Abstract content)
  • 분명하고 구체적인 상징적 표현을 포함하는 반응이다.
  • 반응내용 기호가 인간경험(Hx)인 경우로 인간의 감각적 경험이나 정서를 나타낸다.
  • 분명하고 구체적인 상징적 표상을 사용한다.
  ⓑ 공격적 운동(AG ; Aggressive ovement) : 운동 반응(M, FM, m)에 '싸움, 파괴, 논쟁' 등 분명히 공격적인 내용을 포함하는 반응으로 반드시 주체적인 공격이 포함되어 있어야 한다.
  ⓒ 협조적 운동(COP ; Cooperative movement) : 둘 이상의 대상이 적극적 또는 협조적인 상호작용을 하는 운동 반응(M, FM, m)을 포함하는 반응으로 반드시 적극적이거나 협조적 상호작용이 명백해야 한다.
  ⓓ 병적인 내용(MOR ; Morbid content) : 대상을 죽은, 파괴된, 손상된, 오염된 대상으로 지각하거나, 대상에 대해 우울한 감정, 특징을 부여하는 반응이다.
ⓔ 인간표상 반응(GHR ; Good Human Representation, PHR ; Poor Human Representation)
인간 내용 기호[H,(H), Hd,(Hd), Hx]/결정인에 M/COP나 AG 특수점수를 포함하는 FM 반응이다.
  ⓐ GHR : 좋은 인간표상 반응
  ⓑ PHR : 나쁜 인간표상 반응
ⓜ 개인적 반응(PER ; Personalized answer) : 수검자가 자신의 반응을 정당화하고 명료화하는 과정에서 개인적 지식, 경험을 언급하는 반응이다.
ⓗ 색채 투사(CP ; Color projection) : 수검자가 무채색 반점이나 영역을 유채색으로 보고하는 반응이다.

신경심리검사

Key Point

신경심리검사는 뇌손상 환자뿐 아니라 정신장애환자와 노인 및 정상인의 기능평가에도 사용되고 있어 뇌와 행동 간의 관계를 이해하는 신경해부학적 지식이 요구된다.

나의 필기 노트

기출 DATA
신경심리평가에서 평가하는 영역
2015-3회

기출 DATA
실행 기능 측정 심리검사
2014

◎**핵심 키워드**
실행기능

1 » 신경심리평가에서 일반적으로 평가하는 영역

1) 실행 기능(집행 기능, 전두엽 기능)

(1) 집행 기능은 추상적 개념의 형성 능력, 인지적 융통성, 판단 능력, 범주화 능력 등의 목표지향적이고 계획을 세워 행동을 조절하며 통제하는 능력으로 고차원적 인지기능에 속한다.

(2) 위스콘신카드분류검사(Wisconsin Card Sorting Test), Stroop 검사, Raven's Progressive Matrices, 선로잇기검사(Trail Making Test), 하노이탑검사(런던탑검사, Tower of Hanoi Test)로 측정할 수 있다.

2) 주 의

(1) 외부의 환경 자극을 처리하고 내적인 사고과정에 관련된 핵심적 인지 기능으로 경계, 각성, 선택적 주의, 지속적 주의력 등을 측정한다.

(2) 연속수행검사(CPT ; Continuous Performance Test), 숫자(Wechsler), 선로잇기검사(Trail Making Test), 통제단어 연상검사(COWAT ; Controlled Oral Word Association Test), Stroop 검사, 지남력검사, 요일 순서 거꾸로 말하기 검사로 측정할 수 있다.

3) 기 억

(1) 기억은 과거의 경험을 다시 생각해내는 복잡한 정신과정으로 여러 인지활동에 관여하는 핵심적 인지기능이며 신경심리평가에서는 단기기억, 언어기억, 시공간 기억 등을 측정한다.

대표적인 신경심리검사의 평가 영역

주 의
• 연속수행검사
• 숫자
• 선로잇기검사
• 통제단어연상검사
• Stroop 검사
• 지남력검사
• 요일순서거꾸로말하기

언 어
• 보스턴 이름대기 검사
• 이해, 상식, 공통성

시공간 기능(구성 능력)
• 레이복합도형검사
• 토막 짜기
• BGT (Bender-Gestalt Test)

기 억
• 숫자
• 레이청각언어검사
• California Verbal Learning Test
• 레이복합도형검사

전두엽의 실행 기능　2020-2회
• 위스콘신 카드분류검사
• Stroop 검사
• Raven's Progressive Matrices
• 선로잇기검사
• 하노이탑 검사
• 보속성(행동규칙 고집 성향)
- Alternating Square & Triangle test
- Contrasting program
- COWAT
- Go-No-Go test
- Fist-Edge-Palm
- Korean-Color Word Stroop
- Luria loop

기출 DATA
BGT 2016-3회
기출 DATA
편측무시증후군
2021-1회, 2017-1회
기출 DATA
위스콘신 카드 분류 검사
2014
기출 DATA
시공간기능 측정검사
2022-1회

(2) 숫자(Wechsler), 레이청각언어검사(Rey Auditory Verbal Learning Test), California Verbal Learning Test, 레이복합도형검사(Rey Complex Figure Test, recall 단계)로 측정할 수 있다.

4) 언 어

(1) 언어를 표현하거나 이해하는 능력으로 표현언어능력, 수용언어능력 등을 측정한다.

(2) 보스턴이름대기검사(BNT ; Boston Naming Test), Wechsler 검사의 이해, 상식, 공통성 소검사로 측정할 수 있다.

5) 시공간적 처리 능력

(1) 시공간적 지각 능력이란 외부 대상의 시각적 지각, 공간 위치의 판단, 형태 변별로 대상을 파악하는 능력을 말하며 시공간적 구성 능력이란 시공간적 지각 능력과 더불어 시공간적으로 구성하고 조직화하는 능력까지 포함하는 개념으로 그림을 그리거나 토막을 구성하거나 퍼즐과 같이 그림조각을 맞추는 과제로 측정한다.

(2) 레이복합도형검사(Rey Complex Figure Test, copy 단계), 토막 짜기(Wechsler), BGT(Bender-Gestalt Test)로 측정할 수 있다.

6) 편측무시증후군

(1) 편측무시증후군은 우측 대뇌반구의 병변으로 왼쪽에 있는 사물의 형태를 지각하지 못하는 증상을 말한다.

(2) 편측무시 정도는 수검자에게 미리 그려진 선에 이등분하는 선을 표시하도록 지시하는 선 이등분하기 검사(line bisection test)나 여러 개의 선분을 제시하고 이등분하도록 지시한 뒤, 제시된 선분들 중에서 이등분하지 않은 선의 위치와 개수를 파악하는 알버트검사(Albert test)로 측정할 수 있다.

기타 심리검사

08
CHAPTER

Key Point

아동·청소년 대상의 검사, 노인 대상의 검사, 적성검사, 최근 중요성이 증가하고 있는 TCI검사가 포함된다. 대상의 특성에 따라 적절한 심리검사를 적용할 수 있는 능력이 요구된다.

나의 필기 노트

1 » 아동 및 청소년 대상 심리검사

1) 아동–청소년 행동평가척도(K–CBCL ; Korean–Child Behavior Check List)

기출 DATA
아동, 청소년 행동 평가척도
K–CBCL 2017–3회, 2012

기출 DATA
아동을 대상으로 하는 보호자
보고의 평가 척도–CBCL, KPRC
2020–1회

(1) 보호자 또는 교사가 평가한다.

(2) 4~18세 연령의 아동·청소년을 대상으로 한다.

(3) 문제 행동 영역과 적응 행동에 대한 정보를 제공한다(아동의 대인관계 패턴, 학업 유능성, 선호하는 활동 평정).

(4) 교사의 경우 적응 기능으로 분류하고 적응적 학교 생활 기술을 측정한다.

(5) 사회능력척도(사회성 + 학업수행 = 총 사회능력) + 문제행동증후군(12개 합산)으로 구성된다.

(6) 문제행동증후군

① 위축, 신체화, 우울/불안, 사회적 미성숙, 사고 문제, 주의 집중 문제, 비행, 공격성, 성 문제, 정서 불안정, 내재화 문제, 외현화 문제로 구성된다.

② 사회성 척도와 학업 수행 척도의 표준점수인 T점수가 30 이하이면 문제가 있다고 판단하며 총 사회능력 척도의 T점수가 33점 이하이면 문제가 있는 것으로 판단한다.

③ 총 문제척도의 T점수 63 이상(90% 이상), 각 문제증후군의 T점수 70 이상(97% 이상)이 주의 대상으로 판단된다.

기출 DATA
한국아동인성검사 KPRC
2016-3회, 2012

◎핵심 키워드
한국아동인성검사

2) 한국아동인성검사(KPRC ; Korean Personality Rating Scale for Children) : 보호자 평가

(1) 아동의 적응에 지장을 줄 수 있는 문제가 있는지 여부와 임상적 진단에 대한 객관적 정보를 제공하여 진단과 선별에 사용한다.

(2) 아동과 매우 친숙한 어른(부모)이 응답하도록 되어 있으며 비교적 짧은 시간에 손쉽게 수행할 수 있는 검사로, 다수를 대상으로 할 수 있어서 선별검사로 유용하다.

(3) 검사 결과가 표준화된 점수로 제공되므로 임상적 문제의 가능성을 비교적 쉽게 변별 가능하다.

(4) 타당도척도(3), 자아탄력성척도(1), 임상척도(10)로 구성되어 있다.

① **타당도척도** : 검사-재검사 신뢰도, 방어적 태도, 증상의 과장/무선 반응

② **자아탄력성 척도** : 내/외적 스트레스에 융통성 있고 적절하게 대처하는 개인의 전반적 능력

③ **임상척도**

㉠ 언어 발달 : 전반적 지적 수준, 언어 이해, 읽기/쓰기, 기본 연산, 시간 개념이 포함되며 척도 점수가 높으면 언어발달은 지체된 것으로 해석된다(척도↑ = 언어발달↓).

㉡ 운동 발달 : 정신운동 기능의 협응 정도와 속도, 신체 운동 발달 정도를 측정하며 척도 점수가 높으면 운동발달이 지체된 것으로 해석된다(척도↑ = 운동 발달↓).

㉢ 불안 : 자연 현상, 사회 관계에서의 두려움, 긴장, 불안이 포함되며 척도 점수가 높으면 불안과 긴장 수준이 높은 것으로 해석된다(척도↑ = 불안, 긴장↑).

㉣ 우울 : 우울한 기분, 사회적 고립감, 신체적 무기력감을 나타내며 척도 점수가 높으면 우울관련 증상이 있음을 나타낸다(척도↑ = 우울↑).

㉤ 신체화 경향성 : 신체적 피로감, 건강과 관련된 호소 정도를 나타내며 척도 점수가 높으면 심리사회적 스트레스가 신체적으로 표현되고 있는 것으로 해석된다(척도↑ = 신체화↑). 실제 신체적 취약성을 반영하기도 하지만 신체 증상을 통한 책임 회피, 불편한 상황에서의 도피를 위해 사용하는 경우도 있다.

㉥ 비행 : 아동의 비순응성, 공격성, 충동성, 학교나 가정에서의 규칙 위반 등을 반영하며 척도점수가 높으면 규칙을 따르지 않고, 적대적이며 충동적이고 무책임함을 나타낸다(척도↑ = 반항/불복종/비순응성/

거짓말/적대적/충동적/무책임 성향↑).

ⓧ 과잉행동 : 과잉행동 충동성과 학습·대인관계에서의 어려움을 나타
내며 높은 척도점수는 주의력 결핍이나 과잉행동의 가능성을 나타낸
다(척도↑ = 과잉행동↑).

ⓞ 가족 관계 : 가족 내 긴장감, 불화 정도를 나타내며 높은 점수일 경우
가족 구성원 간의 갈등이 높고, 비난수준이 높아 가정 내 긴장이 아동
의 스트레스의 주원천이 되며 가정이 화목하지 못하고 아동에게 필요
한 심리적 지지를 해주지 못함을 의미한다(척도↑ = 가정 불화↑).

ⓩ 사회 관계 : 또래나 일반적인 대인관계에서 겪는 어려움을 반영하며
높은 점수는 사람들과 관계를 맺는 데 어려움을 느끼며 이로 인해 심
한 스트레스를 겪음을 나타낸다(척도↑ = 대인관계 어려움/위축·고
립 가능성↑).

ⓐ 정신증 : 현실 접촉의 어려움, 부적절하고 특이한 행동, 대인관계에서
의 고립이나 회피, 전반적인 부적응을 나타내며 높은 점수는 심각한
부적응·심리적 혼란을 나타낸다(척도↑ = 정신증적 증상↑). 하지만
아동기 정신병은 매우 드물며 정신병으로 진단된 아동들이 이 척도의
상승을 보이기는 하나 이 척도 상승이 항상 정신병을 시사하는 것은
아니다.

3) 코너스 평정척도(CRS ; Conners Rating Scales)

(1) 3~17세 연령의 아동·청소년을 대상으로 한다.

(2) 과잉 행동, 기타 문제 행동을 평가하기 위한 도구로 ADHD 증상 선별 도
구로 사용될 수 있다.

(3) 부모 평가와 교사 평가로 이루어지며 각 평가에서의 일치/차이점을 제공한다.

2 » 노인대상 심리검사

1) **노인용 심리검사의 특징** : 다른 연령과 함께 노인도 실시할 수 있는 검사도 포함된다.

◎핵심 키워드
노인용 심리검사의 종류 및 실시

2) **노인용 심리검사의 종류 및 실시**

(1) 임상치매척도(Clinical Dementia Rating ; CDR)
   ① 치매의 중등도를 알아보기 위해 가장 많이 사용되는 도구이다.
   ② 기억력, 지남력, 판단력/문제해결, 사회 활동, 집안 생활/취미, 위생/몸치장 등의 6개 영역의 기능을 평가한다.
   ③ 검사자는 환자·보호자와의 자세한 면담을 통해 6가지 영역의 기능을 파악한 뒤 평정한다.

(2) K-VINELAND-II(한국판 바인랜드 적응행동척도 2 판)
   ① **검사대상** : 만 0세 0개월~만 90세 11개월
   ② 개인의 일상 활동영역에서 개인의 실제 활동 수준을 연령이 동일한 다른 사람의 활동 수준과 비교한다.
   ③ 의사소통, 일상생활 기술, 사회 기술 및 대인관계, 신체활동으로 구성된다.

(3) 서울언어학습검사(Seoul Verbal Learning Test ; SVLT) : 12개의 단어를 불러주고 바로 회상을 요구하는 즉각회상검사와 지연회상/재인검사로 구성된다.

(4) 노인우울척도(Geriatric Depression Scale) : 30문항으로 전체문항의 수가 짧고, '예/아니오'의 단순한 반응형식으로 지속적인 주의집중이 어려운 노인들에게 실시하기에 적합한 검사이다.

(5) 한국판 보스턴 이름대기 검사(Korean-Boston Naming Test ; BNT) : 사물이 그려진 60개의 선 그림(Line drawings)을 수검자에게 보여주고 해당 사물의 이름을 말하게 하는 시각적인 대면 이름 대기 검사(Confrontation naming test)이다.

3 》 적성검사(Holland 육각모형)

1) 홀랜드(Holland)의 성격 유형

R (현장형)
현실적, 체험 중시
도구 조작, 기계, 동식물에 관심.
말수 적고 사교적이지 않은 편

C (관습형)
책임감이 강함
세심, 꼼꼼, 미리 준비하는 성향
구체적 일, 공부 선호

E (진취형)
리더십 강함
토론, 논쟁 즐김
외향적, 적극적, 경쟁적 활동참여

I (탐구형)
탐구적, 호기심
논리적, 합리적 사고
혼자 하는 일에 집중

A (예술형)
감수성 풍부
예술분야 선호, 개성 뚜렷
창의성 발휘, 자유로운 표현

S (사회형)
타인 공감, 사교적
함께 일하는 것 즐김
배려심 있는 행동

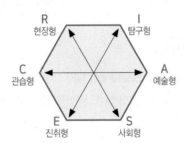

2) 진로코드의 해석 순서

(1) 1차 진로코드

① 전체 요약 점수 분포에서 가장 높은 척도의 코드와 두 번째 높은 척도의 코드를 순서대로 기록한다.

② 1순위와 2순위의 코드 점수가 동점일 경우에는 두 가지 코드를 다 1순위에 적고 그 다음으로 점수가 높은 코드를 적는다.

(2) 2차 진로코드

① 1차 진로코드의 1순위와 2순위 코드 간의 점수 차가 10점 미만인 경우에는 위치를 바꾼다.

② 1차 진로코드의 1, 2순위 코드 간의 점수 차가 10점 이상이면 1순위와 3순위가 2차 진로코드가 된다.

기출 DATA
TCI 척도 2018-1회

◎ 핵심 키워드
TCI의 4가지 기질 차원과 3가지
성격차원

4 》》 TCI (Temperament and Character Inventory, 기질 및 성격검사)

1) **TCI의 구성** : 개인의 기질과 성격을 측정하기 위한 검사로 개인의 타고난 특성인 4가지의 기질 차원과 기질을 바탕으로 환경과의 상호작용 형성에 의한 자기 개념인 3가지의 성격차원으로 구성되어 있다.

2) **4가지 기질 차원**

   (1) **감각 추구(Novelty Seeking ; NS)** : 새로운 자극이나 잠재적인 보상단서에 활동이 활성화되는 경향성을 말하며 흥분과 보상을 추구하고 처벌과 단조로움을 회피한다.

   (2) **위험 회피(Harm Avoidance ; HA)** : 위험하거나 혐오스러운 자극에 행동이 억제되고 위축되는 경향성을 말하는 것으로 처벌이나 위험이 예상될 때 이를 회피하기 위해 행동이 억제되며 이전에 하던 행동을 중단한다.

   (3) **사회적 민감성(Reward Dependence ; RD)** : 사회적 보상 신호에 민감하게 반응하는 경향성을 말하며 사회적 보상 신호(칭찬, 찡그림 등)와 타인의 감정(기쁨, 슬픔, 분노, 고통 등)을 민감하게 파악하고 이에 따라 정시반응이나 행동반응이 달라진다.

   (4) **인내력(Persistence ; PS)** : 지속적인 강화가 없더라도 한번 보상된 행동을 일정한 시간 동안 꾸준히 지속하려는 경향성을 말하며 당장 보상이 주어지지 않거나 간헐적인 보상, 심지어 간헐적 처벌에도 한번 시작한 행동을 지속한다.

3) **3가지 성격차원**

   (1) **자율성(Self Directedness ; SD)** : 자신을 자율적 개인으로 이해하고 동일시하는 정도를 말하며 자신이 선택한 목표와 가치를 이루기 위하여(자기결정력) 자신의 행동을 상황에 맞게 통제, 조절, 적응시키는 능력(의지력)이다.

   (2) **연대감(Cooperativeness ; CO)** : 자신을 인류 혹은 사회의 통합적인 부분으로 이해하고 동일시하는 정도를 말하며 타인에 대한 수용능력 및 타인과 동일시하는 능력이다.

   (3) **자기 초월(Self Transcendence ; ST)** : 자신을 우주의 통합적인 부분으로 이해하고 동일시하는 정도를 말하며 우주 만물과 자연을 수용하고 동일시하며 이들과의 일체감을 느끼는 능력이다.

사회성숙도 검사(Social Maturity Scale : SMS)

• Doll의 바인랜드 사회성숙도 검사(Vineland Social Maturity Scale)를 우리나라에 적절하게 수정, 보완한 검사로 대상연령은 0~30세이다.

• 자조 영역(자조일반, 자조식사, 자조용의), 이동 영역(기어다니는 능력~어디든지 혼자 다닐 수 있는 능력), 작업 영역(단순한 놀이~고도의 전문성을 요하는 작업), 의사소통 영역(동작, 음성, 문자 등을 매체로 한 수용능력 및 표현능력), 자기관리영역(금전 사용, 물건 구매, 경제적 자립 준비, 기타 책임감있는 행동 등), 사회화 영역(사회적 활동, 사회적 책임, 현실적 사고 등)의 총 6개 영역을 측정하여 사회적 능력, 적응능력을 평가한다.

01 로샤(Rorschach)검사(또는 HTP검사)와 MMPI(또는 TCI)와 같은 심리검사 결과가 서로 일치하지 않을 수 있는 이유를 간략하게 설명하시오. [2008·2010]

....

....

....

....

....

....

....

....

....

....

....

모범답안

① 성격은 복합적 구조로 이루어져 있어 단편적으로 측정될 수 있는 차원이 아니다.
② 객관적 검사는 의식적으로 인식되는 수준과 행동을 측정하는 반면에 투사적 검사는 무의식적이고 구조적인 수준을 평가하기 때문에 각각의 검사는 성격의 서로 다른 수준을 측정하고 있다.
③ 측정방법 관련 요인이 결과에 많은 영향을 미치게 된다.

| 해설 |

투사적 검사의 결과와 객관적 검사의 결과가 일치하지 않을 수 있는 이유를 묻는 문제이다. 로샤검사와 MMPI는 각각 다루고 있는 영역에서 타당한 측정도구이며 그 타당도는 각 방법이 기반하고 있는 개념적·이론적 영역의 맥락에서 평가되어야 한다. 객관적 검사는 의식 수준에서 인식할 수 있거나 행동적으로 나타낼 수 있는 기능 차원이 관심의 대상일 때 유용하다. 반면, 투사적 검사는 성격의 무의식적이고 구조적인 차원을 탐색하는 데 매우 유용하다.

02 심리평가에서 내담자를 평가하는 데 중요하게 다루어지는 자료 또는 주요 사항 3가지를 적으시오.

2009

모범답안

① **개인적 자료** : 성별, 연령, 생년월일, 결혼 여부, 취업 여부, 주소, 연락처, 면담 날짜
② **의뢰 사유와 주호소문제** : 현 시점에서 도움을 받고 싶은 이유와 당면한 문제의 진술
③ **행동관찰** : 일반적·특징적 외양, 언어적·비언어적 의사소통 방식, 면담태도(협조적 – 비협조적(저항적, 방어적, 피상적), 면담할 때의 정서적 반응과 융통성
④ **현재의 생활조건** : 내담자가 당면한 문제나 적응과 관련된 현재의 생활조건
    예 환자의 직계가족, 주거 조건, 현재의 직장 조건, 경제적 문제, 특수한 긴장이나 스트레스 유발 사건 등
⑤ **개인의 발달사적 과거력** : 내담자의 인격 형성과 발달에 영향을 미친 과거 사건들, 주요 행동 양식 예 출생과 초기 발달, 초기 아동기의 신체적 건강, 가족관계, 교육력, 직업력, 성적 적응과 결혼, 현재 증상의 출현과 발달
⑥ **가족배경** : 조부모, 부모, 형제 등 의미 있는 관계를 가졌던 친척들에 대한 정보
⑦ **심리검사 결과** : 실시한 각종 심리검사 결과를 종합한 내용으로 내담자의 인지적, 정서적, 대인관계적, 적응적 특징을 포함

03 MMPI 검사를 실시한 결과, 타당도 척도의 결과는 L = 46T, F = 106T, K = 45T이며, 5번 척도인 Mf 척도를 제외한 대부분의 임상척도의 T점수가 유의미하게 높은 프로파일을 나타내는 사람들의 3가지 유형을 제시하시오. `2009`

....

....

....

....

모범답안

① 도움이 절실하게 필요한 경우
② 심각한 심리적 문제가 있는 것으로 보고하여 자신의 행동에 대한 책임을 회피하려고 시도하는 경우 **예** 정신이상을 진단받아 징역형을 면하거나 줄임
③ 경제적 이익을 얻기 위한 경우 **예** 정신적 피해에 대한 상해 보상금을 수령함

| 해설 |
위에 제시된 MMPI검사 결과는 자신의 증상을 실제보다 과장하여 보고하는 부정왜곡일 가능성이 높다.

04 아동의 PTSD(외상 후 스트레스장애) 진단에서 성인과 다른 재경험의 특징 준거 3가지를 서술하시오. `2012`

....

....

....

....

모범답안

① 외상 사건의 기억을 떠올리기보다 외상 사건과 관련된 주제를 반복된 놀이로 나타낼 수 있다.
② 외상 사건과 직접 관련된 꿈보다 괴물이 나타나거나 타인을 구출해내는 내용의 꿈을 꾸는 경향이 있다.
③ 아동은 외상의 특정한 재현이 놀이형식으로 나타날 수 있다.
④ 아동은 성인과 달리 외상을 회피하거나 부인하지 못하는 경향이 있으며, 심리적 충격을 분리불안, 신체화 증상, 비행 행동 등으로 나타낼 수 있다.

05 로샤(Rorschach)검사를 Exner의 방식으로 채점하기 위해서 내담자에게 질문을 하여 탐색해야 할 3가지를 적으시오.　　　2012

....

....

....

모범답안

① **반응영역, 또는 위치** : 수검자의 주된 반응이 어느 영역에서 일어나고 있는가?
② **결정인** : 반응을 결정하는 데 영향을 미친 반점의 특징은 어떠한가?
③ **반응 내용** : 반응은 어떤 내용의 범주에 포함되는가?

06 사회성숙도 검사에서 평가하는 6가지 평가 영역을 적으시오.　　　2015-1회

....

....

....

....

....

모범답안

① **자조 영역** : 자조일반, 자조식사, 자조용의의 세 가지 영역을 통해 자조능력을 측정한다(39개 문항).
② **이동 영역** : 기어다니는 능력부터 어디든지 혼자 다닐 수 있는 능력까지를 측정한다(10개 문항).
③ **작업 영역** : 단순한 놀이에서부터 고도의 전문성을 요하는 작업에 이르기까지 다양한 능력을 측정한다(22개 문항).
④ **의사소통 영역** : 동작, 음성, 문자 등을 매체로 수용능력 및 표현능력을 측정한다(15개 문항).
⑤ **자기관리영역** : 금전 사용, 물건 구매, 경제적 자립 준비, 책임감 있고 분별 있는 행동을 통해 독립성과 책임감을 측정한다(14개 문항).
⑥ **사회화 영역** : 사회적 활동, 사회적 책임, 현실적 사고 등을 측정한다(17개 문항).

07 MMPI검사에서 L, K척도는 각 30T이고 F척도가 79T인 내담자가 보일 수 있는 특징을 2가지 서술하시오.

2015-1회

....

....

....

모범답안

① 간절하게 도움을 청하기 위해 또는 의도적으로 자신의 증상을 실제보다 더 좋지 않게 보이려는 부정왜곡의 가능성을 반영할 수 있다.
② 실제로 심각한 심리적 문제를 겪고 있을 수 있다.

08 자폐스펙트럼 장애를 진단하는 기준 중에서 사회적 의사소통과 상호작용의 결함에 관한 기준 2가지를 적으시오.

2015-1회

....

....

....

....

....

....

모범답안

① **사회적 상호작용을 위한 비언어적 의사소통 행동의 결함** : 통합된 형태로 언어적·비언어적 의사소통을 하지 못하고, 눈맞춤, 몸동작에서 비정상성을 보이며, 심한 경우 표정이나 비언어적 의사소통을 전혀 하지 못한다.
② **사회적-정서적 상호작용의 결함** : 다른 사람에게 비정상적 방식의 사회적 접근을 시도하고, 정상적으로 자신의 차례에 맞춰 대화하지 못하며 다른 사람의 관심사 공유가 안 되고, 심한 경우 사회적 상호작용을 시작하거나 반응하지도 못한다.
③ **대인관계의 발전·유지 및 이해의 결함** : 사회적 맥락에 적절하게 행동을 맞추지 못하고, 타인과 상상놀이를 하거나 친구를 사귀는 데 어려움을 보이며 심한 경우 또래친구에 대해 전혀 관심을 보이지 않는다.

09 로샤(Rorschach)검사 채점 시 Exner(엑스너) 종합체계의 중요 채점법 5가지를 적으시오.

2015-1회

모범답안

① 반응 영역 : 수검자가 카드의 어느 영역에 반응했는지 채점한다(수검자가 반응한 영역).
② 반응 영역의 발달질 : 해당 위치의 발달수준으로 반응의 구체성, 반응 대상 간의 관계성 지각을 채점한다.
③ 결정인 : 반응 결정에 영향을 준 반점의 특징을 채점한다(수검자 반응에 대한 이유).
④ 형태질 : 반점의 특징에 근거해 보았을 때 반응 내용이 적절한지 평가한다.
⑤ 반응 내용 : 반응에 대한 내용을 채점하며, 반응 기호화는 내용을 모두 포함하는 것이 매우 중요하다.
⑥ 평범 반응 : 일반적인(흔한) 반응인지 평가하여 P로 기호화한다.
⑦ 조직 활동 : 자극의 조직화 수준으로 반응에 인지적 에너지를 얼마나 썼는지 평가한다.
⑧ 특수 점수 : 특이한 언어반응(6), 보속반응(1), 특수내용(4), 인간표상(2), 개인적 반응(1), 색채투사(1)의 총 15개 특수점수를 평가하여 기호화한다.

10 MMPI에서 1번 척도가 유의미하게 상승하였을 때 나타날 수 있는 성향이나 상태를 3가지 기술하시오. 2015-1회

....

....

....

....

모범답안

① 건강에 대한 과도한 염려를 나타낸다.
② 만성적인 경향이 있는 모호한 여러 가지 신체화 증상을 보인다.
③ 자기중심적이고, 자신의 문제에 대한 통찰이 부족하며 자신의 증상에 대한 심리학적 해석을 거부한다.
④ 타인의 관심을 요구한다(자신의 신체적 증상에 대한 배려를 원함).
⑤ 주된 방어기제는 신체화이다.

11 로샤(Rorschach)검사를 Exner(엑스너)의 종합체계로 해석할 때 기호화할 수 있는 항목 5가지에 대해 기술하시오. 2015-3회

....

....

....

....

모범답안

① **반응 영역** : 수검자가 카드의 어느 영역에 반응했는지는 기호화한다(W, D, Dd, S).
② **반응 영역의 발달질** : 해당 위치의 발달수준으로 반응의 구체성, 반응대상 간의 관계성 지각을 평가하여 기호화한다(+, o, v/+, v).
③ **결정인** : 반응 결정에 영향을 준 반점의 특징을 기호화한다(F, M, FM, M, C).
④ **형태질** : 반점의 특징에 근거해 보았을 때 반응 내용이 적절한지 평가하여 기호화한다(+, o, u, −).
⑤ **반응 내용** : 반응에 대한 내용을 기호화하며 내담자가 반응한 내용을 모두 포함하는 것이 매우 중요하다[H, (H), Hd, (Hd), Hx].
⑥ **평범 반응** : 일반적인(흔한) 반응인지 기호화한다(P).

12 다음은 22세 성인 남자인 L씨의 MMPI-2 결과이다. 타당도 척도 및 임상척도를 바탕으로 이 결과를 설명하시오.

2015-3회

VRIN	TRIN	F	Fb	FP	FBS	L	K	S	1	2	3	4	5	6	7	8	9	0
44	51	72	66	71	63	50	50	52	43	77	50	76	51	40	73	52	40	51

....

....

....

....

....

....

....

....

....

....

....

모범답안

L씨는 L, F, K가 각각 51T, 72T, 51T로 자신의 심리적 어려움을 인정하고 도움을 청하고 있는 상태이다. 또한 2-4-7척도가 각각 77T, 76T, 73T로 상승하여 만성적 우울, 불안, 수동-공격적 패턴을 보일 것으로 사료된다. L씨는 분노감이 있으나 적절하게 표현을 못하고 이에 대한 죄책감을 지닌 것으로 판단된다. 또한 스트레스에 대한 인내력이 낮고 사소한 일에도 과민반응하며 정서적으로 불안정할 것으로 보인다. L씨는 열등감, 부적절감을 많이 느끼며 우울감을 완화시키기 위해 약물, 알코올에 과도하게 의존하는 경향성을 보일 수 있다. 기본적인 신뢰감과 애정 욕구가 좌절된 구강-의존기적인 성격특징을 지닐 것으로 사료된다.

13 조현병의 양성 증상과 음성 증상을 정의하고, 아래의 사례에서 B씨가 보이는 양성 증상과 음성 증상을 찾아서 적으시오. 2015-3회

> 30대 초반 남자인 B씨는 약 1년 전부터 누군가가 계속해서 자기를 감시하며, TV에서도 자기를 비난하는 방송을 하고 있다고 말하며 불안해한다. 또한 B씨는 하루 종일 방문을 걸어 잠그고 방에서 잘 나오지 않으며 알 수 없는 말을 혼잣말로 중얼거리고, 가급적 다른 사람들을 만나는 것을 피하고 있다.

모범답안

① **양성 증상** : 조현병 환자만 경험하는 증상으로 망상, 환각, 혼란스러운 언어(와해된 언어), 심하게 혼란스럽거나 긴장증적인 행동이 포함된다. 사례에서 B씨가 "누군가가 계속해서 자기를 감시하며 TV에서 자기를 비난하는 방송을 하고 있다."라고 말하는 것은 조현병의 양성증상인 망상에 해당되며, 알 수 없는 말을 혼잣말로 중얼거리는 것은 혼란스러운 언어에 해당된다.

② **음성 증상** : 정상인에게는 존재하는 사고, 감정, 행동 등이 환자에게는 존재하지 않거나 저하되는 현상으로 조현병 환자가 아니라도 경험할 수 있으며 약물에도 잘 호전되지 않는 증상을 말한다. 감정적 둔마, 무의욕증, 무언증, 무쾌감증, 무사회증이 포함된다. 사례에서 B씨가 방에서 잘 나오지 않고 다른 사람을 잘 만나지 않는 것은 조현병의 음성증상인 무사회증에 해당된다.

14 다음의 신경심리검사들이 평가하는 인지기능을 적으시오. `2015-3회`

> • Go−No−Go Test
> • Fist−Edge−Palm
> • Contrasting Program
> • Alternating Hand Movement

모범답안

전두엽의 실행기능을 평가하는 검사들이다.

15 MMPI의 ?척도가 유의미하게 상승했을 때 고려할 수 있는 이유를 5가지 적으시오. `2022-3회` `2015-3회`

모범답안

① 부주의함이나 심리적 혼란 같은 수검자의 심각한 정신병리로 인한 반응상의 어려움이 반영된 결과일 수 있다.
② 수검자가 자신의 바람직하지 않은 부분을 거짓으로 응답하기보다 인정하지 않고 회피하려 시도할 수 있다.
③ 검사 및 검사자에 대한 비협조적 태도를 반영할 수 있다.
④ 개인적 정보노출에 대한 방어적 태도를 반영할 수 있다.
⑤ 수검자의 우유부단함이나 의미 있게 응답하기 위해 필요한 정보나 경험이 부족함 등을 나타낼 수 있다.

적중예상문제

01 다음의 MMPI 결과에서 유추되는 임상적 특징을 5가지 적으시오.

L	F	K	Hs	D	Hy	Pd	Mf	Pa	Pt	Sc	Ma	Si
32	65	43	61	73	70	71	55	62	94	75	38	49

....

....

....

....

....

....

....

....

모범답안

① **심리정서적 특징** : 수검자는 심리적 불편감을 인정하고 도움을 요청하는 상태이다. 수검자는 우울감과 불안을 느껴 걱정과 긴장이 많고 안절부절못하며 예민하다.
② **행동적 특징** : 주의 집중이 잘 되지 않으며 예민하고 충동적으로 행동할 수 있다.
③ **사고적 특징** : 환각이나 망상을 경험할 수 있으며 과잉 사고형이다.
④ **적응적 특징** : 현재 심리정서적 불편감이 현저하고, 당면한 현실 문제를 해결할 자신감이 저하된 상태이다. 불면증과 자살 사고가 나타날 가능성이 높으며 긴장감을 낮추기 위해 알코올에 의존할 수 있다. 현실검증이 어렵고 저항상태임이 시사된다.
⑤ **개인적 불편감** : 만성적이기보다는 현저한 고통감을 느끼는 급성 신경증적 상태임이 시사된다. 수검자는 우울감, 무능력함, 무기력, 불안감, 긴장감, 초조함을 느끼며 자신감이 부족하고 대인관계에 민감하다.

| 해설 |
수검자는 타당도 척도에서 삿갓형을 보이며 심리적 어려움을 인정하고 도움을 요청하고 있다. 65T 이상으로 상승된 임상척도는 7번, 8번, 2번, 4번, 3번이다.

02 다음은 ○○진로상담소에서 실시한 A군의 홀랜드 유형 직업적성검사의 결과이다. 이를 토대로 다음에 제시된 물음에 답하시오.

성격유형	R	I	A	S	E	C
결과	17	39	72	81	45	14

(1) A군의 성격유형 특성과 이상적인 직업을 1가지 이상 제시하시오.

....

....

....

....

....

....

모범답안

① **성격유형 특성** : A군의 직업적성검사 결과 A군의 1차 진로코드는 SA형, 2차 진로코드는 AS형(첫 번째 코드와 두 번째 코드의 차이 점수가 10점 미만이므로)이다. A군은 사람들과 어울리기를 좋아하고 친화력이 좋은 편이다. 또한 창의적이어서 계속 반복되는 일상적인 일보다는 변화가 있는 일을 좋아한다.
② **이상적인 직업** : A군에게는 사회사업가 또는 심리상담사가 이상적인 직업이다.

(2) **A군에게 적합하지 않은 직업을 1가지 이상 제시하시오.**

....

....

....

....

모범답안

A군은 규칙적이고, 반복되며 정형화된 일이나 대인관계가 적은 일은 잘 맞지 않는다. 따라서 적합하지 않은 직업은 회계사, 세무사 등이다.

03 A씨는 55세의 중졸 남성으로 목수일을 하였다. 어느 날 오토바이를 타고 가다가 승용차와 부딪치는 사고를 당해 의식을 잃었다가 40여일 만에 의식을 회복하였으나 어깨가 결리고 몸이 아팠으며 깊은 잠에 들 수 없다고 하였다.

(1) 추가적으로 어떤 증상이 더 있을 것 같은가? 증상을 2가지 쓰시오.

....

....

....

모범답안

① 일반적인 지적능력 손상　　　　② 기억장애
③ 주의집중장애　　　　　　　　　④ 운동속도 저하

(2) 감별진단을 2가지 쓰시오.

....

....

모범답안

① 주요/경도 신경인지장애　　　　② 외상 후 스트레스 장애

(3) 심리검사 중에 위스콘신 카드 분류검사가 포함되었다. 무엇을 확인하고자 한 것인지 2가지를 적으시오.

....

....

모범답안

① 범주화　　　　　　　　　　　　② 개념형성 능력
③ 주의능력　　　　　　　　　　　④ 인지적 융통성
⑤ 보속 등의 전두엽 기능의 손상을 확인하고자 하였다.

(4) 예후와 관련된 요인 2가지를 적으시오.

．．．

．．．

．．．

．．．

모범답안

① 신체적 손상의 회복 정도
② 환경적 지원

04 MMPI 6번 척도 T점수가 72점일 때 임상적 의미를 5가지 적으시오.

모범답안

① 과도하게 민감하다.
② 의심이 많다.
③ 자신은 충분한 대우를 받지 못하고 있다는 피해망상과 경계심으로 타인에 대한 적개심을 가지기 쉽다.
④ 다른 사람에게 이러한 적대감을 표현하고 논쟁을 벌이는 경향이 있다.
⑤ 투사를 주된 방어기제로 사용한다.

05 표준검사집(Full Battery)검사와 단일 검사(Test by Test)에 의한 분석의 장단점을 적으시오.

모범답안

① 장점
  ㉠ 표준검사
    ⓐ 모든 영역을 다루는 하나의 심리검사는 없기 때문에 다양한 검사에서 폭넓은 자료를 얻을 수 있다.
    ⓑ 여러 검사 결과를 서로 비교하여 교차타당성을 검증할 수 있다.
    ⓒ 각 검사마다 측정하는 영역이 달라 수검자의 자아 기능, 본능적 힘, 방어기제, 현실적 요구 등이 어떤 방식으로 배열과 균형을 이루고 있는지에 대한 전체적이며 구체적인 모습을 얻을 수 있다.
  ㉡ 단일검사
    ⓐ 시간과 비용 면에서 경제적이다.
    ⓑ 심리평가 목적에 맞는 최적의 검사도구를 선정할 수 있다.
② 단점
  ㉠ 표준검사
    ⓐ 시간과 비용이 단일검사에 비해 많이 소요된다.
    ⓑ 모든 검사 결과를 이용하지 않을 경우 시간과 노력에 비해 효용이 적다는 점이 있다.
  ㉡ 단일검사
    ⓐ 배터리 검사에 비해 자료에서 얻는 정보가 제한적이다.
    ⓑ 각 검사별로 세워진 가설들에 대해 타당성을 교차 검증할 수 없다.
    ⓒ 각 검사 결과를 비교 통합하는 과정이 없으므로 수검자의 자아 기능, 본능적 힘, 방어기제, 현실적 요구 등이 어떤 방식으로 배열과 균형을 이루고 있는지에 대한 전체적이며 구체적인 모습을 얻을 수 없다.

06 8-9/9-8 프로파일을 보이는 내담자의 특징을 5가지 설명하시오.

모범답안

① 타인에게 다소 자기중심적이고 유아적 기대를 한다.
② 타인에게 많은 관심을 요구하며 이러한 욕구가 충족되지 않을 때 화를 내고 적대적으로 행동한다.
③ 타인과의 정서적 관계 형성을 두려워하기 때문에 친밀한 관계를 회피하며 사회적으로 위축되어 있다.
④ 고립되어 있다.
⑤ 특히 이성과의 관계를 불편하게 여기며 성적 적응이 곤란한 경우가 흔하다.
⑥ 과잉 활동적이고 정서적으로 불안정하다.
⑦ 자기평가가 비현실적으로 과장되어있고 허풍스러우며 변덕스러운 사람이라는 인상을 풍긴다.
⑧ 성취 욕구가 강하고 성취에 대한 압박감을 느끼지만 실제 수행은 기껏해야 평균 수준인 경우가 많다.
⑨ 열등감, 부적절감, 낮은 자존감을 느끼기 때문에 경쟁적 상황이나 성취 지향적 상황에 나서지 못한다.
⑩ 매우 상승했을 때 조현병 진단이 가장 흔하다.

07 다면적 인성검사(MMPI)의 타당도 척도 4가지를 쓰고, 각각에 대해 간략하게 설명하시오.

....

....

....

....

....

....

....

모범답안

① **? 척도(무응답 척도, Cannot Say)**
   ㉠ 응답하지 않은 문항 또는 '예', '아니오' 모두에 응답한 문항들의 총합이다.
   ㉡ 수검자의 심각한 정신병리로 인한 반응상의 어려움, 검사 및 검사자에 대한 비협조적 태도, 개인적 정보 노출에 대한 방어적 태도 등을 측정한다.
   ㉢ 보통 30개 이상의 문항을 누락하거나 양쪽 모두에 응답하는 경우 프로파일은 무효로 간주될 수 있다.

② **L 척도(부인 척도, Lie)**
   ㉠ 수검자가 자신을 좋게 보이려고 하는 다소 고의적이고 부정직하며 세련되지 못한 시도를 측정한다.
   ㉡ 측정 결과가 높은 경우 수검자가 자신의 결점을 부정하고 있을 가능성에 대해 고려해 보아야 하며, 이는 특히 부인이나 억압의 방어기제를 사용하는 환자에게서 나타날 수 있다.
   ㉢ 측정 결과가 낮은 경우 비교적 자신의 결점을 인정하며 솔직하며 허용적인 것으로 볼 수 있으나, 오히려 자신을 병적으로 보이려는 환자에게서 나타날 수도 있다.

③ **F 척도(비전형 척도, Infrequency)**
   ㉠ 응답하는 사람들을 탐지하기 위한 비전형적인 방식으로 수검자의 부주의나 일탈된 행동, 질문 항목에 대한 이해 부족 등을 측정한다.
   ㉡ 측정 결과가 높은 경우 수검자가 대부분의 정상적인 사람들과 다르게 반응하며, 문제 영역이 많고 그 정도가 심각한 것으로 볼 수 있다.
   ㉢ 측정 결과가 낮은 경우 사회적인 순응성이 높고 정상적인 생활을 하는 것으로 볼 수 있으나, 이는 다른 사람에게 정상인으로 보이려는 의도를 가진 일부 정신과 환자에게서도 나타난다.

④ **K 척도(교정 척도, Correction)**
   ㉠ 분명한 정신적인 장애를 지니면서도 정상적인 프로파일을 보이는 사람들을 식별하기 위한 것으로서, 수검자의 심리적인 약점에 대한 방어적 태도를 측정한다.
   ㉡ 측정 결과가 높을 경우 수검자의 정신병리에 대한 방어 또는 억압 성향을 나타낸다.
   ㉢ 측정 결과가 낮은 경우 수검자가 자신의 단점을 과장하거나 심각한 정서적 장애를 가지고 있는 것을 왜곡하려는 성향을 의심할 수 있다.

08 심리평가의 목적을 3가지로 구분하여 적으시오.

모범답안

① **진단 및 감별진단** : 임상적 진단을 명료화·세분화하며, 증상 및 문제의 심각성 정도를 구체화한다.
② **성격 및 정신병리에 대한 이해** : 내담자의 자아 기능, 자아 강도, 인지 기능을 측정 및 평가한다.
③ **치료전략의 평가** : 적절한 치료유형, 치료전략, 치료적 개입에 의한 효과 등을 평가한다.

09 로샤(Rorschach)검사 결과를 Exner 방식으로 채점할 때 내담자에게 질문하여 탐색할 내용 3가지를 쓰고 간략히 설명하시오.

모범답안

① **반응영역 또는 위치** : 수검자가 반응한 카드의 영역을 말한다.
② **결정인** : 반응 결정에 영향을 준 반점의 특징, 즉 반응에 대한 이유이다.
③ **반응 내용** : 반응에 대한 내용이다.

10 MMPI의 일반적 해석 과정은 다음과 같이 구분할 수 있다. 제시된 1~7 단계의 내용을 간략히 기술하시오.

- 제1단계 : 검사태도에 대한 검토
- 제2단계 : _____
- 제3단계 : _____
- 제4단계 : _____
- 제5단계 : _____
- 제6단계 : _____
- 제7단계 : 전체 프로파일에 대한 형태적 분석

모범답안

① **MMPI-2 검사태도에 대한 검토** : 검사태도는 양적, 질적 측면을 모두 고려하여 평가하며 양적으로는 무응답, VRIN, TRIN, F, F(B), F(P), L, K, S 점수를 기초로 검토한다. 만일 무응답 개수가 30개 이상이면 해석이 불가한 무효 프로파일이다. 질적으로는 검사를 수행하는 데 걸린 시간(보통 검사하는 데 60~90분 정도 소요), 검사 수행 시의 구체적 행동을 관찰한다.

② **척도별 점수 검토** : 척도별로 상승 정도를 파악하고, 수검자의 연령, 성별, 교육 수준, 증상 등을 고려하여 가설을 설정한다.

③ **척도 간 연관성 분석** : 척도의 특성과 수검자의 상태를 고려하여 다른 척도와의 관계 양상을 검토한다.

④ **척도 간의 응집, 분산 확인 및 해석적 가설 설정** : 높이 상승한 두 개 척도의 관계성을 고려하고 (2코드 유형) 척도의 분산도를 파악한다.

⑤ **낮은 임상척도 검토** : 낮게 나타난 임상척도를 검토한다.

⑥ **형태적 분석 실시** : 집단으로 묶어서 척도 상승, 분산, 형태에 대한 분석을 실시한다.

⑦ **전체 프로파일 형태에 대한 분석 실시** : 전체 척도의 상승, 하강, 흐름, 기울기 등에 대해 고려한다.

11 로샤(Rorschach)검사의 특수 점수에서 특이한 언어반응을 6가지 쓰고 간략히 적으시오.

모범답안

① **일탈된 언어(DV ; Deviant Verbalization)** : 부적절한 단어가 하나 이상 사용된 경우, 신조어/중복 사용 두 가지 형태가 있으며, 기괴성에 따라 수준 1(가벼운 인지적 비논리성, 기이하지는 않음), 수준 2(심각한 인지적 혼란, 기괴하고 부적절한 반응)로 나뉜다.

② **일탈된 반응(DR ; Deviant Response)** : 수검자가 과제에서 일탈되어 있거나 반응을 왜곡시키는 어휘를 사용하여 반응의 질이 기이하고 특이할 때 채점하며 부적절한 구를 삽입하거나 우회적 반응이 포함된다. 기괴성에 따라 수준 1, 2로 나뉜다.

③ **모순적 결합(INCOM ; Incongruous Combination)** : 부적절하거나 불가능한 특징이 한 대상에 합쳐진 경우, 종이 특성과 관련 없는 반응으로 기괴성에 따라 수준 1, 2로 나뉜다.

④ **우화적 결합(FABCOM ; Fabulized Combination)** : 두 가지 이상의 대상이 불가능한 방식으로 관계를 맺고 있는 경우로 기괴성에 따라 수준 1, 2로 나뉜다.

⑤ **오염반응(CONTAM ; Contamination)** : 부적절한 반응 결합 중 가장 기괴한 반응으로 두 가지 이상의 대상을 비현실적으로 하나의 대상에 중첩되게 지각하는 경우이며 다른 특수점수보다 채점에 우선권이 있다.

⑥ **부적절한 논리(ALOG ; Inappropriate Logic)** : 검사자가 촉구하지 않았는데도 수검자가 자신의 반응을 정당화하기 위해 비합리적 논리를 말하는 경우이다.

12 다음 사례를 읽고 물음에 답하시오.

> 광주 광역시에 사는 A씨는 올해 27세이며, 고등학교를 중퇴한 이후 뚜렷한 사회활동을 하고 있지 않은 상태이다. A씨는 평소 수면시간이 불규칙하고, 공상과 기이한 생각을 하는 경우가 많으며, 최근에는 자신이 신의 계시를 받아 세상을 구원할 수 있다고 믿고 있다. A씨의 말에 따르면 자신이 "내가 너희를 구원하리라."라는 간판이 있는 곳에서 뛰어내리면 자신과 세상을 구원할 수 있다는 것이다. A씨는 자신의 구원 계획을 방해하려는 악의 세력이 세상 곳곳에 퍼져있다고 주장하며, 특히 병원 직원들은 악의 추종자들이므로 반드시 따돌려야 한다고 믿고 있다.

(1) 보기에서 나타나는 내담자 A씨의 증상 및 징후 3가지를 적으시오.

모범답안

내담자는 자신의 구원 계획을 방해하려는 악의 세력이 세상 곳곳에 퍼져있다는 피해망상과 세상을 구원할 수 있다는 믿음인 과대망상, 신의 계시를 받았다는 환각(환청), "내가 너희를 구원하리라."라는 간판이 있는 곳에서 뛰어내리면 자신과 세상을 구원할 수 있다는 비논리적이고 이해하기 어려운 혼란스러운(와해된) 언어를 보이고 있다. 더불어 뚜렷한 사회생활을 하지 않는 사회적 철수를 보이고 있다.

(2) A씨에게 가능한 진단명을 제시하시오.

모범답안

조현병, 조현형 성격장애

13 조현병의 양성 증상과 음성 증상의 의미를 간략히 쓰시오.

....

....

....

....

모범답안

① **양성 증상** : 조현병 환자에게만 나타나는 증상을 말하며 망상(자신과 세상에 대한 잘못된 강한 믿음), 환각(현저하게 왜곡된 비현실적 지각), 혼란스러운 언어(비논리적이고 지리멸렬한 와해된 언어), 극도로 와해된 또는 비정상적 운동 행동(긴장증 포함)이 이에 해당된다.

② **음성 증상** : 정상인이 나타내는 적응적 기능이 결여된 상태를 말하며, 양성 증상처럼 조현병만의 독특한 증상은 아니다. 음성 증상에는 정서적 둔마(감소된 정서 표현), 무언어증(언어의 빈곤), 무의욕증(동기, 목적의식 활동의 감소), 무쾌락증(긍정적 정서 경험의 감소), 무사회성(사회적 상호작용에 대한 현저한 흥미 저하) 등이 포함된다.

14 성격장애로 진단하기 위해 필요한 기준을 3가지 쓰시오.

....

....

....

....

....

....

모범답안

① 개인의 지속적인 내적 경험과 행동 양식이 그가 속한 사회문화적 기대에서 심하게 벗어나야 한다. 이러한 양식은 인지(자신, 타인, 사건을 지각하고 해석하는 방식), 정동(정서 반응의 범위, 강도, 불안정성, 적절성), 대인관계 기능, 충동 조절 중 2개 이상의 영역에서 나타나야 한다.

② 고정된 행동 양식이 융통성이 없고 개인생활과 사회생활 전반에 넓게 퍼져 있어야 한다.

③ 고정된 행동 양식이 사회적, 직업적, 그리고 다른 중요한 영역에서 임상적으로 심각한 고통이나 기능의 장애를 초래해야 한다.

④ 양식이 변하지 않고 오랜 기간 지속되어 왔으며 발병 시기는 적어도 청소년기나 성인기 초기로 거슬러 올라갈 수 있어야 한다.

15 HTP 검사의 사람 그림을 통해 평가할 수 있는 3가지 측면을 쓰시오.

모범답안

① 자기 이미지 　　　　② 자기가 되고 싶은 자신의 모습
③ 자신의 인생에서 가장 중요한 인물 　　　　④ 성적인 정체감

16 Mowrer(1939, 1950)의 2요인 이론을 간략하게 설명하시오.

모범답안

Mowrer(1939, 1950)의 2요인 이론은 공포 반응의 습득과 유지에 관한 이론이다. 처음 공포반응은 고전적 조건형성으로 형성되고, 지속적인 공포반응은 조작적 조건형성으로 유지된다는 것이다. 예를 들어, 수업시간에 교사가 묻는 질문에 제대로 대답을 하지 못해 다른 사람들 앞에서 극도의 창피함을 느꼈던 사람은 지속적으로 발표를 하거나 질문을 받을 수 있는 상황 자체를 피하는 회피반응을 유지하게 된다. 이러한 회피반응은 자극이(다른 사람들 앞에서 발표하는 것) 위험하지 않다는 경험을 하지 못하게 만들어 지속적으로 공포반응이 유지되는 원인이 된다.

17 다음은 37세 여성의 MMPI 결과이다. 이를 바탕으로 유추할 수 있는 수검자의 임상적 특징, 가능한 진단명, 주로 사용하는 방어기제를 간략히 기술하시오.

> L(76), F(42), K(80), 1(85), 2(60), 3(78), 4(62), 5(42), 6(53), 7(60), 8(56), 9(42), 0(50)

모범답안

① **수검자의 임상적 특징** : 수검자는 자신의 문제를 부인, 회피하는 경향성이 반영되며 가능한 본인을 좋게 보이려고 노력한다. 미성숙, 자기중심적, 의존적 경향이 두드러지며 사회적 관계가 피상적인 경우가 많다. 신체적 고통을 통해 다른 사람의 관심을 얻으려 시도하며 책임감 회피에 이용하려 하고, 섭식장애, 두통, 소화기장애, 마비 등의 증상을 호소한다. 또한 신체적 고통을 견디며 심리적 원인에 대한 통찰은 거부한다. 부정적 감정은 직접적으로 표현하지 않고 수동 – 공격적 형태를 보인다.

② **가능한 진단명** : 전환장애

③ **주로 사용하는 방어기제** : 부인, 억압을 과도하게 사용한다.

| **해설** |

타당도 척도 L, K가 상승하여 가능한 타인에게 자신을 좋게 보이고자 하는 의도가 반영되고 있다. 더불어 1번과 3번척도가 상승하여 전환장애의 가능성이 높다.

18 타당도의 의미와 종류 4가지를 기술하시오.

모범답안

① **타당도의 의미** : 타당도란 측정하고자 하는 개념을 얼마나 정확하게 측정하는지에 대한 개념이다.

② **타당도의 종류**

㉠ 구성타당도 : 측정하고자 하는 개념이 측정도구로 제대로 측정되었는지를 평가하는 타당도로 변별타당도와 수렴타당도가 이에 해당된다. 변별타당도는 상이한 개념을 측정한다면 서로 상이한 결과가 나오게 됨을 이용해 타당도를 평가하며, 수렴타당도는 동일한 개념을 측정한다면 다른 도구를 사용해도 결과가 수렴됨을 이용하여 타당도를 평가한다.

㉡ 내용타당도 : 전문가가 측정 내용을 제대로 측정했는지 판단하는 타당도를 말한다.

㉢ 안면타당도 : 일반인이 측정 내용의 타당성을 평가하는 타당도를 말한다.

㉣ 준거타당도 : 검사 도구의 측정 결과가 준거가 되는 다른 측정 결과와 관련이 있는 정도를 말하며 예측타당도와 동시타당도가 해당된다. 예측타당도는 현재의 측정 결과와 미래의 측정 결과와의 관련성을 이용하여 타당도를 평가하며, 동시타당도는 측정 결과와 현재의 다른 측정 결과와의 연관성을 이용하여 타당도를 평가한다.

19 외상 사건에 대한 해석에 영향을 주는 세 가지 기본신념을 적으시오.

....
....
....
....
....
....
....
....
....
....
....
....
....

모범답안

① 세상이 우호적이라는 신념 **예** "세상은 살만하고 안전한 곳이다."
② 세상이 합리적이라는 신념 **예** "세상은 합리적으로 돌아가고 예측이 가능하다."
③ 자신이 가치 있다는 신념 **예** "나는 소중하고, 가치 없이 희생당하지 않는다."

※ 박살난 가정 이론(Theory of shattered assumptions)
① 생활하면서 세상과 자신에 대해 갖고 있던 신념이 외상 사건으로 인해 파괴됨으로써 외상 후 스트레스 장애가 발생된다고 설명하는 이론이다.
② 박살난 가정 이론에서는 위에 언급된 세 가지 긍정적 가정이 외상 사건으로 인해 파괴되면 현저한 무기력감과 혼란감을 초래하며 신념 체계가 경직되어 있을수록 외상 사건이 미치는 영향이 크다고 설명한다.
  예 세상이 긍정적이라고 굳게 믿던 사람은 자신의 세상에 대한 긍정적인 신념 체계가 무너지게 되어 고통을 느끼게 되고, 반면에 세상이 부정적이라고 굳게 믿던 사람은 자신의 부정적인 신념 체계를 확인하게 되어 고통을 느끼게 된다.

20 WISC-Ⅳ의 10단계 해석 전략을 쓰시오.

....

....

....

....

....

....

....

....

....

....

....

....

....

모범답안

① 1단계 : 전체지능지수(FSIQ)를 보고하고 이에 대해 기술한다.
② 2단계 : 언어이해지수(VCI)를 보고하고 기술한다.
③ 3단계 : 지각추론지수(PRI)를 보고하고 기술한다.
④ 4단계 : 작업기억지수(WMI)를 보고하고 기술한다.
⑤ 5단계 : 처리속도지수(PSI)를 보고하고 기술한다.
⑥ 6단계 : 여러 지수 간의 수준 차이를 비교하고 평가한다.
⑦ 7단계 : 여러 소검사 간의 수준 차이를 비교하고 평가한다.
⑧ 8단계 : 수검자의 강점과 약점을 평가한다.
⑨ 9단계 : 소검사 내에서 점수 패턴을 평가한다.
⑩ 10단계 : 과정 분석을 수행한다.

21 반응성 애착장애의 임상적 특징과 자폐스펙트럼 장애와의 차이점을 설명하시오.

....

....

....

....

....

....

모범답안

① **임상적 특징**
  ㉠ 성인 양육자에 대해 정서적으로 억제되고 위축된 행동이 일관적으로 다음의 2가지 모두의 형태로 나타난다.
    ⓐ 정신적 고통을 느낄 때 양육자에게 위안을 구하지 않거나 최소한만을 구한다.
    ⓑ 정신적 고통을 느낄 때 양육자의 위안에 반응하지 않거나 최소한의 정도만 반응한다.
  ㉡ 사회적, 정서적 장애가 지속적으로 다음 3가지 중 2가지 이상으로 나타난다.
    ⓐ 다른 사람에게 사회적, 정서적 반응을 나타내지 않는다.
    ⓑ 긍정적 정서를 거의 느끼지 못한다.
    ⓒ 성인 양육자와 위협적이지 않은 상호작용 중에 설명되지 않는 짜증, 슬픔, 무서움을 나타낸다.
  ㉢ 아동은 다음 3가지 중에서 한 가지 이상의 방식으로 불충분한 양육을 받은 극단적인 경험을 한다.
    ⓐ 성인 양육자로 인해 충족되는 기본적 정서 욕구(위로, 자극, 애정)의 사회적 방임, 박탈을 경험하였다.
    ⓑ 주양육자의 잦은 교체로 안정 애착 형성의 기회가 없었다.
    ⓒ 선택적인 애착을 특정한 사람과 형성할 수 있는 기회가 심각하게 제한된 비정상적인 구조(예 아동이 많고 돌보는 사람은 적은 양육기관)에서 양육되었다.
  ㉣ 이러한 양육의 결핍(㉢)이 양육자에 대한 위축된 행동인 ㉠의 원인인 것으로 판단되어야 한다.
  ㉤ 진단기준은 자폐스펙트럼 장애 기준을 충족하지 않는다.
  ㉥ 장애가 5세 이전에 시작된 것이 뚜렷해야 한다.
  ㉦ 아동이 최소한 9개월 이상의 발달연령이다.
② **자폐스펙트럼 장애와의 차이점** : 사회적 관계를 맺지 못한다는 점은 자폐스펙트럼 장애와 유사하지만 자폐스펙트럼 장애는 정상적인 양육이 제공됨에도 불구하고 나타나는 반면, 반응성 애착장애는 명백하게 정상적인 양육의 결핍으로 나타난다는 차이점이 있다. 또한 자폐스펙트럼 장애에서 흔하게 나타나는 특정 영역에 대한 제한적인 관심과 의례적인 반복 행동이 나타나지 않는다.

22 MMPI의 임상척도 6번, 7번, 8번이 유의미하게 상승되었을 경우 임상적 특징을 3가지 쓰시오.

....

....

....

모범답안

① 임상척도 6번, 8번이 7보다 유의하게 상승되어 있는 경우 정신증 V형이라고도 불리며 심각한 정신병리를 나타낸다.
② 피해망상, 과대망상이나 환각을 경험할 수 있다.
③ 감정적 둔마를 경험하고 부적절한 정서 상태를 나타낸다.
④ 타인을 의심하고, 사회적으로 철수된다.

23 로샤(Rorschach)검사에서 검사 반응영역의 발달질에 대해 설명하시오.

....

....

....

....

....

....

모범답안

① + (통합반응) : 두 가지 이상의 분리된 대상(하나 이상이 일정한 형태)이 서로 관계를 맺는 것으로 지각하는 반응일 때 '+'로 채점한다.
② o (보통반응) : 일정한 또는 구체적인 형태를 지닌 하나의 반점영역을 지각할 때 'o'로 채점한다.
③ v/+(모호 통합 반응) : 일정한 형태가 없는 두 가지 이상의 분리된 대상이 서로 관계를 맺는 것으로 지각할 때 'v/+'로 채점한다.
④ v (모호반응) : 일정한 형태가 없는 하나의 반점영역을 지각하는 반응일 때 'v'로 채점한다.
| 해설 |
반응영역의 발달질은 해당 위치의 발달 수준을 말하는 것으로 반응의 구체성과 반응대상 간의 관계성 지각을 채점한다.

24 노인용 심리검사의 종류 3가지와 해당검사의 실시에 대해 간략하게 서술하시오(다른 연령과 함께 노인도 실시할 수 있는 검사도 포함).

....

....

....

....

....

....

....

....

....

....

....

....

모범답안

① **임상치매척도(Clinical Dementia Rating ; CDR)** : 치매의 중등도를 알아보기 위해 가장 많이 사용되는 도구로써 검사자는 환자·보호자와의 자세한 면담을 통해 기억력, 지남력, 판단력/문제해결, 사회활동, 집안 생활/취미, 위생/몸치장 등의 6개 영역의 기능을 평가한다.

② **K-VINELAND-II(한국판 바인랜드 적응행동척도 2 판)** : 검사대상이 만 0세 0개월~만 90세 11개월인 검사로써 개인의 일상 활동영역에서 개인의 실제 활동 수준을 연령이 동일한 다른 사람의 활동 수준과 비교한다. 활동영역은 의사소통, 일상생활 기술, 사회 기술 및 대인관계, 신체활동으로 구성되어 있다.

③ **서울언어학습검사(Seoul Verbal Learning Test ; SVLT)** : 12개의 단어를 불러주고 바로 회상을 요구하는 즉각회상검사와 지연회상/재인검사로 구성된다.

④ **노인우울척도(Geriatric Depression Scale)** : 30 문항으로 전체문항의 수가 짧고, '예, 아니오'의 단순한 반응형식으로 지속적인 주의집중이 어려운 노인들에게 실시하기에 적합한 검사이다.

⑤ **한국판 보스턴 이름대기 검사(Korean-Boston Naming Test ; BNT)** : 사물이 그려진 60개의 선 그림(Line drawings)을 수검자에게 보여주고 해당 사물의 이름을 말하게 하는 시각적인 대면이름대기검사(Confrontation naming test)이다.

25 선 이등분하기 검사(Line Bisection Test), 알버트 검사(Albert Test)는 무엇을 측정하기 위한 신경심리검사인지 쓰시오.

....

....

....

....

모범답안

편측무시증후군을 측정하는 검사이다.

※ 편측무시증후군은 우측대뇌반구의 병변으로 왼쪽에 있는 사물의 형태를 지각하지 못하는 증상을 말한다. 선 이등분하기 검사는 수검자에게 미리 그려진 선분을 이등분하는 선을 표시하도록 지시하여 편측무시 정도를 측정하는 검사이고, 알버트 검사는 여러 개의 선분을 제시하고 각각을 이등분하도록 지시한 뒤, 그 중에서 이등분하지 않은 선의 위치와 개수를 파악하여 편측무시 정도를 측정하는 검사이다.

26 심리검사를 선정할 때 고려해야 하는 조건 3가지를 서술하시오.

....

....

....

....

....

....

모범답안

① 심리검사의 목적을 분명하게 하고, 목적에 맞는 적절한 검사를 선정한다.
② 표준화 검사를 사용할 경우, 검사의 신뢰도를 검토한다(적어도 신뢰도 계수가 0.7 이상의 검사를 사용하도록 한다).
③ 검사의 타당도를 검토한다.
④ 심리검사의 실용성을 검토한다. 즉, 검사 시행과 채점이 간편하고, 시행 시간도 적절하며, 검사지 비용도 지나치게 부담스럽지 않은 검사를 선정한다.

27 심리평가의 최종 보고서 작성 시 구체적 내용 5가지를 서술하시오.

① 인적사항
② 의뢰 사유, 주호소 문제
③ 현병력, 과거병력, 개인력, 가족력
④ 실시된 검사 종류, 행동관찰, 검사 내용 및 결과
⑤ 의심되는 진단명 및 치료 시 권고사항

| 해설 |

내담자의 지능이나 정서, 성격 등의 심리적 특성들은 인격적 특성 및 적응적 행동과 밀접한 관계가 있기 때문에 생활사적 정보 및 심리검사 결과를 통합하여 평가보고서를 작성해야 한다. 심리검사 결과와 생활사적 정보의 통합을 통해 인과관계를 파악할 수 있으며, 수검자를 다양한 측면에서 바라볼 수 있기 때문이다.

28 웩슬러가 정의한 지능을 설명하시오.

웩슬러(Wechsler)는 지능을 '개인이 합목적적으로 활동하고 합리적으로 사고하며 환경을 효과적으로 처리하는 전반적, 총합적 능력'으로 정의하여 이전의 지능에 대한 여러 정의를 종합하고 지능에 인지적 요소와 성격, 정서, 사회적 요인을 포함하였다.

29 유동성 지능과 결정성 지능은 무엇인지 각각을 간략하게 설명하시오.

....

....

....

....

모범답안

① **유동성 지능(타고난 지능)** : 14세경까지 꾸준히 발달하나 22세 이후 급격하게 감소되는 선천적인 능력으로 뇌손상이나 정상적인 노령화에 의해 감소되는 지적 능력을 말한다.
② **결정성 지능(학습된 지능)** : 유동적 지능을 토대로 개인의 문화적, 교육적 경험에 영향을 받는 지능으로 40세 또는 환경적 영향에 의해 그 이후까지 발전될 수 있는 지적 능력을 말한다.

30 2-4-7/2-7-4/4-7-2 프로파일을 보이는 내담자의 특징을 4가지 설명하시오.

....

....

....

....

....

....

....

모범답안

① 만성적 우울, 불안, 수동 공격적 패턴을 보인다.
② 분노감이 있으나 적절하게 표현을 못하며 이에 대한 죄책감을 지닌다.
③ 4번 척도가 가장 높게 상승되어 있을 때는 보다 충동적이며 쉽게 화를 내는 양상을 보인다.
④ 스트레스에 대한 내구력이 낮고 사소한 일에도 과민반응하며 정서적으로 불안정하다.
⑤ 열등감, 부적절감이 많고 우울감을 경감시키기 위해 약물, 알코올에 과도하게 의존하는 경향성을 드러낸다.
⑥ 기본적 신뢰감, 애정 욕구가 좌절된 구강-의존기적인 성격 특징을 지니는 것으로 보인다.

31 다면적 인성검사를 실시할 때 수검자에 대해 고려해야 하는 사항 3가지를 서술하시오.

....
....
....
....
....

> **모범답안**
>
> ① 초등학교 6학년 수준 이상의 독해력이 요구된다.
> ② **검사 연령** : 만19세 이상은 MMPI-2, 만 13~18세는 MMPI-A를 실시하며 독해가 가능할 경우 나이의 상한 제한은 없다.
> ③ 표준화된 검사로 추정한 지능(IQ)이 80 이상이어야 한다.
> ④ 심하게 정신적으로 혼란한 상태가 아니라면 정신적 손상이 수행에 방해를 주지 않는다. 단, 정신운동 속도의 지체, 충동성 등의 영향으로 인해 수행 시간이 진단적으로 유의미할 수 있으므로 시간 측정이 필요하다.

32 다면적 인성검사를 실시할 때 유의해야 하는 사항을 설명하시오.

....
....
....
....
....

> **모범답안**
>
> ① 수검자와의 라포 형성을 위해 진지하고 성실한 태도로 검사의 목적과 비밀 보장의 유지를 설명한다.
> ② 답안지 수거 시 무응답 문항이 있는지 확인하고, 재응답을 권유해야 한다.
> ③ 현재 상태를 기준으로 답안을 작성하도록 안내한다.
> ④ 수검자에게 가능한 솔직하게 응답해야 하며 '예, 아니오' 응답 중 선택이 어렵다면 가장 비슷하게 느껴지는 방향으로 응답할 것을 안내한다.

기초심리상담

출제경향

상담에 대한 기본적 개념과 상담자로서 갖추어야 하는 윤리의식을 완벽하게 이해하고 있어야 한다. 더불어 상담의 전반적인 과정에 대한 지식이 필요하다.

심리상담의 기초

Key Point

상담이란 전문적 훈련을 받은 상담자와 심리적 어려움 때문에 타고난 잠재력을 마음껏 발휘하지 못하는 내담자 간의 상호작용을 통하여 내담자의 문제를 해결할 뿐만 아니라 내담자가 행복한 삶을 살아가도록 돕는 과정이다.

나의 필기 노트

◎핵심 키워드
상담의 필요성

1 》 상담의 필요성 및 목표

1) 상담의 필요성

(1) 내담자가 당면한 일상생활의 어려움을 유발하는 문제를 발견하고 평가하며 해결할 수 있도록 돕는다.

(2) 내담자의 정서/사회/발달적 측면을 고려한 심리적 교육을 통해 부적응을 예방하고 심리적 건강 유지를 돕는다.

(3) 대인관계와 학업, 직업적 장면의 부적응 행동을 수정하고, 문제해결 능력을 향상시키며 적응을 돕는다.

(4) 내담자의 심리적 괴로움을 감소시키고 위기 극복을 도와 내담자의 잠재력을 최대한 실현할 수 있도록 돕는다.

2) 상담의 목표

(1) 소극적 목표
① 내담자의 문제를 해결한다.
② 내담자의 적응을 돕는다.
③ 내담자의 심리적 상처를 치료한다.
④ 내담자에게 차후 생길 수 있는 문제를 예방한다.
⑤ 내담자가 당면하고 있는 내적/외적 갈등을 해소한다.

(2) 적극적 목표

① 내담자의 긍정적 방향으로의 행동 변화를 돕는다.

② 내담자의 합리적 의사 결정을 돕는다.

③ 내담자의 잠재력을 실현하고 자아실현을 할 수 있도록 전인적 발달을 돕는다.

④ 내담자의 긍정적 자기개념 형성과 자존감 향상을 돕는다.

2 ≫ 상담의 특성, 원리, 기능

1) 유능한 치료자의 특성

(1) **내담자와 치료적 관계를 형성하는 능력** : 치료자는 내담자와 좋은 관계를 형성, 유지하고 자신의 경험 및 반응을 치료에 이용하며 내담자 욕구에 적절한 기법을 적용시킬 수 있다.

(2) **의사소통 능력** : 적절한 시점에 상담자는 언어·신체적 반응으로 내담자에게 바람직한 변화를 촉진한다.

(3) **자기 관찰과 관리 기술** : 자신에 대해 이해하고, 자신의 한계를 자각한다.

(4) **훌륭한 경청 기술** : 효과적인 상담을 위해 어떤 기법보다 경청이 우선시된다.

(5) **윤리적 책임의식 및 비밀 보장의 준수** : 내담자의 최선의 이익과 내담자가 원하는 변화를 위해 일한다. 비밀보장은 반드시 지켜야 하는 의무이다.

(6) **신뢰감, 정직성의 실천** : 내담자가 상담자를 신뢰하며 자신의 문제를 털어놓을 수 있게 한다.

(7) **공감적 이해의 실천** : 상담자로서 객관적 입장을 유지하지만 내담자의 입장에서 바라보고 감정을 느껴 내담자의 주관적 경험을 이해한다.

(8) **훌륭한 관찰자** : 내담자 변화를 위해서는 관찰이 기본요건이다.

(9) **삶에 대한 긍정적인 태도** : 내담자의 삶에 대한 부정적 태도를 변화시키기 위해 상담자가 먼저 본보기가 되어야 한다.

◎**핵심 키워드**
유능한 치료자의 특성

치료적 동맹(치료적 관계)
상담사와 내담자가 정서적으로 상호작용하며 협력하는 유대 관계로 정서적 유대, 과제에 대한 합의, 목표에 대한 합의로 구성된다.

◎핵심 키워드
상담의 기본 원리

2) 상담의 기본 원리

(1) **개별화(개인화)** : 개인차를 인정하고 각 개인에게 맞는 상담 원리와 방법을 사용한다.

(2) **수용** : 내담자를 있는 그대로 바라보고 이해한다.

(3) **자기 결정** : 내담자가 스스로 자신의 삶의 방향을 선택하고, 결정할 수 있도록 돕는다.

(4) **비심판적 태도** : 내담자가 지닌 문제나 어려움에 대한 평가를 삼간다.

(5) **비밀 보장** : 비밀 보장의 원리가 적용되지 않는 예외 상황을 제외하고 상담자는 상담 과정의 모든 내담자의 정보에 대해 비밀을 지켜야 할 의무가 있으며 이는 내담자−상담자 신뢰 관계의 기초이다.

(6) **의도적인 감정 표현** : 내담자가 자신의 부정적인 감정을 자유롭게 표현하도록 돕는다.

(7) **통제적 정서 관여** : 내담자의 정서변화를 민감하게 파악하며 언어로 정서를 표현하도록 내담자를 돕는다.

3) 상담의 기능

(1) **치료적 기능** : 내담자의 심리적 상처를 치료하는 기능

(2) **교정적 기능** : 내담자의 부적응적 사고/행동을 수정하는 기능

(3) **진단/예방적 기능** : 내담자가 지닌 심리적 어려움의 원인을 진단하고 예상되는 어려움에 미리 대비하게 하는 기능

(4) **교육적 기능** : 내담자의 심리 정서적 건강을 위해 대인관계 기술, 사고 양식 관련 지식을 교육하고 실천하게 하는 기능

상담 관련 윤리

Key Point

상담 관련 윤리는 상담자가 지녀야 할 중요하고도 기본적인 역량이다. 일반적인 윤리원칙들과 이를 위반하게 되는 경우에 대한 철저한 이해가 필요하다.

1 » 윤리 원칙 및 규약

1) APA(2017)의 윤리에 관한 일반적 원칙

(1) **선의와 무해** : 자신이 서비스를 제공하는 사람의 이익을 위해 노력하고 해를 끼치지 않는다.

(2) **비밀 엄수와 책임감** : 상담자는 내담자의 비밀 정보를 보호해야 할 일차적 의무가 있으며 비밀 보호에 대한 의무는 내담자의 가족, 동료에게도 지켜져야 한다.

비밀보장 의무의 예외

- 내담자가 타인에게 비밀 노출을 허락한 경우
- 법률에 의해 위임받은 경우(내담자의 동의 필요 없음)
- 상담 과정에 전문적 서비스가 필요한 경우
- 상담 과정에 필요한 전문적인 자문을 구해야 하는 경우
- 내담자/환자, 상담자 또는 그 밖의 사람들에게 해를 끼칠 가능성이 있어 보호가 필요한 경우
- 내담자/환자에게서 서비스 비용을 받기 위한 경우

---

(3) **성실성** : 모든 활동에 있어 정확하고 정직하며 진실됨을 추구한다.

(4) **공정성** : 모든 사람은 심리학적 서비스를 이용하고 이익을 얻을 권리가 있다. 심리학자는 자신이 가진 편견, 능력의 한계를 인지하고 있어야 한다.

(5) **다른 사람의 권리와 존엄성의 존중** : 모든 사람의 권리와 존엄성을 존중하고 이러한 권리 보호 방법을 규정화한다.

나의 필기 노트

◎**핵심 키워드**
APA(2017)의 윤리에 관한 일반적 원칙

기출 DATA
비밀보장 의무의 예외
2020-3회, 2016-1회

기출 DATA
임상심리사나 심리상담사가 지녀야
할 전문가로서의 윤리적 원칙
2020-2회

기출 DATA
상담자가 유능성을 위반하게 되는
경우 2019-3회, 2016-1회

기출 DATA
이중관계(다중관계)의 의미★
2021-1회, 2018-1회,
2016-3회

2) ACA(미국 상담자협회)의 상담자가 지켜야 할 윤리적 행동지침

(1) 상담관계

① 상담자(치료자)는 항상 내담자에게 최대한의 유익을 주기 위해 노력해야 한다.

② 치료계획을 세우고 적절한 접근방법을 사용하는 데 유능해야 한다. 만약 자신의 치료가 더 이상 내담자에게 도움이 되지 않는다고 생각하면 보다 적합한 사람이나 기관에 의뢰해야 한다.

③ 치료자는 다양성 및 인간의 권리와 존엄성에 대한 존중이 반영되게 해야 한다.

(2) 비밀보장

상담자는 내담자의 비밀정보를 보호해야 할 일차적 의무가 있으며 비밀보호에 대한 의무는 내담자의 가족, 동료에게도 지켜져야 한다. 단, 법률에 의해 위임받은 경우, 자해/타해의 위험이 있는 경우 등의 상황에서는 비밀보장의 한계가 있다.

`2020-3 기출`

(3) 전문가적 한계

상담자는 자신의 능력, 전문성을 개발, 발전, 유지하기 위해 지속적으로 노력히고 자신의 전문석 분야에 한해서만 서비스를 제공하며, 자신의 한계를 인식하여 자신의 능력과 자격 이상의 조력활동은 하지 않아야 한다.

(4) 이중관계의 지양

상담자와 내담자의 사적 관계는 객관적, 효율적 업무수행을 방해하여 내담자의 이익을 해할 우려가 있기 때문에 상담자는 내담자와 사적 관계를 맺어서는 안 되며 상담료 외에 어떤 경제적 관계도 맺어서는 안 된다(이중관계 : 이중관계란 상담사가 내담자와 치료적 관계 이외의 관계를 맺는 것으로 사적으로 친밀한 관계, 사제관계, 친척관계, 같은 기관 소속의 고용 및 상하 관계가 해당된다).

`2020-1 기출`

(5) 성적관계의 지양

상담자는 내담자, 내담자의 중요한 타인과 어떤 종류의 성적 친밀성도 허용되지 않으며 과거에 그러한 관계를 가졌던 사람을 내담자로 받아들이지 않아야 하고 치료종결 후 최소 3년 동안 내담자였던 사람과 성적 친밀성을 갖지 않아야 한다(가능하면 치료 종결 후 3년이 지나도 내담자였던 사람과 성적 친밀성을 갖지 않음).

(6) 치료 절차에 대한 설명과 동의

　　상담자는 내담자에게 치료에 대한 상세한 설명(본질, 절차, 비용, 비밀유지의 한계 등)을 제공하고 내담자의 동의를 구하며 내담자 최선의 이익을 고려해야 한다.

(7) 타기관에서 서비스를 받고 있는 내담자에 대한 처리

　　타 기관에서 서비스를 받고 있는 내담자에게 서비스를 제공할 때는 치료적 쟁점과 내담자의 복지를 심사숙고하여 세심하게 처리해야 한다.

2 》》 기록물의 보관과 처리

1) 법, 규정, 제도에 따라, 상담기록을 일정 기간 동안 보관(공공 기관, 교육 기관 등은 각 기관의 규정을 따르고, 이외에는 3년 이내 보관이 원칙)하며 보관 기간이 지난 기록은 폐기해야 한다.

2) 기록은 내담자를 위해 보관하는 것이며, 상담의 녹음, 기록에 대해서 내담자의 동의를 구해야 한다.

3) 내담자가 적절한 수준에서 기록물 열람을 요구할 경우 열람할 수 있게 하되 열람이 내담자에게 해가 된다고 사료될 경우 열람을 제한한다(이유를 명기함).

심리상담의 실제

Key Point

심리상담의 전반적인 과정에 대한 숙지가 필요하다. 면접 방법과 상담회기 결정에서 고려해야 하는 사항, 상담 과정에 대해서 철저한 이해를 갖추도록 한다.

나의 필기 노트

1 》 면접의 기본 방법

1) 접수 면접

내담자의 주호소 문제, 일반적인 상황, 대인관계 기능에 대한 정보를 수집하는 단 한번의 만남으로 대개 상담자와는 다른 사람과 이루어지며 구조화된 도구로 정신상태검사를 활용하기도 한다.

◎핵심 키워드

정신상태검사

(1) 정신상태검사

현재 드러난 증상을 중심으로 하여 정신장애를 분류하며, 정신장애의 주원인을 상세히 다루지는 않는다.

① **전반적 기술** : 외모, 행동, 말, 태도 등

② **감정** : 정서 표현, 기분, 정서의 적절성

③ **지각장애** : 이인화, 환각/착각, 이현실화

④ **사고과정** : 사고내용(망상, 강박적 사고, 집착), 사고의 흐름, 추상적 사고

⑤ **지남력** : 시간, 장소, 인물에 관한 지남력

⑥ **기억** : 최근 일어난 사건에 대한 기억, 장기기억(과거), 기억장애 증상 유무

⑦ **충동 통제** : 성적/공격적 충동에 대한 통제 정도

⑧ **판단** : 사회적인 판단 능력

⑨ **통찰력** : 자신이 정신적/심리적 어려움(정신장애)을 겪고 있다는 사실에 대한 통찰 정도

⑩ **신뢰도** : 환자가 말한 내용을 신뢰할 수 있는 정도에 대한 평가

⑪ **정신역동적 공식화** : 환자의 심리적 어려움(정신장애)에 결정적 원인으로 작용했던 환자의 성격/환경 요소 검토

⑫ **치료적 제안** : 치료의 필요성, 치료의 목표 증상/문제, 적절한 치료 방식 선택, 치료적 전략/목표

(2) 적극적인 경청으로 내담자의 감정, 비언어적 태도에 주목한다.

(3) 내담자가 가능한 한 편안하게 느끼도록 따뜻하고 온화한 분위기를 형성한다.

(4) 상담에 대한 구체적 안내를 하고, 낙관적 태도를 지녀야 한다.

(5) 접수면접에서 수집된 자료는 잠정적인 자료로 정보의 신뢰성이 확보되지 않아 상담이 시작되면 다시 재조사가 이루어져야 한다.

(6) 접수면접에서 반드시 파악해야 하는 내담자의 정보

① **내담자의 기본 정보** : 인적 사항, 종교, 질병 유무, 투약하고 있는 약의 존재 여부, 치료 경험, 신체적 결함, 신청 경로 등

② **외모 및 행동** : 옷차림, 말투, 위생 상태, 눈 맞춤 가능 여부, 대화 태도, 예절, 표정 등

③ **주호소 문제** : 내담자가 상담을 받기 위해 찾아온 이유

④ 주호소 문제와 관련된 개인사적 정보와 가족 관계

⑤ **현재/최근 주요 기능 상태** : 현재의 적응 기능과 최근 1년간의 적응 기능을 바탕으로 내담자의 전반적 기능 상태를 파악한다(인지, 생활 활동, 사회 참여, 대인관계, 이동성, 자조능력).

⑥ **스트레스의 원인** : 내담자의 표현 그대로 내담자의 스트레스 원인을 기록한다.

⑦ **사회적 지원 체계** : 내담자가 곤란을 겪을 때 의지하거나 지원을 받을 수 있는 대상이 있는지 파악한다.

기출 DATA
접수면접 2016-3회

◎핵심 키워드
접수면접에서 반드시 파악해야 하는 내담자의 정보

2) 단회상담

(1) 단회상담이 필요한 경우

① 위기 문제, 급박한 의사결정 문제

② 심리검사 해석

③ 특정 정보만을 요청하는 내담자

④ 자녀 문제로 내방한 부모

⑤ 상담에 대한 호기심 때문에 찾아온 내담자

⑥ 상담경험에 대한 숙제 때문에 찾아온 내담자

⑦ 자문을 받으러 온 내담자

⑧ 다른 기관이나 전문가에게 의뢰해야 할 경우

기출 DATA
단회상담이 필요한 경우 ★
2019-1회, 2015-1회, 2011

◎ 핵심 키워드
단회상담의 원리

(2) 단회상담의 원리

① 단회상담 여부를 빨리 결정해야 한다.

② 단회상담 결정 후에 구조화를 실시한다.

③ 다뤄야 할 구체적 해결과제를 설정한다.

④ 내담자가 생각하는 문제, 결점, 원인 및 해결 방안, 내담자의 해결 노력과 결과 등을 구체화한다.

⑤ 문제가 해결된 상태를 반영한 상담 목표를 설정한다.

⑥ 구체적 수행과제의 구성과 이를 수행하는 실제적 과정을 점검한다.

⑦ 단회상담의 성과를 정리하고 필요한 조언 또는 재상담에 대해 안내한다.

3) 단기상담

(1) 단기상담의 특징

① 상담시작부터 시간 제한성에 직면하는 상담 수행 기간이 비교적 짧은 상담을 말한다(주로 6~8회기).

② 내담자가 즉시 해결하기 원하는 현실 중심 목표에 초점을 둔다.

③ 보통 문제 발생 이전에 내담자는 기능적으로 생활을 유지해왔다.

④ 내담자의 호소문제는 구체적이다.

기출 DATA
단기상담에 적합한 내담자의 특성
2018-1회, 2015-1회

(2) 단기상담에 적합한 내담자의 특성

① 내담자가 비교적 건강하며 문제가 비교적 심각하지 않은 경우

② 내담자가 자신의 경미한 문제에 대해 명확한 인식을 원하는 경우

③ 내담자가 임신, 출산, 진학 등 발달 과정상의 문제를 경험하는 경우

④ 내담자가 중요인물의 상실로 인해 생활상의 적응을 필요로 하는 경우

⑤ 내담자가 급성적 상황으로 인해 정서적인 어려움을 겪는 경우

⑥ 내담자가 조직이나 기관의 구성원으로 소속되어 있는 경우

나의 필기 노트

2 》》 상담의 과정

1) 상담의 진행 과정

(1) 의뢰, 접수면접 및 행동 관찰   (2) 문제에 대한 평가

(3) 라포 형성, 상담/치료 구조화   (4) 치료 실시

(5) 상담 성과 평가   (6) 치료 종결

(7) 추수 상담

◎핵심 키워드
상담의 진행 과정

2) 상담자의 반응 기술

(1) **소극적 경청** : 내담자가 받아들여지고 있다는 느낌을 줄 수 있는 짧은 말이나 표정, 행동으로 내담자의 말을 경청해서 듣고 있다는 표현이다.

예 "아..", "계속하세요.", "네" 등

(2) **적극적 경청** : 내담자에게 온전히 주의를 집중하면서 내담자가 표현하는 모든 언어적/비언어적 정서, 행동, 생각을 이해하려고 노력한다.

생산적 경청을 하는 상담자의 태도

- 비언어적 표현은 자율신경계에서 비롯되는 비자의적인 반응으로 언어적 표현보다 좀더 정확한 메시지를 전달할 가능성이 높기 때문에 상담는 내담자의 비언어적 표현에 주목해야 한다.
- 상담자 자신의 비언어적 행동에 주목하고, 이런 행동이 내담자의 반응과 대화 흐름에 어떤 영향을 미치는지 알아차리도록 노력하며 자신의 비언어적 행동이 어떤 의도나 내적 상태와 연관되는지 지각하도록 한다.
- 효과적인 경청을 위하여 내담자가 말로써 전달하는 메시지와 비언어적 행동을 통해 전달하는 메시지도 함께 포착하도록 노력한다.
- 내담자의 진술에는 말의 내용과 내담자의 느낌이나 정서가 포함되므로 감정에도 함께 주목한다.
- 내담자의 말을 들을 때 내담자의 진술 문제나 사태와 연관된 사실적인 정보와 더불어 그에 대한 내담자의 지각, 감정, 해석과 같은 주관적인 반응을 파악하도록 한다.
- 핵심 주제는 반복적으로 나타나는 경향이 있기 때문에 내담자의 이야기를 들으며 공통적으로 나타나는 주제나 패턴을 찾도록 한다.
- 자신의 가치에 따라 내담자에게 충고하지 않도록 내담자를 평가하는 태도로 듣지 않아야 한다.

기출 DATA
상담초기 생산적 경청을 하는
상담자의 태도
2022-1회, 2020-1회,
2015-3회

상담과정상의 상담기법
2022-1회

나의 필기 노트

기출 DATA
반영, 명료화, 직면, 해석 ★
2022-3회, 2021-1회,
2020-2회, 2020-1회,
2016-3회

좋은 상담자가 되기 위한 경청의 구체적인 방법 2020-3 기출
- 내담자가 언어적, 비언어적 메시지 모두에 주의를 기울인다.
- 때때로 고개를 끄덕이고, 미소 짓고, "음"이라고 하면서 주의를 기울이고 있다는 것을 보여주며, 눈을 맞추면서 내담자 외의 것에 신경쓰고 있다는 인상(예를 들어 시계를 보거나 소음이 들리는 상담실 밖을 쳐다보는 등)을 주지 않도록 한다.
- 비록 대수롭지 않다고 생각될지라도, 내담자가 심각하게 말하고 있는 것을 그대로 받아들인다.
- 개방된 마음으로 인내심을 가지고 들으며, 내담자의 말을 듣는 동안 상담자 자신의 생각을 정리할 수 있는 기민성을 키운다.
- 상담실을 산만하게 만들 수 있는 외부 요인을 제거하여 내담자가 편하게 말할 수 있는 공간을 보장한다.

기출 DATA
내담자의 반응을 해석할 때 주의할 점 ★
2021-3회, 2018-3회,
2015-1회, 2011

(3) **따라 말하기** : 내담자의 말을 반복하여 내담자의 말을 이해하고 있다는 것과 관심을 표현한다.

(4) **바꿔 말하기** : 내담자의 관심에 초점을 두거나 명료화를 위해 말의 내용을 재진술한다.

(5) **명료화** : 내담자의 말 속에 암시된 불분명한 내용의 의미를 내담자가 알 수 있도록 상담자가 분명하게 전달함으로써 내담자가 생각하지 못했던 부분까지 생각하게 한다.

(6) **(감정) 반영** : 상담자가 내담자의 행동 속에 내재된 내면의 감정을 정확히 파악하여 이를 내담자에게 전달한다.

(7) **요약** : 중요한 주제를 명확하게 하고, 끝맺음을 한다.

(8) **직면** : 내담자의 자기 이해를 돕기 위해 상담자의 눈에 비친 내담자의 행동 특성/사고 방식 스타일을 지적한다.

(9) **해석** : 내담자가 새로운 방식으로 자신의 문제를 돌아볼 수 있도록 사건들의 의미를 설정해 주고, 생활 경험, 행동의 의미를 설명한다.

3) 내담자의 반응을 해석할 때 주의할 점

(1) 내담자가 해석을 받아 들일만한 준비가 되어있는지 파악해야 한다("해석을 해도 되는 시기인가?").

(2) 내담자가 해석을 받아들일 만한 준비가 되어있지 않은 경우, 반영-명료화-직면의 과정을 거친 뒤에 해석한다.

(3) 잘못된 해석을 할 경우를 생각하여 대비한다.

(4) 즉각적인 해석을 하지 않는다.

(5) 충고적 해석을 하지 않는다.

4) 상담의 시작과 종결

(1) 사례 관리 절차

① 의뢰 및 접수

② 면접 및 행동 관찰

③ 심리검사(심리평가/사정)

④ 사례 공식화 및 치료 계획하기(상담/치료 목표 설정 및 상담/치료 계획 수립)

⑤ 상담/치료 초기(Rapport 형성 및 상담/치료 구조화)

⑥ 치료 중기, 후기(문제 해결 단계)

⑦ 종결

⑧ 추수상담(Follow-up) 및 재평가/사정

(2) 상담의 초기 단계

내담자의 호소 문제를 듣고 문제를 파악한 후 상담 목표와 계획을 세우는 기간으로 상담 관계 형성, 상담의 구조화, 내담자의 문제 파악을 위한 정보 수집, 사례 개념화, 상담 목표 및 전략 수립 등이 이루어진다.

① **상담관계(Rapport) 형성**

㉠ 상담 관계, 즉 라포는 상담자와 내담자 간의 친근감 및 신뢰감의 형성을 의미하는 것으로, 서로를 믿고 존중하는 감정의 교류에서 이루어지는 조화로운 인간관계이다.

㉡ 상담자는 관심 기울이기, 적극적 경청 등을 통해 내담자에게 일관된 관심과 공감적 반응을 나타내야 한다.

㉢ 섣부른 해석은 삼가고 공감적 이해, 무조건적인 긍정적 존중, 일치성, 전문성을 보여 상담에 대한 동기를 부여해야 한다.

상담 과정에서 나타날 수 있는 내담자 침묵의 의미

- 두려움/불안 : 상담자가 어떻게 생각할까 두려워서 말하지 않는 경우
- 생각하는 과정 : 내담자가 어떤 이야기를 할지 생각하는 경우
- 종결 : 상담자에 대한 신뢰의 부족 등의 이유로 종결을 생각하고 있을 경우 거부의 의미
- 상담자의 재확인이나 해석 등을 기다리는 경우
- 상담자의 공감이나 배려, 해석에 동의하지 않는 경우

기출 DATA
상담의 초·중·후기 해석기법
2021-3회

기출 DATA
상담 초기 단계의 주요과제
2018-3회

라포 형성의 이유와 방법
2021-3 기출

- 라포 형성이 필요한 이유 : 라포는 상담자와 내담자 간의 친근감 및 신뢰감의 형성을 의미하는 것으로 라포 형성을 통해 따뜻하고 온화한 분위기로 내담자의 마음을 편안하게 하여 치료에 대한 기대감과 희망을 심어줄 수 있다.
- 라포 형성 방법
  - 상담자는 관심 기울이기, 적극적 경청 등을 통해 내담자에게 일관된 관심과 공감적 반응을 나타내야 한다.
  - 공감적 이해, 무조건적인 긍정적 존중, 일치성을 보여 상담에 대한 동기를 부여한다.
  - 전문가로서 상담에 대한 전문성을 보여 상담에 대한 신뢰를 쌓는다.
  - 라포가 제대로 형성되지 않은 상태에서 섣부른 해석은 삼간다.

기출 DATA
내담자 침묵의 의미
2019-1회, 2015-3회

② **내담자의 이해와 평가**

 ㉠ 상담자는 내담자가 상담을 받으러 온 이유와 함께 내담자의 개인적 특성 및 관련 정보를 파악하여 내담자의 문제를 명료화한다.

 ㉡ 상담자는 내담자의 언어적 정보, 비언어적 정보를 수집하며 내담자가 현실을 어떻게 지각하고 그에 대해 어떻게 반응하는지 이해할 수 있고, 그에 따라 내담자를 어떻게 도울 수 있을지를 구체적으로 알 수 있게 된다.

③ **상담의 구조화**

 ㉠ 상담의 효과를 최대화하기 위해 심리적 조력 관계의 본질, 제한점, 목표 등을 규정하고 상담자와 내담자의 역할 및 책임, 바람직한 태도 등의 윤곽을 명백하게 한다.

 ㉡ 구조화의 방법은 시간/행동의 제한, 상담자 역할/내담자 역할의 구조화, 상담 과정/목표의 구조화, 비밀 보장의 원칙 및 한계 등이 해당된다.

④ **목표 설정**

 ㉠ 상담의 방향을 제시하고 효과적인 상담전략을 계획하며, 상담의 진행 상황 및 유효성 여부를 판단할 수 있는 기준을 상담 목표로 제시한다.

 ㉡ 상담자는 내담자와 협의하여 상담을 통해 달성할 구체적인 목표를 설정하며 이때 목표는 현실적이고 구체적인 행동으로 이어질 수 있어야 한다.

 ㉢ 상담 목표 설정 시 구체적 기준

  ⓐ 행동보다는 결과나 성취로 진술되어야 한다.

  ⓑ 검증 가능하며, 구체적인 행동으로 이어질 수 있어야 한다.

  ⓒ 가시적이며 실제적 차이로 나타나는 것이어야 한다.

  ⓓ 내담자의 능력 및 통제력을 고려해 현실적이어야 한다.

  ⓔ 내담자 가치에 적절해야 한다.

  ⓕ 목표 달성을 위한 현실적인 기간이 설정되어야 한다.

나의 필기 노트

기출 DATA
상담 중기 단계의 주요 과제
2018-3회

(3) 상담의 중기 단계

① 상담 초기 내담자의 부정적 시각과 모호한 목표를 희망적 시각과 구체적 목표로 전환하는 과업이 어느 정도 수행된 후 내담자의 저항 다루기, 심층적 공감, 직면 등으로 내담자의 탐색, 수용, 변화를 돕는다.

② **중기 단계의 주요 과제**

㉠ 저항 다루기 : 상담의 모든 과정에서 저항은 일어날 수 있지만 상담의 주도권과 책임이 내담자에게 넘어가는 중기 단계에서는 저항을 당연한 것으로 수용하고, '지금, 여기' 시각에서 접근하며 내담자의 대처방식을 추측한다.

㉡ 탐색, 수용, 변화를 위한 기법
내담자의 행동 변화를 위해 문제 행동의 원인을 탐색하고 과거에서 현재까지의 경험을 자각하도록 도우며 내담자가 스스로 자신의 부정적 측면을 받아들일 수 있도록 조력해야 한다.

ⓐ 심층적 공감 : 내담자의 표면적 정서와 깊은 수준의 정서까지 다루며 내담자의 내면적 동기, 욕구를 추측하고 의사소통을 할 수 있어야 한다.

ⓑ 직면 : 내담자가 깨닫지 못하고 있는 내담자 자신의 불일치를 일깨워 탐색과 자각을 촉진하며 무조건 문제 행동을 교정하려 하기보다 그로 인한 불이익을 전달할 수 있어야 한다.

ⓒ 즉시성 : 내담자 문제를 '지금, 여기'의 시각으로 접근하는 방법이다.

ⓓ 대처 질문 : 내담자가 어떻게 어려운 상황을 견디어 왔는지 더 나빠지지 않은 이유는 무엇인지 확인하여 강화하고 확대하는 근거로 사용할 수 있다.

ⓔ 관계 질문 : 내담자가 주변의 중요한 사람들을 어떻게 생각하는지, 상호작용 패턴은 어떠한지 명료화하고 직면시키는 기법으로 미해결 과제 또는 문제와 얽혀있는 사람과의 정서를 다룰 때 효과적이다.

㉢ 행동 변화를 위한 개입전략 : 내담자 문제를 이해한 다음 행동의 변화를 통해 문제 해결과 성장을 위한 개입 전략을 수립하고 처치한다.

나의 필기 노트

(4) 상담의 종결 단계

상담의 전 과정을 통합하는 과정으로 상담 목표와 관련된 상담 성과와 내담자의 종결에 대한 준비도를 파악하고, 내담자와 의논하여 종결 시점을 정한다. 종결 시 이별 감정을 잘 다루어야 하며, 종결 후에도 필요 시 도움을 줄 수 있음을 내담자에게 알리고, 종결 후 추수상담을 할 수 있다.

① **상담 종결 시점을 판단하는 기준**

기출 DATA
상담의 종결 시점을 판단하는 기준 ★
2021-1회, 2020-2회,
2019-1회, 2017-1회

    ㉠ 내담자가 더 이상 문제 행동/증상을 보이지 않는다.

    ㉡ 내담자가 자신의 오래된 갈등에서 기인하는 현재의 상황에 보다 유연하고 적절하게 반응 할 수 있다.

    ㉢ 내담자가 자신의 삶을 장래성 있는 새로운 방향으로 전환하기 시작한다.

    ㉣ 내담자가 지속적으로 감정이 좋아졌다고 이야기하고, 이전에는 할 수 없었던 새로운 반응을 스스로 발견할 수 있다.

◎핵심 키워드
상담 종결 단계의 주요 과제

    ㉤ 내담자가 상담자에게 이전에 보였던 대인 간 대처 전략, 방어, 저항 등과는 새롭고 다른 방식으로 일관되게 반응할 수 있다.

    ㉥ 내담자의 주변 사람이 내담자에게 많이 달라졌다고 반응해 준다.

② **상담의 종결단계 과제**

기출 DATA
상담의 종결단계 과제
2020-1회

    ㉠ 이별의 감정 다루기 : 상담은 상담자와 내담자이 특별한 만남에서 시작된 치료적 관계로, 내담자 입장에서는 상담의 종결로 인한 이별을 쉽게 수용하지 못할 수 있고, 특히 의존적 내담자의 경우 이별에 따른 분리불안이 더욱 클 수 있기 때문에, 상담자는 이별의 감정을 다루어 내담자가 자립할 수 있도록 지지해야 한다.

    ㉡ 상담 성과에 대한 평가 : 상담자는 내담자가 상담 과정을 통해 얼마만큼 변화하고 성장했는지, 상담을 통해 해결하지 못한 것은 무엇인지 탐색해야 한다.

    ㉢ 문제 해결력 다지기 : 상담 성과에 도달하기 위한 과정도 검토하며, 상담 성과가 일상 생활에서도 계속 유지될 수 있도록 필요한 방안을 구체화해야 한다.

    ㉣ 재발 가능성에 대한 안내 : 종결 이후 내담자의 증상이 재발되는 경우에는 원인을 잘 살피고, 상담에서 얻은 지혜를 활용해 대처하여 스스로 문제해결 역량을 키워가도록 내담자를 준비시킨다.

    ㉤ 추수상담(추후상담)에 대한 논의

        ⓐ 상담자는 상담 종결 이후 필요하다면 언제든 다시 상담할 수 있음을 알려주어야 한다. 상담 성과를 통한 내담자 행동 변화를 지

속적으로 점검하고 내담자의 긍정적인 변화를 강화하며, 부족한 부분의 보완을 목표로 한다.

ⓑ 추수상담은 상담 문제 해결 과정의 적합성을 판단할 수 있다는 면에서 상담자 입장에서도 의미 있는 작업이다.

5) 3단계 상담 모델

(1) **탐색 단계** : 내담자와 상담자가 신뢰 있는 관계를 형성하는 단계로 안전한 환경에서 자신의 이야기를 하면서 자신의 생각을 탐색하며 복잡한 감정을 인식하고 표현한다.

(2) **통찰 단계** : 내담자가 자기 자신에 대해 모르고 있던 것을 깨닫고, 새로운 통찰을 얻게 된다. 내담자는 자신의 어려움이 지속되는 이유를 깨닫고 상담자의 피드백을 받으면서 더 깊은 수준의 자각과 통찰에 도달하며 새로운 시각으로 자신을 바라보게 된다.

(3) **실행 단계** : 내담자가 새로운 시도와 변화를 추구하는 시기로 상담자는 더 좋은 선택을 할 수 있도록 돕는다.

6) 심리상담의 슈퍼비전의 기능(Kadushin, 1985)

(1) **교육적 기능(Education supervision)** : 상담자(슈퍼바이지) - 내담자 관계의 상세한 분석을 통해 상담업무에 필요한 지식과 기술을 제공함으로써 상담자의 기술, 이해, 지식, 능력, 전문성 등을 높이는 것으로 임상적 슈퍼비전이라고도 한다.

(2) **행정적 기능(Administrative supervision)** : 상담자(슈퍼바이지)의 행정적인 성장이 목적으로 작업 환경의 구조화와 업무 수행에 관련한 접근법을 제공하는 슈퍼비전의 질적 통제를 행하는 것이며 슈퍼바이저가 상담기관의 규정과 절차에 맞는 서비스를 제공한다.

(3) **지지적 기능(Supportive supervision)** : 슈퍼바이저 - 상담자(슈퍼바이지)가 정서적으로 상호작용하면서 슈퍼바이저가 상담자의 개별적인 욕구에 관심을 가지는 것으로 업무 관련 스트레스와 불안에 대처할 수 있는 슈퍼바이지의 자아능력 강화를 돕는다.

04 집단상담

CHAPTER

Key Point

집단상담은 한 개인의 문제해결력을 향상시키고 성장할 수 있도록 훈련된 상담자와 동료들이 함께 하는 상호교류적이고 상호역동적인 과정을 말한다. 효과적인 집단상담을 위한 구체적인 조건을 파악하는 것이 중요하다.

나의 필기 노트

1 » 집단의 조건 및 역동

1) 집단의 조건

(1) **심리적 유의성** : 집단 구성원 간에 심리적으로 의미 있는 영향을 주고받는다.

(2) **직접적인 의사소통** : 집단 구성원 간 직접적으로 솔직하게 언어적/비언어적 소통을 하며 상담자는 집단 구성원 간의 생산적 대화를 촉진해야 한다.

(3) **유의한 상호작용** : 2명 이상의 사람이 서로 의미 있는 방식으로 영향을 주고받고 교류하며 구성원 간의 소속감이 있을 때 가능하다.

(4) **역동적 상호 관계** : 구성원 간의 에너지가 형성되어 서로 영향을 주고받는 상태로 집단 구성원의 집단 내의 위치, 역할에 대한 명확한 인식을 바탕으로 구축된다.

(5) **생산적 상호의존** : 2명 이상의 집단 구성원이 생산적 방식으로 서로 의존하여 변화, 성장, 의사결정과 같은 성과로 나타난다.

2) 집단의 역동

(1) 집단 구성원 간, 집단 구성원과 집단 상담자 간 발생하는 지속적인 상호작용과 관계로 집단이 형성되는 순간부터 시작된다.

(2) 집단 역동에 영향을 미치는 요인

① **집단 구성원 배경** : 문화, 인종, 민족, 성별, 연령, 교육 수준, 출신지역, 사회경제적 지위, 종교, 직업, 혼인 여부 등이 해당된다.

② **집단 목적 명료성** : 집단의 목적을 집단 상담자와 구성원들이 명확하고 분명하게 이해하고 있는지의 여부이다.

③ **집단 크기** : 집단의 크기가 너무 크면 집단 구성원 개개인에게 주어진 시간이 짧아지고, 상호작용도 원만하지 못해 쉽게 산만해지는 경향이 있다. 집단의 크기가 너무 작으면 집단 구성원에게 참여가 부담스럽게 느껴져 소극적인 태도로 임할 수 있기 때문에 집단 상담자는 집단의 목적을 고려하여 적정 인원을 정해야 한다.

(3) **집단 회기의 길이** : 너무 길지는 않지만 최소한 집단 구성원 각각이 개인의 문제를 언급할 수 있는 정도는 되어야 한다.

(4) **집단 모임 장소와 시간** : 집단 구성원의 참석이 용이한 장소와 시간이 참석률을 높인다.

(5) **집단 모임 빈도** : 집단 목적을 고려하여 적정한 집단의 모임 횟수를 정한다.

(6) **집단 참여의 동기** : 집단 참여가 자발적인지 비자발적인지에 따라 집단 역동이 달라지며 자발적인 집단 참여가 이상적이다.

(7) **집단 응집력** : 집단 구성원 간의 신뢰를 바탕으로 응집력 있는 관계를 맺어 상담목표 달성을 위해 지지하고 협력하는 것이 중요하다.

(8) **집단 상담자와 집단 구성원 역할** : 집단 목적에 역행하는 집단 구성원을 중재하는 역할을 하여 집단 목적에 맞게 집단 운영이 이루어질 수 있도록 해야 한다.

3) 집단상담에서 내담자의 적절한 자기 노출(자기개방, 자아개방)을 위한 지침

(1) 자기노출은 집단상담의 목적 및 목표와 관계가 있어야 한다.

(2) 집단원들은 무엇에 대해, 어느 정도까지 자신을 드러낼 것인지 결정해야 한다.

(3) 자기 노출(자기개방, 자아개방)을 하려면 어느 정도의 위험은 감수해야 한다.

(4) 집단의 발전단계에 따라서 자기노출(자기개방, 자아개방)의 정도를 조절한다. 상담초기에 지나치다고 여겨질 정도의 자기개방이 작업단계에서는 적절할 수 있다.

(5) 어떤 사람에 대해 계속해서 같은 반응을 보이면 그 문제를 공개적으로 다루도록 유도해야 한다.

나의 필기 노트

2 》》 집단 상담자와 구성원의 문제 행동

1) 집단 상담자의 문제 행동

(1) 집단 구성원 간의 상호작용에 과도하게 개입한다.

(2) 집단 구성원의 비판적이고 부정적인 태도에 대한 방어적인 태도를 보인다.

(3) 집단 운영 과정에서 자기 개방을 최소화하려 지나치게 노력하며 폐쇄적 태도를 보인다.

(4) 상담자 역할을 포기하고 집단 구성원에게 과도하게 자기개방을 한다.

◎ 핵심 키워드
집단구성원의 문제 행동과 대처 방안

기출 DATA
대화 독점 2016-1회

2) 집단 구성원의 문제 행동과 대처 방안

(1) 대화의 독점

한 집단원이 집단의 시간을 독점하는 행동으로 상담자는 이러한 행동을 적절하게 제한하여 집단시간의 활용을 보장해야 한다.

① 상담자는 전체 집단 구성원에게 혼자서 대화를 독점하지 않도록 말하면서 대화를 독점하는 구성원에게 이 메시지가 전달되기를 기다린다.

② 대화를 계속해서 독점한다면 회기의 직전이나 직후에 보다 직접적으로 대화를 독점하는 구성원에게 표현하는 것도 효과적이다.

③ 대화를 독점하는 구성원에게 대화를 독점하는 행동에 대한 피드백을 제공한다(집단 구성원에게는 집단 활동에 관한 소감을 제출하게 하고, 집단 상담자는 대화 독점에 대한 피드백을 써서 해당 구성원에게 되돌려 줄 수 있음).

④ 집단 구성원을 2인 1조로 짝을 지어 이야기하게 하고, 상담자 자신은 대화를 독점하는 집단원과 짝이 되어 '말하기 좋아함'에 관해 이야기를 나눈다.

(2) 소극적 참여

다른 집단 구성원에게 영향을 주며 응집력과 생산성을 저해한다.

① 적극적으로 참여할 수 있는 기회를 제공하며 다른 집단 구성원의 비난이나 공격의 대상이 되지 않도록 미리 개입하는 것이 중요하다.

② 연결 기법을 적극적으로 활용하여 집단에 적극적으로 참여하도록 조력한다.

(3) 습관적 불평

거의 매회기마다 불평을 늘어놓아 다른 구성원과 갈등을 일으키고 집단 응집력에 악영향을 준다.

① 다른 집단 구성원 앞에서 정면으로 지적하는 것은 바람직하지 않으며 개별적인 면담을 통해 불평의 원인을 파악하도록 한다.

② 단순하게 집단 상담자의 관심을 얻고 집단 내의 역할을 원하는 것이 목적이라면 이를 제공한다.

③ 집단에 활력을 불어넣는 집단의 동맹자 집단원에게 질문하고, 피드백의 기회를 주어 분위기를 고양한다.

④ 불평을 하는 집단 구성원과 시선을 마주치지 않아 나서지 않게 한다.

(4) 일시적 구원

다른 집단 구성원의 고통을 지켜보는 것이 어려워 이를 멈추게 하는 시도로 고통을 통한 성장을 방해하기 때문에 가식적 지지로 볼 수 있다(Yalom은 상처 싸매기, 반창고 붙이기로 표현함).

① 일시적 구원을 하는 집단 구성원에게 다른 집단 구성원이 고통스러운 경험을 표현할 때의 느낌과 감정을 탐색해보도록 기회를 제공한다.

② 자기 탐색으로 자기이해를 높이는 것이 중요하다.

③ 해결되지 않은 감정을 애써 피하거나 억압했던 집단원에게도 일시적 구원보다 안전한 분위기에서 교정적 정서경험을 충분히 거친 후 집단의 지지와 격려를 받게 하는 것이 훨씬 효과적이다.

(5) 사실적 이야기 늘어놓기

자신의 이야기보다 과거 사실 중심의 이야기만 하여 자기 노출을 하지 않는 방어 행위로 볼 수 있다.

① 집단의 시작 단계에는 비교적 관대한 입장을 취할 수 있다.

② 공감적 이해를 통해 사실적 이야기만 하는 집단원에게 지금-여기에 초점을 맞추도록 하고, 과거 경험에서 유발된 감정을 적절히 표현하도록 한다.

③ 필요 시 차단 기법으로 사실적 이야기보다 과거 사건에 대한 느낌과 생각을 진솔하게 표현하게 한다.

④ 사실적 이야기만을 하는 집단원에게 그러한 행동을 직면시키거나 자신의 생각, 느낌을 탐색할 기회를 제공하여 변화를 촉진한다.

(6) 질문 공세

　　다른 집단 구성원에게 질문을 퍼붓는 행위로 적절하지 않은 시기에 끼어들어 답변을 하기도 전에 계속해서 질문을 한다.

　　① 질문 공세를 자신을 노출하지 않는 은폐 수단으로 사용할 수 있기 때문에 질문의 핵심 내용을 주어로 자신을 표현해보도록 돕는다.

　　② 질문을 하기 전 마음속에 진행되고 있는 것을 표현하도록 하여 자신의 행동에 대한 원인과 욕구를 탐색할 수 있다.

(7) 충고나 조언 일삼기

　　다른 집단원에게 해야 할 행동과 하지 말아야 할 행동을 이야기한다.

　　① 충고를 하는 집단원의 내적 동기를 탐색할 기회를 제공한다.

　　② 충고나 조언은 방어나 저항의 형태에 해당하기 때문에 섣부른 충고나 조언은 효과적이지 않으며 집단의 생산성을 저하시킬 수 있다는 사실을 집단원에게 인식시키도록 한다.

(8) 적대적 태도

　　자신의 부정적 감정을 직·간접적으로 상담자나 다른 집단 구성원들에게 표현하는 행동을 한다.

　　① 다른 집단원이 표출된 적대적 태도에 대해 갖는 느낌과 그 집단원에게 원하는 행동을 표현하며 적대적 태도를 보인 집단원은 이에 대해 경청하도록 한다.

　　② 집단에서 원하는 바가 무엇인지 탐색하고 다른 집단 구성원 앞에서 확인한다.

(9) 의존적 자세

　　다른 집단 구성원이나 상담자가 자신을 돌봐주고 대신 의사결정을 해주기 바란다.

　　① 자신의 문제를 바르게 인식하여 타인에게 의존하여 욕구 충족을 하던 패턴을 변화시키도록 한다.

　　② 의존적 행동을 직면시킨다.

(10) 우월한 태도

　　자신이 다른 집단 구성원보다 탁월하고 뛰어난 사람처럼 행동하며 다른 집단 구성원을 판단하거나 비판적인 태도를 보인다.

　　① 자신에게는 문제가 없다는 입장을 방어적이지 않은 상태에서 스스로 검토해보도록 한다.

② 우월한 태도에 대한 느낌이나 집단에서 원하는 것이 무엇인지를 질문하여 자기탐색을 할 수 있는 기회를 제공한다.

(11) 소집단 형성

집단 내 파벌을 형성하는 비생산적인 사회화의 일종이다.

① 집단 발전에 저해요인이 되는 소집단 형성에 대해 직접적이고 개방적으로 다룬다.

② 소집단 형성이 집단 응집력에 방해가 되고, 비생산적이라는 사실을 인식시킨다.

(12) 지성화

감정적으로 부담스러운 내용을 집단에서 다룰 경우 지적인 내용만을 언급하는 행동이다.

① 말하는 내용과 연결된 감정을 인식하고 경험한 내용을 정리하여 표현할 수 있도록 한다.

② 감정표현 방법을 직접 상담자가 시범으로 보여주거나 역할 놀이를 한다.

③ 심한 심리적 상처, 또는 외상으로 감정을 표현할 수 없는 경우에는 감정표현을 독려하지 말고 개인상담을 의뢰해야 한다.

(13) 감정화

지성화와 반대 개념으로 이성적인 면은 배제하고 감정에만 초점을 두어 집단의 흐름을 저해한다.

① 감정화로 인해 다른 집단원의 동정심을 유발할 경우 위로, 동정, 안아주기 등의 신체적 표현을 차단한다.

② 만약 빈번하게 눈물을 흘리며 감정화를 나타낸다면 그러한 행동이 관심을 끌기 위한 행동인지 고통의 결과인지를 분명하게 파악해야 한다.

③ 집단 구성원끼리 짝을 지어 서로의 감정과 생각을 공유하도록 하며 집단상담자는 감정화를 나타내는 집단원과 짝을 지어 현재의 고통에 대해 탐색한다.

④ 해당 집단원의 고통을 인정한 뒤 집단 회기를 마치고 나서 좀 더 이야기를 나누도록 제안하며 감정화를 나타내는 집단원을 돕는다는 핑계로 질문 공세를 하지 않도록 해야 조치해야 한다.

3 》 다문화적 역동성

1) **상담자의 자세** : 집단 상담에 참여하는 각 개인은 서로 다양한 문화적 배경에서 성장해왔기 때문에 효과적인 집단 상담을 위해 집단 상담자는 문화적 민감성을 갖추는 것이 중요하다.

2) **문화적 다양성이 있는 집단상담의 기본 전제**

(1) 집단 참여자의 문화적 배경을 고려해야 하며 집단 상담자에 대해서도 역시 기본가정(문화, 인종, 성별 등)을 고려해야 한다.

(2) 인간의 모든 만남 자체가 다문화적이기 때문에 집단의 리더는 다문화적 관점을 지녀야 한다.

◎ **핵심 키워드**
문화적 다양성이 있는 집단상담의
기본 전제

4 》 얄롬(Yalom)이 제안한 집단상담의 일반적인 치료 요인

1) **희망적 고취** : 집단은 집단 구성원에게 문제가 개선될 수 있다는 희망을 심어주며, 이 희망 자체가 치료적 효과를 가질 수 있다.

2) **보편성** : 참여자 개인이 자신만 심각한 문제나 생각, 충동을 가진 것이 아니라 다른 참여자도 자신과 비슷한 갈등, 생활경험, 문제를 지니고 있다는 사실을 알게 되고 위로를 얻는다.

3) **정보전달** : 집단 상담자는 집단 구성원에게 다양한 정보를 제공하고, 집단 구성원은 이를 습득하여 자신의 문제를 보다 명확하게 이해하며, 동료 참여자에게서도 직·간접적인 제안, 지도, 충고 등을 얻게 된다.

4) **사회 기술 발달** : 집단 구성원에게서 피드백을 받고, 특정 사회기술을 학습할 수 있어 대인관계에 필요한 사회기술이 개발된다.

기출 DATA
집단상담의 일반적인 치료요인 ★
2021-1회, 2019-3회,
2018-1회, 2017-1회

5) **대인관계 학습** : 집단 구성원들과의 상호작용을 통해 참여자 개인의 대인관계에 대한 통찰이 이루어지고, 원하는 관계 형성에 대한 아이디어를 얻을 수 있으며, 새로운 방식의 대인관계 형성을 시험해 볼 수 있다.

6) **이타주의** : 집단원들은 서로 비슷한 문제를 공유하며 서로에게 지지, 위로, 조언 등을 하게 되는데, 이 과정에서 자신이 다른 집단원에게 도움이 되고 중요하다는 경험은 자존감을 높여준다.

5 ≫ 집단상담의 장점과 제한점

기출 DATA
집단상담의 장점과 단점
2021-1회

◉**핵심 키워드**
집단상담의 장점

1) 집단상담의 장점

(1) **경제성** : 한정된 시간에 많은 내담자를 만나기 때문에 효율적이고 시간, 비용 면에서 경제적이며 학교, 기업 등에서 널리 활용 가능하여 실용적이다.

(2) **다양한 자원 획득** : 여러 명의 사람과 상호작용을 함으로써 다른 사람의 사고, 행동, 생활양식을 알아볼 수 있고, 문제 해결방안을 함께 모색하며 다양한 자원을 얻게 된다.

(3) **인간적 성장(자아 성장)의 환경 제공** : 자아가 집단 안에서 성장, 발전하는 바람직한 환경을 제공하고 신뢰관계를 토대로 간접경험을 통한 학습이 일어난다.

(4) **실생활의 축소판** : 지지적이며 수용적인 대리가족을 제공하고 새로운 행동과 기술을 시험해보거나 연습할 수 있는 작고 안전한 세계를 제공한다.

(5) **문제 예방** : 잠재적 문제가 발생되기 전에 대처할 수 있는 생활 관리 기술의 습득이 가능하고, 집단에 속한다는 소속감으로 인해 외로움, 고립감 같은 정서적 문제가 자연스럽게 해소될 수 있다.

(6) **상담에 대한 긍정적 인식 확대** : 상담을 잘 알지 못하거나 부정적인 인식을 갖고 있던 사람들이 집단 경험을 통해 긍정적 인식을 가질 수 있고 이러한 사람들이 필요한 경우 상담을 받을 가능성이 커진다.

2) 집단상담의 제한점

(1) 특정 내담자의 개인적 문제를 충분히 다루지 않을 가능성이 있다.

(2) 집단 참여자들이 심리적으로 충분하게 준비되기 전, 자신의 마음을 털어놓아야 한다는 집단 압력을 받기 쉽다.

(3) 비밀보장이 철저하게 이루어지지 않을 가능성이 있다.

(4) 집단에 적합하지 않은 성격이나 개인적 문제를 지닌 사람이 참여하여 집단 상담자의 특정한 지도성을 만났을 때 희생자가 될 수 있다.

(5) 집단경험의 일시적 경험에 도취되어 그 자체가 목적이 될 수 있다.

6 » 집단의 유형

집단에는 상담집단, 치료집단, 교육집단, 과업집단, 자조집단, 성장집단, 사회화집단 등이 있다.

1) **상담집단** : 집단 참여자의 대인 관계에서 건설적 행동을 자극하고, 집단 참여자(내담자) 권리를 보호하는 집단 상담자(집단리더)가 진행하며 개인적, 사회적, 교육적, 직업적 문제에 초점을 두고 치료적 목적 외에 예방, 교육적 목표를 설정하여 집단 상담을 실천한다.

2) **치료집단** : 전통적으로 정신장애 진단을 받은 환자를 대상으로 병원이나 의료기관에서 실시되었으며, 집단 참여자가 극적으로 행동한다는 특징을 지닌다. 의학적 모델을 기초로 개인 상담, 약물 치료와 같은 추가 지원이 필요하다.

3) **교육집단** : 집단 참여자의 교육적 목적에 초점을 둔 집단으로 다양한 주제에 관련한 정보를 제공하며 진로, 성, 스트레스, 건강관리 등의 정보를 제공할 수 있다.

4) **과업집단** : 교육 집단과 유사하나 구체적 과업목적을 달성하기 위한 집단이다.

5) **자조집단** : 공통의 문제를 서로 나누고 상호원조를 통해 공동의 장애, 문제를 해결하여 자신들의 삶을 효과적으로 조절하기 위해 모인 사람의 집단이다.

(1) 자조집단의 기능

① **정보 제공** : 자조집단의 정보는 직접적인 경험에 근거한 실질적이고 구체적인 정보이기 때문에 전문가의 조언, 자료를 통해 얻은 정보보다 문제 해결에 쉽게 활용되며 치료와 적응에 중요하다.

② **사회적 지지 제공** : 자조집단에서 이루어지는 사회적 지지는 전문가가 제공하기 어려운 동료애, 격려, 긍정적인 견해를 갖게 하며 스트레스를 감소시킨다. 또한 다른 사람을 도와줌으로써 자신감, 동료 의식, 지속적인 사회 지지망을 갖게 된다.

③ **대인관계 의사소통 능력의 향상** : 자조집단의 참여로 집단원 간의 소통을 통해 의사소통 능력이 향상되고, 사회 적응력도 향상된다.

④ **자기 통제력에 대한 자신감 향상** : 같은 문제를 가진 사람과의 관계 속에서 도움을 주고받는 것은 의존심이 아닌 자기 통제력에 대한 자신감을 향상시킨다.

⑤ **문제 해결에 도움** : 상호 원조 관계를 중심으로 하는 자조집단은 전문가가 시도하지 못했던 새로운 방식으로 문제를 해결할 수 있으며 심리적, 정신적, 물질적인 부분에서 발생하는 문제의 해결을 위한 대처 방법의 습득을 돕는다.

⑥ **권리옹호** : 자조집단 참여를 통하여 성장을 경험한 사람은 이러한 경험을 통하여 본인 스스로의 권리를 옹호하는 활동을 함과 동시에 비슷한 상황에 있는 다른 사람의 권익에 대해서도 적극적인 옹호 활동을 하는 경향이 있다.

⑦ **문제 해결 동기 부여** : 경험을 공유함으로써 자신만의 문제가 아니라는 사실을 알게 되고, 자신의 문제를 감추기보다 드러내어 해결하고자 하는 동기를 부여한다.

⑧ **피드백 제공** : 집단원에게서 자신의 생각이나 행동 등에 대한 피드백을 받을 수 있다.

(2) **자조집단의 종류** : 익명의 알코올 중독자 모임(AA ; Alcoholics Anonymous), 익명의 도박 중독자 모임(GA ; Gamblers Anonymous), 익명의 약물 중독자 모임(NA ; Narcotics Anonymous), 발달장애아 부모자조모임 등

6) **성장집단** : 집단 구성원 간의 안정된 분위기 속에서 치료적 요소를 경험하며 인간적 성장을 목표로 한다.

145

◎핵심 키워드
사회기술 훈련 집단의 장단점

기출 DATA
사회기술 훈련집단 실시의 장점
2018-3회

7) 사회화집단

집단 구성원이 사회에서 잘 기능하도록 조력한다.

(1) **사회기술 훈련집단** : 효과적인 의사소통 기술이 부재하고 대인관계에서 문제를 겪는 사람을 돕기 위한 집단이다.

(2) **사회기술 훈련집단의 장점**

① 개인 간의 상호작용 유형을 관찰할 수 있어서 집단활동에 참여하는 개별 구성원의 대인관계 기술을 파악할 수 있다.

② 집단 상담자와 집단의 다른 구성원에게서 피드백을 받을 수 있으므로 개별 구성원이 스스로 자신의 문제를 발견하고 교정할 수 있다.

③ 다양한 구성원의 참여로 개별 구성원에게 실제 생활영역과 유사한 환경을 제공할 수 있다.

④ 비슷한 문제를 지닌 사람과 만남으로써 자신이 이상하다거나 비정상적이라고 생각하는 경향이 줄어들어 개인 프로그램보다 집단 프로그램을 더욱 쉽게 받아들인다.

⑤ 역할 연습이 가능하여 상호작용 능력 습득에 유리하다.

(3) **사회기술 훈련집단의 단점**

① 우울증, 조증, 자폐증 등의 정신병리, 성격장애를 가지고 있거나 성폭행 피해자와 같이 비밀 유지가 필수적인 사람을 대상으로 하는 경우 집단의 참여/활동이 매우 제한적일 수 있다.

② 집단 활동의 진행 과정에서 개별 구성원이 자신의 속내 이야기를 털어놓아야 한다는 심리적 압박을 받을 수 있다.

③ 집단 상담자 경험이 적은 경우 집단역동을 유도하기 어려울 수 있다.

7 » 집단상담의 과정 및 방법

1) 집단상담의 과정

(1) **집단의 목적** : 집단의 필요성과 운영 목적이 무엇인지 결정하며 집단 목적을 명확하게 하기 위해 집단상담을 필요로 하는 사람들을 대상으로 요구조사가 선행되어야 한다.

(2) **집단의 구성**

① 집단의 목적을 바탕으로 집단의 유형, 대상, 크기, 일정, 시간, 장소를 선정한다.

② **집단 구성 시 현실적으로 고려할 사항**

ㄱ **집단 대상 선정** : 집단의 목적을 토대로 대상을 선정하되 성별, 연령, 학년, 성숙도, 교육 수준 및 문제의 유형과 관심사 등과 같은 요소를 고려해야 한다.

ㄴ **동질/이질 집단의 결정** : 동질집단은 비슷한 문제를 가진 사람에게 효과적이며 이질집단은 집단원을 통해 다양한 학습이 일어나도록 할 때 효과적이다.

ㄷ **집단원의 적정 인원수** : 모든 집단원이 원만한 상호작용을 하고, 집단의 정서를 느낄 수 있는 정도의 적당한 인원수를 결정해야 하며 Yalom은 상호역동적 치료집단의 적정크기를 7~8명으로 제안한 바 있다.

ㄹ **집단의 일정** : 집단상담의 총 회기수, 회기 간격, 회기당 시간, 집단모임 시간 등을 결정한다.

ㅁ **집단모임 장소** : 조용하고 안정된 공간으로 집단원 수에 적당한 넓이어야 하며, 안락하고 정돈된 좌석배치를 통해 집단원에게 안정감을 주고 주의집중을 도울 수 있는 장소여야 한다.

(3) **집단상담의 단계**

① **초기 단계**(참여단계) : 집단의 탐색과 오리엔테이션

ㄱ 집단 분위기를 점검하고 익숙해지며 어떻게 참여해야 하는지를 익히게 된다.

ㄴ 신뢰와 불신이 핵심적 주제로 누구를 믿을 수 있는지, 얼마나 안전한지를 결정하게 된다.

기출 DATA
집단 구성 시 현실적으로 고려할 사항 2018-1회

◎**핵심 키워드**
집단상담의 단계

ⓒ 집단 구성원은 존경, 수용, 관심, 공감, 반응에 대한 기본적 태도를 익히고 집단 내의 신뢰 형성이 촉진된다.

ⓓ 집단 구성원은 자신이 집단에 수용되는지 배제되는지 신경을 쓰게 되며 자신의 위치를 집단 내에서 규정하기 시작한다.

② **전환 단계**(과도기 단계, 갈등 단계) : 저항 다루기

ⓐ 자기지각이 높아짐에 따라 다른 집단 구성원이 자신을 수용할지 염려하게 되며 집단상담 환경이 얼마나 안전한지 알아보기 위해 집단 상담자와 집단 구성원을 시험한다.

ⓑ 주변에 계속해서 남을 것인지 집단에 참여하기 위한 위험을 감수할 것인지 고민하게 된다.

ⓒ 집단의 통제와 힘에 대한 역동, 다른 집단 구성원과의 갈등을 경험하게 되며 집단 구성원 간 주도권 싸움이 일어난다.

ⓓ 다른 사람이 경청할 수 있게 자기 표현을 하는 방식을 배운다.

ⓔ 집단 상담자와 다른 집단 구성원에 대한 적대감, 저항이 표면화되고 상담자에게는 이에 대한 방어가 일어난다.

③ **작업 단계** : 집단의 응집력, 생산성

ⓐ 집단 구성원 간의 응집력이 높고 의사소통이 개방적이며 집단 구성원 간 표현이 정확해진다.

ⓑ 집단 구성원 모두가 지도력을 지니며 직접적이며 자유롭게 상호작용하고 피드백을 주고받는다.

ⓒ 기꺼이 집단 참여의 위험을 감수하며 자신의 문제를 다른 구성원에게 알린다.

ⓓ 집단 구성원 간의 갈등을 잘 파악하며 효과적으로 다룬다.

ⓔ 집단 구성원은 자신이 변화하려는 시도가 지지받는다고 느끼며 집단 밖에서도 변화를 시도하고 변화에 대한 희망을 지닌다.

④ **마무리 단계**(종결 단계) : 통합

ⓐ 집단 구성원은 집단상담이 곧 종결되며 집단이 해체된다는 사실에 슬픔, 걱정을 느끼고 이를 서로 표현한다.

ⓑ 집단 구성원은 앞으로 어떻게 변화하고 싶은지 결정하고, 집단상담에 대한 평가를 한다.

ⓒ 집단상담에서 익힌 것을 실생활에 옮길 수 있을지에 대한 두려움을 느끼게 되며 일상생활의 주요 관계들에 대한 대처 연습을 한다.

ⓓ 추후상담을 논의하고, 집단 구성원의 변화 의지를 독려한다.

기출 DATA
집단상담의 치료적 요인
2019-1회, 2017-3회

2) 집단상담의 방법

(1) 변화 분위기 조성 : 적극적 경청, 공감적 이해로 편안하고 안정된 분위기를 조성하고, 주제와 집단 구성원의 초점 이동과 유지를 통해 문제 해결에 도움을 주도록 하며, 집단 상담자의 모델링을 제공하고, 집단원의 적극적 참여를 유도한다.

(2) 구조화 실시 : 집단 운영과 한계, 비밀 보장에 대한 구조화를 실시한다.

(3) 진단 : 집단 구성원의 문제 유형을 평가하고 개입 전략을 선택하여 집단상담의 목적 달성을 이루도록 한다.

(4) 연 결

① 특정집단원의 행동이나 말을 다른 집단원의 관심사에 연결하는 것을 말한다.

② 집단 구성원 간의 유사점과 차이점을 언급하여 개인 상담에서는 잘 쓰이지 않는 기법이다.

③ 집단 상담자는 집단원의 표현과 감정을 연결하여 숨겨진 의미를 찾아내기도 하고, 집단원 간의 연결로 응집력을 높이는 데 활용하기도 한다.

④ 자연스럽게 집단원 간 보편화 경험이 이루어지게 한다.

(5) 차 단 : 질문 공세, 부정확한 사실을 말하기, 상처 싸매기를 시도하거나 중언부언하는 등 집단에 부정적인 영향을 주고 집단의 목적달성을 방해하는 경우 상담자는 개입하여 중지시킨다.

(6) 피드백 : 특정 행동에 대한 피드백은 집단 구성원의 관점과 자신의 관점을 비교할 수 있다.

① **긍정적 피드백**

㉠ 집단 구성원의 강점을 드러내어 언어적/비언어적으로 되돌려준다.

㉡ 긍정적 피드백이 더 잘 받아들여지고 행동 변화 가능성을 높이며 집단 신뢰감과 응집력을 향상시키는 경향이 있기 때문에 교정적(부정적) 피드백보다 긍정적 피드백이 더 바람직하고 큰 변화를 유도한다.

㉢ 분명하고 구체적이며 정직한 피드백은 세련되고 복잡하며, 해석적 피드백보다 효과가 좋다.

② **부정적 피드백**

㉠ 집단 구성원의 문제적 사고, 행동에 대해 언어적·비언어적으로 되돌려준다.

㉡ 집단 구성원의 왜곡이나 잘못된 사고, 행동을 교정하기 위한 정보를 제공한다.

(7) **보편화** : 집단 구성원 간의 상호작용의 결과를 말하며 다른 사람도 자신과 유사한 감정, 사고, 문제를 지닌다는 사실을 깨닫게 되어 변화가 촉진되어 강력한 치유의 힘을 가진다.

(8) **지금−여기 관점에서의 상호작용 촉진** : 현재 집단에서 일어나는 일에 초점을 두도록 하며 집단 방향에 대한 책임감을 구성원에게 일깨워준다.

(9) **지지와 격려** : 집단 구성원이 새로운 환경에 적응할 때 생기는 불안을 다루고 자신의 생각, 감정을 다른 집단 구성원과 나눌 수 있도록 하며 언어적 ·비언어적 형태 모두가 해당된다.

(10) **집단상담의 종결과 평가**

① 마지막 회기 2~3주 전 집단의 종결이 다가옴을 집단 구성원들에게 알린다.

② **다루어야 하는 내용** : 집단에서 습득한 내용을 실생활에서 적용하도록 독려하고, 종결 후 해야 할 일에 대해 검토하며, 집단 종료 후에 마주칠 심리적 문제에 대한 직면한다. 또한 추가상담에 대해 안내하고, 종결 후 필요하다면 개인적으로 상의할 수 있도록 조치하여야 한다.

③ **평가** : 각 회기 후에 집단상담에서 다뤘던 내용, 과정을 검토하고 다음 회기를 미리 구상하며 이 과정에서 집단에 일어난 변화와 비생산적 요소를 획인해야 한다.

기출 DATA
시간−제한적 집단 정신치료
2021−3회, 2015−1회

시간−제한적 집단 정신치료

• 치료자와 환자가 중심문제를 초점으로 하여 실현 가능한 구체적 치료 목표를 설정한다.
• 목표 달성을 위해 적극적으로 작업한다.
• 정해진 기간에 효율적인 치료 효과를 낸다.
• 치료에서 시간 제한을 의도적으로 사용할 때 첫째, 환자에게 빨리 회복되려는 동기를 유발시키고 둘째, 매 회기에서 지리멸렬한 주제에서 벗어나 보다 중요한 작업을 할 수 있도록 도우며 셋째, 자기효율성을 수반하는 개인의 책임감을 인식하도록 할 수 있다.

Clinical Psychology Practitioner

기출복원문제

01 청소년 자녀로 인한 고민으로 상담실에 온 부모를 대할 때 유의해야 할 사항을 쓰시오. `2014`

....

....

....

모범답안

① 청소년 자녀를 둔 부모는 청소년 자녀와 경험하는 갈등으로 상당한 심리적 어려움을 겪는다. 따라서 상담자는 부모에게 위로와 공감을 제공해야 한다.
② 청소년기 부모의 의사소통 능력이 부모자녀 사이 원활한 대화가 이루어지기 위해 매우 중요하기 때문에 상담자는 부모의 의사소통 능력 향상에 초점을 두어야 한다.
③ 부모에게서 심리적으로 독립하며 자아정체감을 발달시키고 청소년과 부모 간 일어나는 갈등에 대처할 수 있는 부모의 문제해결 능력을 향상시키도록 상담자는 조력해야 한다.

02 초보상담자가 내담자를 대할 때 유의해야 할 문제와 그에 대한 대안을 3가지 적으시오. `2014`

....

....

....

모범답안

① **불안의 처리문제** : 누구나 불안을 느낄 수 있으며 문제는 불안 자체가 아니라 불안을 어떻게 처리하느냐에 달려있다. 상담자로서 느끼는 불안을 솔직하게 인정하고 수퍼바이저나 동료에게 자신의 불안을 논의하고 조언을 구할 수 있다.
② **완벽주의에 대한 문제** : 초보상담자나 경험이 많은 상담자나 항상 완벽할 수는 없고, 실수를 하게 마련이다. 자신의 실수로 인해 좌절감을 겪을 때 수퍼바이저나 동료와 논의할 수 있다.
③ **자신의 한계를 인식하는 문제** : 내담자에게 도움을 줄 수 없을 때 자신의 한계를 인정하고 내담자에게 솔직하게 말해야 한다. 내담자는 위장하는 상담자보다 솔직한 상담자를 더 선호한다. 내담자의 능력/통제력을 고려해 현실적이어야 한다.
④ **침묵을 다루는 문제** : 침묵이 주는 여러 의미(내담자의 저항, 종결에 대한 고려, 생각하는 과정 등)를 이해해야 한다.

적중예상문제

01 다음 사례를 읽고 내담자의 비밀을 청소년의 보호자에게 어떻게 처리해야 할 것인지에 대해서 방법 4가지를 기술하시오.

> 청소년 내담자가 상담자에게 남자친구와 성관계를 가진 경험이 있으며 지금 임신 중이라고 고백하였다. 내담자의 어머니는 내담자가 모르게 자신의 딸에게 무슨 일이 일어났는지 상담자에게 자세히 묻고 있다.

....

....

....

....

....

....

....

....

....

모범답안

① 청소년 내담자에게 동의를 구하고 이 사실을 부모에게 알린다. 만약 내담자가 거부할 시 비밀로 인해 내담자가 지니고 있을 두려움과 수치심, 그리고 앞으로 어떻게 할지 모르는 막막한 느낌 등에 대해 공감해준다. 그 이후에 내담자의 비밀을 부모에게 이야기하는 것에 대한 역할 연기를 통해 막연하게 부정적인 생각에서 벗어나 더 현실적인 판단을 할 수 있게끔 돕고, 부모에게 내담자의 비밀을 알릴 수 있도록 유도한다.
② 임신과 출산에 관한 정보를 내담자에게 알려주고 합리적인 판단을 할 수 있도록 돕는다.
③ 임신한 사실을 부모가 알게 되면, 부모가 내담자에게 이성적인 조취를 취할 수 있도록 부모 상담 및 교육을 실시한다.
④ 의료기관과 관련 전문기관에 관한 정보를 알려주고 연계하여 필요한 서비스를 받게 한다.

02 생산적인 (좋은) 경청자가 되기 위한 구체적 방법 5가지를 기술하시오.

....

....

....

....

....

....

모범답안

① 반응하기에 앞서 내담자가 자신에 관해 말할 충분한 시간을 준다.
② 비록 대수롭지 않다고 생각될지라도, 내담자가 심각하게 말하고 있는 것을 그대로 받아들인다.
③ 때때로 고개를 끄덕이고 미소를 짓거나 "음"이라고 하면서 주의를 기울이고 있다는 것을 보여주고 눈을 맞춘다. 내담자 외의 것을 신경 쓰고 있다는 인상(예를 들어 시계를 보거나 소음이 들리는 상담실 밖을 쳐다보는 등)을 주지 않도록 한다.
④ 개방된 마음으로 인내심을 가지고 경청하며, 내담자의 말을 듣는 동안 상담자 자신의 생각을 정리할 수 있는 기민성을 키운다.
⑤ 상담실을 산만하게 만들 수 있는 외부 요인을 제거하여 내담자가 편하게 말할 수 있는 공간을 보장한다.

03 상담 계획 수립에서 사례관리절차를 기술하시오.

....

....

....

모범답안

의뢰 및 접수 → 면접 및 행동관찰 → 심리검사(심리평가/사정) → 사례공식화 및 치료계획하기(상담/치료 목표 설정 및 상담/치료 계획 수립) → 상담/치료 초기(Rapport 형성 및 상담/치료 구조화) → 치료 중기·후기(문제해결 단계) → 종결 → 추수상담(Follow-up) 및 재평가/사정

04 다음 보기의 내담자의 진술에 대한 상담자의 반응은 각각 어떤 개입기술에 해당하는지 ( ) 안에 쓰시오.

> 내담자 : "저는 지난 밤에 너무나도 이상한 꿈을 꿨어요. 아버지와 함께 숲으로 사냥을 갔는데, 사냥감에 온 신경을 집중하며 깊은 숲까지 들어가게 되었습니다. 그런데 나무 뒤편에서 갑자기 큰 물체가 튀어나오는 겁니다. 저는 순간 저희가 사냥하려던 사슴인 줄 알고 방아쇠를 당겼습니다. 어렴풋하게 튀어나왔던 물체가 쓰러진 것처럼 보였고, 저는 놀란 가슴을 진정시키며 서서히 물체에 다가갔습니다. 그런데 가까이 다가가보니 그 물체는 제가 예상했던 사슴이 아니라 제 아버지였습니다. 아버지가 숨을 쉬지 않은 채 총에 맞아 죽어 있었습니다. 저는 너무도 놀라고 당황스럽고 무서워서 잠에서 깨어났고, 온 몸이 식은땀으로 젖어 있었습니다."

보기

- "당신은 지난 밤 꿈 때문에 정말 많이 놀라셨나보군요." (①)
- "당황스럽고 무서웠다는 말씀은 구체적으로 어떤 죄책감이 들었다는 의미인가요?" (②)
- "아버지를 평소에 미워했나요?" (③)
- "평소 아버지에게 느꼈던 적개심이 총을 오작동하도록 만든 것은 아닌가요?" (④)

모범답안

① **반영(Reflection)** : 상담자가 내담자의 행동 속에 내재된 감정을 정확히 파악하여 이를 내담자에게 전달해주는 것이다.
② **명료화(Clarification)** : 내담자의 말 속에 포함되어 있는 불분명한 내용에 대해 상담자가 그 의미를 분명하게 밝히는 것이다.
③ **직면(Confrontation)** : 내담자의 자기 이해를 돕기 위해 상담자의 눈에 비친 내담자의 행동 특성 또는 사고방식의 스타일을 지적하는 것이다.
④ **해석(Interpretation)** : 내담자가 새로운 방식으로 자신의 문제를 돌아볼 수 있도록 사건의 의미를 설정해주고, 자신의 문제를 새로운 각도에서 이해할 수 있도록 그의 생활 경험과 행동, 행동의 의미를 설명하는 것이다.

05 상담의 기능 3가지를 기술하시오.

....

....

....

....

....

....

....

① **치료적 기능** : 내담자의 심리적 상처를 치료한다.
② **교정적 기능** : 내담자의 부적응적 사고·행동을 수정한다.
③ **진단·예방적 기능** : 내담자가 지닌 심리적 어려움의 원인을 진단하고 예상되는 어려움에 미리 대비하게 한다.
④ **교육적 기능** : 내담자의 심리정서적 건강을 위해 대인관계 기술, 사고 양식 관련 지식을 교육하고 실천하게 한다.

06 동일결과성의 원리(Principle of Equifinality)를 기술하시오.

....

....

....

....

....

원인은 다양하지만 동일한 증상을 보이는 것을 의미한다. 예를 들어 조현병으로 진단을 받은 환자라고 하더라도 발병 원인은 부모의 학대나 방임과 같은 역기능적인 양육환경, 유전적 취약성, PTSD 등으로 다양할 수 있다는 뜻이다.

07 상담의 기본원리 5가지를 기술하시오.

모범답안

① **개별화(개인화)** : 개인차를 인정하고 각 개인에게 맞는 상담 원리와 방법을 사용한다.
② **수용** : 내담자를 있는 그대로 바라보고 이해한다.
③ **자기 결정** : 내담자가 스스로 자신의 삶의 방향을 선택하고, 결정할 수 있도록 돕는다.
④ **비심판적 태도** : 내담자가 지닌 문제나 어려움에 대한 평가를 삼간다.
⑤ **비밀 보장** : 비밀 보장의 원리가 적용되지 않는 예외 상황을 제외하고 상담자는 상담 과정의 모든 내담자의 정보에 대해 비밀을 지켜야 할 의무가 있으며 이는 내담자-상담자 신뢰 관계의 기초이다.
⑥ **의도적인 감정 표현** : 내담자가 자신의 부정적인 감정을 자유롭게 표현하도록 돕는다.
⑦ **통제적 정서 관여** : 내담자의 정서 변화를 민감하게 파악하고, 언어로 정서를 표현하도록 내담자를 돕는다.

08 집단 상담에서 다른 집단원에게 상처 싸매기(일시적 구원)를 시도하는 집단원에게 할 수 있는 조치를 2가지 기술하시오.

....

....

....

모범답안

① 일시적 구원을 하는 집단 구성원에게 다른 집단 구성원이 고통스러운 경험을 표현할 때의 느낌과 감정을 탐색해보는 기회를 제공하도록 한다.
② 자기 탐색을 통해 자기 이해를 높이도록 한다.

09 상담사가 역전이를 다루는 방법을 4가지 기술하시오.

....

....

....

....

....

....

모범답안

① 효율적인 상담심리사는 역전이의 섣부른 표현을 자제하며, 치료 작업에 도움이 되는 방식으로 역전이를 인식하고 조절할 수 있다.
② 자기 이해를 하는 상담심리사의 능력과 내담자와 적정한 경계를 형성하는 것은 역전이 반응을 효과적으로 이용하고 조절하는 데 핵심이다.
③ 상담심리사 자신이 개인 상담을 받는 것과 임상지도 감독을 받는 것은 자신의 내적 반응이 치료에 어떤 영향을 미치고, 어떻게 역전이를 치료 과정에 효과적으로 사용하는지 그 방법을 아는 데 유용하다.
④ 상담사는 어느 정도 객관성을 유지하고 있어야 한다.

10 상담의 소극적 목표와 적극적 목표를 설명하시오.

....
....
....
....
....
....
....
....

모범답안

① 소극적 목표
  ㉠ 내담자의 문제를 해결한다.
  ㉡ 내담자의 적응을 돕는다.
  ㉢ 내담자의 심리적 상처를 치료한다.
  ㉣ 내담자에게 차후 생길 수 있는 문제를 예방한다.
  ㉤ 내담사가 낭변하고 있는 내적/외적 갈등을 해소한다.
② 적극적 목표
  ㉠ 내담자의 긍정적 방향으로의 행동 변화를 돕는다.
  ㉡ 내담자의 합리적 의사 결정을 돕는다.
  ㉢ 내담자의 잠재력을 실현하고 자아실현을 할 수 있도록 전인적 발달을 돕는다.
  ㉣ 내담자의 긍정적 자기개념 형성과 자존감 향상을 돕는다.

11 전반적인 상담의 진행 과정을 적으시오.

....
....

모범답안

의뢰, 접수면접 및 행동 관찰 → 문제에 대한 평가 → 라포 형성, 상담/치료 구조화 → 치료 실시 → 상담 성과 평가 → 치료 종결 → 추수 상담

12 유능한 치료자의 특성을 5가지 설명하시오.

....

....

....

....

....

....

....

....

....

....

....

....

....

모범답안

① **내담자와 치료적 관계를 형성하는 능력** : 치료자는 내담자와 좋은 관계를 형성, 유지하고 자신의 경험 및 반응을 치료에 이용하며 내담자 욕구에 적절한 기법을 적용시킬 수 있다.

② **의사소통 능력** : 적절한 시점에 상담자는 언어·신체적 반응으로 내담자에게 바람직한 변화를 촉진한다.

③ **자기 관찰과 관리 기술** : 자신에 대해 이해하고, 자신의 한계를 자각한다.

④ **훌륭한 경청 기술** : 효과적인 상담을 위해 어떤 기법보다 경청이 우선시된다.

⑤ **윤리적 책임의식 및 비밀 보장의 준수** : 내담자의 최선의 이익과 내담자가 원하는 변화를 위해 일한다. 비밀보장은 반드시 지켜야 하는 의무이다.

⑥ **신뢰감, 정직성의 실천** : 내담자가 상담자를 신뢰하며 자신의 문제를 털어놓을 수 있게 한다.

⑦ **공감적 이해의 실천** : 상담자로서 객관적 입장을 유지하지만 내담자의 입장에서 바라보고 감정을 느껴 내담자의 주관적 경험을 이해한다.

⑧ **훌륭한 관찰자** : 내담자 변화를 위해서는 관찰이 기본요건이다.

⑨ **삶에 대한 긍정적인 태도** : 내담자의 삶에 대한 부정적 태도를 변화시키기 위해 상담자가 먼저 본보기가 되어야 한다.

13 집단 상담에서 집단의 조건 3가지를 서술하시오.

....

....

....

....

모범답안

① **심리적 유의성** : 집단 구성원 간의 심리적으로 의미 있는 영향을 주고받는다.
② **직접적인 의사소통** : 집단 구성원 간 직접적으로 솔직하게 언어적/비언어적 소통을 하며 상담자는 집단 구성원 간의 생산적 대화를 촉진해야 한다.
③ **유의한 상호작용** : 2명 이상의 사람이 서로 의미 있는 방식으로 영향을 주고받고 교류하며 구성원 간의 소속감이 있을 때 가능하다.
④ **역동적 상호 관계** : 구성원 간의 에너지가 형성되어 서로 영향을 주고받는 상태로 집단 구성원의 집단 내의 위치, 역할에 대한 명확한 인식을 바탕으로 구축된다.
⑤ **생산적 상호의존** : 2명 이상의 집단 구성원이 생산적 방식으로 서로 의존하여 변화, 성장, 의사결정과 같은 성과로 나타난다.

14 집단 상담에서 집단 역동에 영향을 주는 요인 3가지를 적으시오.

....

....

....

....

모범답안

① **집단 구성원 배경** : 문화, 인종, 민족, 성별, 연령, 교육 수준, 출신지역, 사회경제적 지위, 종교, 직업, 혼인 여부 등
② **집단 목적 명료성** : 집단의 목적을 집단 상담자와 구성원들이 명확하고 분명하게 이해하고 있는지의 여부
③ **집단 크기** : 집단의 크기가 너무 크면 집단 구성원 개개인에게 주어진 시간이 짧아지고, 상호작용도 원만하지 못해 쉽게 산만해지는 경향이 있다. 집단의 크기가 너무 작으면 집단 구성원에게 참여가 부담스럽게 느껴져 소극적인 태도로 임할 수 있기 때문에 집단 상담자는 집단의 목적을 고려하여 적정 인원을 정해야 한다.

15 집단 상담에서 상담자가 사용하는 연결의 특징 3가지를 설명하시오.

....

....

....

모범답안

① 집단 구성원 간의 유사점과 차이점을 언급하여 개인 상담에서는 잘 쓰이지 않는 기법이다.
② 집단 상담자는 집단원의 표현과 감정을 연결하여 숨겨진 의미를 찾아내기도 하고, 집단원 간의 연결로 응집력을 높이는 데 활용하기도 한다.
③ 자연스럽게 집단원 간 보편화 경험이 이루어지게 한다.

| 해설 |
연결은 특정집단원의 행동이나 말을 다른 집단원의 관심사에 연결하는 것을 말한다.

16 사실적 이야기를 늘어놓는 집단원에게 취할 수 있는 조치를 3가지 적으시오.

....

....

....

....

모범답안

① 집단의 시작 단계에는 비교적 관대한 입장을 취할 수 있다.
② 공감적 이해를 통해 사실적 이야기만 하는 집단원에게 지금-여기에 초점을 맞추도록 하고, 과거 경험에서 유발된 감정을 적절히 표현하도록 한다.
③ 필요 시 차단 기법으로 사실적 이야기보다 과거 사건에 대한 느낌과 생각을 진솔하게 표현하게 한다.
④ 사실적 이야기만을 하는 집단원에게 그러한 행동을 직면시키거나 자신의 생각, 느낌을 탐색할 기회를 제공하여 변화를 촉진한다.

| 해설 |
사실적 이야기 늘어놓기는 자신의 이야기보다 과거 사실 중심의 이야기만 하여 자기 노출을 하지 않는 방어 행위로 볼 수 있다.

17 집단상담에서 일어날 수 있는 집단원의 문제행동 5가지를 쓰고 간략하게 설명하시오.

....

....

....

....

....

....

....

....

....

....

....

....

....

....

모범답안

① **대화의 독점** : 한 집단원이 집단의 시간을 독점하는 행동으로 상담자는 이러한 행동을 적절하게 제한하여 집단시간의 활용을 보장해야 한다.

② **소극적 참여** : 다른 집단 구성원에게 영향을 주며 응집력과 생산성을 저해한다.

③ **습관적 불평** : 거의 매회기마다 불평을 늘어놓아 다른 구성원과 갈등을 일으키고 집단 응집력에 악영향을 준다.

④ **일시적 구원** : 다른 집단 구성원의 고통을 지켜보는 것이 어려워 이를 멈추게 하는 시도로 고통을 통한 성장을 방해하기 때문에 가식적 지지로 볼 수 있다(Yalom은 상처 싸매기, 반창고 붙이기로 표현함).

⑤ **사실적 이야기 늘어놓기** : 자신의 이야기보다 과거 사실 중심의 이야기만 하여 자기 노출을 하지 않는 방어 행위로 볼 수 있다.

⑥ **질문 공세** : 다른 집단 구성원에게 질문을 퍼붓는 행위로 적절하지 않은 시기에 끼어들어 답변을 하기도 전에 계속해서 질문을 한다.

18 집단상담의 장점을 4가지 적고 간략하게 설명하시오.

모범답안

① **경제성** : 한정된 시간에 많은 내담자를 만나기 때문에 효율적이고, 시간, 비용 면에서 경제적이며, 학교, 기업 등에서 널리 활용 가능하여 실용적이다.
② **다양한 자원 획득** : 여러 명의 사람과 상호작용을 함으로써 다른 사람의 사고, 행동, 생활양식을 알아볼 수 있고, 문제해결 방안을 함께 모색하며 다양한 자원을 얻게 된다.
③ **인간적 성장(자아 성장) 환경 제공** : 자아가 집단 안에서 성장, 발전하는 바람직한 환경을 제공하고 신뢰관계를 토대로 간접경험을 통한 학습이 일어난다.
④ **실생활의 축소판** : 지지적이며 수용적인 대리가족을 제공하고 새로운 행동과 기술을 시험해보거나 연습할 수 있는 작고 안전한 세계를 제공한다.
⑤ **문제 예방** : 잠재적 문제가 발생되기 전에 대처할 수 있는 생활관리 기술의 습득이 가능하고, 집단에 속한다는 소속감으로 인해 외로움, 고립감 같은 정서적 문제가 자연스럽게 해소될 수 있다.
⑥ **상담에 대한 긍정적 인식 확대** : 상담을 잘 알지 못하거나 부정적인 인식을 갖고 있던 사람들이 집단 경험을 통해 긍정적 인식을 가질 수 있고 이러한 사람들이 필요한 경우 상담을 받을 가능성이 커진다.

19 집단 상담에서 집단의 유형 4가지를 설명하시오.

....
....
....
....
....
....
....
....
....
....
....
....

모범답안

① **상담 집단** : 집단 참여자의 대인 관계에서 건설적 행동을 자극하고, 집단 참여자(내담자) 권리를 보호하는 집단 상담자(집단리더)가 진행하며 개인적, 사회적, 교육적, 직업적 문제에 초점을 두고 치료적 목적 외에 예방, 교육적 목표를 설정하여 집단 상담을 실천한다.

② **치료 집단** : 전통적으로 정신장애 진단을 받은 환자를 대상으로 병원이나 의료기관에서 실시되었으며, 집단 참여자가 극적으로 행동한다는 특징을 지닌다. 의학적 모델을 기초로 개인 상담, 약물치료와 같은 추가 지원이 필요하다.

③ **교육 집단** : 집단 참여자의 교육적 목적에 초점을 둔 집단으로 다양한 주제에 관련한 정보를 제공하며 진로, 성, 스트레스, 건강관리 등의 정보를 제공할 수 있다.

④ **과업 집단** : 교육 집단과 유사하나 구체적 과업목적을 달성하기 위한 집단이다.

⑤ **자조 집단** : 공통의 문제를 서로 나누고 상호원조를 통해 공동의 장애, 문제를 해결하여 자신들의 삶을 효과적으로 조절하기 위해 모인 사람의 집단이다.

⑥ **성장 집단** : 집단 구성원 간의 안정된 분위기 속에서 치료적 요소를 경험하며 인간적 성장을 목표로 한다.

3 과목

심리치료

출제경향

심리치료에 대한 다양한 이론들의 기본 관점을 철저하게 이해하고 이를 반영한 치료기법들을 숙지해야 한다. 이를 위해서는 정신장애와 심리평가에 대한 이해, 심리상담에 대한 이해가 기본이 되어야 하므로 단편적인 지식의 암기보다는 종합적이고 통합적인 시각을 갖도록 꾸준한 연습이 필요하다.

심리치료의 기초

CHAPTER 01

Key Point

심리치료에 대한 이론적 입장들을 잘 이해하고, 성공적인 심리치료의 공통요건에 대한 숙지가 필요하다.

나의 필기 노트

1 ≫ 심리치료의 기본개념

기출 DATA
심리치료
2017-1회, 2011

1) **심리치료** : 사회적으로 인가를 받고 훈련을 받은 치료자와 내담자 사이에 계획적이고, 정서적 신뢰에 바탕을 둔 상호작용을 말한다.

2) **생의학적 치료** : 내담자의 신경계에 직접적으로 작용하는 약물을 처방하거나 의학적 절차를 사용한 치료를 말한다.

3) **절충적 접근** : 내담자의 문제에 따라 다양한 방법의 치료 기법을 통합하여 사용하는 치료방법을 말한다.

◎ 핵심 키워드
성공적인 심리치료의 공통 요인

2 ≫ 성공적인 심리치료의 공통 요인

1) **치료자-내담자의 치료적 관계** : 공감적인 치료자는 결정적 순간에 내담자 스스로가 자신을 평가하고 통찰하도록 도우며 치료자와 내담자 사이의 치료적 동맹(Therapeutic alliance)은 효과적인 치료의 핵심이다.

2) **해석, 통찰, 이해** : 성공적인 심리치료는 내담자가 자신의 증상에 대한 이해를 하도록 돕고, 자신이나 세상에 대한 통찰과 새로운 대처 방법을 제공한다.

3) **정화, 방출** : 내담자의 억압되어 있던 감정, 문제를 내담자가 표현할 수 있도록 돕고, 바람직한 방향으로 다룰 수 있도록 조력한다.

3 » 치료에 성공하는 내담자의 특징

1) **동기** : 상담에 적극적으로 참여 및 협력하고 자기개방, 문제직면, 변화를 위한 내담자의 노력이 치료에 긍정적 영향을 준다.

2) **치료에 대한 긍정적이고 현실적인 기대** : 치료가 유발하는 불안을 참고 시간과 비용을 소요하려면 치료가 긍정적 변화를 줄 것이라는 믿음이 있어야 한다. 심리치료의 장점과 한계점을 분명하게 이해하고 치료에서 긍정적 변화를 얻으려는 내담자들은 성공적으로 치료를 마칠 가능성이 높다.

3) **치료에 전념하는 태도** : 상담에서 자유롭게 자신을 표현하고 치료자에게 협력하며 자신의 삶을 개선하기 위해 노력한다.

심리치료의 주요 이론

Key Point

심리치료에 관련된 주요이론의 관점을 철저하게 이해하고 이를 바탕으로 한 치료기법들을 숙지하여 치료에 적용하는 능력이 필요하다.

나의 필기 노트

1 » 정신역동적 치료

1) 기본 개념

(1) 인간관

인간의 행동이 생물학적, 본능적 충동, 생애 초기 경험에 의해 결정된다는 결정론적 관점을 취한다.

① 삶의 목표는 쾌락의 추구와 고통의 회피이다.

② 삶의 본능은 성적 본능뿐 아니라 성장, 창조, 발달을 추구하는 본능을 포함하며 동기의 원천이 된다.

③ 죽음의 본능은 자신이나 타인을 해치려는 공격적 욕구를 말한다.

④ 정신결정론은 모든 정신활동은 무질서하게 보이지만 서로 관련되어 있으며 정신활동에서 일어나는 생각들은 선행사건과 관련된다는 관점이다.

⑤ 역동적 무의식은 의식적인 수준에서 일어나지 않는 정신적인 활동이다.

(2) 성격 구조(삼원구조이론)

① 성격은 공격적·쾌락 추구적인 생물학적 충동과 이를 억제하는 내면화된 사회적 제약(가치, 도덕)의 갈등에서 죄책감이나 처벌을 주지 않으면서 만족을 주는 방식으로 해결하는 과정에서 형성된다.

② **성격의 세 가지 상호작용 체계**

㉠ 원초아(Id) : 무의식적 정신 에너지로 쾌락 원리에 따르는 작동 체계이며 즉각적인 만족을 추구한다.

㉡ 자아(Ego) : 부분적으로 의식되는 지각, 사고, 판단을 포함하며 현실 원리에 따르는 작동 체계로 원초아와 초자아의 요구를 중재하는 성격의 집행자이다.

◎ **핵심 키워드**

성격의 세 가지 상호작용 체계
• 원초아(Id)
• 자아(Ego)
• 초자아(Superego)

ⓒ 초자아(Superego) : 거세 불안을 극복하는 과정에서 4~5세에 출현하며 부모의 상과 처벌로 발달하고 사회적 가치, 도덕적 원리에 따르는 작동체계이다.

(3) 무의식

① 정신분석적 관점은 인간의 의식은 지각되는 의식 수준과 지각되지 않는 무의식 수준으로 구성되며 인간의 행동은 무의식에 의해 더 많은 영향을 받는다고 주장한다.

② 무의식의 주요 부분은 성적 욕구와 공격 욕구로 구성되며 이는 도덕적 기준에 위배되므로 억압되고 무의식에서 인간 행동에 영향을 미친다.

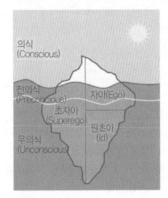

(4) 불안의 유형

① **현실적 불안** : 외부 위험에 대해 자아가 느끼는 불안이며 실제 위험의 정도에 따라 불안의 수준이 달라진다.

② **신경증적 불안** : 원초아(Id) ↔ 자아(Ego) 갈등에서 초래되며 원초아가 느끼는 불안이다.

③ **도덕적 불안** : 원초아(Id) ↔ 초자아(Superego) 갈등에서 초래되며 초자아가 느끼는 불안이다.

(5) 방어기제

① **방어기제의 구분** : 일차적 방어기제 vs 이차적 방어기제/정신증적 방어기제 vs 신경증적 방어/미성숙한 방어기제 vs 성숙한 방어기제

② **방어기제의 종류**

- 억압
- 부인
- 투사
- 행동화
- 회피
- 합리화
- 주지화
- 신체화
- 취소
- 치환(전치)
- 반동 형성
- 동일시
- 퇴행
- 내사
- 수동 공격

◎ 핵심 키워드
불안
• 현실적 불안
• 신경증적 불안
• 도덕적 불안

기출 DATA
방어기제
2022-3회,　2021-1회,
2017-3회

169

• 이상화	• 격리	• 저항
• 분열	• 승화	• 유머
• 억제	• 불평과 도움 거부	

(6) 성격 발달

단 계	쾌락의 중점	고 착
구강기 (0~18개월)	구강(빨기, 물기, 씹기 등)	과도한 흡연, 섭식, 음주, 수다
항문기 (18개월~3세)	• 항문자극(용변 보유/배출) • 통제의 요구에 대처하게 됨	엄격한 배변훈련의 결과로 순응은 항문 보유적, 저항은 항문 공격적
		항문 보유적 : 정리정돈, 청결, 인색, 완고
		항문 공격적 : 무질서, 지저분, 파괴적, 잔인
남근기 (3~6세)	• 생식기 • 근친상간의 성적 감정에 대처함 (오이디푸스/엘렉트라 콤플렉스) 도덕성, 성 역할을 배우기 위해 동성의 부모에게 동일시	성 정체감의 혼란으로 동성애자가 될 수 있음
잠복기 (6세~사춘기)	• 성적 감정이 잠복 중 • 인지적·사회적 발달, 동성친구 관계 발달	–
성기기 (사춘기 이후~)	• 성 정체감의 성숙 • 동성친구 관계가 이성친구 관계 발달로 이어짐, 친밀한 관계 경험	–

비교

┃에릭슨의 심리사회 발달 단계┃

발달과업/위기 (연령)	결 과
신뢰감 대 불신감 (0~1세)	주양육자가 아기의 욕구에 대한 적절한 반응하면 신뢰감이, 반응하지 않으면 불신감이 형성된다.
자율성 대 수치감 (1~3세)	주양육자가 아이의 생각과 행동을 수용하면 자율성이, 수용하지 않으면 수치감이 형성된다.
주도성 대 죄책감 (3~6세)	목표 달성의 노력을 할 때 주양육자에게 인정과 수용을 받으면 주도성이, 수용받지 못하면 죄책감이 형성된다.
근면성 대 열등감 (7~12세)	아동 본인이 만족할만한 학업 성취, 대인관계의 질적 성취를 이루면 근면성이, 성취하지 못하면 열등감이 형성된다.
자아정체감 대 역할 혼미(12세~18세)	자아정체감이 잘 정립되면 좋은 성격이, 잘 정립되지 못하면 반사회적인 성격이 형성된다.

발달과업/위기 (연령)	결 과
친밀감 대 고립감 (성인초기)	친밀한 대인관계를 형성하면 좋은 성격이, 친밀한 대인관계를 형성하지 못하면 문제 행동이 나타난다.
생산성 대 침체성 (성인중기)	가정 및 직장 생활에서 생산적이면 좋은 성격을, 비생산적이면 문제행동을 나타낸다.
자아 통합 대 자아 절망(노년기)	지나온 자신의 삶을 수용하면 좋은 심리 상태를, 수용하지 못하면 절망감을 느끼게 된다.

2) 주요 기법과 절차

(1) 프로이트(Freud)의 정신분석치료

① **치료 목적** : 충동적이고 미숙한 원초아(Id)가 있던 곳에 현실적이고 성숙한 자아(Ego)가 있게 하는 것이다.

② 무의식적 갈등을 파악하여 자각하면 이상행동이 치유된다고 간주하기 때문에 치료기법 또한 무의식적 갈등 자각에 초점을 둔다.

③ **정신분석 치료 기법**

㉠ 자유 연상 : 내담자가 편안하게 누운 상태에서 마음에 떠오르는 생각을 억제하지 않고 그대로 솔직하게 표현하는 방법으로 의식을 억제하면 무의식적 내용이 떠오를 수 있다는 관점의 치료 기법이다.

㉡ 꿈의 분석 : 꿈에 나타난 주제, 내용을 면밀히 분석하여 무의식적인 갈등 내용을 찾아내는 치료 기법으로 외현적 내용의 현재몽(Manifest dream)이 무의식적 의미인 잠재몽(Latent dream)으로 해석될 수 있다.

㉢ 전이 분석 : 치료 과정에서 내담자가 치료자에게 과거 주요 타인과의 무의식적 갈등이나 부적절한 관계 패턴을 투사하는 전이 현상을 분석하는 치료 기법이다.

전이

인생 초기의 의미 있는 대상과의 관계에서 발생했으나, 억압되어 무의식에 묻어두었던 감정, 신념, 욕망을 자기도 모르게 상담자에게 표현하게 되는 현상을 뜻한다. 이는 내담자가 상담자에게 부여하는 모든 투사의 총합이라고 할 수 있다. 하지만 상담자에 대한 내담자의 감정과 태도가 모두 전이는 아니다. 즉, 내담자의 반응행동이 현재 상황에 비추어 보아 실제적인 이유가 있는 행동이라면 전이가 아니다.

기출 DATA
정신분석치료의 이상적 목표
2016-3회

◎**핵심 키워드**
자유연상, 꿈의 분석, 전이 분석,
저항 분석, 훈습

정신역동치료의 특징
2020-2 기출

• 행동 이면에 심리적인 인과관계 존재 : 정신역동적 접근은 심리적인 문제의 근원에 의식적/무의식적 생각, 감정, 신념이 있다고 가정한다.

• 무의식의 영향 : 우리의 모든 생각과 감정이 의식되는 것이 아니라 자각되지 않는 능동적인 무의식이 영향을 미치게 된다. 무의식적 생각들을 의식하여 무의식이 미치는 영향력을 감소시키고 의식적 선택에 기반한 행동을 하게 돕는다.

• 대인관계의 내면화 : 초기 애착 대상들과의 대인관계는 내면화되어 인간관계에 대한 기대와 자기자신에 대한 태도에 영향을 주며 성격구조를 형성한다.

• 방어기제 : 누구나 방어기제를 사용하며 방어기제는 자아를 보호하고 불안을 감소시킨다.

• 치료적 관계의 도움 : 치료적 관계는 내담자에게 힘과 도움이 된다.

• 발달적 관점 중시 : 개인의 성장배경은 심리적 문제의 원인과 과정을 이해하는 데 중요한 자료가 된다.

• 심리적 갈등 : 생각, 감정, 욕망은 내적인 갈등의 원인이 되며 건강한 발달을 방해할 수 있다.

171

기출 DATA
전이와 역전이 2019-3회

◎핵심 키워드
전이
역전이
역전이를 다루는 방법

㉣ 저항 분석 : 내담자가 치료 과정에서 보이는 비협조적 · 저항적 행동의 의미를 분석하는 치료 기법으로 치료자는 여러 방법으로 내담자의 통찰을 유도하여 무의식적 갈등을 깨닫도록 한다.

㉤ 훈습 : 무의식적 갈등에 더 이상 영향을 받지 않도록 통찰 내용을 실제 생활에서 적응적 행동으로 실천하게 돕는 치료 기법으로 전이 현상을 이해하고 해결하는 장기간의 과정이다.

역전이

내담자에 대한 상담자의 개인적, 정서적 반응이자 투사를 말하는 것으로 상담자가 내담자를 마치 자신의 내적 대상이라도 되는 것처럼 착각하는 것이다. 전이란 정신분석적 상담 과정에서 꼭 필요하지만 역전이는 교육분석을 통해 지속적으로 점검해야 한다.

• 상담사는 역전이를 인지하여 내담자를 향한 자신의 반응이 객관성을 벗어나지 않도록 하는 것이 중요하다.
• 상담사가 자신의 내적 반응을 탐색하고 내담자를 이해하는 데 사용한다면 역전이는 치료과정에서 매우 유용하다.
• 상담사가 특정 내담자에 대한 자신의 역전이 반응, 관찰로 내담자의 패턴을 알 수 있게 된다.
• 역전이는 내담자가 자기이해를 얻는 지름길이 될 수 있다.
• 역전이를 다루는 방법
  - 효율적인 상담심리사는 역전이의 섣부른 표현을 자제하며, 치료 작업에 도움이 되는 방식으로 역전이를 인식하고 조절한다.
  - 자기 이해를 하는 상담심리사의 능력으로 내담자와 적정한 경계를 형성하는 것은 역전이 반응을 효과적으로 이용하고 조절하는 데 핵심이다.
  - 상담심리사 자신의 개인 상담과 임상지도 감독을 받는 것은 그들의 내적 반응이 치료에 어떤 영향을 미치고, 치료 과정에 어떻게 효과적으로 역전이를 사용할지를 아는 데 유용하다.
  - 상담사는 어느 정도 객관성을 유지하고 있어야 한다.

---

(2) 프로이트(Freud) 이후의 정신분석 이론

① **자아심리학**(Ego psychology) : Freud의 딸인 안나 프로이트(Anna Freud)와 하트만(Hartman)이 주도하였으며 자아의 자율적 기능을 강조하고 방어기제를 정교화하였다.

② **분석심리학**(Analytic psychology) : 융(Jung)은 무의식을 개인적 무의식과 집단무의식으로 나누고 집단무의식에는 보편적이고 선험적인 여러 형태의 원형이 있다고 주장한다.

③ **대인관계 정신분석이론**[신프로이트 학파(Sullivan, Horney, Fromm)] 인간의 행동, 감정, 사고는 사회 환경의 영향을 받는다는 가정에 기초한다.

㉠ 설리반(Sullivan) : 어린 시절 불행한 인간관계를 경험하게 되면 자신에 대한 왜곡된 견해를 발전시키게 되고, 내적 표상과 실제 대상의 격차가 발생하게 되는데, 이를 부적응 행동과 스트레스의 원인이라고 주장하였다.

㉡ 호나이(Horney)

대인관계를 개인의 발달과 정신병리의 핵심으로 여겼다. 신경증의 바탕이 되는 기본적인 불안과 이를 다루기 위한 방어기제, 비합리적 문제해결 방식의 원인이 되는 신경증적 욕구를 제시하였다.

ⓐ 기본적 불안 : 적대적인 세상에서 자신도 모르게 모든 면에서 파고드는 고독감, 무력감을 말하며 인간은 누구나 이러한 기본적 불안에서 자아보호기제를 통해 자신을 보호하고자 한다.

ⓑ 자아보호기제
- 사랑의 확보 : 타인이 자신을 사랑한다면 자신을 해치지 않을 것이라는 믿음
- 복종 : 자신이 복종한다면 자신을 해치지 않을 것이라는 믿음
- 힘의 성취 : 내가 힘이 있다면 자신을 해치지 않을 것이라는 믿음
- 철회 : 상처받지 않기 위해 신체적으로나 심리적으로 타인과의 관계 거부

ⓒ 10가지 신경증적 욕구
- 사랑과 인정 욕구 : 상대방에 대한 고려 없이 사랑과 인정을 받기 위한 무분별한 욕구이다.
- 지배적 파트너 욕구 : 자신의 파트너와 다른 사람이 자신의 문제를 대신 해결해 주기를 바라는 욕구로 다른 사람에게 버림받을 것에 대한 극도의 불안을 느끼게 된다.
- 힘 욕구 : 자신의 불안감, 열등감, 무력감 등을 보호하기 위해 힘을 추구한다.
- 착취 욕구 : 안정감을 느끼기 위해 다른 사람을 착취하고 지배해야 한다고 생각하며 착취 욕구를 방어적 태도로 취하는 사람들은 다른 사람들이 자신을 이용할 것이라는 두려움 때문에 적대적이고 의심이 많다.
- 특권에 대한 욕구 : 다른 사람에게 인정받고 존경받고 싶은 욕구에 몰입하여 특권을 부여하거나 강화시키는 것에 주된 초점을 두는 신경증적 욕구이며 지위의 상실을 가장 두려워하게 된다.

◎핵심 키워드
호나이의 신경증적 욕구
- 기본적 불안 : 고독감, 무력감 등
- 자아보호기제 : 사랑의 확보, 복종, 힘의 성취, 철회
- 10가지 신경증적 욕구
 - 사랑과 인정 욕구
 - 지배적 파트너 욕구
 - 힘 욕구
 - 착취 욕구
 - 특권에 대한 욕구
 - 존경에 대한 욕구
 - 성취 또는 야망에 대한 욕구
 - 자아충족 욕구
 - 완전 욕구
 - 생의 편협한 제한 욕구

• 존경에 대한 욕구 : 자기애적이고 확장된 자기지각을 하며 이는 자기혐오와 자기경멸을 피하고자 이상화된 자기를 만들어냈기 때문에 천재 또는 성인으로 여겨지길 바란다.

• 성취 또는 야망에 대한 욕구 : 너무나 많은 분야에서 최고가 되기를 바라기 때문에, 에너지와 노력이 분산되고 결과적으로 실패와 실망으로 이어지게 된다. 이에 대한 보상으로 다른 사람을 짓밟으며 우월감을 느낀다.

• 자아충족 욕구 : 다른 사람들에게서 지속적으로 거리감을 유지하려고 노력하며 이러한 거리감에서 자신이 다른 사람보다 우월하다는 환상을 유지하고자 한다.

• 완전 욕구 : 전형적으로 아동기 초기에 시작되며 완전 욕구를 방어적 태도로 취하는 사람들의 부모는 비현실적인 과도한 기준을 설정하고 자녀가 이를 충족하지 못했을 때 비웃거나 비난하는 태도를 취한다. 자녀들은 부모가 자신을 비웃거나 비판하지 않도록 노력하며 자신의 단점에 대해 매우 민감해진다.

• 생의 편협한 제한 욕구 : 모험을 즐기지 않으며 다른 사람들이 인정해주지 않고 비웃을 것을 걱정하여 정돈되고 단조로운 삶을 유지한다.

ㄷ 프롬(Fromm) : 인간의 근본 문제를 분리감(Separateness)으로 보았으며 이를 극복하기 위해 생산적 성격을 제시하였다.

④ 대상관계이론

◎핵심 키워드
대상관계이론

ㄱ 유아와 양육자와의 초기 상호작용은 자신과 타인에 대한 태도의 기본이 되며 이를 바탕으로 유아는 대인관계 양식, 방어, 힘의 레퍼토리를 발달시킨다.

ㄴ 상실 경험, 방임, 학대와 같은 초기의 대상 관계에서 야기된 문제는 건강하지 못한 성인 관계와 다양한 역기능적 성격 특성의 원인이 된다.

ㄷ 대표적 학자

ⓐ 클라인(Klein) : 공격적이고(미움) 리비도적인(사랑) 욕구(욕동)는 타고나며 출생할 때부터 구별되고 사랑과 미움의 갈등이 주제이다. 환상은 대상의 특정 이미지를 담기 위해, 사랑과 미움의 갈등을 다루기 위해 발달된다.

ⓑ 말러(Mahler) : 욕동은 미분화된 상태에서 생기고 리비도는 공생적 관여를 통해 생기며 공생적 외부환경에 대한 적대감은 공격성으로 분화된다. 분리, 개별화는 예측할 수 있는 양상으로 진행되며 발달은 의존할 수 있는 대상의 존재 여부에 달려있다.

ⓒ 페어베언(Fairbairn) : 전통적 관점에서 말하는 욕동은 존재하지 않으며 유아는 태어나면서부터 리비도적 연결을 위해 애쓰고, 이러한 목적이 좌절될 때 공격적 충동이 생긴다. 원초아는 존재하지 않고, 자아만 존재하며 충동이 좌절될 때 자아가 분열된다.

ⓓ 위니캇(Winnicott) : 리비도는 일차적이며 리비도가 좌절될 때 일부 에너지가 공격적 욕동이 생기는 데 쓰이게 된다. 대상 관계를 통해 거짓 자기와 진자기가 생기고, 거짓 자기와 진자기의 조화를 통해 개인이 정의된다.

ⓔ 컨버그(Kernberg) : 유아는 미분화된 욕동 에너지를 지니고 태어나며 대상과의 경험을 통해 리비도에서 공격성이 분리된다. 대상 경험은 내사와 동일시를 통해 조직화되고 자아 구조가 되며 받아들일 수 없는 경험요소는 분열, 억압되어 원초아의 구조가 된다.

⑤ **자기심리학**(Self psychology) : 코헛(Kohut)은 자기(Self)를 심리적 구조에서 가장 핵심적이라고 간주하며 부모와의 상호작용을 통해 자기의 발달, 분화 통합 과정을 설명하였고, 부모와 치료자의 공감적 자세를 강조하였다.

놀이치료에서 놀이의 치료적 가치

- 놀이는 저항극복에 도움이 되므로, 치료적 관계형성에 유용하다.
- 놀이는 의사소통 매체로서 아동의 이해와 진단에 유용하다.
- 놀이를 하는 동안 아동은 불안이 감소되고 긴장이 이완되어 효과적인 치료가 가능하게 된다.
- 놀이에서 일어나는 정화(카타르시스)에 의해 심리적인 외상의 극복에 도움이 된다.
- 놀이 과정에서의 창조적 사고를 통해 새롭고 창의적인 문제해결 능력을 발달시킬 수 있다.
- 놀이를 통해 보다 안전한 환경에서 새로운 행동을 시도할 수 있고 적응적인 대처능력을 습득할 수 있다. 이 과정은 비언어적이거나 상징적 수준에서도 가능하기 때문에 아주 어린 연령의 아동이나 언어기술이 부족한 아동에게도 적용할 수 있다.
- 놀이는 아동의 자연스러운 행동 레퍼토리이기 때문에 다른 상황으로의 일반화 과정이 촉진될 수 있다.

기출 DATA
놀이의 치료적 가치
2022-3회, 2022-1회
2020-2회, 2016-3회

2 » 아들러(Adler)의 개인심리학적 치료

1) 기본 개념

(1) 인간관

복잡한 개념이나 원리를 세부적인 하위요소로 나누어 이해할 수 있다는 환원주의와 반대 입장을 취한다. 즉, 인간은 나누어 이해될 수 없으며 가족적, 문화적, 학교와 직업적 맥락의 모든 관계 속에서 체계적으로 이해되어야 한다는 총체적이고 전체론적 관점을 취한다.

① **전체적 존재로서의 인간** : 개인은 나누어질 수 없는 존재로 전체로서 사회적 맥락 안에 살아간다.

② **현상학적**(주관적) **존재로서의 인간** : 자신과 주변 환경을 바라보는 주관적 해석에 따라 행동이 결정된다.

③ **사회적 존재로서의 인간**(목적론적 존재) : 사회적 관심은 성장의 필수 조건이며 사회적으로 유용한 사람이 심리적으로 건강한 사람이다.

※ 목적론적 관점 : 인간의 모든 행동은 목표가 있으며 스스로 정한 목표에 따라 행동한다는 관점이다(↔ 결정론).

◎ **핵심 키워드**
개인심리학의 인간관 허구
우월성 추구
열등감

(2) 인간은 성욕이 아닌 사회적 관심에 의해 동기화되고 인간은 완벽해진 개인상인 가상목표(허구적 최종 목표, Fictional finalism)를 지니며 이러한 우월성을 추구한다.

① **허구** : 거짓이라는 뜻이 아니라 영원히 증명할 수 없다는 인식적 관점에서 허구라는 의미이다. 특정 허구는 자신과 세상에 대한 기대를 말하며 우월성의 추구는 모든 사람이 공유하는 허구이다.

② **우월성 추구** : 성격 형성에 중요한 영향을 미치는 열등감을 극복하고 우월해지고자 하는 욕구를 말하며 초기 힘에 대한 의지로 제안했으나 나중에 우월성 추구로 바꾸었다.

③ **열등 콤플렉스**(열등감) : 생애 초기 열등감을 극복할 수 없을 것이라는 자신에 대한 무가치감, 불신감을 말하며 Adler는 열등감이 자기실현에 도움이 되기도 하지만 사회적 부적응, 정신장애 유발 원인이 될 수도 있다고 주장한다.

(3) 창조적 존재로서의 인간

① 인간은 목표를 위해 어떠한 것을 진실로 받아들이고, 어떠한 행동을 하고, 어떻게 해석할지 선택하는 창조적 존재이다.

② 생애 초기 경험을 바탕으로 자신만의 독특한 생활양식을 발달시키고 이는 일생 동안 일관성 있게 유지된다.

(4) **선택하는 존재로서의 인간** : 인간은 선택하는 존재이기 때문에 선택에 대한 책임도 자신에게 있다.

2) 기본적 심리 유형

(1) **지배하는 유형** : 공격적, 위압적이며 방법에 상관없이 힘을 얻음으로써 우월함을 추구하려고 한다.

(2) **기대는 유형** : 자신을 보호해줄 타인에게 의존하며 자기주장적이지 못하고, 타인의 거부에 민감하다. 전형적인 신경증인 불안, 우울에 취약하다.

(3) **회피하는 유형** : 가능한 한 다른 사람에게서 거리를 두고 자신이 원하는 상황에서조차 직면을 회피한다.

(4) **사회적으로 유용한 유형** : 심리 유형 중 유일하게 건강한 유형으로 타인과 건설적 관계를 맺을 수 있다.

3) 출생 순위의 영향
부모의 영향뿐 아니라 성격 형성에서 형제의 역할을 주장한다.

(1) **외동** : 응석받이로 성장하기 쉬우며 부모의 관심과 애정을 나눌 필요가 없기 때문에 나눔의 필요성을 느끼지 못한다. 학대와 방임하는 부모의 외동 아이인 경우 혼자 견뎌내야 한다.

(2) **맏이** : 외동 아이로 출발하지만 동생이 태어나면서부터 우월함의 상실을 보상하기 위해 반항하거나 고집을 부리는 둥 문제를 보이기도 하고, 더 빨리 성장할 가능성도 있다. 일반적으로 고독하며 보수적이기 쉽다.

(3) **둘째** : 삶의 시작부터 경쟁해야 하며 자신보다 우월한 손위 형제가 없어도 내적으로는 우월한 손위 형제에 대한 이미지를 지닐 수 있다. 우월성을 추구하기 위해 노력하지만 성취감을 불완전하게 느끼기 쉬우며 성취하지 못하는 둘째들은 위축되고, 어떻게 해도 우월함을 성취할 수 없다고 포기할 수도 있다. 둘째 이후의 중간 출생 순위 아이는 둘째와 유사한 패턴을 보인다.

(4) **막내** : 응석받이로 자랄 가능성이 가장 높으며 우월함을 경험하기 어렵기 때문에 중간출생 순위 아이들보다 더 열등감을 느낄 수도 있다. 또한 우월성 추구를 위해 사회적 관심을 향한 건강한 욕동을 발달시킬 수도 있다.

생활양식
자신과 타인, 세상에 대한 지각 (해석)이며 열등감을 보상하는 쪽으로 행동을 이끌어 행동의 원인이 되는 전체적 개념이다. 약 5세경 결정되며 기질, 내적목표 지향성, 환경적인 힘에 영향을 받게 된다.

◎ **핵심 키워드**
아들러(Adler)의 상담기법
• 즉시성
• 격려
• 마치 ~처럼 행동하기
• 자신의 모습 파악
• 질문
• 내담자의 수프에 침뱉기
• 악동 피하기
• 단추 누르기
• 역설적 의도
• 심상 만들기
• 과제 설정/이행
• 숙제 주기

4) 주요기법과 절차

(1) 상담 목표

① 신경증적인 불행함의 핵심은 열등감이며 내담자의 생활양식에서 잘못된 가정, 목표, 동기를 찾아내어 이를 수정한다(생활양식 변화).

② 사회적 관심의 증진

③ 실망감과 열등감의 극복

(2) 상담기법

내담자를 병리적인 환자가 아닌 용기 없는 사람으로 바라본다.

① **즉시성** : 상담 중에 일어나는 의사소통 표현이 일상에서도 일어나고 있음을 인식시킨다.

② **격려** : 내담자를 지지하여 생활양식에 접근하고 변화를 돕는다.

③ **마치 ~처럼 행동하기** : 새로운 행동을 해보도록 독려한다.

④ **자신의 모습 파악** : 있는 그대로의 자신을 들여다보도록 격려한다.

⑤ **질문** : 인간의 모든 행동은 목적이 있다고 전제하기 때문에 심리적 목적을 지닌 행동인지 신체적 목적을 지닌 행동인지 질문을 통해 알 수 있으며 반영, 해석에도 질문을 사용한다.

⑥ **내담자의 수프에 침뱉기** : 내담자의 행동이 어떤 대가를 치르고 있는지 깨닫게 함으로써 행동양식에 변화를 줄 수 있다.

⑦ **악동 피하기** : 자기패배적 행동 양식을 지닌 내담자는 치료자에게도 그러한 상호작용을 이끌어내려 하기 때문에 치료자는 함정에 빠지지 않도록 해야 한다.

⑧ **단추 누르기** : 내담자에게 자신이 원하는 감정을 선택할 수 있다는 사실을 가르친다(행복 단추 vs 우울 단추).

⑨ **역설적 의도** : 늑장을 부리는 사람에게 더 미루라고 하는 것과 같이 내담자의 저항에 대응하지 않고 동참하여 내담자가 원하는 것을 다른 방식으로 얻을 수 있게 돕는다.

⑩ **심상 만들기** : 시각적으로 신경증적 방어를 상상하도록 한다.

⑪ **과제 설정과 이행** : 간단하고 성공확률이 높은 과제를 계획하고 제시한다.

⑫ **숙제주기** : 과제를 내담자에게 숙제로 준다.

3 》》 로저스(Rogers)의 인간중심치료

나의 필기 노트

기출 DATA
로저스의 인간중심치료 ★
2019-3회, 2018-1회,
2017-3회

1) 기본 개념

(1) 인간관

① 인간은 유기체로서의 자기실현 경향성을 지닌 존재로 끊임없이 변화하고 성장한다.

ⓐ 유기체 : 전체로서의 개인을 말하며 현상적 장을 구성하는 인간의 유기체적 경험을 중시한다.

ⓒ 실현 경향성 : 자신을 실현하고, 유지하며, 향상시키려는 경향성으로 잠재력 실현을 강조한다.

② 인간은 본래 선하지만(성선설적 입장) 부모, 사회에 의한 가치 조건화 때문에 자기실현 경향성이 방해를 받아 악하고 부정적이게 된다.

(2) 가치 조건화

① 부모(의미 있는 대상)가 원하는 기준에 맞을 때에만 아동에게 긍정적 존중을 해주어 아동이 긍정적 자기존중을 받기 위해 부모의 기준이 자신과 맞지 않을 때에도 내적 경험을 무시하고 부모의 가치에 따라 행동하게 된다.

② 가치 조건화와 자기실현 경향성의 불일치에서 불안, 두려움이 생기게 된다.

③ 자기실현 경향성을 막는 주원인으로 작용한다.

2) 주요기법과 절차

기출 DATA
로저스의 (인간중심상담의)
주요기법 ★
2021-3회, 2021-1회
2020-3회, 2017-1회

◎핵심 키워드
로저스의 (인간중심상담의)
주요기법

(1) 일치성(진실성)

① 상담자가 내담자를 대하면서 드는 생각, 감정, 태도를 있는 그대로 인정하고 개방하는 것을 의미한다.

② 일치성은 상담자의 인격적 성숙을 전제로 하며, 자기와 경험 간의 불일치를 줄여가는 밑거름이 된다.

(2) 무조건적인 긍정적 존중과˚수용

① 아무런 가치 조건화 없이 내담자를 한 인간으로서 긍정적 존재로 대하는 것을 의미한다.

179

나의 필기 노트

인간중심 치료에서 로저스가 제시한 내담자의 긍정적 성격 변화를 위한 치료의 필요충분 조건 2021-1, 2018-1 기출
• 치료자(상담자)는 내담자와 심리적 접촉을 유지해야 한다.
• 내담자는 부조화 상태에 있어 상처받기 쉬우며 초조하다.
• 치료자와 내담자의 관계는 일치성을 보이며 통합적이다.
• 치료자는 내담자에 대해 무조건적인 긍정적 관심과 진실한 태도를 가져야 한다.
• 치료자는 공감적 이해를 통해 내담자의 내적 준거틀을 이해하고 이러한 경험을 내담자에게 전달하고자 노력해야 하며 치료자의 공감적 이해와 무조건적 긍정적 관심이 내담자에게 일정수준 이상 전달되어야 한다.

기출 DATA
행동치료의 이론적 근거
2020-2회

◎핵심 키워드
파블로프의 고전적 조건형성
• 무조건자극
• 무조건반응
• 중립자극
• 조건자극
• 조건반응

② 내담자를 한 인격체로서 깊게 돌보는 것을 말하며, 내담자의 감정, 행위, 생각의 좋고 나쁨의 평가와 판단에 영향을 받지 않고 내담자에 대한 돌봄은 비소유적이다.

(3) 정확한 공감적 이해

① 내담자의 경험과 감정을 민감하고 정확하게 이해하는 것을 의미한다.

② 공감적 이해의 목적은 내담자가 자신에게 더욱 밀접하게 다가가 더 깊고 강렬한 감정을 경험하게 함으로써 내담자 내부에 존재하는 불일치성을 인식하여 해결하도록 격려하는 것이다.

③ 내담자가 자신의 정체감 분리 없이 현재 보고 느끼는 주관적 세계를 파악할 때 건설적 변화가 일어나게 된다.

4 ≫ 행동치료

1) 기본 개념

(1) 인간관 : 인간의 모든 행동은 주변 환경과의 상호작용으로 학습된 결과물이며 자극-반응의 패러다임으로 설명한다.

(2) 행동치료의 이론적 근거 : 행동치료는 어떤 행동이 행동에 앞서 일어나는 선행요인(Antecedents)에 의해 유발되고, 행동(Behavior)에 뒤따른 결과(Consequences)에 의해 강화된다는 행동주의이론의 'ABC패러다임'의 원리를 토대로 한다. 따라서 행동치료는 행동을 직접 변화시키려 하기보다 그 행동의 선행 조건이나 후속 조건을 변화시킴으로써 행동의 전반적인 맥락을 변화시키고자 시도한다.

선행요인(Antecedents) ⇨ 행동(Behavior) ⇨ 결과(Consequences)

(3) 파블로프(Pavlov)의 고전적 조건형성

무조건자극과 조건자극의 연합 후 조건자극만으로 조건반응이 일어나는 학습 과정이다.

① 고전적 조건형성의 자극과 반응
　㉠ 무조건자극(UCS ; Unconditioned Stimulus) : 반사적인 반응(정위반응)을 유발시키는 자극을 말한다. 예 고기

ⓛ 무조건반응(UCR ; Unconditioned Response) : 무조건 자극에 의해 자동적으로 유발되는 반응을 말한다. 예 개가 고기를 보면 침을 흘리는 반응

ⓒ 중립자극, 중성자극(NS ; Neutral Stimulus) : 그 자체로는 무조건 반응을 일으키지 않는 자극을 말한다. 예 종소리

ⓔ 조건자극(CS ; Conditioned Stimulus) : 중립자극이 무조건자극과 연합되어 형성된 새로운 반응을 말한다. 예 종소리와 고기가 연합된 뒤의 종소리

ⓜ 조건반응(CR ; conditioned response) : 조건자극에 의해 새롭게 형성된(학습된) 반응을 말한다. 예 종소리를 들으면 개가 침을 흘리는 반응

② **자극 일반화** : 조건자극과 유사한 자극에 조건반응을 나타내는 현상이다.
예 종소리와 비슷한 실로폰 소리를 들어도 개가 침을 흘리는 반응

③ **자극 변별** : 조건자극과 다른 자극에는 조건반응을 나타내지 않는 현상이다. 예 실로폰 소리와 종소리를 구분하여 실로폰 소리에는 침을 흘리지 않는 반응

④ **고차적 조건형성** : 학습된 조건자극을 바탕으로 새로운 조건자극을 학습시켜 조건반응이 나타나게 하는 과정을 말한다. 고전적 조건형성의 원리로 다양한 행동과 정서자극이 학습되며 정서장애가 형성될 수 있다.
예 종소리를 들으면 침을 흘리는 반응을 무조건 반응으로 두고 다시 파란 불빛을 조건자극화하여 파란 불빛을 보면 침을 흘리는 반응

(4) **스키너(Skinner)의 조작적 조건형성**

행동은 행동으로 인한 결과에 따라 강화되거나 감소된다.

① **강화와 처벌**

ⓛ 정적강화(Positive reinforcement) : 학습자가 선호하는 자극을 제시하여 행동을 증가시킨다. 예 칭찬, 상 등

ⓒ 부적강화(Negative reinforcement) : 학습자가 혐오하는 자극을 제거하여 행동을 증가시킨다. 예 화장실 청소 면제, 숙제 면제 등

ⓔ 정적처벌(Positive punishment) : 학습자가 혐오하는 자극을 제시하여 행동을 감소시킨다. 예 벌점, 화장실 청소, 체벌 등

ⓜ 부적처벌(Negative punishment) : 학습자가 선호하는 자극을 제거하여 행동을 감소시킨다. 예 게임 금지, 스마트폰 압수, 외출 금지 등

② **소거** : 강화나 보상이 주어지지 않으면 행동이 사라지는 현상을 말한다.

③ **자극식별훈련**

ⓛ 식별자극(Discriminative stimulus, SD) : 강화를 받게 되는 선행자극이다. 예를 들어 건널목에서 건너는 행동을 할 때 강화를 받게 되는 녹색 신호등이 식별자극에 해당한다.

기출 DATA
자극식별훈련
2020-2회

나의 필기 노트

ⓛ 에스델타(S-delta, SΔ) : 강화를 받지 못하는 선행자극이다. 예를 들어 건널목에서 건너는 행동을 할 때 강화를 받지 못하는 빨간색 신호등이 에스델타에 해당된다.

ⓒ 자극통제는 이와 같이 행동이 일어나기 전, 행동이 일어난 시점에서 자극을 통제하여 행동을 변화시키는 과정을 의미한다. 자극변별훈련 결과 강화받았던 자극에 대한 행동은 남고, 강화를 받지 못한 행동은 점차 사라지게 된다.

(5) 사회적 학습이론

사회적 상황에서 타인행동의 모방과 관찰에 의해서도 친사회적 행동이나 이상행동 등 다양한 행동이 학습된다.

① **모방학습**(Modeling) : 다른 사람의 행동을 그대로 따라함으로써 새로운 행동을 학습한다. 예 수술을 앞두고 불안해하는 아동에게 똑같은 수술을 불안해하지 않으며 받는 다른 환자의 영상을 보고 불안함 없이 수술을 받도록 한다.

② **대리학습**(Vicarious learning) : 다른 사람이 새로운 행동을 할 때 얻는 결과를 보고 자신이 그 행동을 했을 때 얻을 수 있는 결과를 예상하여 일어나는 학습이다. 예 형이 숙제를 안해서 혼나는 것을 본 동생이 미리 숙제를 한다.

③ **관찰학습**(Observational learning)

사회적 상황에서 다른 사람의 행동을 관찰하고 기억해두었다가 유사한 행동을 나타내는 학습이다. 개인 내면에서 일어나 관찰할 수 없거나 쉽게 관찰되지 않는 행동에 초점을 두며 주의집중 → 파지 → 운동재생 → 동기 과정으로 구성된다.

㉠ 주의집중 : 모델의 행동에 집중하고 지각한다.

㉡ 파지(기억과정) : 이전에 관찰된 모델의 행동을 기억한다(장기간 보유되어 관찰하고 한참 뒤에 재생이 일어나기도 한다).

㉢ 운동재생 : 모델의 행동을 상징적으로 부호화해서 기억한 것을 새로운 반응 유형으로 번역한다.

㉣ 동기 : 외적이거나 대리적이거나 자기강화(정적강화)가 주어지면 모델의 행동을 수행한다.

◎ 핵심 키워드

사회적 학습이론
• 모방학습
• 대리학습
• 관찰학습
• 관찰학습 과정

기출 DATA
관찰학습 2021-1회

관찰학습이 효과적으로 일어나는 조건 2021-1, 2014 기출
• 모델에 대한 관심이 높아야 한다.
예 성별, 나이가 비슷한 사람, 좋아하는 사람, 사회적 지위가 높거나 인기인일 경우
• 획득한 정보를 심상이나 언어화해서 기억하고, 유지하고 있어야 한다.
• 모델 행동을 재현할 수 있는 능력이 있어야 한다. 아무리 생생하게 기억하고 있어도 재현할 수 있는 능력이 없으면 재생이 이루어지기 어렵다.
• 모델의 행동을 재생하고 싶은 동기화가 일어나야 한다.

2) 주요기법과 절차

행동치료의 목적은 잘못 학습된 행동을 제거하거나 적응적 행동을 학습하여 문제 행동을 대체하는 데에 있다.

(1) 고전적 조건형성 원리 적용기법

① **노출기법**(노출 훈련)

공포 유발 상황에 내담자를 노출시키고 직면하여 불안과 공포를 줄이도록 하는 기법이다.

㉠ 노출기법의 인지적 효과

ⓐ 불안 유발 상황에 대해 현실적으로 인식하도록 함으로써 덜 위협적인 것으로 느낄 수 있다.

ⓑ 불안 유발 상황에 지속적으로 노출되는 둔감화 과정을 통해 불안 수준을 감소시킨다.

ⓒ 불안 유발 상황에서의 반복적인 성공 체험을 통해 내담자 스스로 불안에 잘 대처할 수 있다는 믿음을 가지게 된다.

㉡ 노출기법의 종류

ⓐ 울프(Wolpe)의 체계적 둔감법

조건 형성된 부적응적 반응을 새로운 조건형성을 통해 해체하는 치료 방법으로 동시에 존재하기 어려운 두 반응의 상호억제를 이용한다. 📖 편안하게 이완된 상태에서 불안하기는 어렵다.

• 1단계(근육긴장 이완훈련) : 특정 근육을 긴장시킨 다음 이완하는 훈련을 반복하여 근육 이완을 익숙하게 한다.

• 2단계(불안위계표 작성) : 공포와 관계되는, 점진적으로 불안을 유발하는 일련의 장면을 작성하도록 지시하며 전형적으로 불안 하위, 불안 중위, 불안 상위의 10~15개 항목을 채택하게 된다.

• 3단계(역조건 형성) : 환자에게 위계상 가장 낮은 수준의 장면을 완전히 이완된 상태에서 분명히 상상하도록 지시하며 이 단계에서도 약간의 불안을 유발하기 때문에 첫 접촉은 아주 짧아야 하고 불안을 느낀다면 즉시 이완상태로 되돌아가도록 한다.

이후 상상하는 장면의 지속시간은 역조건 형성이 진행됨에 따라 서서히 증가될 수 있으며 완전히 이완된 상태로 상상할 수 있다면 불안위계표의 상위 항목으로 옮겨가며 진행한다.

기출 DATA
노출기법의 인지적 효과
2012

기출 DATA
울프(Wolpe)의 체계적 둔감법 ★
2021-1회, 2019-3회,
2018-1회, 2015-3회

◎핵심 키워드
울프의 체계적 둔감법 3단계

나의 필기 노트

기출 DATA
노출 및 반응 방지법 ★
2020-1회, 2019-3회,
2017-3회, 2016-3회

◎ 핵심 키워드
노출 및 반응 방지법의 원리
노출 및 반응 방지법의 시행 순서

ⓑ 노출 및 반응 방지법(ERP ; Exposure Response Prevention)
- 원리 : 두려움과 거부감의 대상이 되는 자극을 체계적이고 반복적으로 노출시킴으로써 내담자는 자신의 강박적 사고가 근거 없는 것이며 강박적 행동에 의한 중화 또한 불필요하다는 사실을 깨닫게 된다.
- 시행 순서
  - 1단계 : 강박증상을 보이는 내담자가 특히 불안을 느끼거나 두려워하는 특정 자극을 상상하도록 노출시킨다.
    예 더러운 세균이 손에 묻었다는 생각
  - 2단계 : 이러한 생각에 대한 반응인 강박적 행동을 일정시간 동안 하지 못하도록 제지한다.
  - 3단계 : 1, 2 단계를 하는 동안 불안수준이 높아지지만 강박행동을 하지 않아도 자신이 두려워하는 결과가 초래되지 않는다는 사실을 학습하면 점차 불안이 완화된다.
  - 4단계 : 점진적으로 불안이 감소되어 자극상황에 노출되었을 때도 불안을 느끼지 않게 되고, 결과적으로 강박행동도 하지 않게 된다(습관화 및 소거).
- 노출방식
  - 상상노출 : 공포유발 자극에 대한 상상만 하며 실제적인 노출은 하지 않는다.
  - 점진적 노출기법 : 가장 불안이 낮은 자극부터 시작하여 높은 불안을 일으키는 자극의 순서로 진행하여 단계적으로 노출시킨다.
  - 홍수법(flooding therapy, 대량자극법) : 한 번에 강한 공포유발 자극에 대면하도록 한 뒤 위험하지 않음을 충분히 느끼도록 한다.
  - 가상현실노출 : 현실에서 제공하기 어려운 상황을 가상현실로 구성하여 치료실과 같은 안전한 상황에서 노출시켜 노출로 인한 내담자의 불안이나 거부감을 완화시킬 수 있다.
  - 간격 노출 : 몇 달의 기간 동안 매주 자극에 노출시킨다.
  - 집중 노출 : 몇 주 간 매일 자극에 노출시킨다.

② **자기표현 훈련**
자기 표현적 의사소통을 늘려 자연스럽게 소극적이거나 공격적인 의사소통을 줄이도록 한다.

기출 DATA
자기표현 훈련
2021-3회, 2018-3회

㉠ 자기표현 훈련이 필요한 내담자의 특성

 ⓐ 남의 시선을 회피한다.

 ⓑ 상대방의 잘못을 지적, 언급하기를 두려워한다.

 ⓒ 모임이나 회의에서 구석 자리에만 앉는 특성이 있다.

 ⓓ 자기를 비난하는 소리를 듣고만 있다.

 ⓔ 지나치게 변명하고 사과하는 태도를 지닌다.

 ⓕ 친구의 비합리적 요구를 거절하지 못하는 태도를 지닌다.

㉡ 훈련 과정의 유의사항

 ⓐ 지나친 지적이나 비판을 하지 말아야 한다.

 ⓑ 내담자에게 소외감(불안)을 느끼지 않게 해야 한다.

㉢ 자기표현훈련을 통해 내담자가 인식할 자기 권리

 ⓐ 자신도 남들과 마찬가지로 인간으로서의 기본 권리가 있다.

 ⓑ 스스로 결정할 권리가 있다.

 ⓒ 타인으로부터 침해받지 않을 권리가 있다.

 ⓓ 자신의 생각과 감정을 표현할 권리가 있다.

㉣ 자기표현적 의사소통 : 자신의 인간적 권리를 유지하면서 타인의 권리도 침해하지 않는 의사 표현 방식으로 자신의 욕구, 권리를 정서적으로 직접적이고 정직하게 표현한다.

③ **혐오적 조건형성** : 혐오자극을 연합하여 회피하도록 하는 학습방법이다.

 📙 술을 마시면 구토가 유발되는 약물을 복용하여 술과 구토를 연합하는 방식으로 알코올 중독을 치료한다.

④ **안구운동 둔감화와 재처리 과정**(EMDR ; Eye Movement Desensitization and Reprocessing) : 외상 후 스트레스장애 환자에게 외상사건을 회상하게 하면서 동시에 안구 운동을 하도록 한다.

(2) 조작적 조건형성 원리 적용기법

① **정적강화** : 적응적 행동에 대한 결과로 칭찬이나 보상을 제공하여 표적행동의 빈도를 증가시킨다. 📙 상점, 칭찬 등

② **부적강화** : 적응적 행동에 대한 결과로 혐오적 자극을 제거하여 표적행동의 빈도를 증가시킨다. 📙 청소 면제, 벌점 면제

③ **상반행동 강화** : 부적응적 행동과 대치되는 바람직한 행동에 강화를 주어 부적응적 행동을 감소시킨다. 📙 수업 시간에 떠드는 행동을 자주하는 학생이 조용히 할 때 칭찬해 주어 조용히 하는 시간을 증가시킨다.

④ **소거** : 부적응적 행동이 반복적으로 나타나게 하는 강화인을 제거하여 부적응적 행동을 감소시킨다. 📙 수업시간에 엉뚱한 행동을 하여 관심을 끌던 학생에게 관심을 주지 않고 모른척한다.

◎핵심 키워드
자기표현 훈련
• 자기표현 훈련이 필요한 내담자의 특성
• 훈련 과정의 유의사항
• 자기표현 훈련을 통해 내담자가 인식할 자기 권리
• 자기표현적 의사소통

◎핵심 키워드
조작적 조건형성 원리 적용기법
• 타임아웃
• 행동조성법
• 용암법
• 토큰경제

주의력 결핍 및 과잉행동장애 (ADHD)의 치료에서 사용될 수 있는 행동치료 기법

2021-3, 2009 기출

- 긍정적 강화 : 바람직한 행동을 보였을 때 보상을 통해 바람직한 행동을 강화한다.
- 타임아웃 : 바람직하지 않은 행동을 보였을 때 일정 시간 동안 긍정적 강화를 받을 수 있는 기회를 박탈한다.
- 토큰경제 : 바람직한 행동을 할 때 지급하는 강화물을 실제 강화물 대신 토큰으로 지급하고 일정량 이상 모이면 원하는 강화물로 바꾸어 주는 방법이다.

기출 DATA

토큰경제 ★
2021-3회, 2020-2회, 2018-3회, 2018-1회, 2012

⑤ **정적처벌** : 부적응적인 행동을 할 때 혐오자극을 주어 표적행동을 감소시킨다. 예 벌점, 화장실 청소

⑥ **부적처벌** : 부적응적인 행동을 할 때 선호자극을 제거하여 표적행동을 감소시킨다. 예 스마트폰 압수, 외출금지

⑦ **반응대가** : 특정 행동을 한 것에 대해 대가를 지불하도록 하는 기법으로 부적처벌의 일종이다. 예 특권 제한, 토큰 회수 등

⑧ **타임아웃** : 일정 시간 동안 긍정적 강화를 받을 수 있는 기회를 박탈하는 것으로 10분 이내가 효과적이다. 예 생각하는 의자에 1분 동안 앉아있기

⑨ **행동 조성법**(행동조형법, Behavior shaping) : 목표행동에 도달하기 위해 목표행동을 여러 단계로 나누고 가장 쉬운 단계부터 시작하여 성공하면 다음 단계를 실행한다. 그리하여 최종적인 단계까지 실행하여 목표행동을 할 수 있도록 강화를 이용해 점진적으로 이끌어가는 치료기법을 말한다. 예 점진적 과제부여법

⑩ **용암법**(Fading) : 목표행동을 이끌어내기 위해 행동치료 초반에는 언어적 지시, 설명, 힌트 등의 촉진자극을 충분하게 제공하고 단계적으로 점차 촉진자극을 줄인 후 마침내 아무런 도움도 없이 목표행동을 할 수 있도록 하는 치료기법이다.

⑪ **토큰경제**(Token economy)

바람직한 행동을 할 때 강화물로 실제 강화물 대신 토큰을 지급하고 일정량 이상 모이면 원하는 강화물로 바꾸어 주는 방법을 말한다.

예 수업시간에 바람직한 행동을 할 때마다 토큰을 지급하고 일정량 이상이 되면 원하는 상품으로 바꿔줌

㉠ 토큰경제(토큰 이코노미)의 장점

ⓐ 토큰은 다양한 강화물로의 교환이 가능하므로 심적포화 효과를 예방할 수 있다.

ⓑ 행동을 강화해야 할 시점에 즉시적으로 보상할 수 있어 반응이 강하게 유지될 수 있다.

ⓒ 반응대가를 수행하기 쉽다.

ⓓ 시간과 장소에 제한을 받지 않고 강화가 가능하다.

ⓔ 연속적인 반응의 강화가 가능하다.

㉡ 토큰경제 5단계

ⓐ 1단계(목표행동 결정하기) : 바람직한 행동을 확인, 정의하는 것으로 목표행동은 행동 수정을 받는 사람에게 사회적으로 중요하고, 의미 있는 행동이어야 한다.

ⓑ 2단계(기저 선정하기) : 목표행동에 대한 기초 자료를 수집하고, 토큰경제 방법이 시작되고 나면 기저선과 비교함으로써 효과를 평가할 수 있다.

ⓒ 3단계(교환강화물 선택하기) : 토큰은 교환강화물과 짝지어지기 때문에 교환강화물이 토큰경제 방법의 효과성을 좌우하게 된다. 강화되는 조건이 개인마다 다르므로 교환강화물은 개인마다 특별하게 선택될 수 있고 이때 교환강화물은 특권으로, 기본권은 안 된다.

ⓓ 4단계(사용할 토큰 유형 선택하기) : 목표행동을 수행한 즉시 줄 수 있는 토큰이어야 하며 교환관리자가 가지고 다니고 지급하기 편해야 한다.

ⓔ 5단계(적절한 강화계획과 교환계획 세우기) : 바람직한 목표행동이 일어날 때마다 토큰을 제공하는 연속적 강화로 시작해 표적행동이 규칙적으로 일어나면 고정비율이나 변동비율과 같은 강화계획을 적용할 수 있다. 처음 시작할 때는 충분히 많은 토큰을 제공하여 주기적으로 교환강화물로 교환하는 경험을 하도록 하며 바람직한 목표행동이 강화되도록 하는 것이 중요하다. 토큰과 교환강화물의 교환은 내담자가 약간의 교환강화물을 얻을 수 있는 수준으로 하되 너무 많은 교환강화물을 받는 정도는 안 된다.

(3) **모방학습** : 유사자극 상황에서 부적응적 행동을 하지 않는 모델의 행동을 관찰하여 행동 변화를 유도한다.

(4) **프리맥의 원리** : 더 선호하는 활동을 덜 선호하는 활동 뒤에 하도록 한다.
예 숙제가 끝난 뒤 게임하기

(5) **라자루스(Lazarus)의 중다양식(다중양식) 상담**

① 종합적, 체계적 행동치료 방식으로 행동주의의 학습이론, 사회학습이론, 인지주의의 많은 영향을 받았으며, 다른 치료 기법들도 절충적으로 사용한다.

② 사람마다 고통, 스트레스, 좌절, 감각자극 또는 내적자극에 대한 반응인 식별역이 다르기 때문에 내담자의 문제에 맞는 최적의 치료 전략을 세우는 것을 중요하게 여긴다.

③ 성격의 일곱 가지 양식은 BASIC-ID(행동, 감정, 감각. 심상, 인지, 대인관계, 약물/생물학)이다.

④ **BASIC-ID** : 중다양식 상담의 핵심 개념
ㄱ B(Behavior, 행동) : 행동적인 정도
ㄴ A(Affect, 감정) : 정서적인 정도, 내적 반응 성향의 정도

◎핵심 키워드
라자루스의 중다양식(다중양식) 상담
BASIC-ID

ⓒ S(Sensation, 감각) : 쾌락과 고통 감각에 초점을 두는 정도, 신체감각에 주의를 기울이는 정도

ⓔ I(Image, 심상) : 생생한 상상을 하는 정도

ⓜ C(Cognition, 인지) : 사색적인 정도, 일의 과정에 대한 추론 선호도

ⓗ I(Interpersonal relationship, 대인관계) : 사교적인 정도

ⓢ D(Drug/biology, 약물) : 건강한 정도, 해로운 약물 복용의 여부

　　ⓐ BASIC-ID의 초과, 결핍에 관한 도표를 작성한 뒤 내담자의 문제를 수정해 나간다.

　　ⓑ 사람은 타인과 긍정적 또는 부정적 상호작용에 대한 관찰로 무엇을 할 것인지 학습하며 치료 과정에서 해결반응을 많이 배울수록 이전의 행동으로 돌아가지 않는다.

(6) 마음챙김과 수용 기반 인지행동치료

현재 경험하는 순간에만 주의를 기울여 완전히 인식하도록 한다.

① **리네한(Linehan)의 변증법적 행동치료**(DBT ; Dialectical Behavior Therapy) : 경계선 성격장애의 자살근접 행동을 다루기 위해 정신분석적 관점과 행동주의적 관점이 결합된 접근이다. 정서적 고통을 회피하려는 시도가 오히려 고통을 증가시키는 원인으로 작용하기 때문에 정서적 고통을 수용하여 고통을 감소시키도록 한다.

◎핵심 키워드
리네한의 변증법적 행동치료

② **카밧진(Kabat-Zinn)의 마음챙김 스트레스 감소법**(MBSR ; Mindfulness-Based Stress Reduction) : 스트레스나 심리적 고통은 실제 존재하는 사물의 모습이 완전히 달라지기를 원하기 때문에 발생한다는 입장에서 출발하며 과거의 회상, 미래에 대한 걱정보다 현재에서 완전하게 살아가기를 강조한다.

③ **세갈(Segal) 등의 마음챙김 인지치료**(MBCT ; Mindfulness-Based Cognitive Therapy) : 카밧진(Kabat-Zinn)의 마음챙김 스트레스 감소법과 인지행동치료가 결합된 8주 집단프로그램으로 내담자는 부정적인 사고를 의도적이고 능숙하게 다루는 방법을 배운다.

④ **헤이즈(Hayes)의 수용전념치료**(ACT ; Acceptance and Commitment Therapy)

ⓖ 부적응적 인지에 대한 도전과 논쟁이 오히려 부적응적 인지를 강화하는 효과를 나타낸다.

ⓛ 내담자의 사고내용의 변화를 촉구하지 않으며 내담자가 부인하고 싶어 하는 사고와 감정을 수용하고 심리적 유연성을 향상시킨다.

ⓒ 의미 있는 삶을 위해 어떤 일을 해야 하는지 진심어린 결정을 하는 전념(참여, Commitment)을 필수적으로 배우게 한다.

◎핵심 키워드
헤이즈의 수용전념치료

5 »» 인지치료

인지적 혼란에서 심리적 어려움이 생기기 때문에 감정, 행동에서의 바람직한 변화를 위해 인지적 변화를 강조하고 내담자는 상담사와 협력적 관계를 이루며 구체적이고 구조화된 표적문제를 교육적으로 다룬다(일반적으로 시간제한이 있다).

1) 엘리스(Ellis)의 합리-정서 행동치료(REBT ; Rational Emotive Behavior Therapy)

(1) **인간관** : 사람은 합리적인 사고와 비합리적인 사고를 할 수 있는 가능성이 둘 다 있으며 자기성장과 실현을 위한 경향성과 자기파괴적 경향성 모두를 지닌다.

(2) **기본 개념**

① **기본 가설** : 정서는 신념, 평가, 해석, 생활 상황에 대한 반응에서 주로 유발되며 치료 과정을 통해 비합리적 신념을 찾아내어 논박하는 기술의 교육에 중점을 두며 감정 표현보다는 사고, 행동을 강조한다.

② **비합리적 신념의 특성**

㉠ 당위적 사고 : 주로 "~해야만 한다/~하면 안 된다(must, should)"로 표현되며 Ellis는 절대적, 당위적 사고를 인간문제의 근원으로 보았다.

㉡ 과장적 사고 : 현실을 있는 그대로 직시하기보다 훨씬 더 과장해서 생각한다.

㉢ 인간 비하적 사고 : 인간의 가치에 대한 총체적 평가를 뜻하며 대체로 잘못된 한 가지의 행동으로 인해 자기 비난이나 타인을 비난하는 경향이 드러난다.

㉣ 낮은 인내성(Low frustration tolerance) : 욕구가 좌절된 상황을 잘 참지 못하는 경향을 보인다.

③ **14가지 비합리적 신념**

㉠ 주위의 모든 사람으로부터 반드시 사랑과 인정을 받아야만 한다.

㉡ 가치가 있다고 여겨지기 위해서는 완벽하리만큼 유능하고, 적절하며, 성취적이어야만 한다.

◎핵심 키워드
엘리스의 합리정서 행동치료(REBT)

기출 DATA
엘리스의 합리-정서 행동치료
기본 개념 2018-3회

◎핵심 키워드
비합리적 신념의 특성
14가지 비합리적 신념

기출 DATA
비합리적 신념 2021-3회

ⓒ 어떤 사람은 나쁘고 사악하며 악랄하다. 그러므로 그런 사람은 반드시 비난과 처벌을 받아야만 한다.

ⓔ 일이 바라는 대로 되지 않는 것은 곧 무시무시한 파멸이다.

ⓜ 사람의 불행은 외부환경 때문이며, 사람으로서는 그 불행을 막을 길이 없다.

ⓗ 위험하거나 두려운 일이 일어날 가능성은 항상 있는 것으로 끊임없이 걱정의 원천이 된다.

ⓢ 어떤 어려움에 직면하거나 자기가 책임을 지는 것보다는 이들을 피하는 것이 더 쉽다.

ⓞ 사람은 다른 사람에게 의존해야만 하고, 자신이 의존할만한 더 강한 누군가가 있어야만 한다.

ⓩ 과거 경험이나 사태가 현재 행동을 결정하며, 사람은 과거의 영향에서 벗어날 수 없다.

ⓒ 주위의 다른 사람이 어려운 문제나 혼란에 처할 경우, 자신도 당황할 수밖에 없다.

ⓚ 이 세상의 모든 문제에는 반드시 가장 적절하고 완벽한 해결책이 있으며, 이를 찾아내지 못하는 것은 두렵고 끔찍한 일이다.

ⓣ 세상은 항상 공평해야 하고, 정의는 반드시 승리해야 한다.

ⓟ 항상 고통 없이 편안해야 한다.

ⓗ 나는 아마 미쳐가고 있는지도 모른다. 그러나 이래서는 안 된다. 왜냐하면 그것은 견딜 수 없기 때문이다.

④ REBT의 ABCDE 모델

기출 DATA
REBT의 ABCDE 모델 ★
2020-3회, 2019-3회,
2015-1회

ⓐ A(Activating event, 선행사건) : 개인에게 정서적 혼란을 불러일으키는 어떤 사건이나 행위를 말한다.

ⓑ B(Belief, 믿음) : 어떤 사건이나 행위 등과 같은 환경적 자극에 개인이 갖는 태도 또는 사고방식을 말하며 합리적인 신념과 과장적, 절대적 특성으로 인해 정서적 혼란의 원인이 되는 비합리적 신념이 있다. 엘리스의 합리-정서 행동치료는 비합리적 신념을 논박을 통해 합리적 신념으로 바꾸도록 한다.

ⓒ C(Consequence, 결과) : 선행사건에 접했을 때 비합리적 태도나 사고방식으로 그 사건을 해석함으로써 느끼게 되는 정서적 결과를 말한다.

ⓓ D(Dispute, 논박) : 내담자의 비합리적인 신념·사고에 대해 도전하고 그 신념이 사리에 맞는 것인지 다시 한번 검토해 보도록 상담자가 촉구한다. 비합리적 신념의 탐지를 통해 내담자는 자신의 절대적 신념과 자기

나의 필기 노트

비하적 신념 등을 확인하고 논리적으로 질문하는 방법과 스스로 논쟁하는 방법, 비합리적 신념에 도전하는 방법으로 역기능적 신념을 논박한다.

　⑩ E(Effect, 효과) : 논박으로 인해 나타나는 효과로 내담자가 가진 비합리적인 신념을 철저하게 논박하여 합리적인 신념으로 대체하게 된다.

　⑪ F(Feeling, 새로운 감정, 치료) : 내담자는 비합리적 신념을 규명하고 논박하기 위한 도구를 찾는 기술을 학습하는 것으로, 비합리적이고 비효과적 사고방식을 합리적이고 효과적인 인지로 대체하여 비합리적 신념의 결과로 야기되었던 부정적 정서반응이 변화하도록 한다.

2) 벡(Beck)의 인지치료

(1) **인간관** : 우울장애에 대한 정신분석적 관점에 대한 회의에서 출발했으며, 인간은 복잡스러운 인지의 창조물로서 생각이 개인의 감정·행동을 결정한다고 여긴다.

(2) **기본 개념**

　① **자동적 사고** : 우울한 사람들이 의식적인 자각 없이 습관화한 부정적인 사고과정을 말한다.

　② **인지 삼제** : 자기 자신과 자신의 미래, 주변 환경을 부정적으로 평가하는 독특한 사고 패턴을 말한다.

　③ **인지 왜곡**(인지적 오류)
　　우울한 사람은 인지적 오류를 함으로써 현실을 실제보다 부정적으로 왜곡하고 과장하여 해석하게 된다.

　　㉠ 이분법적 사고(흑백논리적 사고, Dichotomous Thinking) : 생활사건의 의미를 이분법적인 범주 중 하나로 해석하는 오류로 완벽하지 않은 것은 곧 잘못된 것이라고 판단한다.

　　㉡ 과잉 일반화(Overgeneralization) : 한 두 번의 사건에 근거하여 일반적인 결론을 내리고 무관한 상황에도 그 결론을 적용시킨다.

　　㉢ 정신적 여과(Mental Filtering ; 선택적 추상화 ; Selective Abstraction) : 어떤 상황에서 일어난 여러 가지 일 중에 일부만 뽑아내어 상황 전체를 판단한다.

　　㉣ 의미 확대/축소(극대화/극소화, Magnification/Minimization) : 어떤 사건의 의미나 중요성을 실제보다 지나치게 확대하거나 축소한다.

　　㉤ 개인화(Personalization) : 자신과 무관한 사건을 자신과 관련되어 잘못 해석하는 오류를 말한다.

기출 DATA
Beck의 인지적 왜곡 ★
2018-3회, 2018-1회,
2015-1회

◎핵심 키워드
벡의 인지치료
・자동적 사고
・인지 삼제
・인지 왜곡
　- 이분법적 사고
　- 과잉 일반화
　- 정신적 여과
　- 의미 확대/축소
　- 개인화
　- 잘못된 명명
　- 독심술
　- 예언자적 오류
　- 정서적 추론

기출 DATA
Beck이 말하는 인지적 왜곡
2022-3회,

나의 필기 노트

ⓗ 잘못된 명명 : 개인의 특성, 행동을 표현할 때 과장되거나 부적절한 명칭을 사용한다.

ⓢ 독심술 : 제대로 된 근거 없이 타인의 마음을 자신의 마음대로 추측하고 단정 짓는다.

ⓞ 예언자적 오류 : 충분한 근거 없이 앞으로 일어날 일을 단정적으로 생각한다.

ⓩ 정서적 추론(감정적 추리, Emotional reasoning) : 충분한 근거 없이 막연히 느껴지는 감정에 근거해 결론을 내린다.

(3) 주요기법과 절차

① **협력적 경험주의**(강력한 작업동맹 형성) : 내담자-상담자는 한 팀이며 상담자는 내담자에게 회기 진행에 관한 피드백을 얻는다.

② **소크라테스식 질문법**

기출 DATA
소크라테스식 질문법 ★
2020-2회, 2019-1회,
2017-3회, 2016-1회,
2014, 2013

㉠ '문답식 산파술', 즉 대화를 이용해 내담자의 불확실한 지식을 진정한 개념으로 유도하는 기법으로 내담자의 비합리적 신념, 자동적 사고의 내용이 드러난다.

◎핵심 키워드
소크라테스식 대화법의 원리

㉡ 소크라테스식 대화법은 사고의 논리적 구조를 가정하기 때문에 더 깊은 수준의 인지적 왜곡인 핵심 신념을 통찰할 수 있게 한다.

㉢ 상담자의 질문과 내담자의 답이 오가는 과정에서 내담자는 스스로 비합리적 신념을 깨닫게 된다.

㉣ 소크라테스식 대화법의 원리

ⓐ 일문일답의 형식

ⓑ 합의에 도달할 때까지 지속적으로 이야기한다.

ⓒ 질문을 던질 때마다 장황하지 않게 하여 토론의 맥락에서 벗어나지 않게 한다.

ⓓ 비합리적 사고에 관해 토론하지만 시비는 걸지 않는다.

ⓔ 한 번에 퍼붓는 식의 질문을 삼가고, 한 가지 질문에 대해서 여유 있게 대답할 수 있는 시간을 준다.

㉤ 질문의 유형과 예시

ⓐ 논리적 논박 : "그러한 신념의 논리적 근거는 무엇입니까?"

ⓑ 경험적 논박 : "그 신념의 증거는 무엇입니까?"

ⓒ 대안적 논박 : "당신의 삶이 더 행복해지기 위해 더 합리적인 신념은 무엇입니까?"

ⓓ 실용적/기능적 논박 : "그러한 신념이 인생을 행복하게 사는 데 어떠한 도움을 줍니까?"

     ⓔ 철학적 논박 : "그러한 신념이 당신의 인생에 어떤 의미를 갖습니까?"

   ⓑ 소크라테스식 질문의 주의점

기출 DATA
소크라테스식 대화법의 유의점
2022-3회

     ⓐ 자동적 사고를 평가하는 것은 일종의 기술로서 반복된 연습과 지도가 필요하므로, 내담자에게 이를 미리 알려주어 실망하지 않게 한다.

     ⓑ 내담자의 자발적 표현이 치료에 가장 효과적이므로, 상담자가 섣불리 답이라고 생각하는 것을 말해주지 않는다.

◎핵심 키워드
소크라테스식 질문의 주의점

     ⓒ 내담자에게 미리 어려움을 예상하도록 하여 좌절하지 않도록 해주며, 실험으로서 과제를 제시한다.

     ⓓ 자동적 사고를 찾는 데에만 몰두하여 내담자가 취조를 받는 듯한 느낌을 갖게 해서는 안되며, 내담자의 어려움을 공감하고 관심 어린 태도를 보여야 한다.

     ⓔ 자동적 사고를 찾아내면 그냥 넘어가지 말고, 자동적 사고를 찾는 것의 의미와 유용성에 대해 다뤄야 한다.

     ⓕ 이전 치료 과정에서 다룬 내용과 더불어 이후의 치료 과정에서 다룰 내용을 심사숙고하는 시간이 필요하다.

     ⓖ 과제는 할 수 있고 해야 하는 범위 내에서 최소한으로 제시하도록 하며, 결과에 대해 충분히 함께 검토해야 한다.

③ Beck의 사고기록지 5개 칼럼

기출 DATA
벡의 사고기록지 5개 칼럼
2020-1회

   ㉠ 상황(Situation) : 불쾌한 감정을 유발한 실제 사건, 생각의 흐름, 기억의 내용을 기술한다.

   ㉡ 감정(Emotion) : 앞선 상황에서 발생한 감정의 유형(슬픔, 불안, 분노 등) 및 그 감정의 강도를 기술한다.

   ㉢ 자동적 사고(Automatic Thought) : 감정과 연관된 자동적 사고 및 그 사고의 확신 정도를 기술한다.

   ㉣ 합리적 반응(Rational Response) : 자동적 사고에 대한 합리적 반응 및 그 반응의 확신 정도를 기술한다.

   ㉤ 결과(Outcome) : 현 상황에서 자동적 사고의 확신 정도와 결과적 감정 강도를 기술한다.

④ **과제 수행** : 상담 시간에 알게 된 문제를 실제 생활에 적용하도록 한다.

⑤ **인지적 모형에 대한 내담자 교육** : 기초부터 내담자가 가지고 있을 수 있는 자동적 사고에 대해 교육한다.

⑥ 자동적 사고, 인지 왜곡, 중간 신념, 핵심 신념을 파악하고 직면하도록 한다.

193

◎ 핵심 키워드
마이켄바움의 인지행동수정

3) 마이켄바움(Meichenbaum)의 인지행동수정(CBM ; Cognitive Behavior Modification)

(1) 자기교습 훈련(자기지시 훈련, Self-instructional training)
   ① 내담자가 자기 대화를 지각하여 부적응 행동의 원인이 되는 자기 지시, 비합리적 신념을 탐색하고 자기 지시를 통해 이를 교정하고 적응적 사고로 대체하도록 한다.
   ② 자기관찰 → 새로운 내적 대화 시작 → 새로운 기술 학습

(2) 스트레스 예방 훈련 : 스트레스 상황을 미리 예견하고 이에 대한 대처를 상상하게 하여 대처 능력을 향상시킨다.

6 » 기타 치료적 접근법

1) 실존치료[메이(May), 프랭클(Frankl), 얄롬(Yalom)]

(1) 인간관
   ① 인간은 선하게도 악하게도 태어나지 않으며 삶에 대한 근원적 의미 또한 타고나지 않기 때문에 자신의 선택을 통해 삶을 의미 있게 만들 책임이 있다.
   ② 대부분의 사람들이 삶의 의미를 직면할 때 오는 불안, 두려움 때문에 삶의 의미를 회피하는데 이 과정에서 신경증적 불안과 불편한 감정이 생긴다.

(2) 기본 개념
   ① **실존 방식** : 인간은 생물학적 세계나 환경인 주변 세계, 사회적 관계의 세계인 공존 세계, 자신만의 세계인 고유 세계, 자신의 믿음, 영적 가치와의 관계인 영적 세계에 동시에 존재한다.
   ② **자유와 책임 능력** : 인간은 자신의 운명을 스스로 결정하고 그에 대한 책임을 진다.
   ③ **삶의 의미, 목적, 가치, 목표의 추구** : 삶의 의미를 발견하고 추구한다.

나의 필기 노트

④ **불 안**

존재를 보존하고 생존하기 위한 욕구에서 발생한다.

㉠ 정상적 불안 : 자신의 주어진 상황을 인식하고 직면할 때 발생하며 적
절하고 적당한 수준의 불안으로써 억압적이지 않다. 정상적 불안을
직면하는 사람은 불안이나 두려움에도 불구하고 자기자신이 되려고
하며, 정상적 불안은 삶의 변화를 위한 성장 동력으로 작용한다.

㉡ 실존적 불안 : 정상적 불안의 근원이며 죽음, 자유, 고립, 무의미성 등
존재의 불가피한 결과로 구체적인 어려움을 겪지 않아도 존재한다.

㉢ 신경증적 불안 : 실존적 불안을 회피하는 데에서 오는 불안으로 두려
움과 갈등으로 인해 자기자신이 되기를 포기하게 만든다. 신경증적
불안은 상황에 적절하지 않으며, 억압적·파괴적이고 자기성장을 가
로막는다. 또한 주어진 상황에 대한 책임을 회피하도록 하며 정신병리
의 원인이 된다.

⑤ **죽음, 비존재에 대한 인식** : 죽음은 부정적인 것이 아니며 삶의 의미를
부여하는 기능을 한다.

(3) 주요기법과 절차

실존주의적 상담자는 기법을 강조하지 않고 내담자의 실존적 불안에 초점
을 둔다.

① **죽음** : 죽음을 직면하는 것은 삶의 양식을 더 진실되게 바꿀 수 있도록
도우며 죽음에 대한 두려움을 긍정적 힘으로 변화시킬 수 있다.

② **자유** : 자신의 선택과 행동에 책임이 있으며 기꺼이 책임을 수용해야 한다.

③ **고립** : 인간은 홀로 있으면서 서로 관계를 맺는 존재이기 때문에 타인과
관계를 맺기 전에 자기 자신의 독자성을 추구하면서 홀로서기를 해야 한다.

④ **무의미성** : 인간의 실존적 불안을 직면하면 삶의 의미를 찾지 못하고 공
허감을 느낄 수 있으며 이는 무의미함이나 공허함을 다루기 위해 다른
활동에 집착하는 실존적 신경증의 원인이 된다. 스스로 삶의 의미를 창
조하도록 하는 것이 상담의 주요 주제이다.

◎핵심 키워드
정상적 불안
실존적 조건
신경증적 불안

기출 DATA
정상적 불안
2019-1회, 2016-3회

기출 DATA
얄롬이 제시한 인간의 궁극적 관심
4가지
2022-3회

2) 펄스(Perls)의 형태치료[게슈탈트(Gestalt) 치료]

(1) 인간관 : 인간은 현상학적, 실존적 존재로 자신에게 긴급히 필요한 형태(Gestalt, 게슈탈트)를 끊임없이 완성하며 살아가는 유기체이다.

(2) 기본 개념

① **총체론** : 모든 자연은 하나이며 통일되어 있는 전체로 이는 부분의 단순한 합이 아니다.

② **장이론** : 유기체는 환경이나 상황 내에서 계속해서 변화하는 장의 일부이기 때문에 모든 것은 관련이 있고, 연결되어 있으며 유동적이고 과정 중에 있다.

③ **접촉** : 변화와 성장을 위한 필수 조건으로 보고, 듣고, 만지고, 냄새 맡고 움직임으로 인해 일어난다. 좋은 접촉은 유기체의 개성을 상실하지 않은 채로 자연, 타인과 상호작용하는 것이다.

④ **지금-여기** : 내담자가 현재 마주하는 경험을 강조한다.

⑤ **자각과 책임감** : 자신의 경험의 어떠한 부분에 어떻게 자각할 것인지 주의를 기울이고 자신의 경험과 행동에 책임을 지도록 한다.

⑥ **미해결 과제와 회피** : 욕구에 대한 게슈탈트를 완성하지 못하면 미해결 과제를 갖게 되고 미해결 과제는 해결을 추구하기 때문에 이에 대한 부정적 감정(분노, 노여움, 고통, 불안 등)이 생기게 된다. 미해결 과제에 대한 회피는 성장을 방해한다.

◎ **핵심 키워드**
게슈탈트 치료의 5가지 신경증 층
게슈탈트 치료의 주요기법

⑦ **신경증 층**

인간의 심리적 성숙을 위해서는 5가지 신경증 층을 벗겨내야 한다.

㉠ 허위 층 : 진심 없이 상투적으로 대하는 허구적 상태로 거짓을 자각하면 불쾌감, 고통을 경험한다.

㉡ 공포 층 : 자신의 본래 모습이 아닌 주위의 기대에 따라 살아가는 상태로 자신의 욕구를 억압하여 주변에 맞춰 살아가며 이는 의존적 태도에서 비롯된다.

㉢ 난국 층 : 여태까지 주변의 기대대로 살아왔던 역할을 버리고 자립을 시도하면서 극심한 불안을 경험하게 된다.

㉣ 내적 파열 층 : 자신의 억압되었던 욕구, 감정을 인식하지만 주변과의 관계가 악화될 것이라는 불안감 때문에 드러내지 못하고 억압한다.

㉤ 폭발 층 : 더 이상 자신의 감정, 욕구를 억압하지 않고 외부에 표현하는 단계로 게슈탈트를 형성하고 환경과의 접촉으로 완결하며 미해결 과제를 전경으로 가져와 완결한다.

⑧ **접촉경계 장애**

프로이트의 방어기제와 유사하며 자각에 의한 접촉을 방해하는 장애

㉠ 내사 : 나의 진정한 접촉 없이 타인의 가치관을 그대로 받아들인다.

㉡ 투사 : 내가 접촉하고 싶지 않은 어떤 것을 다른 사람에게 돌려서 접촉을 피한다.

㉢ 반전 : 다른 사람이나 환경에 해야 할 일을 자신에게 한다.

㉣ 융합 : 밀접한 두 사람이 서로 차이점이 없다고 느끼는 접촉-경계 혼란, 즉 일심동체 상태로 자신의 욕구, 감정을 제대로 해결하지 못하여 미해결 과제가 축적된다.

㉤ 편향 : 감당하기 어려운 내적 갈등, 외부자극에 노출될 때 자신의 감각을 둔화시켜 환경과의 접촉을 약화한다.

(3) **주요기법과 절차**

① **언어 표현 바꾸기** : 자신을 성장시키고 책임을 수용하도록 하는 표현으로 바꾼다.

> 예 "그것, 당신 → 나", "내가 할 수 없다 → 나는 하지 않겠다.", "나는 ∼해야만 한다 → 나는 ∼하기로 선택한다.", "나는 ∼가 필요하다 → 나는 ∼을 바란다."

② **신체 행동에 주목하기** : 내담자의 신체 행동을 주목하여 내담자의 신체 행동과 언어 표현이 불일치할 때 이를 지적하여 내담자의 자각을 확장하고 신체 행동과 언어 표현을 일치하는 표현을 쓰도록 조력한다.

> 예 과장하기, 순회하기, 시연

③ **책임지기** : 자신의 사고, 감정, 행동을 자각하고, 자신의 경험에 대해 자신이 책임을 진다.

④ **대화하기** : 내사, 투사를 자각하는 데 사용한다.

⑤ **빈의자 기법** : 빈의자 또는 2개의 의자를 이용해 대화하는 기법으로 갈등을 겪고 있는 대상이 빈의자에 있다고 생각하여 대화하거나 열등한 나-우월한 나와 번갈아 대화를 나눔으로써 양극성을 통합하게 돕는다.

⑥ **환상기법** : 두려워하는 상황을 상상하고 그에 대한 느낌을 탐색한다.

⑦ **역전기법** : 불안으로 인해 거의 표현하지 않았던 것을 표현하고 집단의 구성원이 수용하도록 유도한다.

⑧ **꿈작업** : 꿈을 분석하는 것이 아니라 꿈을 현재에서 다시 경험하여 실존적 메시지, 현재 겪고 있는 갈등을 이해하게 된다.

나의 필기 노트

◎핵심 키워드
바이오피드백

3) 바이오피드백(Biofeedback)

"Bio(Biology)"와 "Feedback(Information about)"의 합성어로서 "수의조절 (Voluntary Control)을 통해서 이루어지는 생물학적인 변화를 환자(혹은 학습자)에게 가르치기 위해 환자(학습자)에게 생물학적인 정보를 전달해주는 과정을 말한다(신호철, 2009)."

(1) 해당 질환의 생리학적인 변화를 정확하게 측정하여 환자에게 결과를 보여주는 접근방법을 사용한다.

(2) 환자에게 자신의 생물학적인 상태, 즉 근육긴장도, 피부 표면온도, 뇌파 활동, 혈압, 심장박동 등의 정보를 즉시 제공한다.

(3) Biofeedback 치료의 준비 조건
   ① 측정된 생물학적인 정보를 측정하고 이를 즉시 표시할 수 있는 장비
   ② 시술자
   ③ 적절한 동기가 있는 환자(학습자)의 적절한 환경

4) 영(Young)의 심리도식치료(Schema Therapy)

(1) 전통적 인지치료에서 긍정적인 치료 효과를 보지 못했던 만성적인 성격 문제를 지닌 환자와 내담자를 위해 인지행동, 대상 관계, 게슈탈트 및 정신분석적 접근의 핵심 요소를 통합한다.

(2) 만성적 성격 문제를 이해하기 위한 개념적 틀로 16가지 유형의 초기 부적응적인 심리도식이 있다.

(3) 16가지 초기 부적응적 심리도식 : 실패/무능, 고립/단절, 결함, 정서 지지 결여, 상실 우려, 의존, 파국, 불신, 예속/굴종, 몰락, 비분리, 내성취약, 충동/분노, 자기우월, 충동/분노, 취약성, 사회적 비(非)바람직성

5) 번(Berne)의 교류분석

(1) 인간관 : 인간은 자신을 발달시킬 능력과 행복하게 할 능력을 타고난다고 생각한다.

(2) 기본 개념

① **자아상태**

　㉠ 부모자아상태(P ; Parent ego state) : 개인이 자신/타인에게 강요하는 명령으로 구성된 자아로 부모나 권위 있는 인물, 사회적 가치의 영향을 받아 형성된다.

　㉡ 성인자아상태(A ; Adult ego state) : 현실과 관련된 성격으로 합리적이고 객관적이며 성격 균형의 중심 역할을 한다.

　㉢ 아동자아상태(C ; Child ego state) : 흥미와 재미를 추구하는 충동적이며 자발적, 창의적 자아이며 외적 자극에 어린아이와 같은 감정 반응을 보인다.

◎핵심 키워드
교류분석의 자아상태
각본 분석

(3) 주요기법과 절차

① **구조 분석** : 개인이 형성한 세 가지 자아상태(P, A, C)가 사고, 감정, 행동에 미치는 영향을 파악한다.

② **교류패턴 분석** : 구조 분석으로 명확해진 자아상태(P, A, C)를 기반으로 개인이 타인과 관계하는 양식을 파악한다.

③ **게임 분석** : 구조자, 박해자, 희생자 역할의 악순환을 파악한다.

④ **각본 분석**

인생 초기에 부모의 양육 행동에 영향을 받은 4가지 기본적 입장을 파악한다.

　㉠ 자기긍정/타인긍정 : 자신과 타인에게 긍정적 태도를 갖는 것으로 가장 바람직하다.

　㉡ 자기긍정/타인부정 : 자신에게는 긍정적이나 타인에게는 부정적인 태도를 보이는 것으로 타인에게 비판적이며 자기 의견만이 옳다고 주장한다.

　㉢ 자기부정/타인긍정 : 자신에게는 부정적이나 타인에게는 긍정적 태도를 보이는 것으로 자기 표현을 잘 하지 못하며 타인과의 관계를 유지하기 위해 자신이 희생하는 선택을 한다.

　㉣ 자기부정/타인부정 : 자신과 타인 모두에게 부정적 태도를 갖는 것으로 세상을 비관적으로 바라보고, 자신에게도 비판적이다.

6) 글래서(Glasser)의 현실치료(현실요법)

   (1) 인간관 : 인간은 누구나 욕구와 현실의 차이를 줄이기 위해(욕구충족을 위해) 행동하며 이러한 행동에 대해 개인의 선택과 책임을 강조한다.

   (2) 인간의 5가지 기본 욕구

     매슬로우의 욕구 위계설과는 달리 5가지 욕구는 모두 동일한 위치에 있고 개인마다 각 욕구의 중요도가 다를 수 있다.

     ① **생존 욕구** : 배고픔, 수면 등과 같은 생리적 욕구를 말한다.

     ② **애정 욕구**(소속감의 욕구) : 타인과 관계를 맺으며 사랑을 주고받고 싶어 하는 욕구를 말한다.

     ③ **힘 욕구**(권력에 대한 욕구) : 성취, 인정과 관련한 욕구로 자신과 타인을 통제하고자 하는 욕구를 말한다.

     ④ **재미에 대한 욕구** : 즐거움을 추구하고자 하는 욕구를 말한다.

     ⑤ **자유에 대한 욕구** : 자율적이고 독립적으로 행동하고자 하는 욕구를 말한다.

7 》 심리치료의 효과성 검증 방법

1) 치료적 반응에 대한 심리검사를 통해, 치료로 인한 효과를 평가한다.

2) 내담자의 문제 증상이 병전 혹은 기저선 수준으로 회복하였는지(유의미한 변화)와 사회적/직업적 또는 다른 중요한 생활영역 기능에서 어느 정도 개선을 보이는지의 문제해결 정도를 임상적 관점에서 평가한다(내담자 본인, 내담자 가족, 주변인, 관찰하는 상담자에 의한 다각적인 평가).

가족치료

Key Point

심리적 어려움의 원인으로 작용하는 역기능적 가족체계에 대한 각 이론적 접근의 개념을 이해하며 각 접근방식 간 차이를 철저하게 숙지하도록 한다.

나의 필기 노트

1 》 일반체계이론과 가족치료의 발달

1) 일반체계이론

◎ 핵심 키워드
일반체계이론

(1) 1937년 생물학자인 베르탈란피(Bertalanffy)가 일반체계이론의 개념을 최초로 제안하고 이후 Science지에 논문을 발표한 것을 계기로 체계론적 사고가 서구에서 중요한 과학적 운동으로 수립되었다. 일반체계이론이란 체계가 외부환경과 지속적으로 상호작용하면서 외부환경에서 오는 입력과 이에 대한 산출을 통해 자신을 유지해나간다는 생물학적 모델이다.

(2) 가족치료의 초기모델들은 어떤 현상을 전체적인 맥락 속에서 이해하며 모든 현상을 상호연관성과 상호의존성에서 파악하는 체계론적 사고에 뿌리를 두고 발달하였다.

(3) 체계론적 관점에서 인간은 체계 안에서 작용하는 존재로서 개인이 나타내는 부적응적 행동과 심리적 장애는 역기능적 가족체계가 유지되도록 하는 병리적인 가족체계와 체계의 피드백 기제의 결과이다.

2) 일반체계이론의 기본개념

(1) **체계와 하위체계** : 체계는 상호작용하는 관계에 있는 부분들의 합으로써 더 높은 수준인 상위체계와 더 낮은 수준인 하위체계로 구성된다. 이러한 체계의 수준들은 서로 상호작용하지만 고유하게 존재한다.

예 가족체계도 부부, 부모–자녀, 부모, 형제자매라는 하위체계로 구성된 상위체계이다.

(2) **체계의 경계** : 체계 간 정보나 에너지를 주고받고 접촉하는 정도나 문제해결을 위해 상호 교류하는 정도를 말한다. 체계의 경계는 외부체계와 상호작용하면서 에너지나 정보를 교환하는 유통 역할과 체계 유지에 이로운 에너지 및 정보는 받아들이지만 해로운 것은 들어오지 못하게 하거나 신속하게 배출하는 보호 역할을 수행한다.

> 예 가족체계 내 경계 : 밀착된 경계의 가족은 가족에 대한 소속감과 충성심이 강하지만 지나치게 서로 의존하고 관여하며, 경직된 경계의 가족은 자율적이고 독립적이지만 가족 내 상호작용이 거의 없어 가족에 대한 소속감과 충성심이 거의 없다.

(3) **개방성과 폐쇄성** : 외부체계에서 들어오는 에너지와 정보에 대한 상호교류를 허용하는 정도를 말한다.

> 예 다른 나라로 이민을 간 경우 그 나라의 관습을 따르는 것은 개방적이지만 전통음식을 고수하고 다른 나라의 음식을 잘 먹지 않는 경우는 폐쇄적이라고 할 수 있다.

(4) **피드백** : 과거의 행동에 대한 정보가 순환하여 다시 체계로 돌아가는 과정으로 체계가 유지되도록 하는 항상성의 필수적인 기제이다. 정적 피드백은 기존체계에 변화를 주는 피드백을 말하며 부적 피드백은 기존체계를 유지시키는 피드백을 말한다.

> 예 자녀의 연령이 증가함에 따라 부모는 독립성에 대한 자녀의 요구를 인정하고 자녀는 자신의 행동에 대한 책임을 지도록 하는 정적 피드백 과정이 이루어질 수 있다. 어느 정도 시간이 지나면 부적 피드백 과정을 통해 체계를 유지하도록 한다.

(5) **순환적 인과관계**

① 모든 체계는 서로 영향을 주고받으며 서로 연결되어 있기 때문에 체계에서 일어나는 행동은 서로가 원인이며 결과이다. 따라서 체계의 특성을 파악하기 위해서는 직선적인 인과관계의 관점이 아니라 과정에 주목해야 한다.

> 예 어머니의 잔소리가 듣기 싫어서 늦게 귀가를 한다고 주장하는 아들과 아들이 늦게 귀가하기 때문에 잔소리한다는 어머니

② **순환적 인과관계의 함축적 개념**

㉠ 동일결과성(Equifinality) : 원인은 다양하지만 동일한 결과를 보이는 것을 의미한다.

> 예 이혼이라는 결과는 동일하지만 사람들은 저마다 다른 이유로 이혼을 결정한다.

㉡ 동일잠재성(Equipotentiality, 다귀결성/다중결과성 ; Multifinal-aity) : 원인은 동일하지만 다양한 결과를 나타냄을 의미한다.

> 예 부모의 이혼이라는 동일한 경험을 했더라도 부적응적 행동을 나타내는 자녀가 있고, 적응적으로 살아가는 자녀가 있다.

(6) 정보처리와 의사소통 : 체계의 유지는 외부환경에서 오는 정보의 입력과 그에 대한 산출로 이루어지기 때문에 체계의 모든 과정은 정보처리와 의사 소통으로 이루어진다.

> ### 의사소통의 기본원칙
>
> * 사람은 행동하지 않을 수 없다 : 아무 행동도 하지 않는다고 해도 이는 어떤 의미가 있다는 뜻이다. 아무 행동도 하지 않는 사람은 그러한 행동을 통해 자신의 메시지를 주변 사람에게 전달한다.
> * 사람은 의사소통하지 않을 수 없다 : 언어적 메시지 뿐 아니라 비언어적 메시지를 통해서도 의사소통을 할 수 있다. 침묵하는 사람은 침묵을 통해 자신의 메시지를 주변 사람에게 전달한다.
> * 주어진 행동의 의미는 그 행동의 진정한 의미가 아니다. 그러나 그 행동에 어떤 특별한 의미를 부여했던 사람에게 그 행동은 개인적인 진실이다 : 어떤 행동이나 메시지가 해석되는 방식은 다양하며 어떤 해석이 다른 해석보다 더 정확하다고 단정하기 어렵다. 메시지에 대한 해석은 의사소통의 당사자들의 관계와 그들이 처해있는 상황에 따라 달라질 수 있다(Becvar & Becvar, 2018, pp.15-16).

(7) 규칙 : 체계가 허용하거나 수용하는 행동의 범위를 말하며 이러한 규칙은 반복적인 상호작용을 통해 형성된다.

> 예 자녀에게 존댓말을 하도록 하는 부모는 다른 부모가 어떻게 하든 자녀에게 반말을 허용하지 않는다.

(8) 전체성 : 체계는 단순한 부분의 합 이상으로 부분의 특성은 전체적인 맥락 안에서 이해해야 한다는 의미이다.

> 예 부부간의 갈등을 이해하기 위해서는 남편과 아내의 입장을 각각 이해해야 할 뿐 아니라 부부간의 상호작용까지 이해해야 한다.

(9) 상호보완성과 패턴 : 체계의 각 요소들은 독립적으로 이해될 수 없으며 한 체계에서 일어난 일은 다른 체계에도 영향을 미침을 의미한다. 또한 가족체계의 특성을 이해하기 위해서는 각각의 가족 구성원 특성을 파악하는 것보다 상호작용의 패턴을 파악해야 함을 의미한다.

> 예 10대 자녀의 반항적 행동과 부모의 권위적이고 독재적인 양육태도는 상호보완적이다.

(10) 자율성과 자기조직 : 체계는 환경과 상호작용할 뿐만 아니라 구조를 유지할 수 있는 능력이 있다. 즉, 가족체계는 치료적 자극이라는 외부환경의 자극에 의해 변화할 수 있지만 가족 내 변화는 외부자극만이 아닌 가족구조에 따라 다르게 나타날 수 있다.

> 예 동일한 가족치료적 접근이라도 밀착된 구조의 가족과 경직된 구족의 가족에게 다른 결과가 나타난다.

2 ≫ 가족치료의 기초

1) 가족치료의 기본 가정

(1) 사람은 가족과의 관계에서 생활하고 성장한다.

(2) 사람은 다른 가족과 정서적으로 유대감을 형성하고 싶은 욕구와 다른 가족과 분리되고자 하는 욕구 사이의 긴장감에서 가족 스트레스가 발생한다고 여긴다.

(3) 한 개인에게 초점을 두기보다 가족 구성원 전체를 한 단위로 보며 가족관계를 개선하고, 갈등을 해소하거나 예방하는 방법을 찾는 데 주안점을 두고 있다.

2) 가족치료의 목적

(1) 가족 간의 감정과 생각을 자유롭게 표현하고, 원하는 변화를 설명하도록 한다.

(2) 가족 간의 의사소통 능력을 향상시키고, 다른 가족 구성원의 문제행동에 대한 원인을 이해하도록 돕는다.

(3) 자신과 견해가 다르고 혼란스럽더라도 다른 가족 구성원의 욕구를 인정하고 존중하며 수용할 수 있는 개인의 능력을 향상시킨다.

(4) 가족 내의 가족 구성원들의 역할, 기능을 수행하도록 돕는다.

(5) 가족의 규칙을 명확하게 하도록 한다.

기출 DATA
개인상담보다 가족치료가
필요한 경우
2020-3회, 2015-3회

3) 개인상담보다 가족치료가 필요한 경우

(1) 내담자의 어떤 증상이 역기능적인 가족관계에서 야기되었다고 판단되는 경우

(2) 내담자의 주호소가 가족 개인의 문제가 아니라 가족 간의 관계 변화에 있다고 판단되는 경우

(3) 가족이 서로 분리되지 못하는 어려움을 겪는 경우

3 » 가족치료의 주요 이론

1) 보웬(Bowen)의 다세대 가족치료

(1) 다세대 가족치료의 가정

① 심리적 문제의 원인을 한 세대에서 다음 세대로 이어지는 정서적 융합으로 간주한다.

② 불안정 애착은 정서적 융합의 원인이 되며, 자녀의 자아분화를 가로막는 원인이 된다.

③ 정신병리를 나타내는 사람은 핵가족 정서체계에 의한 가족갈등의 희생자이다.

(2) 다세대 가족치료의 주요개념

① 자기분화

개인이 자신만의 방식으로 기능하는 것을 배우는 과정을 말하며 정신적인 개념인 동시에 대인관계적 개념이다.

㉠ 정신적 자기분화 : 사고와 감정이 분화된 사람은 감정적이고 충동적이기보다 이성적이고 객관적으로 사고하고 행동하며, 타인과 정서적으로 친밀한 접촉을 유지하고 있지만 융합되지 않는다.

㉡ 대인관계적 자기분화 : 자신의 행동에 책임감을 지니며 가족 스트레스와 가족압력에 저항하고 타인과 건강한 접촉을 유지할 수 있다.

② 삼각 관계

㉠ 두 사람 간의 관계가 불안정해지면 관계를 안정시키고 긴장을 완화하기 위해 제3자를 개입시켜 삼각관계를 형성한다.

㉡ 삼각관계가 형성되면 감정적으로 행동하기 때문에 오히려 두 사람 간의 갈등을 해소시키지 못하고 문제 해결을 방해하게 된다.

㉢ 가족의 융합 정도가 높을수록 갈등의 해결을 위해 삼각관계를 만들기 위해 노력하고, 결과적으로 미분화를 지속시키게 된다.

㉣ 가족의 분화 수준이 높으면 삼각관계를 형성하지 않고, 이성적이고 합리적으로 긴장을 다루고 갈등을 해결한다.

③ **핵가족 정서체계**

    ㉠ 자신과 비슷한 분화 수준을 지닌 배우자와 결혼하게 되고 분화 수준
      이 낮은 사람은 분화 수준이 낮은 배우자를 만나 불안정한 핵가족 정
      서 체계를 만들게 된다.

    ㉡ 핵가족 정서 체계의 융합이 클수록 만성적인 부부간의 갈등이 일어나
      고 배우자 중 한 명이 신체적 또는 정서적 문제를 갖게 되며 부부간의
      문제가 투사된 자녀에게 신체적 또는 정서적 문제가 나타나게 된다.

    ㉢ 핵가족 내의 정서적 기능은 다세대를 거쳐 부모에게서 자녀에게로
      전수된다.

④ **가족투사 과정**

    ㉠ 부모는 자녀에게 동일하게 분화를 전수하지 않으며 부모의 문제가 많
      이 투사된 자녀일수록 다른 자녀보다 더 융합되고, 스트레스에 취약
      하며 감정적으로 행동한다.

    ㉡ 부모는 무의식적으로 더 취약한 자녀를 투사대상으로 선택하게 된다.

    ㉢ 가족 간의 융합 정도가 높을수록 투사 과정이 더 많이 일어나고, 이에
      따라 자녀의 정서적인 손상도 더욱 심각해진다.

(3) **치료 목표** : 다세대 간에 걸쳐진 삼각관계를 해체하여 개인의 자아분화를
촉진한다.

(4) **치료 기법** : 가계도 그리기, 치료적 삼각관계, 과정질문, 관계 실험, 나의
입장 기법

2) 미누친(Minuchin)의 구조적 가족치료

(1) 구조적 가족치료의 가정

① 변화에 잘 적응하지 못하는 역기능적 가족이 개인의 심리적 증상의 원인이라고 간주한다.

② 상호 간의 높은 지지를 보이지만 경계와 독립성이 없는 융합된 가족과 독립적이지만 정서적 지지가 없는 유리된 가족이 역기능적 가족의 형태이다.

(2) 구조적 가족치료의 구성 요소

① **구조** : 가족 구성원 간의 일관적인 상호작용의 방법을 말하며 가족 관계를 구성하는 예측 가능한 패턴을 포함하지만 묵시적이기 때문에 가족 구성원조차 규칙을 알아차리지 못한다.

② **하위 체계** : 하위 체계는 가족 구성원이 수행하는 역할과 기능을 정의하며 가족은 다양한 하위 체계로 구성된다. 각 구성원은 둘 이상의 하위 체계에 속하지만 행동과 태도는 주로 우세한 하위 체계를 따르는 경향이 있다. 예 자녀가 있는 부부는 부부 체계이면서 부모 체계

③ **경계선**

다양한 하위체계를 분리하며 가족 구성원 간의 접촉의 양을 조절하고, 개별성과 자율성을 정한다. 경계선은 경직된 경계선에서 밀착된 경계선까지의 연속선상에 존재한다.

   ㉠ 경직된 경계선 : 가족 구성원 간이나 또는 외부체계와도 거의 접촉이 없는 상태

   ㉡ 명확한 경계선 : 서로 정서적으로 지지하지만 가족 구성원은 서로 자율적이고 독립적인 상태

   ㉢ 밀착된 경계선 : 서로 지나치게 밀착되어 있으며, 가족 구성원 간의 독립성이나 자율성이 없고 미분화된 상태

④ **위계구조**(Hierarchy) : 가족 내의 권위와 책임을 근간으로 한 가족 구성원 각자의 위치를 의미한다. 가족이 기능적이기 위해서는 부모 체계와 자녀 체계가 분리되어 있어야 하며 부모 체계가 자녀 체계보다 상위에 위치해야 한다.

(3) 치료 목표 : 건강한 모습으로 가족의 재구조화

(4) 치료 기법 : (치료자가) 가족에 합류하여 적응하기, 재현하기, 가족지도 그리기, 경계선 설정, 가족 신념에 도전하기

기출 DATA
Satir의 경험적 가족치료모델
2017-3회

3) 사티어(Satir)의 경험적 가족치료 모델(합동 가족치료)

(1) 경험적 가족치료의 기본가정

① 가족의 문제는 표현되는 말과 내면적 의도가 일치하지 않는 역기능적인 의사소통 패턴에서 야기된다.

② 언어적·비언어적 메시지가 일치하지 않는 이중메시지의 원인은 낮은 자존감과 타인과의 관계를 중요하게 생각하지 않거나 지나치게 중요하게 여기는 태도에서 비롯된다고 여긴다.

(2) 사티어(Satir) 모델의 일반적 신념

① 모든 사람에게 변화가 가능하다.

② 모든 사람은 자신의 문제에 성공적으로 대처할 수 있는 내적 자원을 지닌다.

③ 모든 사람은 자기 자신의 선택권자이다.

④ 모든 사람은 감정을 지니며 자신의 감정에 책임을 져야 한다.

⑤ 과거에 대한 수용과 감사는 현재를 발전시키는 밑거름이 된다.

(3) 가족 구성원의 4가지 구성 요소

① 가족 구성원의 자존감

㉠ 자존감은 자기 자신에게 느끼는 신뢰감, 존중감, 애착으로 가족은 개인의 자존감 형성에 중요한 역할을 하게 된다.

㉡ 규칙이 많지만 일관성이 없어 경직된 역기능적 가족은 낮은 자존감의 원인이 되며 가족문제의 근원은 가족 구성원의 낮은 자존감이다.

㉢ 자존감은 문제 해결을 위한 자원이기 때문에 Satir는 자존감의 증진을 가족치료의 목표로 삼는다.

㉣ 가족 구성원의 자존감을 높이기 위한 전략

ⓐ 치료자가 가족 구성원 각자에게 가치 있는 사람이라는 사실을 말로 표현한다.

ⓑ 가족 구성원의 장점을 말해준다.

ⓒ 가족 구성원이 지닌 정보를 요청한다.

ⓓ 상담자의 의사소통이 명확하지 않을 때 가족 구성원이 명확함을 요구할 수 있다고 제시한다.

ⓔ 가족 구성원 각자가 서로의 행복을 위해 어떻게 기여할 수 있는지 질문한다.

◎ 핵심 키워드
사티어의 경험적 가족치료 모델
사티어의 가족 의사소통 유형

ⓕ 가족의 변화를 이끄는 한 팀으로서 치료자와 가족이 협력하여 일어나게 되는 변화에 대한 생각을 보여준다.

② **가족 의사소통 유형**

ⓐ 회유형 : 다른 사람은 존중하지만 자신의 진정한 가치 또는 감정은 무시하며 의존적이고 상처받기 쉽고, 자아개념이 약하다.

ⓑ 비난형 : 오직 자신만 생각하고 다른 사람은 무시하며, 완고하고 독선적이며 융통성이 없다.

ⓒ 초이성형(계산형) : 비인간적인 객관성과 논리성의 소유자이며, 자신과 타인을 무시하고 믿지 못한다.

ⓓ 산만형(혼란형) : 주변 상황과 관계 없이 행동하며, 버릇이 없고 혼란스럽다.

ⓔ 일치형 : 자신 및 타인, 상황을 모두 존중하고 신뢰한다. 또한 자존감이 높고 자율적이며 유연하다.

③ **가족 체계의 역학** : 치료사는 가족 구성원의 연결 형태와 각 구성원의 행동이 다른 가족 구성원에게 미치는 영향을 파악하여 모두가 조화롭고 행복하게 지낼 수 있도록 가족 구성원의 개인적 조정을 돕는다.

④ **가족 규칙**

ⓐ 역기능적인 가족의 구성원들은 서로를 존중하거나 이해하지 못하도록 방해하는 은밀한 규칙을 지닌다.

ⓑ 가족 규칙을 탐색함으로써 은밀한 규칙을 명확하게 하고, 변화시키도록 다양한 기법을 적용한다.

(4) **치료 목표** : 개인의 성장, 증상 완화, 사회적 적응, 외적 행동과 내적 경험의 일치를 목표로 한다.

(5) **치료 기법** : 빙산 탐색, 원가족 삼인군 치료, 가족 조각

나의 필기 노트

◎핵심 키워드
전략적 가족치료
MRI 상호작용 모델
헤일리의 전략적 구조주의 모델
밀란 모델

4) 전략적 가족치료

(1) 전략적 가족치료의 기본가정

① 가족문제는 특정 가족원의 개인적 문제가 아니라 가족 전체의 역기능적인 상호작용과 위계로 발생하게 된다.

② 치료사는 행동의 이유나 배경보다 반복적으로 나타나는 가족 상호작용에 초점을 두고 역기능적 상호작용에 직접 개입하여 변화를 유도한다.

(2) 전략적 가족치료의 주요개념

① **사이버네틱스** : 나타난 문제는 잘못 시도된 해결방안의 연속이자 정적인 피드백의 확대에 의해 생겨나는 만성적인 것이다.

② **구조적** : 문제는 가족의 경계나 가족권력의 연합으로 인해 생긴 구조적인 것이다.

③ **기능적** : 가족구성원 중 누군가를 통제하거나 보호하려 할 때 나타나는 문제는 전체 가족체계가 유지되도록 돕는 기능적인 것이다.

(3) 전략적 가족치료의 세 학파

① **MRI**(Mental Research Institute) **상호작용 모델** : 문제를 유지시키는 가족의 상호작용(정적 피드백 고리)에 관심을 두고 상호작용의 내용보다 과정을 중시한다. 역설적 기법을 사용하여 문제해결중심의 단기전략적 접근모델을 제안하여 가족규칙의 변화를 도모한다. 주요 치료기법으로 재정의(reframing), 증상 처방과 같은 역설적 개입을 사용하였다.

※ 주요 학자 : 와츠래비크(Watzlawick), 위클랜드(Weakland), 휘시(Fisch), 헤일리(Haley)

② **헤일리**(Haley)**의 전략적 구조주의 모델** : 내담자의 증상을 다른 가족을 통제하고자 하는 부적응적 수단으로 간주하며 치료적 이중구속을 통해 증상의 유지를 어렵게 만드는 기법을 사용한다. 전략적 구조주의 모델은 문제가족을 위계구조가 혼란하고 세대 간 연합되어 있으며 문제를 해결하지 못하는 반복적 연쇄 과정에 빠져있다고 간주하였다. 주요 치료기법으로 재명명화(relabeling, 재정의 ; reframing), 증상 처방과 같은 역설적 개입을 사용하였다.

※ 주요 학자 : 헤일리(Haley), 메더네스(Madanes)

③ **밀란**(Milan) **모델** : 밀란 가족 연구팀에 의해 발전되었으며 가족의 게임규칙에 초점을 두고 규칙에서 벗어나지 못하는 가족원에게 역설적으로 접근하여 가족의 신념체계가 변화할 수 있도록 조력한다. 4인의 남녀 공동 치료팀이 평균 한 달에 한 번, 10회기 미만, 총 치료기간은 1년 정도가 소요되는 장기간 단기치료를 진행한다. 주요 치료기법으로

긍정적 의미부여, 가족의식과 같은 역설적 개입을 사용하였다.

※ 주요 학자 : 파라졸리(Palazzoli), 프라타(Prata)

◎핵심 키워드
전략적 가족치료의 역설적 개입

(4) **전략적 가족치료의 역설적 개입(중재)**

① **증상 처방** : 핵심원리는 통제로써 치료사의 지시를 거부하여 증상을 버리거나 치료사의 지시대로 순응하여 증상에 대한 통제가 내담자 자신에게 있다는 사실을 깨닫게 한다. **예** "매일 2시간씩 부부싸움을 하세요."

② **고된 체험기법** : 내담자가 증상이 나타날 때마다 괴로운 일을 수행하도록 하여 증상의 유지를 증상의 포기보다 더 어렵게 한다. 단, 내담자의 바람과 일치되어야 하며 내담자에게 불건전하거나 해를 입혀서는 안 된다.

예 "남편과 그만 살고 싶다는 생각이 들 때마다 온 집안을 손 걸레질하며 청소하세요."
(남편과의 권태기로 괴로워하는 내담자)

③ **위장 기법** : 정해진 시간마다 내담자는 증상을 가진 척하고 내담자의 가족은 도와주는 척하는 연극적 기법이다.

예 "매일 오후 5시마다 영철이는 헐크가 되는 겁니다." (분노발작을 보이는 아동을 치료할 때)

④ **은유기법** : 직접적으로 다루고 싶지 않은 문제를 은유, 비유를 통해 접근한다.

예 성적인 문제로 갈등을 겪는 부부에게 성적 문제를 보다 말하기 쉬운 먹는 문제로 비유하여 대화하고 생각하게 한다.

⑤ **긍정적 의미(부여)기법** : 문제가 지속되게 만드는 가족의 행동을 재구성한다.

예 등교거부로 갈등을 겪고 있는 부모에게 등교거부의 긍정적 의미를 다음과 같이 부여한다. "따님의 등교 거부는 아버지의 비난을 받는 어머니를 지켜주기 위한 행동일 수 있습니다."

⑥ **순환질문** : 가족 각자가 가족관계 또는 서로의 상호작용에 대해 질문하도록 한다.

⑦ **(가족)의식기법** : 일정한 의식을 만들어 게임을 하도록 하여 가족게임을 과장되게 인식하도록 하여 비합리성을 깨닫도록 한다.

⑧ **불변의 처방** : 부모의 동맹을 강화하고 다른 가족연합을 해체시킨다.

◎핵심 키워드
해결중심 단기치료

5) 해결중심 단기치료

(1) 기본 가정

① 내담자의 문제와 증상은 옳은 길이 단 한 가지만 있다고 믿는 내담자의 세계관에서 온다고 가정하기 때문에 내담자에게 새로운 삶의 기준 틀을 제시함으로써 내담자는 바로 효율적으로 행동할 수 있다고 간주한다(내담자가 상담 이전에 이미 변화할 준비가 되어 있다고 가정함).

② 내담자 문제의 근원은 중요하게 여기지 않으며 과거보다 현재와 미래에 초점을 두고 과거의 병리적 문제보다 현재의 건강, 긍정적 변화를 강조한다.

③ 변화는 지속적으로 파급 효과를 내기 때문에 작은 변화라도 전체 체계를 바꿀 수 있다고 간주한다.

④ 인간은 자신의 문제를 해결할 능력을 지닌다고 간주한다.

⑤ 내담자의 정신적 문제에 대한 심층적 분석을 중요하게 생각하지 않으며 내담자가 자신의 문제를 해결하기 위해 최선을 다한다고 가정한다.

⑥ 내담자가 해결할 수 있는 문제를 먼저 다루게 하고 문제가 있다는 생각을 적게 하는 것이 문제 해결에 도움이 된다고 본다.

⑦ 내담자가 문제를 지니지 않았던 과거를 살펴보고 해결책에 대한 실마리를 찾는다(예외상황 발견).

⑧ 해결책은 문제와 직접적 관계가 없으며 융통성을 발휘해 다양한 문제를 해결할 수 있는 만능열쇠 방식을 제안한다.

(2) 치료 단계

① 1단계(해결 가능한 문제의 파악) : 내담자의 문제, 증상을 병리적으로 보지 않고 일상경험을 제대로 다루지 못한 결과로 여긴다.

② 2단계(목표의 설정) : 내담자와의 협력으로 자세하고 관찰 및 측정이 가능하며, 명확한 목표로 설정하고 문제 상황에서의 행동 수정, 관점과 인생관의 수정, 내담자의 자원/상황 및 강점을 파악한다(목표 설정을 위해 기적질문을 활용함).

③ 3단계(치료전략의 활용) : 치료 전략을 효과적으로 적용하고, 활용한다.

④ 4단계(전략적 과제로 변화 유도) : 이 과정에서 내담자의 노력, 성취를 칭찬하고 과제를 끝낼 수 있도록 격려한다.

⑤ 5단계(내담자의 긍정적 변화 확인) : 내담자에게 과제가 부여된 다음 회기에 새로운 긍정적인 행동 및 변화를 확인하며 강조한다.

⑥ 6단계(안정화) : 치료 과정에서 이뤄낸 성취를 견고하게 하고 더 나은 성취를 이루도록 격려하며 점진적으로 세상에 대한 관점을 긍정적이고 희망적으로 바꿔가도록 조력한다. 내담자의 진전 과정을 살피고 기대한 만큼의 변화가 빨리 일어나지 않는 경우에 내담자가 실망하지 않도록

돕는다.

⑦ **7단계**(내담자 목표의 성취/종결) : 주로 목표를 성취한 내담자가 하는 경우가 많으며 이후 추가적 문제 해결을 위해 다시 내담할 수 있다는 점을 내담자에게 상기시킨다.

(3) **해결책의 발견**

① 내담자는 자신의 문제를 잘 이해하며 어떤 해결책이 효과적인지 잘 알고 있는 전문가이다.

② 내담자는 변화를 위한 충분한 자원을 지닌다.

③ 내담자에게 이미 일어나는 자연적이며 자발적인 변화에 집중한다.

④ 예외적인 부분을 살피고, 긍정적인 면을 부각한다.

⑤ 반복되고 있는 비생산적 행동의 결과를 차단하고 수정한다.

⑥ 어떤 전략적 과제가 내담자에게 도움이 되는지 설명하여 내담자의 동기를 높이고, 내담자가 회의적인 태도를 보일 경우, 싫으면 언제든 그만둘 수 있는 실험적 과제를 제시한다.

⑦ 중재 방식은 내담자의 세계관과 일치하도록 한다.

⑧ 과거의 해결책을 참고하여 미래의 해결방안을 모색한다.

⑨ 과제를 제안하고 칭찬을 많이 하며, 과제 실행 과정을 격려하여 낙관적 태도를 증진한다.

⑩ 지속되는 비효과적 행동을 중지시키는 것이 아니라 새로운 행동을 하도록 한다.

⑪ 변화에 대한 기대, 다르게 생각하고 행동할 수 있는 기반을 만들어 내도록 한다.

⑫ 실용적이고 구체적인 해결방안을 마련한다.

(4) **주요 기법**

① **질문기법**

㉠ 기적질문 : "기적이 일어나서 자고 일어난 아침 당신의 모든 문제가 해결되었다면 무엇을 통해 문제가 해결되었는지 알 수 있을까요? 달라진 것이 무엇일까요?"

㉡ 척도화된 질문 : "지금 겪고 계신 어려움을 10점 만점 중에 몇 점으로 표현할 수 있을까요? 몇 점 정도가 되면 불편함을 느끼지 않을까요?"

㉢ 예외질문 : "불안을 느끼지 않았던 날은 어떤 일이 있었나요?"

㉣ 대처질문 : "어떻게 그런 어려운 상황을 해결해 나갈 수 있었나요?"

② 강점과 성공을 강조한다.

③ 변화를 촉진하는 비유, 상징, 격언 등의 간접적 메시지를 활용한다.

기출 DATA
해결중심 단기치료의 질문기법
2020-3회

◎핵심 키워드
해결중심 단기치료의 주요 기법

04 중독상담
CHAPTER

Key Point

중독이란 중대한 문제가 있음에도 불구하고, 뇌의 보상체계를 활성화하는 물질·비물질 관련 행위를 지속적으로 조절하지 못하는 상태를 말한다. 이러한 중독을 바라보는 다양한 이론과 중독단계, 중독에서 벗어나도록 돕는 동기강화 상담과 같은 개념을 숙지해야 하며 정신약물학에 대한 이해가 필요하다.

나의 필기 노트

◎ 핵심 키워드

중독모델
• 질병모델
• 도덕모델
• 심리 성격모델
• 사회적 학습모델

1 ≫ 중독상담의 기초

1) 중독모델

(1) 질병모델

① 중독을 생물학적, 환경적 요인의 상호작용을 통해 평생 동안 지속되는 질병으로 보는 관점이다.

② 중독성 물질이 인체 내부에서 작용하여 신체와 정신을 역기능적으로 바꾸기 때문에 중독은 개인의 의지 부족이나 도덕성의 문제가 아니라 생물학적, 유전적 취약성을 지닌 사람이 약물을 사용하면서 발생된다고 본다.

③ 개입방법은 의사의 약물처방, AA모임 등이 있다.

(2) 도덕모델

① 중독을 사회적 규범의 파괴 행위이며 처벌받아야 하는 범죄행위로 보는 관점이다.

② 개입방법은 도덕적, 법적 처벌이 있다.

(3) 심리 성격모델

① 개인의 인격, 성격적 취약성으로 인해 중독이 발생한다고 보는 관점이다.

② 중독적 성격은 낮은 자존감과 스트레스 대처능력, 충동 조절의 어려움, 자기중심적 성향, 타인을 조종하는 경향을 지니며 이러한 성격은 유전된다고 여긴다.

③ 적응적 성격으로의 성격 재구조화가 필수적이며 정신치료, 가족치료 등으로 개입한다.

(4) 사회적 학습모델

① 중독은 학습의 결과로 조건화된 경험에 의한 기대로 강화된다고 보는 관점이다.

② 개입방법은 왜곡되거나 결여된 대처 기술을 수정하고 적응적 기술을 학습하는 것이다.

2) 중독의 단계

◎핵심 키워드
중독의 단계
변화단계 이론

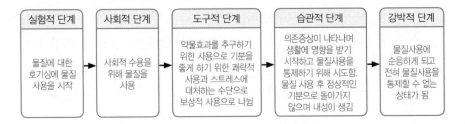

실험적 단계	사회적 단계	도구적 단계	습관적 단계	강박적 단계
물질에 대한 호기심에 물질 사용을 시작	사회적 수용을 위해 물질을 사용	약물효과를 추구하기 위한 사용으로 기분을 좋게 하기 위한 쾌락적 사용과 스트레스에 대처하는 수단으로 보상적 사용으로 나뉨	의존증상이 나타나며 생활에 영향을 받기 시작하고 물질사용을 통제하기 위해 시도함. 물질 사용 후 정상적인 기분으로 돌아가지 않으며 내성이 생김	물질사용에 순응하게 되고 전혀 물질사용을 통제할 수 없는 상태가 됨

Prochaska(프로차스카)가 제안한 내담자의 행동변화 계획 6단계 `2020-1 기출`

Prochaska(프로차스카)는 행동 변화에 대한 초이론적 모델(Transtheoretical Model, TTM)을 제안하였다. 이미 행동 변화를 이룬 사람들의 행동 패턴을 조사하며 행동변화가 달성된 목표가 아니라 수년 혹은 수개월 동안 지속되는 과정임을 발견하였다. Prochaska(프로차스카)는 사람들의 변화과정에서 보이는 발전은 직선형이 아니라 나선형이라고 제안하였다. 나선형의 변화란 내담자들이 변화 과정에서 변화를 유지하지 못하고 이전 단계로 돌아가기도 하지만 변화과정을 지속하면 결국에는 변화 이전의 부정적 행동에서 벗어나 새로운 행동습관을 갖는다는 것이다.

• 1단계 – 인식전단계(Precontemplation) : 내담자가 아직 변화에 대해 생각하지 않는 단계로 변화하고자 하는 마음이 없고 시도도 할 수 없다.
• 2단계 – 인식단계(Contemplation) : 내담자는 변화의 가능성을 생각하기는 하지만 변화에서 오는 이익과 비용에 대한 생각으로 양가감정을 느끼며 변화에 대한 확신이 없다.
• 3단계 – 준비단계(Preparation) : 내담자는 가까운 미래에 변화하려는 마음을 먹고 변화에 대한 계획을 세우는 시기로 이 단계에서 실행 가능한 목표를 세우는 것이 중요하다.
• 4단계 – 행동실천단계(Action) : 내담자가 적극적으로 변화하는 단계로 개인적인 노력과 시간을 많이 들여야 하는 시기이고 아직 행동변화가 일정하게 지속되지는 않는다.
• 5단계 – 유지단계(Maintenance) : 내담자의 행동변화가 6개월 이상 지속된 단계로 변화를 유지하기 위해 주변의 지원이 필요한 단계이다. 변화 이전의 단계로 돌아가지 않기 위해 계속 노력하는 단계이지만 이전 단계보다는 변화유지에 대한 자신감이 있어 돌아갈 확률이 적다.
• 6단계 – 종료(Termination)/재발(Relapse) : 종료단계에서 내담자는 더 이상 변화 이전의 단계로 돌아가려는 유혹에 빠지지 않고 변화유지에 대해 완전하게 자기효능감을 갖게 된다. 또는 내담자는 변화 이전으로 되돌아가는 재발을 경험할 수 있는데 이 단계에서 내담자는 결과에 대처하며 앞으로 어떻게 해야 할지 결정한다.

3) 정신 약물학

◎핵심 키워드
정신 약물을 알아야 하는 이유

(1) 정신 약물을 알아야 하는 이유

① 정신과 의사에게 의뢰할 필요성을 판단하기 위해서이다.

② 약물치료와 상담 기술에 대한 최신 연구 정보를 습득하기 위해서이다.

③ 신뢰할 수 있으며 신중한 태도로 약물을 처방하는 의사에게 내담자를 의뢰하기 위해서이다.

④ 내담자 상황에 대한 정보 교환 시 명확한 용어로 전달하기 위해서이다.

⑤ 가장 보편적으로 사용되는 약물 효과와 부작용을 알아야 하기 때문이다.

⑥ 내담자가 복용 지시 사항을 준수하지 않을 때 이를 지키도록 격려하고 나타날 수 있는 부정적 결과를 인식해야 하기 때문이다.

⑦ 내담자가 약물 투여를 중단했을 때 금단 현상을 견딜 수 있도록 돕기 위해서이다.

(2) 정신약물치료

① **우울증 치료제**[선택적 세로토닌 재흡수 억제제(SSPIs ; Selective Sero-tonin Reuptake Inhibitors)]

㉠ 뉴런의 시냅스를 지나는 세로토닌 신경전달 물질의 전송량을 증가시키는 형태로 작용한다.

㉡ (주로 진정효과의) 기분 조절, 수면과 각성, 신체적 고통 조절에 관련되어 우울증 감소 효과를 보인다.

㉢ 부작용은 진정 작용(졸리고 힘이 빠짐), 항콜린성 작용(입마름, 안구 건조증 등), 체중증가/감소, 성기능장애, 자살충동 등이 있다.

㉣ 명칭 : 플루옥세틴(Fluoxetine, 프로작), 에스시탈로프람(S-citalopram, Escitalopram, 렉사프로), 설트랄린(Sertraline, 졸로푸트)

② **양극성 장애 치료제**(리튬, Lithium)

㉠ 복용 시 양극성 장애의 우울증과 조증 모두가 감소된다.

㉡ 치료기제가 명확히 밝혀지지 않았다.

㉢ 부작용은 복통, 피부 발진, 배뇨 증가, 기억과 집중의 어려움이 있으며 이로 인해 내담자가 자주 복용을 중단한다.

(3) **불안장애 치료제**(벤조디아제핀, Benzodiazepine)

① 복용 시 근육 이완, 마음의 진정, 강박적 사고와 불면, 심장 두근거림, 공포감이 개선된다.

② 부작용으로는 과잉진정 작용(불면증 환자들에게 처방되기도 함)이 있으며, 장기간 또는 고용량 복용 시 강한 중독 증상(내성, 투여량 증가)과 금단증상을 보인다.

(4) 정신증 치료제

① **진정성 항정신병 약물**(Thiordanzine, cyamemazine, metatrimeprazine)
  ㉠ 복용 시 흥분, 초조함 등의 흥분성 증상이 진정된다.
  ㉡ 부작용으로는 혈압 저하, 운동조절장애, 식욕 저하, 입마름, 구토, 변비 등이 나타난다.

② **항결핍성 항정신병 약물**(Sulpiride, Fluphenazine, Pimozide)
  ㉠ 복용 시 자폐적 위축, 흥미의 결여 등 결핍성 증상이 호전된다.
  ㉡ 약물 종류에 따라 추체외로 부작용, 구강건조증, 식욕저하, 다뇨증, 고혈압, 변비 등의 부작용이 나타난다.

③ **항생산성 항정신병 약물**(Haloperidol, Chlorpromazine, Oxaflumazine)
  ㉠ 복용 시 망상, 환각 등이 억제된다.
  ㉡ 추체외로 부작용이 가장 두드러지게 나타난다.

2 ≫ 개입 방법

1) 선별 및 평가 - 중독 증상의 특징

(1) 특정 행동에 대한 지속적이고 빈번한 사고를 보인다.

(2) 특정 행동으로 인해 삶의 다른 중요한 면을 즐기지 못한다.

(3) 특정 행동의 중독으로 인한 부정적 효과를 인식한 후에도 통제/축소/중단이 불가능하다.

(4) 특정 행동을 감소하려는 시도를 할 때 초조함이나 짜증(과민함)을 낸다.

(5) 일정기간 특정 행동의 중단 시 불안감을 느끼거나 동요한다.

(6) 중독 대상을 이용해 다른 책임을 회피하려 한다.

(7) 행동 발생이 알려지면 자신과 타인에게 문제를 축소하고 부정 또는 과장한다.

(8) 고도로 위험한 행동을 하여 정서적, 신체적 안전을 위협한다.

(9) 특정 활동과 관련하여 행복감에서 수치심, 죄책감, 우울감에 이르기까지 강렬한 기분 변화를 느낀다.

추체외로 부작용
(Extrapyramidal side-effect)
근육 긴장 때문에 어색하고 부자연스러운 행동을 보이는 근긴장곤란증(Dystonia), 안절부절 못하는 좌불안석증(Akathisia), 손떨림, 무표정, 이상한 자세, 혀의 지속적 움직임, 입맛다시기 등이 해당되며 항정신병 약물 투약 시 나타나는 대표적인 부작용이다.

◎**핵심 키워드**
중독 증상의 특징

◎핵심 키워드

AA 12단계 모델

2) AA 12단계 모델

익명의 알코올 중독자 모임(AA)의 12단계 모델은 알코올의 과다 섭취뿐 아니라 삶을 대하는 태도, 살아가는 방식에 보다 근본적인 의문을 던지기 때문에 의미 있는 치료로 인식된다.

(1) 1단계 : 우리는 알코올 앞에 무력했고, 삶을 관리할 수 없게 되었다는 점을 인정했다.

(2) 2단계 : 우리보다 더 큰 힘이 우리의 정신건강을 회복시킬 수 있다는 사실을 믿게 되었다.

(3) 3단계 : 우리가 신을 이해하게 된대로, 우리의 의지와 삶을 신의 돌보심에 맡기기로 결심했다.

(4) 4단계 : 우리 자신을 두려움 없이 도덕적인 검토를 했다.

(5) 5단계 : 신과, 우리 자신과, 다른 사람들에게 잘못에 대한 정확한 본질을 인정했다.

(6) 6단계 : 이러한 모든 잘못을 신께서 없애주시도록 완전하게 준비되었다.

(7) 7단계 : 신께서 우리 단점을 없애 주시도록 겸손하게 간청했다.

(8) 8단계 : 우리가 해를 끼쳤던 모든 사람의 명단을 만들어 그들 모두에게 기꺼이 보상할 의지를 갖게 되었다.

(9) 9단계 : 그들이나 다른 사람들에게 해를 끼치는 경우를 제외하고는 가능하다면, 그러한 사람들(해를 끼쳤던 사람들)에게 직접 보상했다.

(10) 10단계 : 인격적인 검토를 지속해서 잘못이 있을 때마다 즉시 인정했다.

(11) 11단계 : 우리가 신을 이해한대로 기도와 명상을 통해 신과의 의식적인 접촉을 개선했고, 기도만이 우리에 대한 신의 뜻과, 수행할 수 있는 힘을 알게 한다.

(12) 12단계 : 이러한 단계들의 결과로써 영적인 각성을 얻었고, 이 메시지를 알코올 중독자들에게 전하고, 일상의 모든 면에도 이러한 원칙을 실천하려고 시도했다.

3) 동기강화상담

(1) 초기의 간단한 개입으로 비교적 지속되는 내담자의 변화를 이끌어낸다.

(2) 내담자의 변화에 대한 동기 강화를 목적으로 하는 의사소통적 접근방법이다.

(3) 중독에 대한 동기강화상담의 기본기법(OARS)

① **열린 질문하기**(Open question) : '예, 아니오' 형식이 아닌 다소 생각이 필요하거나 긴 대답을 요구하는 질문이다.

② **인정하기**(Affirming) : 내담자의 감정과 노력하려는 마음을 인정하고 지지함으로써 라포를 형성한다.

③ **반영하기**(Reflection) : 말하는 사람의 본래 의도가 무엇인지 추측하여 진술문의 형태로 말한다.

④ **요약하기**(Summarizing) : 내담자가 말했던 몇 가지를 모아서 반영하는 것으로 내담자가 말한 것을 기억하고 이해하기를 원한다는 의미를 전달하여 인정하는 것 또한 될 수 있다.

◎핵심 키워드
중독에 대한 동기강화상담의 기본기법(OARS)

4) 인터넷(게임, 스마트폰) 중독의 증상

(1) 내성(점점 더 인터넷 사용시간을 늘려야 만족하게 됨)과 금단(인터넷을 하지 않을 때 다양한 생리학적 문제와 심리적 어려움이 발생) 증상이 존재한다.

(2) 인터넷 사용과 관련된 현실적응 기능의 문제가 발생한다. 예를 들어 사회적(대인관계의 철회나 고립, 은둔형 외톨이), 직업적(업무 능률 저하, 실직) 및 학업적(학업성취 저하) 기능에서의 심각한 문제가 발생한다.

(3) 하루 중의 가용 가능한 대부분의 시간 동안 인터넷을 사용하며, 시간 가는 줄 모르고 인터넷에 빠지기 때문에 중요한 약속이나 해야 할 일을 잊어버린다.

(4) 다른 사람 앞에서 인터넷 사용 행동을 부인하며, 사람이 없고 혼자 있을 때 주로 인터넷을 사용한다.

(5) 식사 시간이 점점 줄고, 모니터 앞에서 먹기도 하며, 잠자는 시간을 줄이면서까지 인터넷에 빠지는 둥 인터넷 사용이 의식주 해결보다도 우선하게 된다.

(6) 이와 관련된 심리적이거나 신체적 건강상의 문제가 발생한다.

◎핵심 키워드
인터넷(게임, 스마트폰) 중독의 증상

219

기출 DATA
인터넷중독에서 벗어나는 방법
2022-3회,   2020-2회,
2017-3회

5) 인터넷 중독에서 벗어나는 방법

(1) 자신의 인터넷중독 행동에 대해 정확히 인식하여 인터넷중독에 대한 문제 의식을 갖게 한다.

> 예 얼마나 심각한지, 이로 인해 삶의 다른 중요한 영역에서 얼마나 많은 피해를 입고 있는 지, 이로 인한 심리적 및 물질적 손해는 얼마나 되는지 등

(2) 인터넷 사용 행동 외의 적절한 대안활동을 찾도록 한다.

> 예 친구와 만나거나 영화관을 가거나, 도서관을 가기

(3) 자극 통제방법을 사용하여 자기 통제력을 증진시킨다.

> 예 인터넷을 사용할 수 없는 곳에서 주로 활동하거나, 컴퓨터를 사용할 수 없도록 만들기

(4) 효율적인 시간 관리를 통해 인터넷 사용에 대한 욕구를 느낄 수 있는 무료한 시간을 없애도록 유도한다.

(5) 인터넷중독의 재발 가능성이 높기 때문에, 주변의 가까운 타인, 특히 가족이나 자주 만나는 친구들이 앞서 제시한 스스로 해내야 하는 방법을 내담자 스스로 잘 해내고 있는지 모니터하도록 한다.

6) 재발 방지

(1) 중독자가 지닌 심리적인 특성상 재발 시 쉽게 좌절하고, 무력감을 느끼며 자포자기하기 쉽기 때문에 상담자는 이를 충분히 공감해야 한다.

(2) 실제적 치료는 실패와 성공이 반복되며 천천히 회복되는 방향으로 나아감을 이해해야 한다.

(3) 재발로 인해 양가감정이나 대처 방식의 문제점이 발견되기도 한다.

(4) 미세하게 심리적으로 변화가 나타나는 것이 재발의 전조 증상임을 느끼지 못하는 경우가 많으므로 신속하게 대처할 필요가 있다.

특수 문제별 상담 유형

01 CHAPTER

Key Point

학습상담, 성문제 관련상담, 비행상담, 진로상담, 자살상담 등이 주요주제이다. 최근 사회적 이슈로 떠오르는 주제에 관한 상담을 더 주의해서 볼 필요가 있으며, 각 상담에서 만나는 내담자의 특징을 철저하게 인지하고 올바른 상담적 접근을 할 수 있는 역량을 갖추는 것이 중요하다.

1 》》 학습문제 상담

나의 필기 노트

◎ **핵심 키워드**
학습문제의 기본 특징

1) 학습문제의 기본 특징

(1) **성적 저하** : 성적은 부모, 또래, 자기 자신에게 자신의 가치를 나타내는 중요한 의미를 지니기 때문에 학업 성적의 저하는 걱정과 스트레스의 원인이 되며 좌절감, 열등감을 초래하고 정서적 문제를 야기할 수 있다.

(2) **시험 불안** : 특히 중요한 시험을 볼 때 극심한 불안을 느끼며 시험지를 볼 때 글자가 보이지 않거나 손, 팔이 굳어져 답안지 작성이 어려워지기도 한다.

(3) **학업 능률 저하** : 학습에 대한 동기도 높고, 학습에 많은 시간을 투자하지만 성적이 잘 나오지 않거나 부진하다.

(4) **공부에 대한 회의감과 동기의 저하** : 학습에 대한 의미를 느끼지 못하고 학습을 소홀히 하며 본인보다 부모나 교사에게 문제시된다.

(5) **학업관련 문제** : 학업으로 인해 부모와 갈등을 겪거나 성적이 부진한 학생은 또래 놀림의 대상이 되는 등 다양한 문제가 파생될 수 있다.

2) 학습문제 상담의 실제

(1) **학습 동기 유발** : 내·외적 동기와 성공추구적·실패회피적 동기를 적절하게 활용하여 흥미를 유발시킨다.

(2) **시간 관리 전략** : 효율적인 학습을 위해 시간 사용을 계획하고, 이를 실천하도록 독려한다.

(3) **집중력 향상** : 환경, 개인, 과제와 관련하여 집중력을 높이도록 한다.

(4) **인지적 전략** : 시연, 조직화, 정교화 전략을 사용하여 학습능률을 높인다.

3) 학습문제 상담 시 고려사항 – 학습 관련 요인

(1) **인지적 영역** : 두뇌(Brain)의 기능, 지능(Intelligence), 과목별 선행 학습 수준, 학습 전략 등이 해당된다.

(2) **정의적 영역**

① **동기**(Motivation)

　㉠ 내(재)적 동기 : 개인적 흥미에 따라 자연스럽게 발휘되는 동기를 말한다.

　㉡ 외(재)적 동기 : 과제를 통해 얻게 되는 이익에 따라 발휘되는 동기를 말한다.

　㉢ 학습 동기 : 학습자로 하여금 특정 학습의 준비 또는 일련의 학습을 지속시키도록 하는 내적·외적 조건을 말한다.

　㉣ 학습 무동기 : 학습하려는 동기가 없거나 부족한 상태를 말하며, 호기심 부족, 겁이 많은 기질, 사회적 보상에 둔감한 기질, 낮은 인내력, 약한 처벌, 또는 학습에 대한 강화요인이 없거나, 특정 귀인 성향(**예** 학습부진의 원인을 안정적이며 통제불가능하다고 생각함)이 원인이 되어 나타난다.

② **학습된 무기력** : 거듭된 실패 경험으로 자신의 반응이 혐오 자극에 어떠한 영향도 미칠 수 없다는 것을 사전에 학습한 결과에서 기인한다(Seligman, 1967).

③ **자아 개념**(Self – concept, 자기개념) : 자기 자신에 대한 포괄적 평가를 말하며 부정적인 자기 개념은 학습 동기를 저하한다.

④ **학습에 대한 흥미** : 학습에 흥미가 없을 때 학업 성적 저조로 이어진다.

⑤ **불안**(Anxiety) : 불안에 취약한 특성 불안과 시험 상황이라는 상태 불안이 학습 문제에 영향을 미친다.

(3) **환경적 영역** : 부모와 교사, 학급 분위기, 학교 환경 등이 학습 문제에 영향을 준다.

과잉 정당화
내적 동기에 의해 하고 싶어서 수행했던 과제에 보상을 주면 내적동기가 감소된다.

성인과 구분되는 아동심리치료의 고유한 특징
2020-3, 2017-1, 2010 기출
• 아동은 축소된 성인이 아니기 때문에 자발성, 변화의 동기, 착석 능력, 언어적 표현 등을 당연하게 여겨서는 안 된다.
• 아동은 놀이를 통해 자신의 생각이나 감정을 표현하기 때문에 놀이를 중요하게 다루어야 한다.
• 아동은 발달단계에 있기 때문에 스스로 자신의 생활조건을 변화시킬 수 있는 힘이 거의 없음을 치료자는 인식해야 한다.
• 아동은 부모에게 의존하는 상태이므로 치료자는 가족의 역동을 이해하고 변화시키도록 노력해야 한다.
• 아동청소년은 성인과는 달리 법정대리인의 요구가 있을 때 비밀보장의 의무를 지킬 수 없다. 따라서 치료를 시작할 때 아동청소년 내담자에게 비밀보장의 한계를 설명해야 한다.

2 » 성 문제 상담

1) 성피해자 상담 시 고려사항

(1) 성피해자가 성폭력 피해가 없다고 계속 주장하면 일단 수용하며 언제든지 상담의 기회가 있음을 알려야 하고, 피해자가 자신의 감정을 솔직하게 드러내지 않아도 정상적인 감정이라고 수용해주어야 한다.

(2) 상담자는 내담자에게 상담의 주도권을 주고, 내담자가 현재 표현할 수 있는 내용만 언급할 수 있도록 배려한다.

(3) 상담자는 내담자와의 신뢰 관계를 유지하여 치료 관계 형성에 힘써야 한다.

(4) 상담자는 내담자의 언어적 표현과 비언어적 표현 모두에 주의를 기울여 그에 대한 적절한 반응을 해야 한다.

(5) 상담자는 내담자의 가족상황, 피해로 인한 합병증 여부를 파악해야 한다.

2) 성피해자 상담 시 필요한 조치

(1) 위험 요소로부터 멀리 피하도록 조치한다.

(2) 내담자에게 안정적이고 지지적인 환경을 제공할 수 있도록 편안하게 진정시킨다.

(3) 의료적 개입, 법적 개입 및 관련 전문기관에 대한 정보를 제공한다.

(4) 가족이나 친구 등 가까이에서 현재 도움을 받을 수 있는 사람에게 도움을 청하도록 하거나, 실제로 접촉한다.

(5) 실제 지원을 해줄 수 있는 관련기관에 연계시킨다(병원, 경찰서, 상담센터에 연락하여 내담자와 연결시킴).

◎핵심 키워드
비행청소년의 특징
비행청소년 상담 시 고려사항

3 》》 비행 청소년 상담

1) 비행 청소년의 특징

(1) 충동 조절의 어려움, 공격성 등을 포함하는 낮은 자기 통제감을 특징으로 한다.

(2) 부모의 학대나 방임, 지나치게 허용적인 양육태도, 가정 폭력 등이 관련된다.

(3) 학업 부진과 학교 적응의 어려움, 다른 비행 청소년과의 교류, 진로에 대한 낮은 관심도 비행을 높이는 원인으로 작용한다.

2) 비행 청소년에 대한 접근 방법 및 상담자의 역할

(1) 비행 청소년은 상담을 받고자 하는 동기가 낮고 비자발적이기 때문에 신뢰 있는 치료적 관계를 형성하는 일이 가장 중요한 과제이다.

(2) 무조건적 존중, 공감적 이해로 라포 형성에 힘쓰며 적정한 한계가 있고, 자유롭고 안정감을 느낄 수 있는 분위기를 형성한다.

(3) 사회적으로 바람직한 방향으로 욕구를 표현할 수 있도록 대인 관계기술을 훈련한다.

(4) 작은 부분이라도 긍정적인 부분을 인정하고 그러한 행동이 강화될 수 있도록 한다.

(5) 부적응적 행동을 감소하기 위해 적개심과 반항을 야기하는 처벌보다는 긍정적 강화를 사용하도록 한다.

(6) 역기능적인 가정환경을 탐색하여 수정하도록 한다.

나의 필기 노트

4 》 진로상담

1) 진로상담의 의미

(1) 진로란 한 개인이 일생동안 일과 관련해 경험해가는 모든 체험을 말하며 직업적 경력을 의미하는 과거 지향적 요소와 생의 행로를 의미하는 미래적 요소를 모두 포함하는 개념이다.

(2) 진로 상담이란 개인의 진로 발달을 촉진하거나 진로를 계획하고, 진로나 직업의 선택과 결정 및 실천, 직업 활동에서의 적응, 진로 변경 등에 속하는 과정을 도와주는 활동을 말한다.

2) 진로상담의 이론

(1) **특성－요인 이론(Parsons, Williamson, Hull)** : 진로상담의 초창기 이론으로 개인의 특성과 직업 구성 요인에 중점을 두며 어떤 특정 시기에 내리는 의사결정에 도움을 얻을 수 있는 이론이다.

(2) **홀랜드(Holland)의 성격이론**

① 대부분의 사람들이 실재형(현장형, R), 탐구형(I), 예술형(A), 사회형(S), 기업형(설득형, E), 관습형(사무형, C) 중 한 유형으로 분류될 수 있다고 가정한다.

② 대부분의 환경도 위와 같은 여섯 가지 유형으로 분류될 수 있는 것으로 가정한다.

> **예** 특정 환경에서는 특정 유형의 사람이 우세하다고 가정한다. 즉, 예술형 환경에서는 예술형 사람이 우세하다고 가정한다.

③ 대부분의 사람은 자신의 능력을 잘 발휘할 수 있는 환경을 추구한다고 전제한다.

④ 사람들의 행동은 흥미－환경 간의 상호작용에 의해 결정된다고 가정한다.

◎**핵심 키워드**

Holland 성격유형 RIASEC

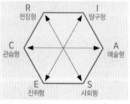

• 현장형(R)
 － 도구 조작, 기계, 동식물에 관심
 － 말수적고 사교적이지 않은 편
• 관습형(C)
 － 책임감이 강함
 － 세심, 꼼꼼, 미리 준비하는 성향
 － 구체적 일, 공부 선호
• 진취형(E)
 － 리더십 강함
 － 토론, 논쟁 즐김
 － 외향적, 적극적, 경쟁적 활동 참여
• 탐구형(I)
 － 탐구적, 호기심
 － 논리적, 합리적 사고
 － 혼자하는 일에 집중
• 예술형(A)
 － 감수성 풍부
 － 예술분야 선호, 개성 뚜렷
• 사회형(S)
 － 타인 공감, 사교적
 － 함께 일하는 것을 즐김
 － 배려심 있는 행동

⑤ **부가적인 가정**

 ㉠ 일관성(Consistency) : 성격유형 간의 관련된 정도로 육각형 모형에서 두 유형의 근접성에 의해 결정되며 환경유형에도 적용된다.

 ㉡ 변별성(차별성, Differentiation) : 사람이나 환경이 잘 구별되는 정도로 차이가 높으면 변별이 잘됨을 의미한다.

 ㉢ 정체성(Identity)

  ⓐ 개인정체성 : 목표, 흥미, 재능 등에 관한 분명하고 안정적인 인식을 의미한다.

  ⓑ 환경정체성 : 조직의 투명성, 안정성, 목표, 보상, 일의 통합으로써 환경이나 조직의 분명하고 통합적인 목표와 업무를 말한다.

  ⓒ 일치성(Congruence) : 직업적 흥미가 직업 환경과 맞는 정도를 의미하는 개인-직업 환경의 적합성 정도를 의미한다.

  ⓓ 계측성(Calculus) : 육각형 모형에 따라 흥미 유형-환경 유형 관계가 결정되며 육각형 모형에서의 흥미 유형이나 환경 유형 간의 거리는 이론적 관계에 반비례한다.

(3) **슈퍼(Super)의 발달이론** : 진로발달 과정을 강조하며 전 생애에 걸쳐 진로발달이 이루어지고 변화한다는 관점을 지닌다.

(4) **타이드먼(Tiedeman)과 오하라(O'Hara)** : 직업발달을 의사결정 과정을 통해 직업적 자아정체감을 형성해 나가는 계속적 과정으로 주장한다.

(5) **터크만(Tuckman)** : 자아 인식, 진로 의식, 진로 의사결정이라는 3요소를 중심으로 8단계 진로 발달 이론을 제시하였다.

(6) **크럼볼츠(Krumboltz)의 사회학습이론**

① **진로선택에 영향을 미치는 4가지 요인**

 ㉠ 선천적인 능력(유전적 요인)

 ㉡ 환경적인 상황과 다양한 사건들(환경적 조작, 사건)

 ㉢ 학습된 선행 경험

 ㉣ 과제 접근 기술(당면한 문제에 대처하는 기술)

② **크럼볼츠가 제시한 상담의 목표**

 ㉠ 상담 목표는 내담자가 원하는 목표여야 한다.

 ㉡ 상담자는 내담자의 목표를 달성하도록 기꺼이 적극적으로 도와야 한다.

 ㉢ 내담자가 상담목표 성취 정도를 평가할 수 있어야 한다.

3) 진로상담의 기본 지침

(1) 진로상담의 일반적 목표

① **내담자 자신에 대한 보다 정확한 이해증진** : 올바른 진로선택을 위해서는 우선적으로 자기 자신에 대한 올바른 이해가 필수적이다.

② **직업 세계에 관한 이해의 증진** : 빠르게 변화하는 직업 세계에서 장래성이 있고 내담자 자신에게 맞는 일을 선택하기 위해 일과 직업 세계에서의 다양한 측면, 변화 양상 등에 대해 올바르게 이해할 수 있도록 돕는다.

③ **합리적인 의사결정 능력 향상** : 진로의 지도와 상담의 최종적 결과는 의사결정으로 나타나기 때문에 내담자가 의사결정 기술을 향상하도록 돕고 훌륭한 의사결정을 할 수 있도록 조력해야 한다.

④ **정보 탐색과 활용 능력 육성** : 고도로 정보화된 시대에서 직업세계에 대해 정확히 알고 선택을 하기 위해서는 자신에게 필요한 정보를 스스로 수집하고 적절하게 활용하는 능력이 필수적이다.

⑤ **일과 직업에 관한 올바른 가치관 형성 증진** : 일이란 생계수단뿐 아니라 자아실현, 사회봉사로의 의미도 지니기 때문에 일의 의미를 깨닫고 올바른 직업에 대한 가치관과 의식을 갖도록 돕는다.

(2) (학교) 진로상담의 기본 원리

① 조기에 만성적 진로 미결정자를 발견하고 의사결정을 돕는다.

② 내담자에 대한 신뢰와 공감적 이해를 보이도록 한다.

③ 효과적인 진로 관련 정보를 제공하기 위해 상담자는 직업세계에 관한 정보를 숙지하고 있어야 한다.

④ 내담자의 진로 결정 수준에 따라 상담자의 차별적 진단과 처치가 필요하다.

⑤ 내담자가 합리적 의사결정 기법을 배울 수 있게 돕는다.

⑥ 최종 선택은 내담자 스스로 하게 한다.

(3) 진로 교육을 실시하기 위한 지도 단계

① **1단계**(진로 인식 단계) : 초등학교 수준의 단계로 일의 세계, 장래 계획 등의 주제를 다루고 일에 대한 건전한 태도, 가치관을 형성한다.

② **2단계**(진로 탐색 단계) : 중학교 수준의 단계로 주요 직업 관련 영역을 탐색하고 자신의 흥미, 능력을 평가하며, 잠정적인 진로의 선택과 직업 계획을 수립한다.

③ **3단계**(진로 준비 단계) : 고등학교 수준의 단계로 앞서 잠정적으로 선택한 직업군 취업에 필요한 직업적 기술, 지식을 습득하고 구체적 진로 계획안을 세운다.

④ **4단계**(진로 전문화 단계) : 대학교 수준/성인 단계의 구체적 직업 지식을 함양하여 특정 직업 분야를 준비하며, 고용된 사람으로 의미있는 관계 형성의 기회를 갖고, 재교육 또는 선진 기술을 습득한다.

◎ **핵심 키워드**
진로상담 시 내담자 특성별 고려사항

4) 진로상담 시 내담자 특성별 고려사항

(1) 진로 결정 내담자

① 내담자가 결정한 목표를 위해 더 많은 정보의 수집과 구체적인 실천 방안을 모색할 수 있는 실습 등의 기회를 제공한다.

② 진로 결정 과정에 따르는 불안을 감소시키고 자신감 향상을 위한 개입이 진행되어야 한다.

③ 결정된 진로를 실천하는 과정에서 직면하는 문제를 해결하고 잠재능력을 개발해 효과적으로 진로에 적응할 수 있도록 조력해야 한다.

(2) 진로 미결정 내담자

① 내담자가 진로를 결정하지 못하는 이유가 단순한 정보의 부족, 심리적인 문제인지 파악이 필요하다.

② 체계적 상담으로 자기 이해에 필요한 정보를 수집해 결정 범위를 좁혀 진로 결정을 스스로 할 수 있도록 돕는다.

③ 관심 분야가 지나치게 많을 경우, 의사 결정 기술을 배우도록 한다.

(3) 우유부단한 내담자

① 심층적 심리상담과 관련된 목표의 설정과 상담이 필요한 경우로 장기상담을 계획하고, 가족문제 또는 대인관계 문제에 관련된 개입이 필요하다.

② 내담자 문제의 근원적 역동을 이해하고 감정 반영이 효과적이다.

5 » 위기 및 자살상담

1) 위기 및 자살상담의 의미 및 이론

(1) **자살의 개념** : 자살이란 스스로 목숨을 끊는 것으로 죽고자 하는 의도에 의해 초래된 죽음이다.

(2) **자살의 특성**

① 자살은 우울한 사람이나 심각한 정신병리를 지닌 사람에게 국한되어 나타나는 것이 아니라 문제 해결에 대해 자살 이외의 다른 대처 방법을 찾지 못했을 때 발생한다.

② 자살에서는 절망감이 가장 중요한 요인이다.

③ 자살을 시도하는 사람은 여성이 많지만 자살을 성공하는 사람은 남성이 많다.

④ 자살률은 경제적 불황기에 상승하는 경향을 보이고, 경제적 번영에는 안정되며, 전쟁 중에는 감소하는 경향을 보인다.

⑤ 청소년기 자살의 위험 요인은 공격적·충동적이며 약물 남용 병력이 있는 행동장애, 과거 치명적인 방법을 사용하여 자살을 시도한 경우, 죽음에 관한 내용을 일기나 친구에게 자주 언급하는 경우 등이 있다.

◎핵심 키워드
자살의 특성

2) 위기 및 자살상담의 기본지침

(1) **자살위험 평가**

내담자가 실제 자살을 시도할 것인지 면밀하게 검토해야 한다.

① 자기보고 척도인 Beck의 우울척도(BDI ; Beck Depression Inventory), 무망감척도(BHS ; Beck Hopelessness Scale), 자살사고척도(BSSI ; Beck's Scale for Suicidal Ideation) 등을 실시하여 자살과 관련된 심리적 문제를 탐색하고 자살위험의 심각성을 평가한다.

② 내담자와의 면담을 통해 자살 관련된 내용을 구체적으로 탐색한다.

㉠ 자살 의도 탐색 : "자살하고 싶은 마음이 있는가?", "만일 그렇다면, 구체적으로 자살에 대해 생각해 본 적이 있는가?"

㉡ 자살 계획 평가 : "구체적으로 자살 계획을 세우고 있는가?"

기출 DATA
위기 및 자살상담의 기본지침
2022-1회, 2018-3회

ⓒ 자살 방법과 상황, 장소, 방법의 가용성에 대한 준비평가 : "자살 방법을 생각해 봤는가? 그 도구(혹은 상황)를 구하려고 시도했는가? 지금 가지고 (혹은 그 장소를 알고) 있는가?", "자살을 시도하는 데 필요한 것들을 구할 수 있는가?(자살 방법의 가용성)"

ⓔ 자살 시도 평가 : "자신이 생각한 방법으로 자살을 시도한 적이 있는가?"

ⓜ 과거력, 가족력이나 현재 상황에 대한 자살 관련 취약성 요인의 구체적 탐색 : "예전에 자살을 시도해본 적이 있는가?", "가족이나 친지, 가까운 주변 사람 중에 자살로 죽은 사람이 있는가?"

ⓗ 자살의 예방 요인 확인 : "예전에 자살을 생각해 보았지만 실제로 시도하지 않았다면, 그 이유가 무엇인가?", "현재 주변에 자살로 인해 슬퍼할 중요한 타인이 있는가?"

(2) 조 치

기출 DATA
자살 및 타살 우려 시 조치
2019-1회

① 상담이 끝난 이후 바로 자살 시도의 가능성이 높을 때는 보호자 동의하에 입원시키거나, 경찰에 알려 신체구금을 가한다.

② 지금 당장은 아니더라도 자살 가능성이 높을 때, 주변의 중요한 타인에게 알려 자살시도 가능성에 대한 준비를 하도록 시킨다.

③ 치료사와 다음 상담 때까지(또는 시간 제한이 명시된) 자살 시도를 하지 않겠다는 계약서 작성 또는 자살을 시도하고자 할 때 상담자에게 연락할 것에 대한 약속을 통해 자살 시도를 막는 사전 준비를 한다.

3) 위기 및 자살상담 시 고려사항

(1) 자살 위기 개입에서 상담자가 먼저 내담자에게 자살에 대해 질문해야 한다.

(2) 자살 위기는 그 어떤 위기보다 우선순위에 두어야 한다.

(3) 자살 위기는 시간-제한적인 특징을 지닌다.

01 주의력 결핍 및 과잉행동장애(ADHD)의 치료에서 사용될 수 있는 행동치료 기법 3가지를 적고 간략하게 설명하시오. 2009

모범답안

① **긍정적 강화** : 바람직한 행동을 보였을 때 보상을 통해 바람직한 행동을 강화한다.
  예 수업시간 동안 착석시간이 길어질 때 칭찬한다.
② **타임아웃** : 바람직하지 않은 행동을 보였을 때 일정시간 동안 긍정적 강화를 받을 수 있는 기회를 박탈한다. 예 놀이시간에 참여하지 못하고 1분 동안 생각하는 의자에 앉아 있는다.
③ **토큰경제** : 바람직한 행동을 할 때 지급하는 강화물을 실제 강화물 대신 토큰을 지급하고 일정량 이상 모이면 원하는 강화물로 바꾸어 주는 방법이다.
  예 수업시간에 대답을 잘 했을 때 스티커를 지급하고 스티커가 일정량 이상 모이면 정해진 보상을 준다.

02 "나는 모든 과목에서 반드시 A학점을 받아야 해. 그렇지 않으면 나는 실패한 사람이야."라는 생각은 벡(Beck)의 인지적 오류 중 어떤 오류인지 쓰고, 이 오류를 수정하는 데 가장 일반적으로 사용하는 치료기법에 대해 간략하게 설명하시오. 2011

모범답안

① **오류** : 이분법적 사고의 오류
② **치료적 기법** : 소크라테스식 질문법(대화법)을 사용한다. 소크라테스식 질문법은 대화를 이용해 내담자의 불확실한 지식을 진정한 개념으로 유도하는 기법으로 내담자의 비합리적 신념, 자동적 사고의 내용이 드러나게 되며 사고의 논리적 구조를 가정하기 때문에 더 깊은 수준의 인지적 왜곡인 핵심신념을 통찰할 수 있게 한다. 상담자의 질문과 내담자의 답이 오가는 과정에서 내담자는 스스로 비합리적 신념을 깨닫게 된다.

03 다음은 Satir의 의사소통 유형에 대한 설명이다. 괄호 안에 알맞은 의사소통 유형을 적으시오. 2011

• A ( ) : 상호작용하는 상황에서 다른 사람은 존중하지만 자신의 가치나 진정한 감정은 무시한다.
• B ( ) : 다른 사람들은 무시하고 오로지 자신만을 생각한다.
• C ( ) : 비인간적인 객관성과 논리성의 소유자이며 자신과 다른 사람을 과소평가한다.
• D ( ) : 주변상황과 관계없는 소란스럽고 버릇없는 행동을 많이 하며 혼란스럽다.
• E ( ) : 자신과 타인 상황 모두를 존중하며 신뢰한다.

모범답안

• A(회유형)   • B(비난형)
• C(초이성형)   • D(산만형)
• E(일치형)

04 아래의 사례에 A−B−C모형을 적용하여 영철을 치료에 참여시키기 위해 할 수 있는 방법에 대해 기술하시오. 2012

> 14세 중학생인 영철은 임상심리사와의 면담 시 어머니가 자신을 못살게 굴지 못하게 하기 위해 치료에 참여하였다고 말하였다. 영철은 초등학교 3학년 때 반항성장애로 진단받은 적이 있다고 한다. 영철은 자신의 반항적이고 도전적인 행동을 바꿔야 한다는 어머니의 주장에 맞서 오히려 어머니가 자신에게 소리를 지르고 외출을 금지하며, 시시때때로 잔소리를 하여 자신을 화가 나도록 자극하는 것이 문제이지 자신은 전혀 문제가 없다고 주장하였다.

모범답안

구 분	영 철	어머니
A(Antecedent event, 선행사건)	어머니의 잔소리, 외출 금지	영철의 반항적, 도전적인 행동
B(Behavior, 행동)	반항적, 도전적인 행동	잔소리, 외출 금지
C(Consequence, 결과)	어머니의 잔소리, 외출 금지, 상담치료	영철의 반항적·도전적인 행동, 영철의 상담치료 의뢰

영철군에게 본인의 반항적이고 도전적인 행동이 어머니의 잔소리와 외출 금지 명령을 촉발하는 선행사건이 됨을 인지시키고 어머니의 잔소리와 외출 금지 명령이 촉발되지 않으려면 본인의 행동이 변화해야 함을 설명한다. 덧붙여 이러한 패턴이 계속 진행될 경우의 결과는 영철군에게도 결코 도움이 되지 않음을 받아들일 수 있도록 설명해야 한다. 또한 어머니가 하는 말 중 제일 듣기 싫어서 반항적인 행동을 하고 싶게 만드는 말이 무엇인지 파악하여 촉발요인의 감소를 추진하고, 본인의 행동에 대한 책임을 지는 방법으로 수용할 수 있는 방법은 어떤 것이 있는지 의논한다.

어머니의 경우에는 영철군의 반항적이고 도전적인 행동을 줄일 수 있도록 협조를 구해야 하는데 본인의 잔소리와 외출 금지 명령이 영철군의 문제행동을 오히려 촉발시키는 자극이 됨을 인지하도록 도와야 한다. 또한 감정적인 잔소리가 아니라 영철군과 어머니 모두에게 받아들여질 수 있는 패턴의 대화방법은 무엇이 있을지 논의해보고, 영철군이 문제행동을 보일 경우 영철군도 어머니도 모두 수용할 수 있는 처벌에 대해서도 논의한다.

05 Ellis(엘리스)의 비합리적인 신념 5가지를 기술하시오. 2012

모범답안

① 주위의 모든 사람으로부터 반드시 사랑과 인정을 받아야만 한다.
② 가치가 있다고 여겨지기 위해서는 완벽하리만큼 유능하고, 적절하며, 성취적이어야만 한다. 어떤 사람은 나쁘고 사악하며 악랄하므로 반드시 비난과 처벌을 받아야만 한다.
③ 일이 바라는 대로 되지 않는 것은 곧 무시무시한 파멸이다.
④ 사람의 불행은 외부환경 때문이며, 사람으로서는 그 불행을 막을 길이 없다.
⑤ 위험하거나 두려운 일이 일어날 가능성은 항상 있는 것으로 끊임없이 걱정의 원천이 된다.
⑥ 어떤 어려움에 직면하거나 자기가 책임을 지는 것보다는 이들을 피하는 것이 더 쉽다.
⑦ 사람은 다른 사람에게 의존해야만 하고, 자신이 의존할만한 더 강한 누군가가 있어야만 한다.

06 벡(Beck)과 그의 동료들이 제안하여 인지행동치료에서 널리 사용되는 사고변화기록지의 5개 컬럼에 해당하는 내용을 쓰시오. [2013]

모범답안

① **상황** : 불쾌한 감정을 유발한 실제 사건, 생각의 흐름이나 기억의 내용을 기술한다.
② **감정** : 앞선 상황에서 발생한 감정의 유형(슬픔, 불안, 분노 등) 및 그 감정의 강도를 기술한다.
③ **자동적 사고** : 감정과 연관된 자동적 사고 및 그 사고의 확신 정도를 기술한다.
④ **합리적 반응** : 자동적 사고에 대한 합리적 반응 및 그 반응의 확신 정도를 기술한다.
⑤ **결과** : 현 상황에서 자동적 사고의 확신 정도와 결과적 감정 강도를 기술한다.

07 행동치료자들은 내담자의 행동을 간접적으로 측정하기보다는 직접 측정하기를 선호하는데, 행동을 직접 측정하는 경우 일반적으로 포함되는 특성 6가지를 적으시오. [2015-3회]

모범답안

① 행동을 측정하는 목표
② 행동이 나타나게 되는 상황
③ 구체적인 행동의 묘사
④ 행동비율
⑤ 행동이 지속되는 시간
⑥ 행동의 강도

적중예상문제

01 인간중심 치료의 가치 조건화를 기술하시오.

....

....

....

....

모범답안

가치조건화란 부모(의미 있는 대상)가 원하는 기준에 맞을 때에만 아동에게 긍정적 존중을 해주는 것을 말한다. 아동은 부모의 긍정적 존중을 받기 위해 부모의 기준이 자기실현 경향성과 맞지 않을 때에도 자신의 내적 경험을 무시하고 부모의 가치에 따라 행동하게 된다. 가치 조건화와 자기실현 경향성의 불일치에서 불안과 두려움이 생기게 되며 가치 조건화는 자기실현 경향성을 막는 주원인으로 작용하게 된다.

02 단기 상담의 특징을 4가지 기술하시오.

....

....

....

....

모범답안

① 상담수행 기간이 비교적 짧다(6~8회기).
② 내담자가 즉시 해결하기 원하는 현실 중심 목표에 초점을 둔다.
③ 내담자는 보통 문제 발생 이전에 기능적 생활을 해왔다.
④ 내담자는 구체적 호소 문제를 가지고 있다.

03 다음 사례를 읽고 번호에 해당하는 상담기법을 적으시오.

- 내담자 : "(말을 더듬으며)선생님, 저는 말을 하는 것이 두려워요. 제가 말을 하면 제가 약하다
  는 것을 다른 사람이 알까봐 무서워요."
- 상담자 : "① (거의 들리지 않을 듯한 목소리로) 자신의 감정을 드러내는 것이 약하다는 의미로
  느껴지시는가 보군요?"
- 내담자 : "네, 그런 생각이 들어요(오랜 침묵). (울 것 같은 표정을 지으면서) 제가 방에 혼자
  앉아 있었는데, 갑자기 울음이 터질 것 같다고 느꼈어요."
- 상담자 : "② 음….."

(1) ①

···

···

···

모범답안

반영과 명료화

(2) ②

···

···

···

모범답안

경청의 한 방법으로 내담자의 이야기를 공감하고 격려하는 의미로 사용될 수 있다. 여기에서는
"많이 힘드셨나보군요. 얼마나 외롭고 슬프셨을지 짐작할 수 있을 것 같습니다."라는 의미로 내
담자에게 다가갔을 것이다.

04 다음 사례를 읽고 주된 문제 호소와 현재의 평가 결과를 바탕으로 이후 내담자에게 필요한 치료적 개입은 어떻게 해야 하는 것이 좋을지 인지적, 정서적, 행동적 요소들을 모두 감안하여 개략적인 치료 방향에 관한 제언 5가지를 기술하시오.

> 올해 14세 중학교 3학년인 내담자는 친구들과 잘 사귀지 못하고, 학교에 등교할 시간이 되면 울면서 등교를 거부하여 내담자의 어머니가 개인연구소를 경유하여 의뢰하였다. 내담자는 집에서는 가족 모두가 내담자를 격려해주지만 학교에서는 친구들이 자신을 괴롭힌다고 하며, 학교에 가면 '죽고 싶을 정도로' 친구들이 자신과 놀아주지 않는다고 불평하곤 했다. 내담자는 어렸을 때부터 태권도를 좋아하여 지금까지도 계속하고 있으며, 체격이 크고 당당한 체구이다. 중학교에 진학을 한 이후에 내담자의 성적은 계속 최하위권이며 현재 담임 선생님이 어머니를 불러 최근 실시된 집단지능검사 결과를 알려주면서 일반 고등학교에 진학하는 것이 어렵다고 하였다. 어머니는 내담자가 정말 고등학교에도 진학하지 못할 만큼 심각한 수준인지, 왕따 문제는 어떻게 대처해야 하는 것인지, 앞으로 내담자를 어떻게 키워야하는 것인지 등의 문제를 호소하였다. 심리평가를 위해 내원하였을 때 내담자는 무표정하였으며, 다소 발음이 부정확하여 검사 중 응답을 재확인하여야 하는 경우가 많았다. 내담자는 매 과제마다 쉽게 포기하려 하였으며, 짧은 답변으로 일관하고 다 귀찮다는 식의 태도를 보이다가 후반부로 갈수록 다소 누그러지는 양상을 보였다.

모범답안

① 학교에서 실시된 집단지능검사 결과와 내원 시 실시한 심리검사 결과를 비교해 보고 내담자와 부모에게 보다 정확한 정보를 제공한다.
② 학업부진과 친구들의 따돌림으로 인해 자신감이 많이 저하되고 위축되어 있으므로 내담자의 장점을 발견하여 발달시키고 기를 살려주는 치료적 개입이 필요하다.
③ 발음 교정을 위해 언어 치료를 권장한다.
④ 뒤처진 학업의 원인을 살펴보고 개발할 수 있도록 인지학습 치료를 권장한다.
⑤ 대인관계에서 오는 어려움으로 인해 등교 거부가 일어나고 있으므로 심리 상담/치료 및 대인관계 훈련 프로그램을 통해 원인을 찾고 책략을 개발해 나간다(사회성 훈련 프로그램, 자신감 증진 프로그램 등).

05 다음 사례를 읽고 이 내담자를 위한 적절한 치료 계획의 일반적 요소를 5가지 기술하시오.

> 회계사 A씨는 29세의 남자로 혼자 있는 것을 참을 수 없어 혼자서는 밖으로 나갈 수 없는 정도이며 공황발작, 광장공포증, 신체적 몰두 등의 증상으로 점점 무력해져 실직에 이르고 말았다. A씨는 비슷한 증상을 수 년 동안 간헐적으로 보여 왔다가 그의 수동적인 태도 때문에 여자친구가 갑자기 그를 떠난 3개월 전부터 증상이 악화되었다. A씨는 이성을 잃고 조현병으로 악화되지 않을까 걱정하며 두려워하였다. A씨는 현재 대부분의 시간동안 부모님의 집에서 생활하고 있다.

모범답안

① **문제 인식** : 불안 감소, 수동 – 의존적 성격 구조 개선, 대인관계 기술 훈련, 직업적 기능 재활 등이 필요하다.

| **해설** | 내담자가 호소하는 문제에 초점을 맞춰 내담자의 문제를 정확하게 파악하는 것이 중요한데, 특히 이 사례의 경우 광장공포증이 동반된 공황장애를 가지고 있는 것으로 보이며, 대인관계에서의 지나친 수동 – 의존적 태도, 자신의 건강 악화에 대한 비현실적인 두려움, 그리고 이와 관련된 사회적 및 직업적 기능장해 등이 문제점으로 보인다.

② **라포 형성** : 상실감을 수용해주도록 하며 공포증으로 인한 무력함을 이해해 준다.
③ **문제 해결을 위한 구조화** : 내담자와 치료목표를 합의하고, 회기를 정한다.
④ **행동 계획 및 실천** : 불안 감소를 위한 행동치료(체계적 둔감화, 홍수법), 인지치료(비합리적인 신념 바꾸기), 바이오 피드백(각성 수준 지각), 약물치료(공황발작 치료), 심리치료 등을 실시한다.
⑤ **평가 및 종결** : 내담자와 문제 해결의 정도를 평가하고 합의하에 종결한다.

06 개인심리학의 대표적인 주요상담 기법을 5가지 쓰시오.

....

....

....

....

....

모범답안

① **즉시성** : 상담 중에 일어나는 의사소통 표현이 일상에서도 일어나고 있음을 인식시킨다.
② **격려** : 내담자를 지지하여 생활 양식에 접근하고 변화를 돕는다.
③ **마치 ~처럼 행동하기** : 새로운 행동을 해보도록 독려한다.
④ **내담자의 수프에 침 뱉기** : 내담자의 행동이 어떤 대가를 치르고 있는지 깨닫게 함으로써 행동 양식에 변화를 줄 수 있다.
⑤ **악동 피하기** : 자기 패배적 행동 양식을 지닌 내담자는 치료자에게도 그러한 상호작용을 이끌어내려 하기 때문에 치료자는 함정에 빠지지 않도록 해야 한다.
⑥ **단추 누르기** : 내담자에게 자신이 원하는 감정을 선택할 수 있다는 사실을 가르친다. 즉, 내담자는 행복감을 느끼게 하는 행복 단추를 선택할 수도 있고, 우울감을 느끼게 하는 우울단추를 선택할 수도 있다.

07 Hayes(헤이즈)의 수용전념치료(ACT ; Acceptance and Commitment Therapy)에 대해 간략하게 설명하시오.

....

....

....

모범답안

① 부적응적 인지에 대한 도전과 논쟁이 오히려 부적응적 인지를 강화하는 효과를 나타낸다.
② 내담자의 사고내용의 변화를 촉구하지 않으며 내담자가 부인하고 싶어 하는 사고와 감정을 수용하고 심리적 유연성을 향상시킨다.
③ 의미 있는 삶을 위해 어떤 일을 해야 하는지 진심어린 결정을 하는 전념(참여, Commit-ment)을 필수적으로 배우게 한다.

08 게슈탈트(Gestalt, 형태)치료의 신경증 층을 4가지 적고 기술하시오.

....

....

....

....

....

....

....

모범답안

① **허위 층** : 진심 없이 상투적으로 대하는 허구적 상태로 거짓을 자각하면 불쾌감, 고통을 경험하게 된다.
② **공포 층** : 자신의 욕구를 억압하고 자신의 본모습이 아닌 주위의 기대에 따라 살아가는 상태를 말하며, 이는 의존적 태도에서 비롯된다.
③ **난국 층** : 여태까지 주변의 기대에 맞춰 살아왔던 역할을 버리고 자립을 시도하면서 극심한 불안을 경험하게 된다.
④ **내적파열 층** : 자신의 억압되었던 욕구, 감정을 인식하지만 주변과의 관계가 악화될 것이라는 불안감 때문에 드러내지 못하고 억압한다.
⑤ **폭발 층** : 더 이상 자신의 감정, 욕구를 억압하지 않고 외부에 표현하는 단계로 게슈탈트를 형성하고 환경과의 접촉으로 완결하며 미해결 과제들을 전경으로 가져와 완결한다.

09 Linehan(리네한)의 변증법적 행동치료(DBT ; Dialectical Behavior Therapy)에 대해 간략하게 설명하시오.

....

....

....

모범답안

경계성 성격장애의 자살 근접 행동을 다루기 위해 정신분석적 관점과 행동주의적 관점이 결합된 접근방법이다. 정서적 고통을 회피하려는 시도가 오히려 고통을 증가시키는 원인이기 때문에 정서적 고통을 수용하여 고통을 감소시키도록 한다.

10 Horney(호나이)가 제시한 신경증적 욕구 중 5가지를 간략하게 설명하시오.

모범답안

① **사랑과 인정 욕구** : 상대방에 대한 고려 없이 사랑과 인정을 받기 위한 무분별한 욕구이다.
② **지배적 파트너 욕구** : 자신의 파트너와 다른 사람이 자신의 문제를 대신 해결해 주기를 바라는 욕구로 다른 사람에게 버림받을 것에 대한 극도의 불안을 느끼게 된다.
③ **힘 욕구** : 자신의 불안감, 열등감, 무력감 등을 보호하기 위해 힘을 추구한다.
④ **착취 욕구** : 안정감을 느끼기 위해 다른 사람을 착취하고 지배해야 한다고 생각하며 착취 욕구를 방어적 태도로 취하는 사람들은 다른 사람들이 자신을 이용할 것이라는 두려움 때문에 적대적이고 의심이 많다.
⑤ **특권에 대한 욕구** : 다른 사람에게 인정받고 존경받고 싶은 욕구에 몰입하여 특권을 부여하거나 강화시키는 것에 주된 초점을 두는 신경증적 욕구이며 지위의 상실을 가장 두려워하게 된다.
⑥ **존경에 대한 욕구** : 자기애적이고 확장된 자기지각을 하며 이는 자기혐오와 자기경멸을 피하고자 이상화된 자기를 만들어냈기 때문이다. 천재 또는 성인으로 여겨지기 바란다.
⑦ **성취 또는 야망에 대한 욕구** : 너무나 많은 분야에서 최고가 되기를 바라기 때문에, 에너지와 노력이 분산되고 결과적으로 실패와 실망으로 이어지게 된다. 이에 대한 보상으로 다른 사람을 짓밟으며 우월감을 느낀다.
⑧ **자아충족 욕구** : 다른 사람들에게서 지속적으로 거리감을 유지하려고 노력하며 이러한 거리감에서 자신이 다른 사람보다 우월하다는 환상을 유지하고자 한다.
⑨ **완전 욕구** : 전형적으로 아동기 초기에 시작되며 완전 욕구를 방어적 태도로 취하는 사람들의 부모는 비현실적인 과도한 기준을 설정하고 자녀가 이를 충족하지 못했을 때 비웃거나 비난하는 태도를 취한다. 자녀들은 부모가 자신을 비웃거나 비판하지 않도록 노력하며 자신의 단점에 대해 매우 민감해진다.
⑩ **생의 편협한 제한 욕구** : 모험을 즐기지 않으며 다른 사람들이 인정해주지 않고 비웃을 것을 걱정하여 정돈되고 단조로운 삶을 유지한다.

11 비합리적 신념의 특성 3가지를 서술하시오.

모범답안

① **당위적 사고** : 주로 '~해야만 한다/~하면 안 된다(must, should)'로 표현되며 Ellis는 절대적, 당위적 사고를 인간문제의 근원으로 보았다.
② **과장적 사고** : 현실을 있는 그대로 직시하기보다 훨씬 더 과장해서 생각한다.
③ **인간 비하적 사고** : 인간의 가치에 대한 총체적 평가를 뜻하며 대체로 잘못된 한 가지의 행동으로 인해 자기 비난이나 타인을 비난하는 경향이 드러난다.
④ **낮은 인내성** : 욕구가 좌절된 상황을 잘 참지 못하는 경향을 보인다.

12 실존주의적 상담의 실존적 조건 4가지를 설명하시오.

모범답안

① **죽음** : 죽음을 직면하는 것은 삶의 양식을 더 진실되게 바꿀 수 있도록 도우며 죽음에 대한 두려움을 긍정적 힘으로 변화시킬 수 있다.
② **자유** : 자신의 선택과 행동에 책임이 있으며 기꺼이 책임을 수용해야 한다.
③ **고립** : 인간은 홀로 있으면서 서로 관계를 맺는 존재이기 때문에 타인과 관계를 맺기 전에 자기 자신의 독자성을 추구하면서 홀로서기를 해야 한다.
④ **무의미성** : 인간의 실존적 불안을 직면하면 삶의 의미를 찾지 못하고 공허감을 느낄 수 있으며 이는 주요 실존적 신경증의 원인이 된다. 스스로 삶의 의미를 창조하도록 하는 것이 상담의 주요 주제이다.

13 Gestalt(게슈탈트)치료의 접촉경계장애 4가지를 적으시오.

....

....

....

....

....

모범답안

① **내사** : 나의 진정한 접촉 없이 타인의 가치관을 그대로 받아들인다.
② **투사** : 내가 접촉하고 싶지 않은 어떤 것을 다른 사람에게 돌려서 접촉을 피한다.
③ **반전** : 다른 사람이나 환경에 해야 할 일을 자신에게 한다.
④ **융합** : 밀접한 두 사람이 서로 차이점이 없다고 느끼는 접촉 – 경계 혼란, 즉 일심동체 상태로 자신의 욕구, 감정을 제대로 해결하지 못하여 미해결 과제가 축적된다.
⑤ **편향** : 감당하기 어려운 내적 갈등, 외부자극에 노출될 때 자신의 감각을 둔화시켜 환경과의 접촉을 약화한다.

| 해설 |

Gestalt(게슈탈트)치료의 접촉경계장애는 프로이트의 방어기제와 유사하며 자각에 의한 접촉을 방해하는 장애를 말한다

14 중독에 대한 동기강화상담의 기본기법(OARS)을 설명하시오.

....

....

....

....

모범답안

① **열린 질문하기(Open question)** : '예, 아니오' 형식이 아닌 다소 생각이 필요하거나 긴 대답을 요구하는 질문이다.
② **인정하기(Affirming)** : 내담자의 감정과 노력하려는 마음을 인정하고 지지함으로써 라포를 형성한다.
③ **반영하기(Reflection)** : 말하는 사람의 본래 의도가 무엇인지 추측하여 진술문의 형태로 말한다.
④ **요약하기(Summarizing)** : 내담자가 말했던 몇 가지를 모아서 반영하는 것으로 내담자가 말한 것을 기억하고 이해하기를 원한다는 의미를 전달하여 인정하는 것 또한 될 수 있다.

15 비행 청소년 상담 시 고려해야 하는 사항을 4가지 적으시오.

··

··

··

··

모범답안

① 비행 청소년은 상담을 받고자 하는 동기가 낮고 비자발적이기 때문에 신뢰있는 치료적 관계를 형성하는 일이 가장 중요한 과제이다.
② 무조건적 존중, 공감적 이해로 라포 형성에 힘쓰며, 적정한 한계가 있고 자유롭고 안정감을 느낄 수 있는 분위기를 형성한다.
③ 사회적으로 바람직한 방향으로 욕구를 표현할 수 있도록 대인관계 기술을 훈련한다.
④ 작은 부분이라도 긍정적인 부분을 인정하고 그러한 행동이 강화될 수 있도록 한다.
⑤ 부적응적 행동을 감소하기 위해 적개심과 반항을 야기하는 처벌보다는 긍정적 강화를 사용하도록 한다.
⑥ 역기능적인 가정환경을 탐색하여 수정하도록 한다.

16 진로 교육을 실시하기 위한 지도 4단계를 적으시오.

··

··

··

··

모범답안

① 1단계(진로 인식 단계) : 초등학교 수준의 단계로 일의 세계, 장래 계획 등의 주제를 다루고 일에 대한 건전한 태도, 가치관을 형성한다.
② 2단계(진로 탐색 단계) : 중학교 수준의 단계로 주요 직업 관련 영역을 탐색하고 자신의 흥미, 능력을 평가하며, 잠정적인 진로의 선택과 직업계획을 수립한다.
③ 3단계(진로 준비 단계) : 고등학교 수준의 단계로 앞서 잠정적으로 선택한 직업군 취업에 필요한 직업적 기술, 지식을 습득하고 구체적 진로 계획안을 세운다.
④ 4단계(진로 전문화 단계) : 대학교 수준/성인 단계의 구체적 직업 지식을 함양하여 특정 직업 분야를 준비하며, 고용된 사람으로 의미 있는 관계 형성의 기회를 갖고, 재교육 또는 선진 기술을 습득한다.

17 진로상담의 일반적 목표 3가지를 서술하시오.

....

....

....

모범답안

① **내담자 자신에 대한 보다 정확한 이해 증진** : 올바른 진로선택을 위해서는 우선적으로 자기 자신에 대한 올바른 이해가 필수적이다.
② **직업 세계에 관한 이해의 증진** : 빠르게 변화하는 직업 세계에서 장래성이 있고 내담자 자신에게 맞는 일을 선택하기 위해 일과 직업 세계에서의 다양한 측면, 변화 양상 등에 대해 올바르게 이해할 수 있도록 돕는다.
③ **합리적인 의사결정 능력 향상** : 진로의 지도와 상담의 최종적 결과는 의사결정으로 나타나므로 내담자가 의사결정 기술을 향상하도록 돕고 훌륭한 의사결정을 할 수 있도록 조력해야 한다.
④ **정보 탐색과 활용 능력 육성** : 고도로 정보화된 시대에서 직업세계에 대해 정확히 알고 선택을 하기 위해 자신에게 필요한 정보를 스스로 수집하고 적절하게 활용하는 능력이 필수적이다.
⑤ **일과 직업에 관한 올바른 가치관 형성 증진** : 일이란 생계수단뿐 아니라 자아실현, 사회봉사로의 의미도 지니므로 일의 의미를 깨닫고 올바른 직업에 대한 가치관과 의식을 갖도록 돕는다.

18 심리치료에서 성공하는 내담자의 특징을 3가지 적으시오.

....

....

....

모범답안

① **동기** : 상담에 적극적으로 참여 및 협력하고 자기개방, 문제직면, 변화를 위한 내담자의 노력이 치료에 긍정적 영향을 준다.
② **치료에 대한 긍정적이고 현실적인 기대** : 치료가 유발하는 불안을 참고 시간과 비용을 소요하려면 치료가 긍정적 변화를 줄 것이라는 믿음이 있어야 한다. 심리치료의 장점과 한계점을 분명하게 이해하고 치료에서 긍정적 변화를 얻으려는 내담자들은 성공적으로 치료를 마칠 가능성이 높다.
③ **치료에 전념하는 태도** : 상담에서 자유롭게 자신을 표현하고 치료자에게 협력하며 자신의 삶을 개선하기 위해 노력한다.

자문 · 교육 · 심리재활

출제경향

자문 · 교육 · 재활 과목은 임상심리학에 대한 기본적인 개념과 임상심리사로서의 자질과 역량에 관한 지식이 필요하다. 더불어 자주 출제되는 분야인 자문, 정신사회재활과 임상심리학의 특수 분야에 대한 폭넓은 이해를 갖추어야 한다.

임상 심리학의 자문, 교육, 윤리

CHAPTER

Key Point

임상심리학자의 역할인 자문, 교육에 대한 지식과 임상심리학자로서 갖춰야 할 윤리와 행동규약에 대한 이해가 요구된다.

나의 필기 노트

◎핵심 키워드
임상심리사의 역할
• 진단과 평가
• 치료 및 개입
• 심리 재활
• 교육 및 훈련
• 자문
• 행정/지도

1 » 임상심리사의 역할

1) 진단과 평가

내담자의 심리·사회적 문제를 파악하고 내담자의 기능 및 능력의 한계를 관찰하고 검토한다.

(1) 진단 및 평가의 목적은 문제 행동을 진단하고 개인의 성격을 파악하며, 치료기법을 선택하기 위함이다. 또한, 치료 전후를 비교하고 심리학 연구의 잠재적 내담자를 선별하며, 직업 선택을 돕고 직무능력이나 법률적 문제의 평가를 위해서도 진단과 평가가 활용된다.

(2) 임상적 평가의 도구는 검사, 면담, 행동 관찰로 구성된다.

2) 치료 및 개입 : 내담자의 심리적 문제를 해결하고 원만한 가정 생활과 사회 생활을 영위하도록 하며 대인관계의 유지 및 개선을 위해 내담자와 함께 노력한다.

3) 심리 재활 : 신체장애인 및 정신질환자를 비롯하여 그 가족을 대상으로 다양한 교육, 훈련, 상담 지원 서비스 등을 제공함으로써 그들의 사회복귀를 촉진한다.

4) 교육 및 훈련 : 임상심리학, 이상심리학, 지역사회심리학 등의 과학적 학문을 비롯하여 상담 및 치료, 심리검사, 행동 수정 등에 대한 교육, 수련 감독을 실시한다.

5) 자 문

전문적인 지식을 나누어 줌으로써 어떤 사람이 노력하여 얻고자 하는 것의 효과를 증진시키는 과정이다.

(1) 정부나 지역 자치 단체, 교육 기관, 정신 건강 관련 단체 등에 종사하는 자의 자문 요청에 응하여, 제반 문제를 해결하고 정책을 수립하는 데 조력한다.

(2) 자문가는 교육, 조언, 평가/치료와 같은 직접적 서비스, 기관 내 갈등 조정 등을 수행한다.

6) 행정/지도 : 대인관계 기술과 집단 역동에 대한 지식을 토대로 관련 업무를 수행하는 것은 물론 기관 간 업무 분담 및 협력을 위해 힘쓰며 지도력을 발휘한다.

7) 연 구

심리적, 정신적 장애의 원인과 결과에 대해 연구하고 다양한 치료 방법을 고안하며 객관적이고 정확한 평가 방법을 연구한다.

(1) 임상적 실무와 연구 사이 균형의 변화는 있어 왔지만 연구는 임상심리학의 핵심 영역이다.

(2) 신경심리학, 건강심리학, 아동임상심리학, 장애의 진단과 예방, 지역사회적 개입 등이 연구영역에 포함된다.

(3) 임상심리학의 연구는 실험실 연구 또는 실험실 밖의 연구 모두 포함된다.

(4) 임상심리학자가 연구 역량을 키워야 하는 이유

① 출판된 논문을 비판적으로 평가할 수 있어야 어떠한 평가 절차와 치료적 개입이 내담자에게 효과적인지, 임상적으로 타당한지 결정하는 데 도움을 받을 수 있다.

② 학교에서 일하는 임상가는 지도 학생의 연구 계획을 평가하고 지도해야 한다.

③ 지역정신 건강센터 또는 기타 기관의 심리학자가 기관의 프로그램 효과에 대한 평가 자료를 요청할 때 연구 경험이 매우 유용하다.

④ 자신의 임상적 작업에 대한 효과를 객관적으로 평가할 수 있다.

◎핵심 키워드
임상심리학자가 연구 역량을 키워야 하는 이유

2 》》 자 문

1) 자문의 정의 : 자문이란 다른 사람(내담자)에게 서비스를 제공할 책임이 있는 사람(피자문가)이 내담자에게 보다 나은 서비스를 제공하도록 도울 수 있는 특별한 전문지식을 가졌다고 믿는 사람(자문가)에게 자발적으로 자문하는 과정이다(Orford, 1992).

◎ **핵심 키워드**
자문의 유형
자문 모형

2) 자문의 유형(Caplan, 1970)

(1) **내담자 중심 사례자문** : 현재 문제를 해결하기 위해 특정 내담자를 돕는 데 초점을 둔다.

(2) **피자문자 중심 사례자문** : 피자문자가 앞으로의 사례를 다루는 데 필요한 기술을 증진하도록 돕는다.

(3) **프로그램 중심 운영자문** : 특정 프로그램의 운영과 관리를 돕는다.

(4) **피자문자 중심 운영자문** : 앞으로 운영자가 보다 잘 기능하도록 운영자의 기술 증진에 초점을 둔다.

3) 버간(Bergan)과 크라토크빌(Kratochwill)의 자문 모형과 과정

기출 DATA
정신건강 모델과 행동주의 모델의
차이점 2021-1회

(1) 정신건강 모델, 행동주의 모델, 조직(인간관계) 모델, 조직(조직사고) 모델, 조직옹호 모델, 과정 모델, 임상 모델, 프로그램 모델, 교육 및 훈련 모델, 협동 모델의 10가지 자문 모델을 제시했으며 자문가의 이론적 배경과 자문할 문제의 성격에 따라 자문가가 따라야 할 모델이 결정된다고 제안하였다.

(2) 이론, 지식기반, 목표, 단계, 자문가의 책임으로 자문 과정 분류
  ① **정신건강 모델**
    ㉠ 자문가는 암묵적/공개적으로 자문 요청자가 대부분의 문제를 해결할 수 있다고 가정한다.
    ㉡ 자문가는 자문 요청가의 능력 범위를 넓힐 수 있도록 필요한 전문적 조언 및 지시를 제공한다.
    ㉢ 자문가와 피자문가의 관계는 평등하다.

② **행동주의 모델**

㉠ 자문가와 자문 요청자 간 분명한 역할이 있다.

㉡ 자문가는 개인, 집단 및 조직의 문제에 학습이론이 어떻게 실질적으로 적용될 수 있는지를 가르치고 보여주는 인정된 전문가이다.

㉢ 문제해결에 대한 지식에서 자문가와 자문 요청자 간의 불균형이 존재한다(자문가가 자문 요청자에 비해 우월하다).

③ **조직(인간관계) 모델**

㉠ 조직 맥락에서의 개인 간 상호작용에 자문의 초점을 둔다.

㉡ 자문가는 오리엔테이션, 계약 체결, 기회 개발, 사기 진작, 분석, 예비 점검, 결과 분석, 프로그램 설계 등을 포함한 다양한 단계를 통해 집단을 촉진한다.

㉢ 자문가는 촉진자의 역할을 한다.

④ **조직사고 모델**

㉠ 조직(인간관계) 모델의 변형 모델로 집단 갈등, 토론, 집단 내 의사소통, 목표 설정 등에 초점을 둔다.

㉡ 자문가는 촉진자의 역할을 하지만 직접적 개입, 훈련자로서의 기능이 강조된다.

⑤ **조직옹호 모델**

㉠ 행사 조직, 특정 내담자에게 적합한 과정 찾기, 부모, 내담자와 동반자적 관계 개발 등에 초점을 둔다.

㉡ 자문가는 목표지향적이며 실행 방식은 촉진적이다.

⑥ **과정 모델**

㉠ 작업의 생산성, 대인관계 상호작용에 대한 이해를 높이기 위해 자문 요청자와 협력한다.

㉡ 자문가는 체제변화 입장에서 자문한다.

⑦ **임상 모델**

㉠ 자문가는 자신의 전문지식에 따라 진단, 처방, 치료의 역할을 한다.

㉡ 문제시되는 내담자를 어떻게 다룰지 알려주고 지시한다.

㉢ 자문가와 자문 요청자 간의 상호작용이 없으며 위계적 관계이다.

㉣ 자문가는 지명된 전문가이다.

⑧ **프로그램 모델**

　　㉠ 단일한 이론적 관점이 없으며 프로그램 설계, 개발, 실행, 평가에 초점을 두고 촉진하는 역할을 한다.

　　㉡ 자문가는 자문 요청자보다 폭넓은 지식 기반을 갖추고 있다.

　　㉢ 자문가−자문 요청자 간 관계는 평등하다.

⑨ **교육 및 훈련 모델**

　　㉠ 특정 이론적 관점이 없다.

　　㉡ 자문가는 자문 요청자에게 지식, 정보를 제공하고 기술을 가르치는 전문가의 역할을 한다.

4) 자문의 특성

(1) 자문은 피자문인이 도움을 요청할 때 발생한다.

(2) 자문가는 피자문인의 행동을 조정할 힘은 갖지 않는다.

(3) 자문 과정은 교육적이다.

(4) 자문가는 피자문인의 감정, 태도, 가치관을 다루며 통합적 전략을 사용한다.

(5) 자문 과정은 외부의 개인적, 집단적, 조직적 문제도 중요하게 다룬다.

5) 자문의 순서

(1) **질문의 이해** : 자문가는 피자문가의 자문 의뢰 내용이 자신의 전문성에 부합하는지 확인한다.

(2) **평가** : 면접, 관찰, 다양한 자료를 수집함으로써 의뢰 내용을 조사하며 상황을 평가한다.

(3) **중재** : 실제 자문을 통해 중재를 시행한다.

(4) **종결** : 자문의 목적이 충족되거나 더 이상의 자문이 무의미한 상황에서 종결된다.

(5) **추적조사** : 자문 효과를 극대화하기 위해 자문 결과에 의한 변화를 추적한다.

◎핵심 키워드
자문의 특성
자문의 순서

기출 DATA
자문의 일반적 5단계
2021−3회

3 » 정신(사회) 재활

1) 정신(사회) 재활의 기본 원리

(1) 내담자의 정확한 기능 및 자원평가가 우선 이루어져야 하며 이를 통해 적절한 개입이 가능하다.

(2) 주요 초점은 내담자의 능력 및 건강한 행동의 증진과 직업성과 향상이다.

(3) 희망을 가지는 것이 재활의 필수 요소이다.

(4) 내담자의 적극적인 참여가 요구된다.

(5) 환경적인 지원으로 사회적·직업적 기반을 제공한다.

2) 정신사회 재활의 모형(정신재활 4단계)

(1) **손상(Impairment)** : 생리적·해부학적 구조나 기능의 상실이나 이상(시력 또는 청력의 상실, 사지운동의 감소, 근력 상실 등) 또는 심리적 기능의 상실이나 이상(기억력 감소, 사고장애, 환각, 불안, 우울, 무쾌감증 등)이 생긴 상태를 의미한다. 손상은 사회적 역할수행의 저하와 무능력의 원인으로 작용한다. 손상에 대한 개입 방안은 진단, 약물치료, 입원치료가 있다.

(2) **기능결함(역기능, Dysfunction)** : 손상으로 인해 개인의 기능이 저하된 상태를 의미한다. 기능저하를 개선하기 위한 사회기술훈련, 직업훈련이 개입방안이 된다.

(3) **역할장애(무능력, 불능, Disability)** : 기능결함으로 인해서 한 사람이 사회적으로 기대되는 역할 또는 업무를 수행하는 데 제한되거나 전혀 수행하지 못하는 상태를 의미한다. 개입 방안은 사회적 지지, 직업재활 상담, 기술훈련, 환경 지원이 있다.

(4) **불이익(Handicap/Disadvantage)** : 다른 사람과의 관계에서 경험하게 되는 불이익을 의미하며 사회적 편견, 낙인, 차별 등에 의해 발생한다. 사회적으로 발생하게 되는 불이익은 개인의 힘만으로 대처가 어렵기 때문에 개입 방안은 제도 변화(법 제정), 권익 옹호, 지역사회지지 프로그램이 해당된다.

◎ 핵심 키워드
정신(사회) 재활의 기본 원리
정신사회 재활의 모형과 개입방안

기출 DATA
정신사회 재활의 구성요소
2021-1회

기출 DATA
정신사회 재활의 모형 ★
2019-3회, 2018-1회,
2016-1회, 2015-1회,
2013, 2010

정신사회재활의 재활계획 4단계
2020-2 기출

• 증상과 인지손상, 회복에 대한 역량과 강점 평가 : 치료장소(입원 또는 외래), 치료방법, 지원 서비스 등을 결정하기 위해 내담자의 증상에 대한 심각도와 지속기간, 인지적 손상의 정도, 회복을 위한 역량과 강점을 평가한다.

• 치료적 개입 : 내담자의 평가 후 재활 목표와 행동계획을 세우고 약물치료, 상담치료를 실행하며 역량과 강점을 개발한다.

• 평가 : 목표의 달성과 성공의 정도를 평가하고 목표와 계획을 재검토한다.

• 지역사회 재통합, 동료의 지지와 자조 : 사회적 기술을 익혀 사회에서 자신의 역할을 할 수 있도록 도우며, 정신보건 서비스 내 동료 지지와 가족과 주변인으로부터의 지지를 통해 회복한 기능을 유지하고 사회의 일원으로서 적응적 삶을 유지한다.

기출 DATA
재활과 치료의 차이
2020-2회

3) 재활과 치료의 차이

(1) 재 활

기능 개선, 만족감 증대, 재기를 도와 현재와 미래의 환경에 적응하게 한다.

① **목적** : 만성 정신질환자의 사회적 적응능력 향상이다.

② **기법** : 기술 교육, 집단상담 치료, 직업 훈련, 의사소통 훈련, 자원 조정이 포함된다.

③ **이론** : 인과 이론은 중요하지 않다.

④ **진단** : 현재 필요한 기술과 자원에 초점을 맞춘다.

⑤ **역사적 근거** : 직업 훈련, 신체 발달, 인간자원 개발, 내담자 중심 요법, 특수 교육, 학습 이론이 해당된다.

(2) 치 료

증상의 치유와 경감, 증상의 제거를 의미한다.

① **목적** : 증상의 경감, 개선, 치유이다.

② **기법** : 약물 치료, 정신치료를 활용한다.

③ **이론** : 인과 이론에 기초를 둔다.

④ **진단** : 증상과 가능한 원인을 측정한다.

⑤ **역사적 근거** : 신체의학, 정신역동이 해당된다.

기출 DATA
만성 정신질환자를 위한 재활 목표
2015-1회

4) 만성 정신과 환자의 재활

(1) 일반적 목표

① 증상 호전을 장기간 지속하도록 한다.

② 대인관계 기술과 독립적 생활기술의 습득

③ 더 나은 삶의 질 성취

(2) 구체적 개입 방안

기출 DATA
만성정신과 환자에 대한 구체적 개입
방안
2022-1회, 2021-3회,
2020-1회, 2016-3회

① **사회기술 훈련** : 만성 정신질환자의 특정 사회기술상 결함과 역기능적인 대인관계를 알아내고 이를 수정하여 보완하는 훈련으로 사회기술 훈련 대상에는 조현병, 우울장애, 불안장애, 비행, ADHD, 자폐스펙트럼장애 환자도 포함될 수 있으며, 다른 사람을 만나서 악수를 하고 식당에서 주문을 하는 것까지 많은 기술이 포함된다.

② **환자 교육** : 환자에게 자신의 병을 극복해 나가는 데 필요한 내용을 교육한다.

③ **가족의 교육과 치료** : 환자 가족을 대상으로 정신병의 진단, 경과, 증상 대처 요령, 예후 등을 교육하고 가족 내 존재할 수 있는 긴장·스트레스, 비정상적인 의사소통 과정 등을 치료한다.

④ **직업 재활** : 환자가 사회적 역할을 할 수 있도록 직업재활을 통해 사회 접촉을 늘리고, 자기실현을 할 수 있게 돕는다.

⑤ **지역사회 지지 서비스** : 환자의 사회생활을 위한 재정 지원, 주거 공간 확보, 의학적 치료, 여가 활동 등을 제공한다.

⑥ **주거 프로그램** : 환자의 입원기간 단축과 사회복귀를 위해 중간 거주 시설, 장기 집단 거주 시설, 요양원 등 다양한 주거 프로그램을 활용한다.

(3) 만성 정신과 가족의 역할

① **환자의 재활을 돕는 방법**

㉠ 애정과 관심을 표명하여 심리적 안정을 취하도록 돕는다.

㉡ 환자에 대한 충분한 이해(환자의 증상이 문제이지 환자 자신이 문제가 아니라는 것이나 병전의 기능을 그대로 회복할 수는 없다는 등의)와 긍정적인 의사소통으로 문제 상황에 대처한다.

㉢ 환자의 기능 및 자원을 개발할 수 있는 적절하고 건강한 환경을 유지한다.

㉣ 사소한 것이라도 환자가 성취해냈을 때 충분히 격려하고 칭찬하여 자긍심을 갖도록 유도한다.

㉤ 규칙적이고 올바른 약물 복용을 돕는다.

② **환자의 재활을 위해 피해야 할 태도**

㉠ 환자를 혼자 내버려 두는 행동

㉡ 환자를 물리적 압력으로 다루는 행동

㉢ 환자가 잘못했을 때도 무조건 감싸는 행동

㉣ 환자의 존재 가치를 인정하지 않는 태도

㉤ 환자에 대한 언어적 폭력

나의 필기 노트

정신질환자가 직업적 재활을 해야 하는 이유 2020-3 기출
- 질병의 치료를 위해 경제적 비용을 부담해야 하는 정신장애인에게 재정적 안정을 제공한다.
- 직업을 통해 생산적 활동과 소비를 하게 되면 자존감이 향상되고 역할정체성 확립에도 도움이 된다.
- 직업을 통해 다른 사람과 상호작용을 할 수 있어 대인관계를 통한 사회화를 경험한다.
- 활동적으로 생산적인 일을 할 때 정신적 증상이 감소된다.

기출 DATA
만성 정신과 환자 가족의 역할
2020-1회, 2014

기출 DATA
심리적 응급 처치 방법
2017-3회

5) 심리적 응급 처치의 5단계

(1) **안정감 갖게 하기** : 혼란감을 겪었던 생존자가 안정감을 느낄 수 있도록 안전하다고 설명한다.

(2) **차분하게 만들어주기** : 생존자에게 깊은 심호흡을 하도록 하고 차분하고 침착한 어투로 말하도록 하며, 차분하게 행동하도록 함으로써 안전한 장소에 있는 것처럼 스스로 심리적 안정감을 느끼게 한다. 또한 생존자를 진정시키기 이전에 상담자가 먼저 진정된 상태로 있어야 한다.

(3) **자기와 집단 효능감 만들어내기** : 생존자에게 적극적으로 구조 활동에 참여하도록 함으로써 자기효능감을 높이고 무력감을 극복할 수 있게 된다.

(4) **연결감 만들어내기** : 생존자와 연결된 관계를 만들어 사회적 지지를 받게 한다.

(5) **희망감 만들어내기** : 지금 당장은 어렵고 힘들더라도 현재 상황에 대해 정확하고 긍정적인 측면을 지적하고 예측 가능한 다음 단계를 논의하여 희망을 유지하도록 한다.

4 》》 교 육

1) 교육의 기초

(1) 임상심리학자는 대학, 대학원에서 성격, 이상심리, 심리치료, 행동 동기, 면담법, 심리검사, 임상심리학 개론, 연구 설계, 임상적 평가를 교육하며 실습 과정의 대학원생을 지도한다.

(2) 교육은 연구 설계, 연구 주제에 대한 조언 등을 지도하고 감독하는 형식으로 이루어지기도 한다.

(3) 임상심리학자의 교육 대상은 간호사, 사회복지사, 의학 전공 인턴, 복지관 직원, 경찰, 성직자, 교도소, 간수, 행정관, 기업가 등이 포함되며 치료 과정에서 내담자를 돕기 위한 방법으로도 교육이 이루어진다.

2) 심리교육

(1) 내담자의 증상, 현실적 목표 설정, 사고가 감정에 미치는 영향, 행동 활성화, 자동적 사고의 특성, 도전적 사고를 위한 전략 등의 주제로 교육이 이루어진다.

(2) 특히 인지치료에서 이론적 근거를 철저하게 교육하는 일은 임상가가 내담자를 비난한다고 느끼거나 지지하지 않는다고 느끼는 일을 막고, 내담자가 치료적 권고를 잘 따르도록 하는 데 효과적이다.

(3) 임상가는 적응적 행동을 위한 새로운 기술을 내담자에게 가르치고 실제 상황에서도 새로운 기술을 적용할 수 있도록 역할극과 연습을 시킬 수 있다.

5 》》 윤리(임상심리학자의 윤리 원칙)

1) 심리학자의 윤리적 기본원칙(APA, 2002)

(1) **선의와 무해** : 자신이 서비스를 제공하는 사람의 이익을 위해 노력하고 해를 끼치지 않는다.

(2) **비밀 엄수와 책임감** : 상담자는 내담자의 비밀 정보를 보호해야 할 일차적 의무가 있으며 비밀 보호에 대한 의무는 내담자의 가족, 동료에게도 지켜져야 한다.

기출 DATA
임상심리학자의 윤리 원칙
2022-3회 2021-1회,
2017-3회, 2011

> **비밀보장 의무의 예외**
>
> • 내담자가 타인에게 비밀 노출을 허락한 경우
> • 법률에 의해 위임받은 경우(내담자의 동의 필요 없음)
> • 상담과정에 전문적 서비스가 필요한 경우
> • 상담과정에 필요한 전문적인 자문을 구해야 하는 경우
> • 내담자/환자, 상담자 또는 그 밖의 사람에게 해를 끼칠 가능성이 있어 보호가 필요한 경우
> • 내담자/환자에게서 서비스 비용을 받기 위한 경우

(3) **성실성** : 모든 활동에 있어 정확하고 정직하며 진실됨을 추구한다.

(4) **공정성** : 모든 사람은 심리학적 서비스를 이용하고 이익을 얻을 권리가 있다. 심리학자는 자신이 가진 편견, 능력의 한계를 인지하고 있어야 한다.

(5) **다른 사람의 권리와 존엄성의 존중** : 모든 사람의 권리와 존엄성을 존중하고 이 권리보호 방법을 규정화한다.

2) 캐나다 윤리규약(Canadian Psychological Association, 1995)

(1) **원칙 1** : 개인의 존엄성에 대한 존중(Respect for the Dignity of the Person)

(2) **원칙 2** : 책임감 있는 돌봄(Responsible Caring)

(3) **원칙 3** : 관계에서의 성실성(Integrity in Relationship)

(4) **원칙 4** : 사회에 대한 책임성(Responsibility to Society)

3) 심리학자의 행동규약(행동지침)

(1) **유능성** : 자신의 강점과 약점, 자신이 가지고 있는 기술과 그것의 한계에 대해 자각하고 지속적인 교육 수련을 받으며 변화와 발전에 대한 대응 및 최신기술을 보유하도록 한다.

기출 DATA
유능성의 의미 및 유능성을
위반하는 이유
2022-3회

유능성을 위반하게 되는 경우

• 임상심리사가 개인적인 심리적 문제를 가지고 있는 경우
• 임상심리사가 너무 많은 부담으로 인해 지쳐 있는 경우
• 임상심리사가 교만하여 더 이상 배우지 않고 배울 필요가 없다고 생각하는 경우
• 임상심리사가 해당되는 특정 전문교육 수련을 받지 않고도 특정 내담자군을 잘 다룰 수 있다고 여기는 경우

---

(2) **성실성** : 임상심리사는 성실하고 정직한 자세, 자신의 작업과 관련하여 스스로의 욕구 가치가 미치는 영향에 대해 인식하고 부적절한 이중 관계, 착취 관계를 맺지 않으며 성적인 문제에 연루되지 않아야 한다.

(3) **전문적이고 과학적인 책임** : 임상심리사는 전문적이고 과학적인 기초 위에서 자신의 지식과 능력의 범위에 대해 인식하고 자신의 환자, 내담자에게 최선의 서비스를 제공해야 하며 타분야 전문가의 자문을 수용해야 한다.

(4) **인간의 권리와 존엄에 대한 존중** : 개인의 개성과 문화의 차이에 대한 민감성을 유지하고, 일방적 지식이나 편견을 지양한다. 환자나 내담자의 의지에 반한 임상심리사 자신의 소망이나 의견을 강요하지 않는다.

(5) **타인의 복지에 대한 관심** : 자신이 제공하는 서비스를 통해 타인의 삶의 질이 개선되도록 노력하고, 환자나 내담자에 대한 착취나 그들에게 해가 되는 일을 하지 않아야 한다.

(6) **사회적 책임** : 인간의 행동과 심리에 모순되거나 부당한 착취의 우려가 있는 정책에 대해 반대하고 개인적/금전적 이득을 가져오지 않는 사회적인 일에 참여한다.

4) 기록물의 보관과 처리

법, 규정, 제도에 따라, 상담기록을 일정 기간 동안 보관(공공기관, 교육기관 등은 각 기관의 규정을 따르고, 이외에는 3년 이내 보관이 원칙)하며 보관 기간이 지난 기록은 폐기해야 한다.

(1) 기록은 내담자를 위해 보관하는 것이며, 상담의 녹음, 기록에 대해서 내담자의 동의를 구해야 한다.

(2) 내담자가 적절한 수준에서 기록물 열람을 요구할 경우 열람할 수 있게 하되 열람이 내담자에게 해가 된다고 사료될 경우 열람을 제한한다(이유를 명기함).

(3) 기록의 보관, 처리의 비밀이 유지되어야 하며, 기록물이 다른 사람에게 공개될 때에는 내담자의 직접적 동의를 받아야 한다.

임상 특수분야

Key Point

임상 특수분야에 대한 개념과 활동을 이해하고, 각각의 특징에 대한 상세한 지식을 갖추는 것이 필요하다.

나의 필기 노트

1 » 행동의학 및 건강심리학

생물학적, 심리적, 사회적 붕괴로 인한 결과가 신체적 질병이라는 생물심리사회적 모형을 바탕으로 한다.

1) 행동의학

(1) 행동과학과 의학의 통합으로 건강, 질병과 관련된 생리학적 기능장애에 관한 과학적 연구, 교육 및 실행을 하는 광범위한 다학제 간 영역을 지칭한다.

(2) 행동의학에서는 모든 유형의 의학적인 장애를 폭넓게 이해하고 치료하고자 한다.

2) 건강심리학

(1) 건강 증진, 질병 예방과 치료, 건강 위험 요인의 확인, 건강 관리 체계의 개선과 건강에 대한 대중 여론 형성에 대한 심리학의 기여까지 모두 포함하는 개념이다(Brannon & Feist, 2004).

(2) 건강심리학에서는 스트레스가 신체적/정신적 건강에 미치는 영향에 초점을 둔다.

(3) 건강심리학의 발달 배경

기출 DATA
건강심리학의 발달 배경
2017-3회

① **질병의 양상 변화** : 기존 방식의 의학적 치료만으로는 심리정서적 요인의 영향이 큰 성인병을 효과적으로 다루지 못한다.

② 행동, 심리적 요인이 천식, 심장병, 암, 위장장애, 관절염, 고혈압, 두통 등의 발병이나 심각도에 영향을 주며 이를 개선하기 위해 문제 인식, 공공 정책의 변화와 개인의 건강 행동 변화가 선행되어야 한다.

③ **질병과 건강에 대한 관점의 변화** : 건강과 질병을 제대로 이해하기 위해서는 질병의 생물학적 원인뿐 아니라 심리사회적 원인 모두를 고려해야 하며, 건강은 단지 질병이 없는 상태가 아니라 신체적, 심리적, 사회적으로 모두가 안녕을 누리는 상태로 봐야 한다.

④ 건강이 심각한 사회 문제가 되어 많은 사회적 비용이 소모된다.

⑤ 사회 문제의 해결이라는 심리학의 기능과 관련하여 건강과 질병에 대한 관심이 증가하였으며 건강심리학 연구에 대한 관심 또한 증가되었다.

(4) **건강심리학의 주된 관심 영역** : 흡연, 알코올 남용과 의존, 비만, 스트레스 관리

3) 계획행동이론(건강행위이론)

(1) 아젠(Ajzen, 1991)이 합리적 행동 이론을 확장하여 특정 행위를 수행할 때 능력, 기술, 정보, 시간적 여유가 없거나 방해받는 상황에서의 행동도 설명이 가능한 계획행동이론(TPB ; Theory of Planned Behavior)을 제안하였다.

(2) 행동에 대한 태도, 주관적 사회규범, 지각된 행동 통제감이 행동 수행 의도에 영향을 미치고 결과적으로 행동에 영향을 미치게 된다.

(3) 지각된 행동 통제감은 직접적으로 행동에 영향을 미치기도 하지만 의도를 통해 간접적으로도 행동에 영향을 준다.

(4) 개입방법은 반응적 방법(소거, 체계적 둔감법), 조작적 방법(토큰 경제), 인지행동적 방법(자기감찰 기록), 바이오피드백이 있다.

2 »» 신경심리학

두뇌 기능과 직접적으로 관련된 행동을 이해, 평가, 치료하는 것과 관련한 학문이다.

◎핵심 키워드
뇌의 발달 단계
두뇌 기능의 국재화와 등력성
뇌의 외형적 분류와 특성

1) 뇌의 분류와 발달

(1) **뇌의 발생학적 분류** : 임신 4주 전뇌·중뇌·능형뇌 형성 → 임신 5주 전뇌가 간뇌·종뇌로 분화, 능형뇌는 후뇌·수뇌로 분화되어 종뇌·간뇌·중뇌·후뇌·수뇌로 분류됨 → 종뇌는 대뇌반구(대뇌피질, 대뇌백색질, 기저핵)로 발달, 간뇌는 시상상부·시상하부·시상·시상 밑부로 발달, 중뇌는 그대로, 후뇌는 소뇌와 교뇌로 분화, 수뇌는 연수로 발달

(2) **뇌의 발달 단계** : 후뇌(운동, 균형감각 통제) → 수뇌(호흡, 심장 박동, 혈압 조절 등) → 중뇌(눈의 움직임, 청각) → 간뇌(자율신경계의 조절, 체온 및 혈당 조절) → 종뇌(운동 조절, 정서 행동과 학습 및 기억에 관여)

2) 두뇌 기능의 국재화와 등력성

신경심리학자는 대뇌 손상의 편측화, 국재화 및 대뇌 손상 진행에 관련한 쟁점을 기술한다.

(1) **두뇌기능의 국재화(국부화/편재화, Localization)** : 특정 인지 능력은 국부적인 뇌손상에 수반되는 한정된 범위의 인지적 결함으로부터 발생한다.

(2) **두뇌기능의 등력성(등위성, Equipotentialism)** : 특정 기억의 흔적은 하나의 뉴런이나 뉴런의 특정 집단에만 저장되는 것이 아니라 감각 영역 전체에 골고루 저장된다. 뇌의 가소성 특정 뉴런이 손상되었을 때 같은 작업을 반복하게 되면 나머지 뉴런들이 결손이 생긴 뉴런 부위를 우회할 필요가 생긴다. 자기를 재조직화해서 생리적, 물리적 변화를 일으켜 주변 뉴런과의 연결관계도 변화하게 된다.

(3) 현재는 두뇌 기능의 국재화와 등력성 견해를 함께 반영한다.

3) 뇌의 구조

(1) **뇌의 외형적 분류와 기능**
뇌는 좌반구, 우반구로 이루어져 있다.
① **좌반구** : 신체 우측 통제, 언어기능, 논리적 추론 및 세부 분석에 관여한다.
② **우반구** : 신체 좌측 통제, 시공간 기술, 창조성, 음악 활동, 방향 지각, 얼굴 인식에 관여한다.

◎핵심 키워드
대뇌피질 4개의 엽(Lobe)의 기능

(2) 대뇌피질 4개의 엽(Lobe)과 기능

① **전두엽** : 진화론적으로 가장 최근에 발달된 부분이며 행동 조절, 집행 기능, 정서 조절에 관여하는 것으로 알려져 있다.

② **측두엽** : 언어적 표현과 수용, 분석을 중재하며, 음조, 소리, 리듬·비언어적 의미의 청각적 처리에 관여하는 것으로 알려져 있다.

③ **두정엽** : 촉각, 근육운동지각, 공간지각 및 일부 언어 이해와 처리에 관련되며, 신체자각과 관련되어 있는 것으로 알려져 있다.

④ **후두엽** : 시각적 처리에 관여하며, 균형 통제, 근육긴장도·운동 조절 기능은 소뇌와 연합하는 것으로 알려져 있다.

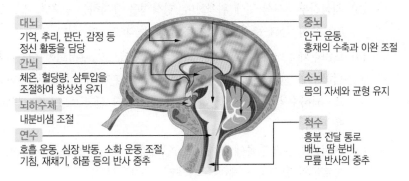

대뇌
기억, 추리, 판단, 감정 등 정신 활동을 담당

간뇌
체온, 혈당량, 삼투압을 조절하여 항상성 유지

뇌하수체
내분비샘 조절

연수
호흡 운동, 심장 박동, 소화 운동 조절, 기침, 재채기, 하품 등의 반사 중추

중뇌
안구 운동, 홍채의 수축과 이완 조절

소뇌
몸의 자세와 균형 유지

척수
흥분 전달 통로 배뇨, 땀 분비, 무릎 반사의 중추

4) 신경심리학적 기능장애 유형

(1) **전두엽 기능장애** : 조직화, 감독, 분류, 전략 수립, 예측, 계획, 판단과 결정, 자기조절, 적응, 목표지향적 행동 등 집행 기능을 담당하기 때문에 전두엽 손상은 집행 기능에 장애를 초래한다.

(2) **측두엽 기능장애** : 측두엽 손상은 사물을 볼 수 있으나 무엇인지 알지 못하는 시각 인식 불능증(Visual agnosia)에 관련된 것으로 알려져 있다. 측두엽의 해마 손상은 장기기억 형성 능력의 상실과 관련되며 왼쪽 측두엽은 언어적, 오른쪽 측두엽은 시공간적 요소와 관련된다.

(3) **두정엽 기능장애** : 두정엽은 감각 기관 정보를 받지도 않고, 근육 운동 명령도 내리지 않지만 시각·청각·감각 입력이 만나며 여러 피질 단위의 정보를 연결, 통합하는 역할을 하기 때문에 좌·우반구 중 한쪽 두정엽만 손상될 경우 편측무시 결함의 원인이 된다. 또한 시각적으로 볼 수는 있지만 집단화는 할 수 없는(부분만 지각하고, 전체는 보지 못함) 동시실인증(Simultanagnosia)도 두정엽 기능장애 중 하나이다.

전두엽 기능장애 평가는 위스콘신 카드분류검사(Wisconsin Card Sorting Test), 홀스테드-라이탄 배터리(Halstead-Reitan Battery)의 범주검사(Categories Test)가 해당되며 수검자는 검사자의 피드백을 듣고, 범주화에 대한 전략을 바꾸게 되는데 전두엽 손상 환자는 성공적이지 못한 전략을 고수하는 보속적 성향을 나타낸다.

◎핵심 키워드
신경심리학적 기능장애 유형
· 전두엽
· 측두엽
· 두정엽
· 후두엽

263

(4) **후두엽 기능장애** : 후두엽의 손상은 시감각이 정상인 상태라도 시각적 감각이 없는 실명의 원인이 되며 일부 시각적 정보 처리가 의식되지 않은 상황에서 일어나는 실명 시력(Blind sight)을 보인다.

5) 중추신경계의 구성

(1) **간뇌** : 시상, 시상하부, 뇌하수체, 송과샘을 포함하는 내분비 조직이다.

(2) **시상** : 간뇌의 대부분을 차지하며 감각 정보, 운동정보를 처리하여 대뇌로 보낸다.

(3) **시상하부** : 시상 밑에 위치하며, 항상성을 유지하는 중추로 체온/삼투압 유지, 음식 섭취 조절, 생식기능 조절 등의 기능을 한다.

(4) **뇌하수체** : 뇌하수체 전엽과 뇌하수체 후엽으로 구성되며 뇌하수체 전엽은 뇌하수체 전엽 호르몬을 분비하여 다른 기관에서의 호르몬 분비를 조절하고, 뇌하수체 후엽은 시상하부핵에서 합성된 신경 호르몬을 분비하는 역할을 한다.

(5) **송과샘** : 간뇌 뒤쪽에 위치하며, 인체의 생체리듬을 조절하고, 생식선 자극 호르몬의 분비를 억제하는 멜라토닌을 분비한다.

6) 부 신

좌 · 우 신장 위에 각각 한 개씩 있는 삼각형 모양의 작은 내분비선이다.

(1) **부신 피질(겉질)** : 뇌하수체에서 분비되는 부신피질 자극 호르몬의 자극으로 코르티솔, 알도스테론, 안드로겐 등의 스테로이드 호르몬을 생성한다.

　※ 코르티솔(당류 코르티코이드)
- 스트레스에 대응하여 분비된다.
- 몸에 저장된 에너지인 포도당과 아미노산을 동원하는 당질대사에 밀접하게 관련된다.
- 투쟁-도피 반응에서 일시적으로 필요 없는 림프구 등의 면역계를 억제하는 기능을 한다.

(2) **부신 수질(속질)** : 에피네프린, 노르에피네프린 등의 카테콜아민들을 생성한다.

　※ 카테콜아민
- 스트레스에 급히 반응하는 호르몬이다.
- 에피네프린과 노르에피네프린 : 간, 지방조직 등에 저장되어 있는 포도당, 지방산 등의 에너지를 근육 등 필요한 장기에 공급하여 전투태세를 갖추게 한다(투쟁-도피 반응을 위한 에너지 동원).

7) 신경심리학적 평가

(1) 두뇌-행동 관계를 정확하고 민감하게 척도화하여 표준화된 검사에 대한 환자의 수행에 근거하여 두뇌 기능을 기술하는 비침습적 방법으로 인지/정서/행동적 기능을 평가한다.

(2) 환자 결함의 특성, 심각도를 평가하고, 손상의 위치를 추측하며, 과제를 통해 환자의 이전수행이나 규준집단과 비교한다.

(3) 미리 정해져 있는 배터리식 평가(종합평가) 또는 개별적인 검사도구로 평가한다.

8) 신경심리학적 접근을 통한 정신병리의 이해

(1) 우울증 : 뇌의 좌측에 손상을 입은 환자는 우울한 경향이 있다. 손상 부위가 앞쪽일 경우 우울증이 더 심각하며 우울한 사람들은 우반구에 비해 좌반구가 덜 활동적이다.

(2) 조현병 : 전전두엽의 구조적, 기능적 이상이 조현병 환자에게서 발견되며 전전두엽의 구조적 손상 환자에게서 조현병 환자의 음성 증상(활력, 주도성의 결여, 사회적 관심의 결여 등)이 나타난다. 좌반구 특정 영역의 손상 시 나타나는 증상이 조현병의 양성 증상(망상, 환각, 신조어, 기이한 언어적 표현)과 일치된다.

(3) 학습장애 : 난독증은 좌반구의 기능 이상과 연관된다.

3 » 법정 및 범죄심리학

1) 법정심리학의 개념 : 법, 법률과 관련된 쟁점에 심리학적 전문성을 활용한 학문이며 범죄심리학은 더 좁은 개념에 해당된다.

2) 법정심리학자의 주요 활동

(1) 전문가 증인
(2) 형사 사건(정신이상 항변, 법정에 설 능력)
(3) 민사사건(정신장애시설 입원)
(4) 위험성의 예측
(5) 수감자의 심리치료
(6) 자 문

4 » 소아과 심리학

1) 소아과 심리학의 특징

아동을 대상으로 한 임상심리학으로 영유아, 아동·청소년이 속한 사회적 맥락에서 심리서비스를 제공한다.

(1) 전통적 아동심리평가/심리치료, 부모평가(성격, 양육), 부모치료/부모교육, 가족 개입이 포함된다.

(2) 주 관심 주제는 발달, 환경(양육, 학교), 조기개입(1, 2, 3차 예방, 프로그램 실시)이다.

(3) 아동과 가족이 속한 문화와 일치되는 패턴으로 치료가 제공될 때 가장 효과적이다(문화 일치 가설).

(4) 근거 기반 의학 입장에서 평가를 내린다.

2) 아동기 장애

아동에게 흔한 장애(ADHD, 품행장애, 적대적 반항장애, 분리불안장애 등)와 성인에게서도 나타날 수 있는 장애(주요우울장애, 외상후 스트레스 장애, 신경성 식욕부진증, 신경성 폭식증, 약물남용, 공포증 등)가 포함되며 회복 탄력성이 큰 아동은 위험 요인이 많은 상황에서도 장애로 발전될 확률이 낮고, 취약성이 있는 아동은 상대적으로 위험 요인이 낮은 상황에서도 장애로 발전할 가능성이 높다.

(1) **외현화 장애** : ADHD, 품행장애, 적대적 반항장애 등을 포함

(2) **내재화 장애** : 우울장애, 불안장애 등

3) 아동청소년의 평가

(1) 발달상의 단계라는 맥락에서 아동의 행동을 이해해야 한다.

(2) 다중 출처(Multisource), 다중 방법(Multimethod), 다중상황적 접근 (Multisetting approach)으로 아동을 평가해야 한다(Merrell, 2008).

(3) 면접, 행동 관찰, 행동 평가(부모, 교사, 아동 자신), 투사적 검사, 지능검 사 등의 종합적 방법으로 평가해야 한다.

◎ 핵심 키워드
아동청소년의 평가
아동청소년의 심리치료 시 고려할 점

4) 아동청소년의 심리치료 시 고려할 점

(1) 아동은 축소된 성인이 아니기 때문에 자발성, 변화의 동기, 착석 능력, 언 어적 표현 등이 당연하게 여겨져서는 안 된다.

(2) 아동은 혼자서 치료에 참여하지 못하므로 아동의 부모, 교사 등과 협력 관 계를 맺는 것이 중요하다.

(3) 비밀 보장에 대한 문제가 성인과는 다르다. 즉, 부모나 법정후견인이 아동 에 대한 책임을 지기 때문에 비밀 보장에 대한 법적 의무가 아동의 부모, 법정후견인에게 적용되지 않는다.

(4) 아동은 자신의 인생에 대한 통제권이 적거나 거의 없기 때문에 자신의 주 변 환경을 변경하기 어렵다.

(5) 치료기법에는 인지행동치료(사회기술 훈련, 응용행동 분석), 자기지시적 훈 련, 부모훈련, 놀이치료(정신역동 놀이치료, 인본주의 놀이치료) 등이 있다.

기출 DATA
성인과 구분되는 아동심리치료의
고유한 특징 2021 – 3회

5 » 지역사회 심리학

1) 지역사회 심리학의 특징

개인이 환경에 적응하고 대처하도록 도우며 장애에 대한 보다 폭넓은 원인을 파악하고, 개인이나 집단이 부정적 영향을 받기 전에 지역사회 수준의 원인을 개선한다.

(1) 지역사회 심리학자는 개인적, 사회적 문제를 이해하고, 역기능적 행동을 예방하며 지속적으로 사회적 변화를 유발하도록 노력한다.

(2) 인간 행동이 환경과의 상호작용에서 발생한다는 생태학적 조망에 바탕을 둔다.

(3) 개인 질병이나 치료 모형을 강조하지 않으며 초점은 치유보다 예방에 있다.

(4) 개인과 지역사회 조직은 능력 부여(Empowerment)를 통해 전통적인 전문적 개입이 필요없도록 자신의 문제를 통제하고 지배하도록 장려된다.

(5) 실제 개입은 자문을 통해 자조 프로그램, 훈련된 비심리학자, 준전문가를 통해 이루어진다.

(6) 고비용, 저효율의 치료 시설, 인력 부족, 심리치료 효능·효과에 대한 의문점 제기 등의 문제로 지역사회 치료와 서비스가 기반이 되는 정신질환자의 사회복귀 정책을 추진한다.

2) 지역사회 심리학의 발달 배경

◎핵심 키워드
지역사회 심리학의 발달배경

(1) 1955년 지역사회 정신건강 개념 발달을 장려하고 정신병원 입원 감소를 추진하였으며 지역건강센터법이 통과되었다.

(2) 시설 환자의 증가는 사회적으로 고비용, 저효율의 치료시설, 정신건강 전문가 인력부족이라는 문제에 부딪히게 되었다.

(3) 정신역동적 접근에 대한 관심이 감소하고 전통적 심리치료 효과에 대한 의문점이 제기되었다.

(4) 만성정신질환자의 인권에 대한 의식과 관심이 높아졌다.

3) 예 방

(1) **일차 예방** : 해로운 환경이 질병을 야기하기 전에 개선하고 제거하며, 개인의 보호 요인을 강화한다.

예 직업 차별 감소, 한부모 가정 아동 돕기, 가정급식 서비스 등

(2) **이차 예방** : 정신장애 위험군에게 개입하는 것으로 정신건강 문제의 조기 확인, 정신장애로 발전하지 않도록 보호 요인을 증가시키는 초기 단계의 치료가 포함된다. **예** 해로운 음주 문제를 가진 사람의 조기 탐지 및 치료

(3) **삼차 예방** : 진단된 정신장애의 심각도를 낮추고 영향을 줄이는 것이 목적으로 내담자의 사회 복귀에 초점을 두며 내담자가 자신의 문제에 더 잘 대처하도록 돕고, 정신장애로 인한 부정적 결과를 예방하기 위해 노력하는 심리사회적 재활이다. **예** 상담, 직업훈련

(4) **대안적 예방 모델**

① **보편적 예방개입** : 전국민이 대상이며, 비용이 많이 든다.

② **선택적 예방개입** : 가깝거나 먼 미래에 해당 장애가 발생할 확률이 높은 개인이나 집단을 대상으로 한다.

③ **지정된 예방개입** : 고위험군 상태의 개인을 대상으로 한다.

6 》》 기업상담 및 EAP (Employee Assistance Program, 근로자 지원 프로그램)

1) 기업상담 및 EAP의 특징

(1) 1914년 미국 포드사에서 첫 상담 프로그램이 시행되면서 기업 상담이 시작되었다.

(2) 1940년대 직장인 알코올 중독 프로그램을 시작으로 개인상담, 가족생활, 법률 문제, 스트레스 관리 등을 위한 종합적인 근로자 지원 서비스(EAP)가 이루어지고 있다.

(3) 기업주는 직원복지 차원에서 기업상담 및 EAP를 도입하고 상담자(전문가)는 이를 진행하여 직원들의 정신건강을 지원하고 내담자(직원)는 무료로 서비스를 제공받게 된다.

2) 기업상담 및 EAP의 영역

(1) **생활지원 서비스** : 업무에 영향을 줄 수 있는 직원들의 사적인 영역을 지원한다. **예** 부부관계, 자녀관계, 양육, 우울, 불안 등

(2) **웰니스(건강증진) 프로그램** : 신체적 피로와 정신적 스트레스로 인한 건강 장해를 예방한다.

(3) **위험 관리** : 직장 내 위기상황 발생 시 직원이 안전할 수 있도록 개입한다. **예** 성폭력, 업무관련 외상, 자살 시도·사고 등

7 » 코칭심리학

코칭의 대상이 되는 피코치가 긍정적이고 바람직한 모습으로 성장할 수 있는 동기에 초점을 둔다.

◎**핵심 키워드**
근거기반 코칭
코칭과 임상심리학의 비교

1) 근거기반 코칭

아래 4가지의 코칭 전문성이 갖추어진 상태에서 진행되는 코칭방식이다.

(1) 코칭 기술이 작용하는 원리/기능의 이론적 이해와 활용 능력

(2) 코칭 실무에 대한 코치의 통제력

(3) 피코치 반응을 제3자의 관점에서 볼 수 있는 코칭에 대한 메타인지 능력

(4) 피코치의 성향/요구에 맞춘 맞춤형 코칭 능력

2) 코칭과 임상심리학의 비교

코 칭	임상심리학
• 개인의 성장에 초점을 둔 전체적 관점 강조 • 정서적, 지적 취약성이 별로 없고 변화에 대한 의지가 있음 • 빠른 변화를 기대함 • 변동성이 크고 인간적 변화를 지향하며, 피코치 자신의 행동에 더 책임이 있는 것으로 여김	• 특정 심리적 문제에 초점을 둠 • 변화에 대한 뚜렷한 욕구가 항상 있지는 않음 • 일정기간 동안 변화가 일어남 • 상대적으로 구조화, 안정적

전문직으로서의 임상심리학

CHAPTER 03

Key Point

전문직으로서의 임상심리학자 역할에 대한 배경과 역량에 대한 이해가 요구된다.

나의 필기 노트

1 》 전문직 수련 및 다문화적 역량

1) 전문직 수련

(1) 샤코우(Shakow)의 보고서

샤코우의 보고서 「Recommended Graduate Training in Clinical Psychology」는 임상수련의 패턴을 수립하였다.

① **Shakow 보고서의 수련 주요 권고사항**

㉠ 심리학자로서 먼저 수련을 받아야 한다.

㉡ 비임상적 영역의 심리학 수련만큼 임상수련도 엄격해야 한다.

㉢ 임상심리학자는 폭넓게 준비해야 하며 연구, 심리평가, 심리치료를 지향해야 한다.

② Shakow 보고서는 임상수련 프로그램의 전형적 모델이 되었으며 과학자-전문가 모델로써 볼더(Boulder) 회의에서 공식적으로 승인되었다.

(2) 볼더(Boulder) 회의

미 재향군인회와 연방 공중보건국의 재정적 지원으로 소집되었다.

① 미 재향군인회와 연방 공중 보건국은 만족할 만한 수련프로그램을 제공하는 대학의 이름을 알려주고, 수련프로그램이 만족스럽지 않은 대학은 프로그램을 개발할 것을 요구하였다.

② 볼더 회의에서 Shakow 위원회가 권고한 과학자-전문가 모델을 받아들여 볼더 모델로 불리우게 되었다.

③ 교육 및 수련위원회를 구성하고 승인팀을 구성하여 5년마다 임상수련 장소들을 재방문하였다.

◎**핵심 키워드**

볼더(Boulder) 회의

④ 이후 볼더 모델에 대한 불만을 개선하기 위해 대안이 제시되었고, 베일(Vail) 회의가 가장 큰 영향을 미치게 되었다.

(3) 베일(Vail) 회의

국립 정신건강연구소의 지원으로 소집되었다.

① 전문가로서 임상가의 기능이 강조되고, 볼더모형 이래 강조되었던 임상심리학자의 학문적 기능이 덜 강조되었다.

② 전문직 수련을 공식으로 인정하였으며 이는 과학자-전문가 모델과 동등한 지위를 갖게 되었다.

③ APA는 박사 수련을 마친 사람에게만 심리학자라는 칭호를 붙여야 한다고 투표로 정했지만 석사 수준의 임상가의 활동이 늘어남에 따라 반발을 사게 되었다.

(4) 솔트레이크시티(Salt Lake City) 회의 : 심리학자 수련의 변화를 평가할 필요에 의해 소집되었고, 허가를 받고자 하는 대학원 프로그램은 연구 설계 방법, 통계학, 심리학의 역사, 생리사회 인지적 영향에 기반을 둔 행동 등이 포함된 심리학적 핵심지식을 수련해야 한다는 결의안이 채택되었다.

◎핵심 키워드
임상심리학의 3대 수련모델

(5) 임상심리학의 3대 수련모델

① **임상과학자**(Clinical scientist) **모델** : 과학적 연구를 매우 강조하며 심리과학회의 접근법에서 발전되었다.

② **과학자-전문가**(Scientist-practitioner) **모델** : 연구와 임상적 실무를 동등하게 강조하는 볼더 모델을 따른다.

③ **전문가-학자**(Practitioner-scholar) **모델** : 인적 서비스 제공을 강조하며 과학적 수련을 덜 강조하는 베일 모델을 따른다.

◎핵심 키워드
전문직의 다문화적 역량

2) 전문직의 다문화적 역량

임상가는 인종적, 민족적, 문화적 다양성에 주의를 기울이고 다양한 배경의 내담자와 작업하는 역량을 개발해야 한다.

(1) 심리학자도 문화적 영향을 받는 존재이므로 자신과 다른 민족적, 인종적 배경을 가진 사람들에게 해로운 영향을 줄 수 있는 자세 또는 태도를 지닐 수 있음을 자각하도록 해야 한다.

(2) 민족적, 인종적으로 자신과 다른 사람에 대한 다문화적 민감성과 반응성, 다문화적 지식과 이해가 중요하다.

(3) 다문화주의, 다양성의 구성 개념을 심리학 교육에 채택하도록 권고한다.

(4) 심리학자는 문화적 민감성을 지니고, 민족적, 인종적, 언어적 소수인 사람들에 대한 연구의 중요성을 깨달아야 한다.

(5) 심리학자는 문화적 민감성을 지니고 문화적으로 적절한 기술을 실무에 적용할 수 있어야 한다.

(6) 문화적 다양성을 지닌 정책 개발, 조직 실무를 지원하기 위한 조직변화 절차를 사용해야 한다.

2 » 임상심리학자의 개업 활동

◎핵심 키워드
개인 개업과 집단 개업의 장단점

▌개인 개업과 집단 개업의 장·단점(Erwin, 1992) ▌

구 분	개인 개업	집단 개업
장 점	• 성공적으로 운영되었을 때 경제적 이익이 집단개업보다 크다. • 운영이 자유롭다.	• 다수의 전문 인력으로 내담자에게 신뢰를 주기 좋다. • 개인 개업보다 비용의 부담이 적다. • 구성원 간 심리적 지지를 받을 수 있다. • 책임이 분산된다.
단 점	• 직업윤리 및 활동에 대해 개인적 책임을 져야 한다. • 개인의 독립적인 사무실의 확보 비용이 추가된다. • 개인적이고 직업적인 고립감을 경험하게 된다.	• 직업적 경쟁과 성격적인 충돌 가능성이 있다. • 경제적 보상이 개인개업보다 적다.

01 학습 및 환경변화를 통해 만성 정신질환자의 사회적 기능을 최대한 회복시키는 정신사회 재활에서 환자를 대상으로 한 치료적 개입에 포함되는 3가지 내용을 서술하시오.

2009 · 2013

모범답안

① 내담자의 정확한 기능 및 자원 평가가 우선 이루어지며, 이를 통해 적절한 개입이 가능하다.
② 주요 초점은 내담자의 능력 및 건강한 행동의 증진과 직업 성과 향상이다.
③ 희망을 가지는 것이 재활의 필수 요소이다.
④ 내담자의 적극적인 참여가 요구된다.
⑤ 환경적인 지원으로 사회적 · 직업적 기반을 제공한다.

02 병원의 정신건강의학과 또는 정신보건센터에서 정신장애 환자를 평가하기 위한 면담에서 유의해야 할 점 2가지를 적으시오.

2015-3회

모범답안

치료를 위한 즉각적인 개입이 필요한 자살시도 또는 공격성 수준을 파악해야 한다. 자살행위를 예방하기 위해 적극적인 예방조치를 취해야 한다. 비치명적인 자해행위로도 죽음에 이를 수 있으므로 이에 대한 철저한 예방이 필요하다. 공격성의 경우 그 원인질환(예 중독 및 금단)이 무엇인지 정확히 파악하여 대응해야 한다.

03 임상가가 임상적 연구나 실무에서 의사결정을 할 때는 임상적 판단 및 통계적 판단을 한다. 만약 임상적 판단보다 통계적 판단을 더 우선하여 사용할 경우 나타날 수 있는 장점과 단점을 각각 2가지씩 적으시오. `2010`

모범답안

① 장점
  ㉠ 개념을 구체화하고 조직화하는 과정을 통해 모호한 개념을 보다 명확하게 정의함으로써 통계적 공식에 따른 구체적 예측이 가능하다.
  ㉡ 객관적으로 도출된 공식, 명확한 준거 등을 통해 임상적 판단이 극복하기 어려운 신뢰도 부족의 문제를 상당부분 해결할 수 있다.

② 단점
  ㉠ 인간의 본질적인 복잡성을 수량화하는 것은 그 자체로 제한적이다.
  ㉡ 통계적으로 유의미하거나 유의미하지 않음이 결과적으로 유의미하거나 유의미하지 않음을 나타내는 것이 아니다. 정확한 판단을 위해서는 통계적 판단뿐 아니라 관찰과 다양한 정보를 통합한 입체적인 판단이 필요하다.

※ 임상적 판단의 장·단점
① 장점
  ㉠ 다양한 검사자료, 인적사항, 개인력, 가족력 등의 정보, 의학적 기록, 언어/비언어적 행동의 관찰을 바탕으로 한 광범위한 정보들을 토대로 비교적 정확성 있는 판단을 할 수 있다.
  ㉡ 과학적 예측이나 통계적인 방법으로 규정하기 어려운 경우에도 적용할 수 있다.

② 단점
  ㉠ 통계적 판단에 비해 신뢰도가 떨어진다.
  ㉡ 임상가의 주관적 편견이 개입될 수 있으며 검사과정에서 편향이 나타날 수 있다.

적중예상문제

01 다음 사례를 읽고 연구 절차상의 문제점 및 대안을 4가지 기술하시오.

> 한 임상심리학자는 최근에 자신이 개발한 사회공포증 치료프로그램의 효과성 여부를 검증하기 위해 실험을 시행하였다. 이를 위해 사회공포증으로 의심되는 20명을 대상으로 5회기에 걸쳐 치료 프로그램을 시행한 후 그 변화를 살펴보았다. 치료 효과를 검증하기 위해 치료 시작 전과 치료 종료 후 프로그램에 참여한 실험 대상자들에게 자신의 증상에 대한 심각성 수준을 7점 척도로 평정하도록 하였다. 임상심리학자는 치료 종료 이후 실험대상자들이 평정한 척도의 점수가 유의미하게 낮게 나왔다는 사실을 바탕으로 자신의 치료프로그램이 효과가 있다고 주장하였다.

모범답안

① **집단 설정 및 표본의 대표성 문제**: 임상심리학자는 사회공포증이 의심되는 20명을 실험 대상자로 선정하였다. 그러나 비교적 소수의 인원이니 만큼 통계적 검증력이 제한적일 수밖에 없다. 또 실험대상자들에 대한 구체적인 기준(연령, 성별, 증상의 심각성 정도 등) 없이 사회공포증이 의심되는 사람들을 실험대상자로 선정하여 실험 결과의 신뢰성이 담보되지 않는다. 따라서 임상심리학자는 집단 설정 과정에서 표본의 대표성과 크기 등을 다시 고려해야 한다.

② **통제집단의 결여**: 실험 설계는 기본적으로 실험집단, 통제집단, 자극의 3요소로 이루어진다. 집단을 실험집단과 통제집단으로 나누는 것은 보다 정확한 인과관계의 추론을 위한 것이므로 반드시 필요한 과정이라고 할 수 있다. 위의 실험에서는 통제집단 없이 실험집단의 점수 변화만으로는 효과성을 말하기 어렵다. 임상심리사는 인과관계의 추론을 위해 통제집단을 설정해야 하며 통제집단 설정 시 무선배치하여 두 집단을 동질적으로 구성하며, 실험과정에서 가외변인을 통제해야 한다.

③ **조사 반응성(반응 효과)**: 실험 대상자들은 자신들이 실험에 참여한다는 사실을 인식하는 것만으로도 행동에 변화를 보일 수 있다. 따라서 임상심리학자는 통제집단뿐 아니라 위약효과를 볼 수 있는 비교집단도 설정하여 조사 반응성에 대한 통제를 시도해야 한다.

④ **비교 및 검증 과정의 결여**: 실험 설계는 사전/사후 검사 결과, 변수 간 의미 있는 차이가 있었는지 변화를 비교하고 검토하는 과정이 요구된다. 연구자는 이를 검증하는 과정에서 자기보고식의 평가뿐 아니라 객관적 관찰자로서 실험 과정상 포착된 실험 대상자의 생리적·행동적 반응의 변화를 관찰하고 이를 자기평가와 함께 종합적으로 고려해야 한다.

02 자문의 정신건강 모델과 행동주의 모델의 차이점을 설명하시오.

> 모범답안
>
> ① 정신건강 모델은 기본적으로 자문 요청자(피자문자)에게 문제 해결의 능력이 있다고 가정한다. 자문가와 자문 요청자 간의 관계는 평등하며, 자문가는 조언과 지시를 제공하여 촉진자로서의 역할을 수행한다. 자문의 성공 여부는 자문 요청자의 진단, 대처, 기술적·정서적 문제 해결 능력의 확장 정도 등으로 평가한다.
> ② 행동주의 모델에서 자문가는 학습이론이 어떻게 개인, 집단 및 조직의 문제에 실질적으로 적용될 수 있는지를 가르치고 보여주는 인정된 전문가이다. 자문가와 자문 요청자 간에 보다 분명한 역할이 있으며, 문제해결에 있어 상호 관계가 있을 수 있지만 행동지식 기반에 있어서 자문가와 자문 요청자 사이에는 커다란 불균형이 있다(자문가는 자문 요청자보다 행동지식 기반이 우월하다).

03 심리치료의 효과성을 검증하는 방법 2가지를 설명하시오.

> 모범답안
>
> ① 치료적 반응에 대한 심리검사를 통해 치료로 인한 효과를 평가한다.
> ② 내담자의 문제 증상이 병전 혹은 기저선 수준으로 회복하였는지(유의미한 변화)와 사회적/직업적 또는 다른 중요한 생활영역 기능에서 어느 정도 개선을 보이는지의 문제해결 정도를 임상적 관점에서 평가한다(내담자 본인, 내담자 가족, 주변인, 관찰하는 상담자에 의한 다각적인 평가).

04 재활과 치료의 차이를 서술하시오.

....

....

....

....

....

....

....

....

....

....

....

....

....

모범답안

① 재활
기능 개선, 만족감 증대, 재기를 도와 현재와 미래의 환경에 적응하게 한다.
ⓐ 목적 : 만성 정신질환자의 사회적 적응능력 향상이다.
ⓑ 기법 : 기술 교육, 집단상담 치료, 직업 훈련, 의사소통 훈련, 자원 조정이 포함된다.
ⓒ 이론 : 인과이론은 중요하지 않다.
ⓓ 진단 : 현재 필요한 기술과 자원에 초점을 맞춘다.
ⓔ 역사적 근거 : 직업 훈련, 신체 발달, 인간자원 개발, 내담자 중심 요법, 특수 교육, 학습 이론이 해당된다.

② 치료
증상의 치유와 경감, 증상의 제거를 의미한다.
ⓐ 목적 : 증상의 경감, 개선, 치유이다.
ⓑ 기법 : 약물 치료, 정신치료를 활용한다.
ⓒ 이론 : 인과 이론에 기초를 둔다.
ⓓ 진단 : 증상과 가능한 원인을 측정한다.
ⓔ 역사적 근거 : 신체의학, 정신역동이 해당된다.

05 임상심리학자가 연구 역량을 키워야 하는 이유를 3가지 기술하시오.

....

....

....

....

모범답안

① 출판된 논문을 비판적으로 평가할 수 있어야 어떠한 평가 절차와 치료적 개입이 내담자에게 효과적인지, 임상적으로 타당한지 결정하는 데 도움을 받을 수 있기 때문이다.
② 학교에서 일하는 임상가는 지도 학생의 연구 계획을 평가하고 지도해야 하기 때문이다.
③ 지역정신건강센터 또는 기타기관의 심리학자들이 기관의 프로그램 효과에 대한 평가 자료를 요청할 때 연구 경험이 매우 유용하다.
④ 자신의 임상적 작업에 대한 효과를 객관적으로 평가할 수 있기 때문이다.

06 정신 약물을 알아야 하는 이유 5가지를 서술하시오.

....

....

....

....

....

모범답안

① 정신과 의사에게 의뢰할 필요성을 판단하기 위해서이다.
② 약물치료와 상담 기술에 대한 최신 연구 정보를 습득하기 위해서이다.
③ 신뢰할 수 있고 신중한 태도로 약물을 처방하는 의사에게 내담자를 의뢰하기 위해서이다.
④ 내담자 상황에 대한 정보 교환 시 명확한 용어로 전달하기 위해서이다.
⑤ 가장 보편적으로 사용되는 약물의 효과와 부작용을 알아야 하기 때문이다.
⑥ 내담자가 복용 지시 사항을 준수하지 않을 때 이를 지키도록 격려하고 나타날 수 있는 부정적 결과를 인식해야 하기 때문이다.
⑦ 내담자가 약물 투여를 중단했을 때 금단 현상을 견딜 수 있도록 돕기 위해서이다.

07 추체외로부작용(Extrapyramidal side-effect)에 대해 설명하시오.

모범답안

근육 긴장으로 어색하고 부자연스러운 행동을 보이는 근긴장곤란증(Dystonia), 안절부절못하는 좌불안석증(Akathisia), 손떨림, 무표정, 이상한 자세, 혀의 지속적 움직임, 입맛 다시기 등이 해당되며 항정신병 약물 투약 시 나타나는 대표적인 부작용이다.

08 기록물의 보관과 처리 원칙 3가지를 적으시오.

모범답안

① 법, 규정, 제도에 따라 상담기록을 일정 기간 동안 보관(공공 기관, 교육 기관 등은 각 기관의 규정을 따르고, 이외에는 3년 이내 보관이 원칙)하며 보관 기간이 지난 기록은 폐기해야 한다.
② 기록은 내담자를 위해 보관하는 것이며, 상담의 녹음, 기록에 대해서 내담자의 동의를 구해야 한다.
③ 내담자가 적절한 수준에서 기록물 열람을 요구할 경우 열람할 수 있게 하되 열람이 내담자에게 해가 된다고 사료될 경우 열람을 제한한다(이유를 명기함).

09 지역사회 심리학의 기본적인 입장 3가지를 서술하시오.

··

··

··

··

··

··

··

··

··

··

··

··

··

① 지역사회 심리학자는 개인적, 사회적 문제를 이해하고, 역기능적 행동을 예방하며 지속적으로 사회적 변화를 유발하도록 노력한다.
② 인간 행동이 환경과의 상호작용에서 발생한다는 생태학적 조망에 바탕을 둔다.
③ 개인 질병이나 치료 모형을 강조하지 않으며 초점은 치유보다 예방에 있다.
④ 개인과 지역사회 조직은 능력 부여(Empowerment)를 통해 전통적인 전문적 개입이 필요없도록 자신의 문제를 통제하고 지배하도록 장려된다.
⑤ 실제 개입은 자문을 통해 자조 프로그램, 훈련된 비심리학자, 준전문가를 통해 이루어진다.
⑥ 고비용, 저효율의 치료 시설, 인력 부족, 심리치료 효능·효과에 대한 의문점 제기 등의 문제로 지역사회 치료와 서비스가 기반이 되는 정신질환자의 사회복귀 정책을 추진한다.

10 자문의 특성 5가지를 서술하시오.

....

....

....

....

① 자문은 피자문인이 도움을 요청할 때 발생한다.
② 자문가는 피자문인의 행동을 조정할 힘은 갖지 않는다.
③ 자문 과정은 교육적이다.
④ 자문가는 피자문인의 감정, 태도, 가치관을 다루며 통합적 전략을 사용한다.
⑤ 자문 과정은 외부의 개인적, 집단적, 조직적 문제도 중요하게 다룬다.

11 두뇌기능의 국재화와 등력성을 설명하시오.

....

....

....

....

모범답안

① **두뇌기능의 국재화(국부화/편재화, Localization)** : 특정 인지 능력은 국부적인 뇌손상에 수반되는 한정된 범위의 인지적 결함으로부터 발생한다.
② **두뇌기능의 등력성(등위성, Equipotentialism)** : 특정 기억의 흔적은 하나의 뉴런이나 뉴런의 특정 집단에만 저장되는 것이 아니라 감각 영역 전체에 골고루 저장되게 된다. 뇌의 가소성 특정 뉴런이 손상되었을 때 같은 작업을 반복하게 되면 나머지 뉴런들이 결손이 생긴 뉴런 부위를 우회할 필요가 생긴다. 자기를 재조직화해서 생리적, 물리적 변화를 일으켜 주변 뉴런과의 연결관계도 변화하게 된다.

부록

최신 기출복원문제

Clinical Psychology Practitioner

Part 1 ▶ 기초심리평가

01 MMPI – 2의 2개 척도 분석에서 6–8–6 유형에서 나타날 수 있는 일반적인 특징 5가지와 가능성 있는 진단명(장애) 2가지를 적으시오. (7점)

(1) 일반적 특징 5가지

....

....

....

....

> **모범답안**
>
> ① 현저한 사고과정의 어려움. 자폐적이고 산만하고 우회적 사고경향성과 기괴한 사고내용을 보인다.
> ② 주의집중력의 곤란 기억력저하. 판단력장애도 흔히 나타난다.
> ③ 피해망상·과대망상·환각이 나타나며 현실검증력의 장애를 보인다.
> ④ 정서적으로 둔화되어 있고 이들이 나타내는 감정반응은 상황에 맞지 않는 부적절함을 보인다.
> ⑤ 의심과 불신이 많고 타인에게 적대감을 품고 있으며 친밀한 관계를 회피한다.

(2) 가능성이 있는 장애 2가지

....

....

> **모범답안**
>
> ① 조현병 (편집형 조현병), ② 조현성 성격장애, ③ 편집성 성격장애

02 MMPI- 2에서 ?(무응답) 척도가 상승하는 원인 5가지를 적으시오. (5점)

모범답안

① 수검자의 부주의함이나 심리적 혼란같은 심각한 정신병리로 인해 반응이 어려움
② 수검자가 자신의 바람직하지 않은 부분에 대해서 거짓으로 응답하기보다는 인정하지 않고 회피하려는 시도
③ 수검자의 우유부단함
④ 의미있게 응답하기 위해 필요한 정보나 경험이 부족함
⑤ 검사 및 검사자에 대한 비협조적 태도
⑥ 개인적 정보노출에 대한 방어적 태도

03 아동의 발달을 측정하기 위해 이용하는 사회성숙도 검사의 4가지 영역을 쓰시오 (4점)

모범답안

① **자조영역** : 자조일반, 자조식사, 자조용의의 세 가지 영역을 통해 자조능력 측정 (39개 문항)
② **이동영역** : 기어 다니는 능력부터 어디든지 혼자 다닐 수 있는 능력까지를 측정 (10개 문항)
③ **작업영역** : 단순한 놀이에서부터 고도의 전문성을 요하는 작업에 이르기까지 다양한 능력 측정 (22개 문항)
④ **의사소통 영역** : 동작, 음성, 문자 등을 매체로 수용능력 및 표현 능력 측정 (15개 문항)
⑤ **자기관리영역** :금전사용, 물건 구매, 경제적 자립준비, 책임있고 분별있는 행동을 통해 독립성과 책임감 측정 (14개 문항)
⑥ **사회화 영역** : 사회적 활동, 사회적 책임, 현실적 사고 등 측정 (17개 문항)

04 심리검사의 결과를 해석하는 것에 대한 설명이다. 순서를 올바르게 나열하시오. (2점)

> ㄱ 점수가 의미하는 것에 유의해서 결과 전달
> ㄴ 내담자가 해석을 받아들일 준비가 되었는지 파악
> ㄷ 검사자가 결과의 의미를 숙고하는 해석 준비단계
> ㄹ 내담자가 결과를 어떻게 이해했는지 확인
> ■ (　　) – (　　) – (　　) – (　　)

모범답안

■ ㄷ, ㄴ, ㄱ, ㄹ.

| 해설 |

심리검사의 실시 못지않게 검사결과를 전달하는 것도 중요하다. 검사자는 수집한 자료를 종합하고, 충분한 검토를 통해 검사 결과가 주는 의미를 숙고해야 한다. 그러한 과정에서 내담자의 자아기능수준이나 문제해결력, 대처방식등을 총체적으로 고려하여 내담자가 현재 해석을 받아들일 준비가 되어있는지를 파악해야 한다. 검사결과가 시사하는 바는 확증이 아니라 내담자를 이해하는 하나의 '가설'이라는 관점에서 점수가 의미하는 바를 유의하여 결과를 전달해야 한다. 마지막으로 내담자가 결과를 어떻게 이해했는지 확인하여 오해의 여지가 없도록 주의한다.

*이전에 동영상 강의에서 말씀드린 바와 같이, 기초적인 내용을 알고 있는지 확인하는 문제가 점점 증가하는 추세입니다. 수험생 여러분께서는 기초적인 내용부터 꼼꼼하게 살펴 역량을 쌓고, 시험에도 대비하시면 좋겠습니다.

05 K-WISC-IV의 지표점수 3가지를 쓰고 각각 소검사 1가지를 쓰시오 (6점)

모범답안

* 괄호는 보충소검사
(1) **언어이해[VCI] 지표** : 언어적 추론, 이해, 개념화, 단어 지식 등을 이용하는 능력
　　　　　　소검사: 공통성, 어휘, 이해, (상식), (단어추리)
(2) **지각추론[PRI] 지표** : 시각적 자극을 통합하거나 비언어적으로 추론하는 능력, 학습을 통해 배울 수 없는 문제를 해결하기 위해 시공간적인 시각-운동 기술을 적용하는 능력
　　　　　　소검사: 토막짜기, 공통그림 찾기, 행렬추리, (빠진곳찾기)
(3) **작업기억[VMI]** : 주의력, 집중력, 제시되는 정보를 효율적으로 처리하기 위해 아주 짧은 시간 동안 머릿속에 정보를 유지하는 능력
　　　　　　소검사: 숫자, 순차연결 (산수)
(4) **처리속도[PSI]** : 시각적 정보를 빠르게 정확하게 탐색하고 변별하는 능력, 정신 속도와 소근육의 처리 속도에 관한 능력
　　　　　　소검사: 동형찾기, 기호쓰기, (선택)

06 방어기제의 의미와 방어기제 유형 3가지를 적고 간략하게 설명하시오 (6점)

....
....
....
....
....
....
....
....
....
....
....
....
....
....
....

모범답안

(1) **방어기제** : 불안이나 죄책감같은 불쾌한 정서상태에서 자신을 보호하기 위한 무의식적 반응
(2) **방어기제의 유형**
① **부인** : 타인에게는 분명해 보이는 현실적 측면을 인정하기 거부한다.
  ② **억압** : 용납되지 않는 욕구, 생각 또는 경험을 무의식 영역으로 몰아내는 무의식적 과정이다.
  ③ **투사** : 용납할 수 없는 자신의 감정이나 충동, 사고 등을 부당하게 타인의 탓으로 돌린다.
  ④ **치환(대치, 전치, 전위)** : 정서적 느낌이나 반응을 야기한 상황보다 덜 위협적인 대상에 자신의 정서를 표출한다.

Part 2 **기초심리상담**

01 다음은 상담 초기에 흔하게 나타날 수 있는 대화로 내담자는 심리상담의 효과에 회의적이다. 이러한 경우 적절한 상담자의 반응은 무엇이며 근거는 무엇인지 설명하시오. (5점)

- 내담자 : 선생님, 저는 확신이 서지 않습니다. 상담을 받는다고 좋아질까요?
- 상담자 : 그렇게 말씀하시니 다행이네요. 솔직하기가 쉽지 않으니까요.
- 내담자 : 선생님을 믿지 않아서가 아닙니다. 상담을 받아도 나아지지 않을 것 같아서요..
- 상담자 : (   )

모범답안

① "상담을 처음 받는 상황이니 얼마나 긴장되고 염려되시겠어요. 이 상담을 받고도 문제가 해결되지 않을까봐 마음이 불안한 것 같군요. 그 마음 충분히 이해가 갑니다. 누구나 다 처음 맞이하는 상황에서는 불편함과 불안을 갖게 되지요. 분명한 것은 우리가 지금 하고자 하는 작업은 OO님의 문제를 해결하고자 하는 것입니다. 희망을 갖고 그 해결점을 찾아봅시다."
② 근거 : 막연한 불안감을 갖고 있는 현 상황을 충분히 공감해주고 이러한 감정이 상담 초기에 가질 수 있는 정상적인 감정임을 인지시키고 격려한다. 그 후 상담을 하고자 하는 동기를 지니도록 유도한다.

02 다음 사례를 읽고 상담자의 반응에서 사용된 개입 기술을 각각 적으시오 (4점)

> 저는 지난 밤 기이한 꿈을 꿨습니다. 아버지랑 숲으로 사냥을 갔는데, 사냥감에 집중하느라 숲의 깊은 곳 까지 갔습니다. 그런데 갑자기 바위의 뒤편에서 어떤 커다란 물체가 튀어나왔습니다. 저는 순간 사슴인 줄 알고 방아쇠를 당겼습니다. 그 물체가 쓰러지는 것이 보였고, 저는 가슴을 부여잡은 채 천천히 다가갔습니다. 가까이서 보니 그 물체는 사슴이 아닌 아버지였습니다. 아버지가 제 총에 죽은 것이죠. 저는 너무 황당하고 두려워서 잠에서 깨어났는데 등에서 식은 땀이 줄줄 흐르고 있었습니다.
> - 당신은 지난 밤 꿈으로 인해 정말 많이 놀랐나 봅니다. (①)
> - 황당하고 두려웠다는 것은 구체적으로 어떤 의미인가요? (②)
> - 평소에 아버지를 미워했던 것은 아닌가요? (③)
> - 아버지에 대한 적개심이 방아쇠를 당기도록 만든 것은 아닐까요? (④)

모범답안

① 반영(Reflection)
상담자가 내담자의 행동 속에 내재된 내면 감정을 정확히 파악하여 이를 내담자에게 전달해 주는 것이다.
② 명료화(Clarification)
내담자의 말 속에 포함되어 있는 불분명한 내용에 대해 상담자가 그 의미를 분명하게 밝히는 것이다.
③ 직면(Confrontation)
내담자의 자기 이해를 돕기 위해 상담자의 눈에 비친 내담자의 행동 특성 또는 사고방식의 스타일을 지적하는 것이다.
④ 해석(Interpretation)
내담자가 새로운 방식으로 자신의 문제들을 돌아볼 수 있도록 사건들의 의미를 설정해주고, 자신의 문제를 새로운 각도에서 이해할 수 있도록 그의 생활 경험과 행동, 행동의 의미를 설명하는 것이다.

Part 3 심리치료

01 놀이치료가 지니는 치료적 가치 5가지를 적으시오 (5점)

모범답안

① 저항을 극복하는데 도움이 되므로, 치료적 관계형성에 유용하다
② 의사소통의 매체로서 아동을 이해하고 진단하는데 유용하다
③ 아동의 불안 감소 및 긴장이완을 통해 효과적인 치료를 가능하게 한다.
④ 정화를 통해 심리적인 외상을 극복할 수 있도록 한다
⑤ 창조적 사고를 통해 참신한 문제해결능력을 발달시키도록 한다.

02 인지행동 치료에서는 내담자의 자동적 사고를 수정하기 위하여 소크라테스식 대화법을 사용한다. 이때 유의사항 6가지를 쓰시오 (6점)

··

··

··

··

··

··

··

··

··

··

··

모범답안

① 자동적 사고를 평가하는 것은 일종의 기술로서 반복된 연습과 지도가 필요하므로, 환자에게 이를 미리 알려주어 실망하지 않도록 한다.
② 환자의 자발적인 표현이 치료에 가장 효과적이므로, 치료자가 섣불리 답이라고 생각하는 것을 말해주지 않는다.
③ 환자에게 좌절하지 않도록 미리 어려움을 예상하도록 해주며, 실험으로서 과제를 제시해 준다.
④ 자동적 사고를 찾는 데만 몰두하여 환자로 하여금 취조를 받는 듯한 느낌을 주어서는 안 되며, 환자의 어려움을 공감하고 그에 대해 관심어린 태도를 보여야 한다.
⑤ 자동적 사고를 찾아내고는 그냥 넘어가서는 안 되며, 자동적 사고를 찾는 것의 의미와 그것의 유용성에 대해 다루어 주고 넘어가도록 한다.
⑥ 앞선 치료 과정에서 다룬 내용은 물론 앞으로의 치료 과정에서 다루어질 내용에 대해 심사숙고하는 시간을 가지도록 한다.
⑦ 과제는 할 수 있고 해야 하는 범위 내에서 최소한으로 줄이도록 하며, 그 결과에 대해 충분히 함께 검토하도록 한다.

03 인터넷 중독은 중요한 사회적 문제로 관심을 받고 있다. 상담자들이 인터넷 중독이 의심되는 내담자에게 인터넷 중독에서 벗어날 수 있도록 추천하는 일반적인 방법 4가지를 기술하시오. (4점)

모범답안

① 자신의 인터넷 중독 행동이 얼마나 심각한지, 이로 인해 삶의 다른 중요한 영역에서 얼마나 많은 피해를 입고 있는지, 이로 인한 심리적 및 물질적 손해는 얼마나 되는지 등을 정확하게 인식하여 인터넷 중독에 대한 문제 의식을 갖도록 한다.

② 친구와 만나거나 영화관을 가거나, 도서관을 가는 등 인터넷 활동에 대한 적절한 대안활동을 찾는다.

③ 인터넷 사용할 수 없는 곳에서 주로 활동하거나, 혹은 컴퓨터를 사용할 수 없도록 만드는 등의 자극 통제법을 사용하여 자기통제력을 증진시킨다.

④ 효율적인 시간 관리를 통해 인터넷 사용에 대한 욕구를 느낄 수 있는 무료한 시간 등을 없애도록 유도한다.

⑤ 인터넷 중독은 재발 가능성이 높기 때문에, 내담자 주변의 가까운 타인(특히 가족이나 자주 만나는 친구들)이 앞서 제시한 방법들을 내담자 스스로가 잘 해내고 있는지 감찰하도록 한다.

04 사례에서 A군이 보이는 문제와 관련하여 사례에 나타난 것 외에 사고. 정서, 행동의 측면에서 어떤 양상이 나타날 수 있는지 적으시오 (6점)

(사례) A군은 15살 중학교 3학년이다. 평소 친구들과 어울리지 못하고 학교가기를 거부한다. 부모가 다독여 주어도 학교에 가는 것을 완강히 거부하면, 거의 아침마다 학교에 가는 것을 거부하며 운다. A군은 자신이 학교에서 괴롭혀지고 있다며, 죽고 싶을 만큼 학교에 가는 것이 싫다고 말한다. A군은 골격이 크고 당당한 체구이며 태권도 도장을 다녔다. A군은 중학교에 진학한 후로 성적이 최하위권이며, A군의 담임교사는 A군이 일반적인 고등학교로 진학하는 것이 어렵다고 말하였다. A군의 어머니는 아들이 학교생활에 적응하는 것이 불가능한지, 어떠한 방식으로 이러한 문제를 해결해야 할지를 몰라 어려움을 호소하고 있다. A군이 처음 내원했을 때 A군은 무표정하고 약간 어눌한 말투를 보여주어 말을 알아듣기 어려웠다. 상담에 적극적이지 않으며 회피적이고 매우 짧은 답변으로 상담에 임했으나 치료가 반복되면서 이런 점은 점차 나아졌다.

- 사 고 (   )
- 정 서 (   )
- 행 동 (   )

모범답안

- **사 고**
  추론, 문제해결, 추상적 사고, 계획, 판단, 학업, 경험학습에서 제한 또는 결함을 보인다. 언어, 읽기와 쓰기, 기억, 수학적 추론, 문제해결, 새로운 상황에서의 판단 능력에 제한 또는 결함을 보인다.
- **정 서**
  또래관계에서 겪은 부정적 경험, 학습부진으로 인해 자신감이 많이 저하되어있고 정서적으로 위축되어 있다. 다른 사람의 생각이나 감정 등을 인지하는 능력이 부족하고, 공감, 의사소통 기술, 사회적 판단, 친교 기술 등을 발달시키고 적용하는데 어려움을 보인다.
- **행 동**
  대인관계를 형성하고 유지하는 능력이 부족하다. 학습 및 개인적 관리, 직업에서의 책임의식, 금전 관리, 자기행동 관리, 직장 및 학교의 업무 관리가 또래에 비해 미흡하다. 지속적 지원이 없으면 적응의 결함 때문에 다양한 환경(가정, 학교, 직장, 공동체 등)에서 의사소통, 독립적 생활, 사회적 참여 기능에 제한을 받는다.

| 해설 |
A군은 경계선 지능 또는 (경도)지적 장애가 의심된다. 경계선 지능, 지적장애는 발달시기에 시작되고 개념·사회·실행 영역에서 지적기능과 적응기능 모두 어려움을 겪게 된다.

05 얄롬이 제시한 인간의 궁극적 관심 4가지를 쓰시오. (4점)

모범답안

죽음, 자유, 고립(고독, isolation), 무의미성

| 해설 |

실존주의적 상담자는 기법을 강조하지 않고 내담자의 실존적 불안에 초점을 둔다. 실존적 불안은 존재의 불가피한 결과로써 구체적인 어려움을 겪지 않아도 존재하는 불안이며 죽음, 자유, 고립, 무의미성에서 초래된다. 신경증적 불안은 실존적 불안을 회피하는 데에서 오는 불안으로 상황에 적절하지 않으며, 억압적·파괴적이고 자기성장을 가로막아 주어진 상황에 대한 책임을 회피하도록 하du 정신병리의 원인이 된다.

① **죽음** : 불안의 근본적 원인으로 가장 직관적이고도 분명한 관심사이다. 죽음에 대한 불가피성에 대한 자각과 삶을 지속하려는 소망과의 갈등에서 실존적 불안이 발생한다. 하지만 죽음을 직면하는 것은 삶의 양식을 더 진실되게 바꿀 수 있도록 도우며 죽음에 대한 두려움을 긍정적 힘으로 변화시킬 수 있다.

② **자유** : 자신의 선택과 행동에 책임이 있으며 기꺼이 책임을 수용해야 함을 의미한다. 인간은 자신의 삶에 대한 책임과 더불어 의미있게 세상에 참여할 책임을 지닌다. 자유는 책임과 의지를 수반하게 되며 책임을 수용·거부하는데 개인마다 차이가 있다.

③ **고립(고독, isolation)** : 고립은 대인관계에서 오는 고립, 자신의 부분과 해리된 개인 내적 고립, 사람이 세상에 혼자 와서 살다가 떠나게 된다는 실존적 고립 총 3가지 유형으로 볼 수 있다. 인간은 홀로 있으면서 서로 관계를 맺는 존재이기 때문에 타인과 관계를 맺기 전에 자기 자신의 독자성을 추구하면서 홀로서기를 해야 한다.

④ **무의미성** : 삶의 의미가 무엇인지를 질문하는 내적 갈등이다. 실존적 불안을 직면하면 삶의 의미를 찾지 못하고 공허감을 느낄 수 있으며 이는 무의미함이나 공허함을 다루기 위해 다른 활동에 집착하는 실존적 신경증의 원인이 된다. 스스로 삶의 의미를 창조하도록 하는 것이 상담의 주요 주제이다.

06 Beck이 말하는 인지적 왜곡 3가지를 쓰고 설명하시오 (6점)

....

....

....

....

....

....

....

....

....

....

....

....

....

모범답안

① 흑백논리적 사고 (이분법적 사고 Dichotomous Thinking)
 – 생활사건의 의미를 이분법적인 범주 중 하나로 해석하는 오류
② 과잉 일반화(과도한 일반화 Overgeneralization)
 – 한 두 번의 사건에 근거하여 일반적인 결론을 내리고 무관한 상황에도 그 결론을 적용시키는 오류
③ 정신적 여과 (Mental Filtering, 선택적 추상화, Selective Abstraction)
 – 어떤 상황에서 일어난 여러 가지 일 중에 일부만 뽑아내어 상황전체를 판단하는 오류
④ 의미확대 / 축소(Magnification / Minimization)
 – 어떤 사건의 의미나 중요성을 실제보다 지나치게 확대하거나 축소하는 오류
⑤ 개인화(Personalization)
 – 자신과 무관한 사건을 자신과 관련되어 잘못 해석하는 오류
⑥ 감정적 추리 (Emotional Reasoning)
 – 충분한 근거 없이 막연히 느껴지는 감정에 근거하여 결론을 내리는 오류

07 집단치료의 치료적 요인 6가지를 쓰시오 (6점)

모범답안

① **희망적 고취** : 집단은 집단 구성원에게 문제가 개선될 수 있다는 희망을 심어주는데, 이때 희망 자체가 치료적 효과를 가질 수 있다.

② **보편성** : 참여자 자신만 심각한 문제, 생각, 충동을 가진 것이 아니라 다른 사람도 자기와 비슷한 갈등과 생활경험, 문제를 가지고 있다는 것을 알고 위로를 얻는다.

③ **정보 전달** : 집단 구성원은 집단 상담자에게서 다양한 정보를 습득함으로써 자신의 문제에 대해 보다 명확하게 이해하며, 동료 참여게서 직·간접적인 제안, 지도, 충고 등을 얻는다.

④ **사회기술의 발달** : 집단 구성원으로부터의 피드백이나 특정 사회기술에 대한 학습을 통해 대인관계에 필요한 사회 기술을 개발한다.

⑤ **대인관계 학습** : 집단 구성원과의 상호작용을 통해 자신의 대인관계에 대한 통찰과 자신이 원하는 관계형성에 대한 아이디어를 가질 수 있으며, 대인관계 형성의 새로운 방식을 시험해 볼 수 있는 장이 된다.

⑥ **이타주의** : 집단원들은 서로 비슷한 문제를 공유하며 서로에게 지지, 위로, 조언 등을 하게 되는데 이 과정에서 자신이 다른 집단원에게 도움이 되고 중요하다는 경험은 자존감을 높여준다.

Part 4 — 자문 · 교육 · 심리재활

01 다음 보기의 사례를 읽고 연구 절차상의 문제점 및 이를 해결하기 위한 대안 3가지를 제시하시오 (6점)

> 한 임상심리학자가 자기가 개발한 치료법의 효과를 검증하기 위해 공포증이 있는 것으로 의심되는 20명을 대상으로 5회기에 걸쳐 치료를 한 후 변화를 지켜봤다. 치료가 종료되기 전과 후 대상자들에게 7점 척도상에 평정하게 했는데, 치료가 종료된 이후 평정점수가 유의미하게 낮아졌다. 이를 토대로 임상심리학자는 자신의 치료법이 효과가 있다고 주장했다.

모범답안

① 집단 설정 및 표본의 대표성 문제

임상심리학자는 사회공포증이 의심되는 20명을 실험대상자로 선정하였다. 그러나 비교적 소수의 인원으로 실험을 하는 만큼 통계적 검증력이 결여될 수밖에 없다. 더욱이 실험대상자들의 연령이나 성별, 증상의심각성 정도 및 주 호소 불안의 유형(발표불안 또는 대인불안)에 대한 구체적인 기준도 없이 막연히 사회공포증 의심자들을 실험대상자로 선정함으로써 실험결과를 일반화하는 데 한계를 나타내 보인다. 따라서 임상심리학자는 집단 설정 과정에서 표본의 크기 및 표본의 대표성에 문제가 없는지 확인해야 한다.

② 통제집단의 결여

실험설계는 기본적으로 실험집단, 통제집단, 자극의 3요소로 이루어진다. 집단을 실험집단과 통제집단으로 나누는 것은 보다 정확한 인과관계의 추리를 위한 것이므로 필요한 과정이라고 할 수 있다. 다만, 실험대상자들을 두 집단으로 구분할 때 이들을 무작위로 배치함으로써 두 집단을 동질적으로 구성하며, 실험과정에서 두 집단에 대한 적절한 통제가 이루어지도록 주의해야 한다.

③ 조사반응성(반응효과)

실험대상자들은 제한된 실험 환경에서 자신이 연구자나 다른 실험대상자들의 관찰 대상이 된다는 사실을 인식함으로써 평소 자신의 모습과 다르게 반응할 수 있다. 따라서 임상심리학자는 연구 결과가 제한된 연구 환경을 벗어나 보다 현실적이면서 다양한 환경에서도 적용될 수 있는지 검토해야 한다.

④ 비교 및 검증 과정의 결여

실험설계는 사전 · 사후 검사 결과 변수 간 의미 있는 변화를 비교 · 검토하는 과정이 요구된다. 실험결과에 따른 치료적 효과는 단순히 자기보고식 평정척도만으로는 검증될 수 있는 것이 아니다. 연구자의 객관적 관찰자로서의 진단, 실험과정상 포착된 실험대상자의 생리적 · 행동적 반응의 변화, 치료적 효과의 임상적 유의성에 대한 판단 등이 종합적으로 고려되어야 한다.

02 보기의 사례를 읽고 A군의 행동이 윤리적으로 타당한 지의 여부를 쓰고, 그 이유를 서술하시오. (3점)

> 임상심리학 전공 대학원생 A군은 OO상담센터에서 실습을 하고 있다. A군은 자신이 개발한 새로운 치료 프로그램을 상담에 적용해 보려고 하던 차에, 평소 자신이 호감을 느끼던 한 여학생이 자신이 실습을 하는 상담센터에 찾아와 상담 신청한 사실을 알게 되었다. A군은 그 여학생의 상담을 자신이 맡겠다고 하였다.

모범답안

> A군의 행동은 이중관계 지양의 윤리적 의무를 위배했다고 볼 수 있으므로 윤리적으로 타당하지 않다. 상담자는 상담자 역할의 효과적인 수행에 방해가 되지 않게 하기 위해 특별한 경우를 제외하고는 상담자-내담자 관계 이외에 내담자와 추가적인 다른 관계를 가지지 않도록 이중관계를 지양해야 하는 윤리적인 의무가 있다. 상담자-내담자 사이에는 힘의 불균형이 있을 수 밖에 없기 때문에 A군은 이러한 유리한 지위를 본인의 사적인 이익을 위해 쓸 가능성이 높다. 특히 상담자는 상담회기 내에 내담자와 사적 관계를 갖지 말아야 하는데 A군은 오히려 평소 호감이 있던 여학생을 만나는 기회로 상담을 이용하려는 의도가 있기 때문에 내담자의 이익이 우선이 되어야 하는 상담에서 내담자에게 좋지 않은 영향을 줄 수 있다. 또한 A군의 행동은 내담자와 신체적, 정서-심리적 경계를 유지해야 하는 윤리원칙에 위배된다고 볼 수 있다.

03 임상심리사의 윤리원칙으로서 유능성의 의미를 설명하고 이를 위반하는 이유 3가지를 쓰시오 (5점)

(1) 유능성의 의미

....
....
....

모범답안

> 자신의 강점과 약점, 자신이 가지고 있는 기술과 그것의 한계에 대해 자각하고 지속적인 교육수련을 받으며 변화와 발전에 대한 대응 및 최신기술을 보유하도록 하는 것을 의미한다.

(2) 위반하는 이유 3가지

....
....
....
....
....
....
....
....
....

모범답안

> ① 임상심리사가 개인적인 심리적 문제를 가지고 있는 경우
> ② 임상심리사가 너무 많은 부담으로 인해 지쳐 있는 경우
> ③ 임상심리사가 교만하여 더 이상 배우지 않고 배울 필요가 없다고 생각하는 경우
> ④ 임상심리사가 해당되는 특정 전문교육수련을 받지 않고도 특정 내담자군을 잘 다룰 수 있다고 여기는 경우

04 심리검사 신뢰도를 추정할 수 있는 3가지 방법을 적고 설명하시오.(6점)

모범답안

① 검사-재검사 신뢰도: 초기 검사를 시행하고, 일정 시간 후 동일검사를 재 시행하여 각 점수간의 상관을 비교하여 산출한다.
② 동형검사 신뢰도: 동일 개념을 측정하지만 문항이 다른 두 가지 형태의 검사를 마련하고, 초기 검사를 시행하고 일정한 시간 후 두 번째 검사를 시행하여 두 점수간 상관을 비교하여 산출한다.
③ 반분신뢰도: 단일 척도(검사)를 시행한 뒤 절반으로 나누어 두 점수간 상관을 비교하여 산출하므로, 한 번의 시행으로 산출이 가능하다.
(예. 100문항 검사 시행한뒤 50문항 vs 50문항으로 나누어 상관점수 비교)
④ 내적합치성 신뢰도: Cronbach's α(alpha)가 대표적인 내적합치성(내적일관성) 신뢰도이다. 각 문항의 분산을 검사문항의 총분산으로 나누어 산출하며, 한 번의 시행으로 산출이 가능하다.

| 해설 |
신뢰도는 측정이 얼마나 일관되는지를 측정한다.

05 정신사회재활에서 재활계획을 위한 4단계 모형을 적으시오 (4점)

....

....

....

....

....

....

....

....

....

....

....

....

모범답안

(1) **손상 (Impairment)** : 생리적·해부학적 구조나 기능의 상실이나 이상(시력 또는 청력의 상실, 사지운동의 감소, 근력 상실 등) 또는 심리적 기능의 상실이나 이상(기억력 감소, 사고장애, 환각, 불안, 우울, 무쾌감증 등)이 생긴 상태를 의미한다. 손상은 사회적 역할수행의 저하와 무능력의 원인으로 작용한다. 손상에 대한 개입 방안은 진단, 약물치료, 입원치료가 있다.

(2) **기능결함 (역기능, Dysfunction)** : 손상으로 인해 개인의 기능이 저하된 상태를 의미한다. 기능 저하를 개선하기 위한 사회기술훈련, 직업훈련이 개입방안이 된다.

(3) **역할장애 (무능력, 불능, 장해, Disability)** : 기능결함으로 인해서 한 사람이 사회적으로 기대되는 역할 또는 업무를 수행하는데 제한되거나 전혀 수행하지 못하는 상태를 의미한다. 개입 방안은 사회적 지지, 직업재활 상담, 기술 훈련, 환경 지원이 있다.

(4) **불이익(Handicap/Disadvantage)** : 다른 사람과의 관계에서 경험하게 되는 불이익을 의미하며 사회적 편견, 낙인, 차별 등에 의해 발생한다. 사회적으로 발생하게 되는 불이익은 개인의 힘 만으로 대처가 어렵기 때문에 개입 방안은 제도 변화(법제정), 권익 옹호, 지역사회지지 프로그램이 해당된다.

Part 1 ▶ 기초심리평가

01 벡(Beck)의 인지적 오류(인지 왜곡) 5가지를 적고 설명하시오. (5점)

....

....

....

....

....

....

....

....

....

....

> **모범답안**
>
> ① 흑백논리적 사고 (이분법적 사고 Dichotomous Thinking)
> – 생활사건의 의미를 이분법적인 범주 중 하나로 해석하는 오류
> ② 과잉 일반화 (과도한 일반화 :Overgeneralization)
> – 한 두 번의 사건에 근거하여 일반적인 결론을 내리고 무관한 상황에도 그 결론을 적용시키는 오류
> ③ 정신적 여과 (Mental Filtering, 선택적 추상화, Selective Abstraction)
> – 어떤 상황에서 일어난 여러 가지 일 중에 일부만 뽑아내어 상황전체를 판단하는 오류
> ④ 의미확대 / 축소(Magnification / Minimization)
> – 어떤 사건의 의미나 중요성을 실제보다 지나치게 확대하거나 축소하는 오류
> ⑤ 개인화(Personalization)
> – 자신과 무관한 사건을 자신과 관련되어 잘못 해석하는 오류
> ⑥ 감정적 추리 (Emotional Reasoning)
> – 충분한 근거없이 막연히 느껴지는 감정에 근거하여 결론을 내리는 오류

02 심리평가에 대한 전통적 모델과 치료적 모델의 차이점을 설명하시오. 단, 각 모델의 평가목표 및 평가자의 역할에 대해서만 기술하시오. (4점)

모범답안

전통적 모델의 평가목표는 현존하는 문제에 관련된 명확한 기술을 통해 진단하는 것이 주기능이라고 할 수 있다. 전통적 모델의 평가자 역할은 객관적 관찰자로서 비교적 제한된 역할을 수행한다. 반면 치료적 모델에서의 평가목표는 자신과 타인에 대해 생각하고 느끼는 새로운 방식을 학습할 수 있도록 하며 문제의 이해를 확장시켜 자신의 삶의 문제를 해결할 수 있도록 돕는 것이다. 또한 치료적 모델의 평가자 역할은 관찰자인 동시에 참가자로 초기과정에서부터 상담을 통해 핵심문제를 탐색하고 치료적 개입을 하는 등 보다 능동적인 역할을 수행한다.

03 카우프만(Kaufman)과 리히텐베르거(Lichtenberger)가 제시하는 지능검사의 기본철학 5가지를 서술하시오. (5점)

모범답안

① 지능검사에 속한 소검사는 수검자가 학습해 왔던 내용을 측정한다.
② 지능검사에 속한 소검사는 수검자 행동의 표본일 뿐 총체는 아니다.
③ 표준화된 개인 지능검사는 특정한 실험적 환경 조건 하의 정신기능을 평가한다.
④ 종합적인 지능검사는 이론적 모형을 바탕으로 해석해야 유용하다.
⑤ 검사 프로파일에서 도출된 가설은 다양한 자료를 통해 지지되어야 한다.

|해설|〉

① 지능검사에 속한 소검사는 수검자의 학습을 측정한다.

지능검사의 소검사 유형에 따라 언어적/비언어적 요소가 포함되는 정도는 다르다. 하지만 기본적으로 지능검사의 모든 과제는 문화적, 교육적, 일상생활 경험을 통한 학습을 반영한다. 지능검사를 성취도 검사의 한 종류로 분류하는 것도 이러한 이유 때문이다. 이론적으로는 유전과 환경의 상호작용이 지능에 미치는 영향을 고려하는 것이 중요하지만, 지능 검사 결과를 해석하는 데에는 실용적이지 못하다. 현재의 지능검사 결과는 수검자의 타고난 요인을 반영하기보다는 향후 학업을 포함한 다양한 형태의 교육을 통해 지적 능력이 향상될 여지가 있다는 긍정적인 제언을 할 수 있다는 점에서도 유용하다.

② 지능검사에 속한 소검사는 수검자 행동의 표본일 뿐 총체는 아니다.

지능검사는 1~2시간 정도 통제된 환경에서 과제수행과 관련된 특정 행동 표본을 기반으로 한 평가이다. 따라서 실생활 성취도까지 종합적으로 반영하기는 어렵다. 다시 말해, 웩슬러 지능검사에서 측정된 전체 IQ 점수가 높다고해서 반드시 학업성취가 우수하다는 의미는 아니다. 각 소검사는 지능의 특정 측면만을 측정하기 위한 것임을 염두해야 한다. 이를 보완하기 위해서는 여러소검사를 조합한 복합점수나 요인구조로 결과를 분석하고, 지능검사에서 도출된 가정과 이를 뒷받침할 수 있는 다양한 행동표집자료를 통합해서 해석하는 것이 유용하다.

③ 표준화된 개인 지능검사는 특정한 실험적 환경 조건 하의 정신기능을 평가한다.

규준 집단과 비교하여 개인의 지능 수준을 평가하려면 표준화된 절차를 엄격히 따라야 한다. 하지만 일상 생활에서는 표준화된 절차에 따라 행동하지 않기 때문에 이러한 차이를 인식해서 개인의 IQ를 최대 능력으로 과도하게 해석하는 실수를 하지 않도록 주의해야 한다. 평가자와 수검자 사이의 자연스럽고 긍정적인 상호작용의 맥락에서 표준화된 절차를 적용하는 것이 필요하며 이를 유연하게 처리하는 것이 검사자의 능력이다. 또한, 검사 상황에서 수검자의 행동을 면밀하게 관찰하고, 이를 검사 결과와 통합하고 해석하며, 수집된 데이터를 검사 점수 해석에 어떻게 활용할 것인지도 검사자의 능력에 달려 있다. 표준화된 절차의 한계를 보완하기 위해 한계검증은 유용한 방법이다.

④ 종합적인 지능검사는 이론적 모형을 바탕으로 해석해야 유용하다.

여러 소검사를 포함하는 종합적인 지능검사는 개인의 인지 기능의 장단점을 명확하게 파악하고 실용적이고 의미 있는 해석을 하기 위해 이론적 모델을 기반으로 검사 데이터를 구성해야 한다. 기존 웩슬러 지능 검사에서는 입력-통합-저장-출력의 4단계 정보처리 모델을 기반으로 각 하위 검사를 개념화하고 해석하는 것이 일반적이었다. 설명과 제언은 실용적이어야 하지만 WAIS-III 시스템을 시작으로 인지신경과학 이론 및 관련 연구, CHC(Cattell-Horn-Caroll Model) 등을 기반으로 한 종합점수가 해석에 적용되고 있다.

⑤ 검사 프로파일에서 도출된 가설은 다양한 자료를 통해 지지되어야 한다.

검사 결과를 바탕으로 가설을 세운 후 수검자의 배경 정보, 사회적 맥락, 행동 관찰, 일반적인 문제 해결 방법 등 다양한 자료와 맥락을 통해 가설의 타당성이 검토되어야 한다. 이러한 과정을 통해 지능 검사 결과를 오해석 없이 최적으로 해석할 수 있다. 예를 들어, 일반적으로 언어이해 지표의 소검사는 결정적(결정성) 지능을 평가하는 유용한 척도로 알려졌지만, 다른 문화적 배경에서 자란 사람이나 외국인, 청각 장애인에게는 그렇지 않을 수 있다. 마찬가지로 수검자가 관절염이나 시각 장애가 있을 때 처리속도 지표를 정신운동속도의 척도로 해석하는 것은 적절하지 않다. 따라서 다양한 자료를 통해 가설이 뒷받침되어야 확신있게 수검자의 인지능력을 해석할 수 있다.

04 신경심리검사 시공간기능 측정하는 검사를 5가지 적으시오. (5점)

모범답안

① 레이 복합 도형검사 (Rey Complex Figure Test, RCFT)
② 토막짜기 (Block Design)
③ BGT(Bender-Gestalt Test)
④ 시계그리기 검사 (Clock Drawing Test, CDT)
⑤ 벤톤 시각 기억 검사(Benton Visual Retention Test, BVRT)

| 해설 |

① 레이 복합 도형검사 (Rey Complex Figure Test, RCFT): 복잡한 도형을 그대로 따라 그리도록 하여(copy 단계) 시공간 지능, 공간구성능력을 측정한다.
② 토막짜기: 흰 면, 빨간 면, 흰 면/빨간 면으로 된 토막으로 제시된 모형 및 그림과 똑같은 모양을 만들도록 하여 시공간적 조직구성능력을 측정한다.
③ BGT(Bender-Gestalt Test): 9개의 도형을 제시하고 모사하게 지시하여 시공간 구성능력을 평가한다.
④ 시계그리기 검사 (Clock Drawing Test, CDT): 원형 시계를 그리도록 지시하고, 시계모양이 원형인지, 1~12까지지 숫자가 제대로 배치되어 있는지, 지시한 특정 시간을 큰 바늘과 작은 바늘을 그려서 정확하게 표시했는지 등 시계 공간 구성을 평가하여 시공간기능을 측정한다.
⑤ 벤톤 시각 기억 검사(Benton Visual Retention Test, BVRT):수검자에게 도안을 일정시간 동안 제시한 후 기억해서 그리게 하거나 또는 도안을 보면서 모사하도록 하여 시공간 구성능력을 평가한다.

05 MMPI나 BDI같은 객관적 자기보고형 검사의 장점과 단점을 각각 2가지씩 서술하시오.
(4점)

....

....

....

....

....

....

모범답안

(1) 장점
 ① 검사의 시행, 채점, 해석이 간편하며 응답이 용이하다.
 ② 부호화와 분석이 용이하므로 시간과 노력이 절약된다.
 ③ 검사 제작 과정에서 신뢰도와 타당도에 대한 증거를 확보할 수 있다.
(2) 단점
 ① 수검자의 사회적 바람직성이 응답 결과에 영향을 미친다.(방어가능성)
 ② 응답의 범위가 제한되어 있으므로 수검자의 진술기회가 상대적으로 적다.
 ③ 수검자가 일정한 흐름에 따라 응답할 수 있다.

06 HTP 검사에서 사람 그림을 통해 평가할 수 있는 측면 3가지를 쓰시오. (6점)

....

....

....

....

모범답안

① 자기자신의 이미지
② 자기가 되고 싶은 자신의 모습
③ 자신의 인생에서 가장 중요한 인물
④ 성적인 정체감 (첫 번째 인물이 어떤 성이며 그려진 인물의 성적인 특징이 어떻게 나타나는
 지를 보고)

07 사례를 읽고 아래 질문에 답하시오. (10점)

> 결혼 후에 다니던 직장을 그만 두고 전업주부가 된 A씨는 어느 순간 사회와의 단절감을 느끼고, 자신이 꿈꾸었던 결혼생활이 아니라고 생각하게 되면서 점점 더 우울한 기분에 빠져들게 되었다.

(1) DSM-5에 의한 주요 우울증 삽화의 진단 기준에서 주요 우울증상 4가지를 기술하시오.

....

....

....

....

....

....

....

....

....

....

모범답안

① 하루의 대부분, 그리고 거의 매일 지속되는 우울한 기분이 주관적 보고나 객관적 관찰을 통해 나타난다.
② 거의 모든 일상활동에 대한 흥미나 즐거움이 하루의 대부분 또는 거의 매일 같이 뚜렷하게 저하되어 있다.
③ 체중조절을 하고 있지 않은 상태에서 현저한 체중감소나 체중증가가 나타난다. 또는 현저한 식욕감소나 증가가 거의 매일 나타난다.
④ 거의 매일 불면이나 과다수면이 나타난다.
⑤ 거의 매일 정신운동성 초조나 지체를 나타낸다. 즉, 안절부절못하거나 축 처져 있는 느낌이 주관적으로 경험될 뿐만 아니라 다른 사람에 의해서도 관찰된다.
※ 우울장애 진단을 위해서는 일정한 증상에서 (1)의 지속적인 우울한 기분 (2) 흥미나 즐거움의 현저한 저하 중에서 반드시 하나 이상 포함되어야 한다.

(2) 자살 위험도에 대한 평가 3가지와 자살 예방의 대처방법을 기술하시오.

모범답안

① 자기보고척도를 사용하여 자살과 관련된 심리적 문제의 탐색
 -Beck의 우울척도 (Beck Depression Inventory, BDI), 무망감 척도 (Beck Hopelessness Scale, BHS), 자살사고 척도 (Beck's Scale for Suicidal Ideation, BSSI) 등을 실시하여, 자살위험의 심각성을 평가한다.
② 내담자와의 면담을 통해 자살과 관련된 내용을 구체적으로 탐색
 -자살의도를 탐색하고, 자살계획,자살방법과 준비, 자살시도를 평가한다.
③ 자살관련 취약성 요인(과거력이나 현재 상황에 대한)에 대해 구체적으로 탐색한다.

(3) 자살 예방의 대처방법

모범답안

① 상담이 끝난 이후에 바로 자살을 시도할 가능성이 높을 때 보호자 동의하에 입원을 시키거나, 경찰에 알려 신체 구금을 가한다.
② 지금 당장은 아니더라도 자살 가능성이 높을 때, 주변의 중요한 타인들에게 알려 자살 시도 가능성에 대한 준비를 하도록 한다.
③ 치료자와의 계약 (다음 상담 때까지 자살을 시도하지 않겠다는 계약서 작성 또는 자살시도를 하고자 할 때 상담자에게 연락할 것을 약속하는 등)을 통해 자살 시도를 막는 사전 준비를 한다.

Part 2 **기초심리상담**

01 상담의 초기 관계를 형성하기 위한 상담자의 경청 방법 3가지를 적으시오. (6점)

....

....

....

....

....

....

....

....

....

....

....

....

....

....

모범답안

① 반응하기에 앞서 내담자가 자신에 관해 말할 충분한 시간을 준다.
② 비록 대수롭지 않다고 생각될지라도, 내담자가 심각하게 말하고 있는 것을 그대로 받아들인다.
③ 때때로 고개를 끄덕이고, 미소짓고, "음-"이라고 하면서 주의를 기울이고 있다는 것을 보여주며, 눈을 맞추면서 내담자 외의 것에 신경쓰고 있다는 인상 (예를 들어 시계를 보거나 소음이 들리는 상담실 밖을 쳐다보는 등)을 주지 않도록 한다.
④ 개방된 마음으로 인내심을 가지고 들으며, 내담자의 말을 듣는 동안 상담자 자신의 생각을 정리할 수 있는 기민성을 키운다.
⑤ 상담실을 산만하게 만들 수 있는 외부 요인을 제거하여 내담자가 편하게 말할 수 있는 공간을 보장한다.

02 괄호에 들어가는 상담기법을 적으시오. (4점)

> (ㄱ) : 경청기법 중 내담자가 말하는 것을 거울처럼 말해주는 것
> (ㄴ) : 내담자의 말을 이해하기 쉬운 언어로 다시 이야기 해주는 것

모범답안

(ㄱ) 반영, (ㄴ) 명료화

| 해설 |
① 반영(Reflection)상담자가 내담자의 행동 속에 내재된 내면 감정을 정확히 파악하여 이를 내담자에게 전달해주는 것이다.
② 명료화(Clarification)내담자의 말 속에 포함되어 있는 불분명한 내용에 대해 상담자가 그 의미를 분명하게 밝히는 것이다.

03 상담의 목표와 상관없이 모든 면담과 상담에서 이루어지는 상담방법 5가지를 적으시오. (5점)

모범답안

적극적 경청, 반영, 명료화, 직면, 해석
| 해설 |
① 적극적 경청 : 내담자에게 온전히 주의를 집중하면서 내담자가 표현하는 모든 언어적/비언어적 정서, 행동, 생각을 이해하려고 노력한다.
② 반영 : 상담자가 내담자의 행동 속에 내재된 내면의 감정을 정확히 파악하여 이를 내담자에게 전달한다.
③ 명료화 : 내담자의 말 속에 암시된 불분명한 내용의 의미를 내담자가 알 수 있도록 상담자가 분명하게 전달함으로써 내담자가 생각하지 못했던 부분까지 생각하게 한다.
④ 직면 : 내담자의 자기 이해를 돕기 위해 상담자의 눈에 비친 내담자의 행동특성 또는 사고방식의 스타일을 지적하는 것이다.
⑤ 해석 : 내담자가 새로운 방식으로 자신의 문제를 돌아볼 수 있도록 사건들의 의미를 설정해주고, 생활 경험, 행동의 의미를 설명한다.

04 (사례) 다음 사례에서 상담자가 보여주려고 하는 것은 무엇인지 기술하시오. (2점)

내담자 : 저는 남에게 도움이 되지 않는 사람인가봐요, 앞으로도 저는 쓸모없는 인간일 거예요
상담자 : 지금 그렇게 느낀다구요? 남에게 도움이 되질 않는다니 비참한 기분이겠군요,,
내담자 : 친구가 저에게 그렇게 말했어요.
상담자 : 친구가 당신을 쓸모 없는 인간이라고 했다고요? 제가 바로 들은 건가요?

모범답안

반영
| 해설 |
반영 (Reflection)은 상담자가 내담자의 행동 속에 내재된 내면 감정을 정확히 파악하여 이를 내담자에게 전달해주는 것이다.

Part 3 심리치료

01 무어(Moore)가 제시한 가족 갈등의 5가지 유형을 적으시오. (5점)

모범답안

① 자료갈등: 서로 가지고 있는 정보가 다르거나 정보가 부족할 때 발생한다.
② 이익갈등: 부족한 자원을 서로 가지려고 할 때 발생한다.
③ 관계갈등: 서로에 대한 고정관념이나 오해, 또는 불충분한 이해에서 비롯된다.
④ 구조갈등: 가족체계의 구조가 지닌 불평등한 힘의 권력에서 발생한다.
⑤ 가치갈등: 서로의 신념이나 목표가 다를 때 발생한다.

| 해설 |
　무어(Moore,1988)는 가족갈등을 유발하는 내용에 초점을 맞추어 갈등을 분류하였고 자료(data)갈등, 이익(interest)갈등, 관계(relationship)갈등, 구조(structure)갈등, 가치(value)갈등으로 나누어 설명하였다.

02 행동치료(행동수정)기법 5가지를 적으시오. (5점)

모범답안

① 체계적 둔감법 (체계적 둔감화, Systematic Desensitization)
   특정 상황이나 상상에 의해 조건형성된 혐오 또는 두려움을 불러일으키는 불안 자극을 낮은 단계부터 점진적으로 높여가며 노출시킴으로써 내담자의 불안 반응을 경감 또는 제거한다.

② 홍수법(Flooding)
   불안이나 두려움을 발생시키는 자극들을 계획된 현실이나 상상 속에서 지속적으로 제시함으로써 시간의 경과에 따른 소거과정을 거쳐 내담자의 불안 수준을 경감시킨다.

③ 주장적 훈련(Assertive Training)
   가상의 개인관계 장면에서 주장적 사고 및 주장 행동을 펼치도록 함으로써 내담자에게 대인관계에 있어서의 불안과 공포를 해소하도록 한다.

④ 용암법(fading)
   목표행동을 이끌어내기 위해 행동치료 초반에는 언어적 지시, 설명, 힌트 등의 촉진자극을 충분하게 제공하고 단계적으로 점차 촉진자극을 줄인 후 마침내 아무런 도움도 없이 목표행동을 할 수 있도록 한다.

⑤ 조형법(shaping)
   목표행동에 도달하기 위해 목표행동을 여러 단계로 나누고 가장 쉬운 단계부터 시작하여 성공하면 강화하고 (강화물 지급) 다음 단계를 실행하는 방식이다. 최종적인 단계까지 실행하여 목표행동을 할 수 있도록 점진적으로 이끌어간다.

03 내담자 중심 치료에서 강조하는 상담자의 자세와 태도를 3가지 적으시오. (3점)

모범답안

① **일치성(진실성)** : 상담자가 내담자를 대하면서 드는 생각, 감정, 태도를 있는 그대로 인정하고 개방하는 것을 의미한다. 일치성은 상담자의 인격적 성숙을 전제로 하며, 자기와 경험 간의 불일치를 줄여가는 밑거름이 된다.

② **무조건적인 긍정적 존중과 수용** : 아무런 가치 조건화 없이 내담자를 한 인간으로서 긍정적 존재로 대하는 것을 의미한다. 내담자를 한 인격체로서 깊게 돌보는 것을 말하며, 내담자의 감정, 행위, 생각의 좋고 나쁨의 평가와 판단에 영향을 받지 않고 내담자에 대한 돌봄은 비소유적이다.

③ **정확한 공감적 이해** : 내담자의 경험과 감정을 민감하고 정확하게 이해하는 것을 의미한다. 공감적 이해의 목적은 내담자가 자신에게 더욱 밀접하게 다가가 더 깊고 강렬한 감정을 경험하게 함으로써 내담자 내부에 존재하는 불일치성을 인식하여 해결하도록 격려하는 것이다. 내담자가 자신의 정체감 분리 없이 현재 보고 느끼는 주관적 세계를 파악할 때 건설적 변화가 일어나게 된다.

04 놀이치료에서 놀이는 치료적 가치가 있다. 놀이의 치료적 가치를 3가지 기술하시오. (6점)

모범답안

① 저항을 극복하는데 도움이 되므로 치료적 관계형성에 유용하다
② 의사소통의 매체로서 아동을 이해하고 진단하는데 유용하다
③ 아동의 불안 감소 및 긴장이완을 통해 효과적인 치료를 가능하게 한다.
④ 정화를 통해 심리적인 외상을 극복할 수 있도록 한다
⑤ 창조적 사고를 통해 참신한 문제해결능력을 발달시키도록 한다.

05 행동치료의 노출치료법을 통해 환자가 가지게 되는 인지적 측면의 치료효과 3가지를 적으시오. (6점)

....

....

....

....

....

....

모범답안

① 불안유발상황에 대해 현실적으로 인식하도록 함으로써 환자는 불안유발상황을 보다 현실적으로 생각하고 덜 위협적인 것으로 느낄 수 있다.
② 불안 유발상황에 지속적으로 노출되는 둔감화 과정을 통해 환자의 불안수준을 감소시킨다.
③ 불안 유발상황에서의 반복적 성공체험을 통해 환자 스스로 불안에 잘 대처할 수 있다는 믿음을 가지게 된다.

06 사례에서 보이는 인지왜곡(인지오류)의 유형과 일반적인 치료 기법 중 한 가지를 쓰시오.(4점)

"이번 학기에 모든 과목에서 A학점을 받지 못하면 망한 것이다."

....

....

....

모범답안

① **인지왜곡 유형**: 이분법적 사고
② **치료기법**
  ㉠ 장점과 단점 열거하기: 내담자에게 자시의 특별한 신념이나 행동에 대한 장점과 단점을 열거하도록 하는 것이다. 이 과정은 내담자가 흑백논리에서 벗어나는데 도움을 준다.
  ㉡ 인지왜곡 명명하기: 내담자가 사용하는 인지왜곡이 흑백논리, 과일반화, 선택적 추상화 등과 같은 여러가지 인지왜곡 중 어떤 것에 해당하는지 명명하도록 한다.

Part 4　**자문 · 교육 · 심리재활**

01　상담자윤리 '이중관계 지양'에 대해 설명하시오. (4점)

> **모범답안**
>
> 이중관계란 상담자–내담자 관계 이외에 추가적으로 상담자가 내담자와 다른 관계를 가지는 것을 말한다. 즉 이중관계지양이란 이러한 내담자와의 이중관계가 상담자의 객관성을 해쳐 상담자 역할의 효과적인 수행에 방해가 될 수 있기 때문에 이중관계를 맺지 않도록 다른 전문 상담자에게 의뢰해야 하는 상담자의 윤리적 의무를 말한다. 예를 들어, 상담자는 상담회기 내에 내담자와 사적 관계를 맺지 말아야 하고, 상담료 외에 어떠한 경제적 거래 관계도 맺어서는 안 된다.

02　만성정신질환자(만성 정신과 환자)에 대한 재활치료 개입방법을 3가지 적고 설명하시오. (6점)

> **모범답안**
>
> ① **사회기술훈련** : 만성 정신질환자의 특정 사회기술상 결함과 역기능적인 대인관계를 알아내고 이를 수정하고 보완하는 훈련을 한다.
> ② **환자 교육** : 환자에게 자신의 병을 극복해 나가는 데 필요한 내용을 교육한다.
> ③ **가족 교육과 치료** : 환자 가족을 대상으로 정신병의 진단, 경과, 증상 대처 요령, 예후 등을 교육하고 가족 내 존재할 수 있는 긴장 및 스트레스, 비정상적인 의사소통 과정 등을 치료한다.
> ④ **직업 재활** : 환자가 사회적 역할을 할 수 있도록 직업 재활을 통해 사회 접촉을 늘리고, 자기 실현을 할 수 있게 돕는다.
> ⑤ **지역사회 지지 서비스** : 환자의 사회 생활을 위한 재정 지원, 주거공간 확보, 의학적 치료, 여가 활동 등을 제공한다.
> ⑥ **주거 프로그램** : 환자의 입원 기간 단축과 사회 복귀를 위해 중간거주 시설, 장기 집단거주 시설, 요양원 등의 다양한 주거프로그램을 활용한다.

03 사례의 정신질환을 가진 사람들에게 정신재활에서의 기본원리 5가지를 서술하시오.

(5점)

> 직장에 다니는 A씨는 1년전부터 회사직원들을 비롯한 사람들과 누군가가 자신을 감시하고 있고, 자기가 하는 말이 모두 TV를 통해 방송되고 있다고 믿으면서, 불안해 하고 있다. 그러면서 혼자 말로 중얼거리기도 하고, 사람들을 만나기를 꺼려하면서 혼자 방에 들어가 문을 잠그고 나오지 않는다.

....

....

....

....

....

....

....

....

....

....

....

모범답안

① 내담자의 정확한 기능 및 자원평가가 우선 이루어져야 하며 이를 통해 적절한 개입이 가능하다.
② 주요 초점은 내담자의 능력 및 건강한 행동의 증진과 직업성과 향상이다.
③ 희망을 가지는 것이 재활의 필수 요소이다.
④ 내담자의 적극적인 참여가 요구된다.
⑤ 환경적인 지원으로 사회적·직업적 기반을 제공한다.

Part 1 기초심리평가

01 MMPI 쌍척도 1-3/3-1 척도에서 3번척도가 1번척도보다 높을 때 보이는 특징 또는 임상적 양상을 4가지 적으시오.

모범답안

① 미성숙하고 의존적이다.
② 사회적 인정욕구를 얻으려는 경향이 강하다.
③ 스트레스 상황에서 신체적 증상을 나타내는 경향이 더욱 현저해진다.
④ 신체적 증상으로 인한 2차 이득(책임, 의무의 면제, 타인의 동정으로 타인 조종)이 있는 경우가 많다.

02 MMPI-2의 성격병리 5요인 척도(PSY-5척도)를 5가지 쓰시오.

....

....

....

....

....

....

....

....

....

모범답안

① AGGR(공격성) : 공격성에 초점이 맞춰져 있으며 높은 점수(T>65)를 보이는 사람은 언어적·신체적으로 공격적이고, 다른 사람을 지배하거나 통제하기 위해 폭력을 사용한다. 또한 다른 사람을 위협하기를 즐긴다(낮은 점수는 해석하지 않는다.).

② PSYC(정신증) : 정상적이지 않음에 초점이 맞춰져 있으며 높은 점수(T>65)를 보이는 사람은 현실과 단절된 경험을 하고, 관계망상을 보고한다. 또한 다른 사람에게 없는 신념이 있거나 이상한 감각 또는 지각적 경험을 한다. PSYC은 정신증을 반영하지만 주관적 고통감을 호소할 때도 상승하는 경향이 있다(낮은 점수는 해석하지 않는다.).

③ DISC(통제 결여) : 위험을 즐기고 충동적임에 초점이 맞춰져 있으며, 높은점수(T>65)를 보이는 사람은 충동적이며 자기통제가 결여되어 있다. 또한 신체적으로 위험한 행동을 추구하며 일상생활을 쉽게 지루해하고 흥분되는 경험을 찾아다닌다. 더불어 물질·행위 중독 가능성이 높다. 반면 낮은점수(T≤40)를 보이는 사람은 자제력이 있고 충동성을 보이지 않으며 신체적으로 위험한 일을 하지 않는다. 더불어 지루함을 잘 견디며 규칙이나 법을 잘 따른다.

④ NEGE(부정적 정서성/신경증) : 부정적 방향으로 감정과 사고가 기울어짐에 초점이 맞춰져 있으며 높은점수(T>65)를 보이는 사람은 부정적 정동을 경험하는 소인을 가진다(부정적 정서를 잘 느끼는 체질). 또한 문제로 발전할 만한 정보에 주의를 기울이며 자기 비판적이고 과도하게 걱정을 하고, 불안에 취약하다(낮은 점수는 해석하지 않는다.).

⑤ INTR(내향성/낮은 긍정적 정서) : 기쁨이나 긍정적 정서에 대한 제한적 경험과, 사회적 내향성에 초점이 맞춰져 있으며 높은 점수(T>65)를 보이는 사람은 기쁨이나 즐거움을 경험할 수 있는 능력이 거의 없다. 또한 사회적으로 내향적이고 슬프거나 울적하고 우울한 느낌을 보고하며 우울에 취약하다. 반면, 낮은 점수(T≤40)를 보이는 사람은 기쁨과 즐거움을 잘 느낄 수 있으며 사교적이고 에너지가 많다.

03 Full battery(풀배터리)에서 웩슬러 지능검사를 사용하는 일반적인 이유 5가지를 적으시오.

모범답안

① 지능의 언어적 · 비언어적 측면을 모두 고려한다.
② 넓은 연령대(만 2세 6개월 ~ 69세 11개월)에 사용 가능하다.
③ 편차지능지수를 사용함으로써 개인이 속한 해당 연령 집단 내에서 상대적 위치를 IQ로 환산해 수검자 지능의 상대적 위치에 대한 정보를 제공해주므로 개인 간 비교가 쉽다.
④ 웩슬러는 지능을 "개인이 목적에 맞게 활동하고 합리적으로 사고하며 자신을 둘러싼 환경을 효과적으로 처리해나가는 전반적, 총합적 능력"으로 정의하며, 전반적인 인지적 기능에 대한 포괄적 평가(인지적 약점과 강점에 대한 평가)뿐 아니라 성격적 · 정서적 · 사회적 요인을 포함시켜 지능을 폭넓게 개념화하였다.
⑤ 웩슬러 지능검사는 단순히 '지능수준'을 평가하는 것이 아니라 개인의 성격을 반영해주는 역동적 도구이다.

04 K-WAIS-IV를 해석하는 절차 5단계를 설명하시오.

모범답안

① 1단계 : 전체지능지수를 보고하고 기술한다.
② 2단계 : 언어이해지수, 지각추론지수, 작업기억지수, 처리속도지수를 보고하고 기술한다.
③ 3단계 : 지수 수준 차이를 비교 및 평가한다.
④ 4단계 : 소검사 수준 차이를 비교 및 평가한다.
⑤ 5단계 : 수검자의 인지적 강점 및 약점을 평가한다.

05 다음 사례에 대해 가능한 진단명을 적고 진단의 기준 4가지를 작성하시오.

> 20대 중반 여성 A씨는 대기업에 우수한 성적으로 입사한 재원이다. 완벽주의적 근성이 있는 그는 몸매 또한 완벽해지기를 원했다. 대학생이 되면서 다이어트를 시작했고 음식 섭취량을 줄여갔다. 다이어트가 인생의 가장 큰 목표가 되면서 음식만 보면 칼로리 덩어리로 보였다. 한 입 한 입 먹을 때마다 살이 찌는 것 같아 음식에 대한 거부감이 생겼다. 누가 봐도 확연히 말랐는데도 음식에 대한 거부감은 계속되었고, 음식을 삼키기 두렵고 힘든 상태가 되었다.

....

....

....

....

모범답안

① 진단명 : 신경성 식욕부진증(Anorexia Nervosa)
  체중 증가와 비만에 대한 극심한 두려움을 지니고 있어서 음식 섭취를 현저하게 감소시키거나 거부함으로써 체중이 비정상적으로 저하되는 경우이다.
② 진단기준
  ㉠ 필요한 것에 비해 음식 섭취를 제한함으로써 나이, 성별, 발달 수준과 신체 건강에 비추어 현저한 저체중 상태(정상 체중의 최저 수준 이하의 체중)를 초래한다.
  ㉡ 심각한 저체중임에도 불구하고 체중 증가와 비만에 대한 극심한 두려움을 지니거나 체중 증가를 방해하는 지속적인 행동을 나타낸다.
  ㉢ 체중과 체형을 왜곡하여 인식하고, 체중과 체형이 자기평가에 지나친 영향을 미치거나 현재 나타나고 있는 체중 미달의 심각함을 지속적으로 부정한다.
  ㉣ 제한형과 폭식/제거형으로 나눌 수 있다. 제한형은 지난 3개월 동안 폭식이나 제거행동(구토, 하제, 이뇨제 등 오용)이 반복적으로 나타나지 않고 저체중이 주로 체중관리, 단식 및 과도한 운동에 의해 유발된 경우이다. 반면 폭식/제거형은 지난 3개월 동안 폭식이나 제거행동(구토, 하제, 이뇨제 등 오용)이 반복적으로 나타난 경우이다.

06 심리평가 최종보고서에 반드시 포함되어야 할 내용을 5가지 기술하시오.

....

....

....

....

모범답안

① 인적사항
② 의뢰 사유, 주호소 문제
③ 현 병력, 과거 병력, 개인력, 가족력
④ 실시된 검사 종류, 행동관찰, 검사 내용 및 결과
⑤ 의심되는 진단명 및 치료 시 권고사항

Part 2 기초심리상담

01 임상면접에서 라포를 형성해야 하는 이유와 라포를 형성하는 방법 4가지를 적으시오.

....

....

....

....

모범답안

① **라포형성이 필요한 이유** : 라포는 상담자와 내담자 간의 친근감 및 신뢰감의 형성을 의미하는 것으로 라포형성을 통해 따뜻하고 온화한 분위기로 내담자의 마음을 편안하게 하여 치료에 대한 기대감과 희망을 심어줄 수 있다.
② **라포를 형성하는 방법**
  ㉠ 상담자는 관심 기울이기, 적극적 경청 등을 통해 내담자에게 일관된 관심과 공감적 반응을 나타내야 한다.
  ㉡ 공감적 이해, 무조건적인 긍정적 존중, 일치성을 보여 상담에 대한 동기를 부여한다.
  ㉢ 전문가로서 상담에 대한 전문성을 보여 상담에 대한 신뢰를 쌓는다.
  ㉣ 라포가 제대로 형성되지 않은 상태에서 섣부른 해석은 삼간다.

02 로저스의 인간중심상담에서 강조하는 상담자가 갖추어야 하는 태도 3가지를 적으시오.

....

....

....

모범답안

① **일치성(진실성)** : 상담자가 내담자를 대하면서 드는 생각, 감정, 태도를 있는 그대로 인정하고 개방하는 것을 의미한다. 일치성은 상담자의 인격적 성숙을 전제로 하며, 자기와 경험 간의 불일치를 줄여가는 밑거름이 된다.

② **무조건적인 긍정적 존중과 수용** : 아무런 가치 조건화 없이 내담자를 한 인간으로서 긍정적 존재로 대하는 것을 의미한다. 내담자를 한 인격체로서 깊게 돌보는 것을 말하며, 내담자의 감정, 행위, 생각의 좋고 나쁨의 평가와 판단에 영향을 받지 않고 내담자에 대한 돌봄은 비소유적이다.

③ **정확한 공감적 이해** : 내담자의 경험과 감정을 민감하고 정확하게 이해하는 것을 의미한다. 공감적 이해의 목적은 내담자가 자신에게 더욱 밀접하게 다가가 더 깊고 강렬한 감정을 경험하게 함으로써 내담자 내부에 존재하는 불일치성을 인식하여 해결하도록 격려하는 것이다. 내담자가 자신의 정체감 분리 없이 현재 보고 느끼는 주관적 세계를 파악할 때 건설적 변화가 일어나게 된다.

03 집단상담에서 내담자의 적절한 자기 노출(자기개방, 자아개방)을 위한 지침 4가지를 적으시오.

....

....

....

....

모범답안

① 자기노출은 집단상담의 목적 및 목표와 관계가 있어야 한다.
② 집단원들은 무엇에 대해, 어느 정도까지 자신을 드러낼 것인지 결정해야 한다.
③ 자기 노출(자기개방, 자아개방)을 하려면 어느 정도의 위험은 감수해야 한다.
④ 집단의 발전단계에 따라서 자기노출(자기개방, 자아개방)의 정도를 조절한다. 상담초기에 지나치다고 여겨질 정도의 자기개방이 작업단계에서는 적절할 수 있다.
⑤ 어떤 사람에 대해 계속해서 같은 반응을 보이면 그 문제를 공개적으로 다루도록 유도해야 한다.

04 상담 초기, 중기, 후기에 해당하는 해석 기법을 적으시오.

....

....

....

....

....

....

모범답안

① **상담의 초기 단계** : 섣부른 해석은 삼가고 공감적 이해, 무조건적인 긍정적 존중, 일치성, 전문성을 보여 상담에 대한 동기를 부여해야 한다.
② **상담의 중기 단계** : 내담자의 저항을 다루고, 심층적 공감, 직면 등으로 내담자의 탐색, 수용, 변화를 돕는다.
③ **상담의 후기 단계** : 내담자가 상담과정을 통해 얼마나 변화하고 성장했는지 상담성과에 대한 평가를 한다. 내담자의 문제해결력을 다지고, 재발가능성에 대해 안내하며 종결 이후 필요시 언제든 다시 상담할 수 있음(추수상담)을 안내한다.

05 내담자 반응을 해석할 때 주의해야 할 사항 5가지를 쓰시오.

....

....

....

....

모범답안

① 내담자가 해석을 받아들일 만한 준비가 되어 있는지 파악해야 한다(해석을 해도 되는 시기인가?).
② 내담자가 해석을 받아들일 만한 준비가 되어있지 않은 경우, 반영 – 명료화 – 직면의 과정을 거친 뒤에 해석한다.
③ 잘못된 해석을 할 경우를 생각하여 대비해야 한다(해석은 하나의 가설일 뿐이다).
④ 즉각적인 해석을 하지 않는다.
⑤ 충고적 해석을 하지 않는다.

06 심리상담에서 상담목표를 설정할 때의 기준 5가지를 기술하시오.

모범답안

① 행동보다는 결과나 성취로 진술되어야 한다.
② 검증 가능하며, 구체적인 행동으로 이어질 수 있어야 한다.
③ 가시적이며 실제적 차이로 나타나는 것이어야 한다.
④ 내담자의 능력이나 통제력을 고려해 현실적이어야 한다.
⑤ 내담자의 가치에 적절해야 한다.
⑥ 목표 달성을 위한 현실적인 기간이 설정되어야 한다.

07 시간제한적 집단치료의 특징을 3가지 적으시오.

모범답안

① 치료자와 환자가 중심문제를 초점으로 하여 실현가능한 구체적인 치료목표를 설정한다.
② 목표달성을 위해 적극적으로 작업한다.
③ 정해진 기간에 효율적인 치료효과를 도모한다.
④ 치료에서 시간제한을 의도적으로 사용할 때, 환자들에게 빨리 회복되려는 동기를 유발시키고, 매 회기에서 지리멸렬한 주제에서 벗어나 보다 중요한 작업을 할 수 있도록 도우며, 자기효율성을 수반하는 개인의 책임감을 인식하도록 한다.

Part 3 심리치료

01 다음의 사례를 읽고 아래의 질문에 답하시오.

> 올해 14세 6개월의 중학교 3학년생인 남자 청소년 내담자는 친구들과 잘 사귀지 못하고, 학교에 등교할 시간이 되면 울면서 학교에 가지 않겠다고 하여 어머니에 의해 개인연구소를 경유하여 내원하였다. 내담자는 학교에서는 반 친구들이 자신을 괴롭히고 째려본다고 말하며, 집에서는 가족 모두가 내담자를 격려해주지만, 학교에 가면 '죽고 싶을 정도'로 반 친구들이 자신과 놀아주지 않는다고 불평을 하곤 했다. 내담자는 어려서부터 태권도를 좋아하여 지금까지 계속 하고 있으며, 골격이 크고 당당한 체구이다. 중학교 진학 이후 내담자의 성적은 계속 최하위권에 머무르고 있으며 현재 중3 담임선생님이 어머니를 불러 최근 실시된 집단지능검사 결과를 알려주며 일반고에 진학하는 것이 어려울 것 같다고 하였다. 어머니는 내담자가 정말 일반고에 진학하지 못할 만큼 심각한 수준인지, 왕따 문제는 어떻게 해야 할지, 앞으로 내담자를 어떻게 키워야 하는 것인지 등의 문제를 호소하였다.
>
> 심리평가를 위해 내원하였을 때 내담자는 무표정하였으며, 다소 발음이 부정확하여 검사자가 응답을 재확인해야 하는 경우가 잦았다. 매번 과제들을 쉽게 포기하려 하고, 짧은 답변으로 일관하였는데, 내담자의 다 귀찮다는 식의 태도는 후반부로 갈수록 다소 나아지는 양상을 보였다.

위 사례에서 주호소문제와 현재의 평가결과를 바탕으로 이후 환아에게 필요한 치료적 개입은 어떻게 해야 하는지 인지적, 정서적, 행동적 요소들을 감안하여 개략적인 치료방향에 대한 제언 4가지를 서술하시오.

....
....
....
....
....
....
....
....
....
....

모범답안

① 인지적 측면
  ㉠ 학교에서 실시한 집단지능검사 결과와 내원하여 실시한 종합심리검사의 인지기능 결과를
     비교해보고 내담자와 부모에게 보다 정확한 정보를 제공한다.
  ㉡ 뒤처진 학업의 원인을 살펴보고 개발할 수 있도록 인지학습치료를 권장한다.
② 정서적 측면
  ㉠ 내담자는 현재 학습부진과 친구들의 따돌림으로 인해 자신감 저하와 심리적 위축이 예상
     되므로 심리검사 결과를 통해 이를 확인하고, 태권도와 같이 내담자의 강점을 발견하여
     자신감을 높여줄 수 있는 치료적 개입이 필요하다.
③ 행동적 측면
  ㉠ 정확하지 못한 발음 문제가 따돌림과 같은 문제를 더 악화시킬 수 있으므로 언어치료를
     권한다.
  ㉡ 또래관계의 어려움 때문에 등교거부를 하고 있으므로 심리상담/치료 및 대인관계훈련 프
     로그램을 통해 원인을 찾고 책략을 개발해 나간다. 예 사회성 훈련 프로그램

| 해설 |
내담자의 정확한 상태를 평가하기 위해 우선적으로 종합심리검사를 내담자와 부모에게 제안하여 실시한다.

02 자기표현 훈련이 필요한 내담자가 보이는 특성 4가지와, 자기표현 훈련을 통해 내담자가
   인식해야 할 사상 2가지를 적으시오.

① **자기표현 훈련이 필요한 내담자의 특성**
㉠ 남의 시선을 회피한다.
㉡ 상대방의 잘못을 지적하거나 언급하기를 두려워한다.
㉢ 친구의 비합리적 요구를 거절하지 못한다.
㉣ 자기를 비난하는 소리를 듣고만 있다.
㉤ 지나치게 변명하고 사과하는 경향이 있다.
㉥ 모임이나 회의에서 구석자리에만 앉으려고 한다.
② **자기표현 훈련을 통해 내담자가 인식할 사상(자기권리)**
㉠ 자신은 인간으로서의 기본권리가 있다.
㉡ 자신은 스스로 결정할 권리가 있다.
㉢ 자신은 타인으로부터 침해받지 않을 권리가 있다.
㉣ 자신은 자신의 생각과 감정을 표현할 권리가 있다.

03 성인과 구분되는 아동심리치료의 고유한 특징을 5가지 적으시오.

① 아동은 축소된 성인이 아니기 때문에 자발성, 변화의 동기, 착석 능력, 언어적 표현 등을 당연하게 여겨서는 안 된다.
② 아동은 놀이를 통해 자신의 생각이나 감정을 표현하기 때문에 놀이를 중요하게 다루어야 한다.
③ 아동은 발달단계에 있기 때문에 스스로 자신의 생활조건을 변화시킬 수 있는 힘이 거의 없음을 치료자는 인식해야 한다.
④ 아동은 부모에게 의존하는 상태이므로 치료자는 가족의 역동을 이해하고 변화시키도록 노력해야 한다.
⑤ 아동청소년은 성인과는 달리 법정대리인의 요구가 있을 때 비밀보장의 의무를 지킬 수 없다. 따라서 치료를 시작할 때 아동청소년 내담자에게 비밀보장의 한계를 설명해야 한다.

04 합리정서행동치료(REBT ; Rational Emotive Behavior Therapy)에서 엘리스(Ellis)의 비합리적인 신념(사고) 5가지를 적으시오.

모범답안

① 주위의 모든 사람으로부터 반드시 사랑과 인정을 받아야만 한다.
② 가치가 있다고 여겨지기 위해서는 완벽하리만큼 유능하고, 적절하며, 성취적이어야만 한다.
③ 어떤 사람은 나쁘고 사악하며 악랄하다. 그러므로 그런 사람은 반드시 비난과 처벌을 받아야만 한다.
④ 일이 바라는 대로 되지 않는 것은 곧 무시무시한 파멸이다.
⑤ 사람의 불행은 외부환경 때문이며, 사람으로서는 그 불행을 막을 길이 없다.
⑥ 위험하거나 두려운 일이 일어날 가능성은 항상 있는 것으로 끊임없이 걱정의 원천이 된다.
⑦ 어떤 어려움에 직면하거나 자기가 책임을 지는 것보다는 이들을 피하는 것이 더 쉽다.
⑧ 사람은 다른 사람에게 의존해야만 하고, 자신이 의존할 만한 더 강한 누군가가 있어야만 한다.
⑨ 과거 경험이나 사태가 현재 행동을 결정하며, 사람은 과거의 영향에서 벗어날 수 없다.
⑩ 주위의 다른 사람이 어려운 문제나 혼란에 처할 경우, 자신도 당황할 수밖에 없다.
⑪ 이 세상의 모든 문제에는 반드시 가장 적절하고 완벽한 해결책이 있으며, 이를 찾아내지 못하는 것은 두렵고 끔찍한 일이다.
⑫ 세상은 항상 공평해야 하고, 정의는 반드시 승리해야 한다.
⑬ 항상 고통 없이 편안해야 한다.
⑭ 나는 아마 미쳐가고 있는지도 모른다. 그러나 이래서는 안 된다. 왜냐하면 그것은 견딜 수 없기 때문이다.

05 주의력 결핍 및 과잉행동장애(ADHD)의 치료에서 사용될 수 있는 행동치료 기법 3가지를 적고 간략하게 설명하시오.

....

....

....

....

모범답안

① **긍정적 강화** : 바람직한 행동을 보였을 때 보상을 통해 바람직한 행동을 강화한다.
　예 수업시간 동안 착석 시간이 길어질 때 칭찬한다.
② **타임아웃** : 바람직하지 않은 행동을 보였을 때 일정시간 동안 긍정적 강화를 받을 수 있는 기회를 박탈한다.
　예 놀이시간에 참여하지 못하고 1분 동안 생각하는 의자에 앉아 있는다.
③ **토큰경제** : 바람직한 행동을 할 때 지급하는 강화물을 실제 강화물 대신 토큰을 지급하고 일정량 이상 모이면 원하는 강화물로 바꾸어 주는 방법이다.
　예 수업시간에 대답을 잘 했을 때 스티커를 지급하고 스티커가 일정량 이상 모이면 정해진 보상을 준다.

06 토큰경제(토큰 이코노미)의 장점을 5가지 적으시오.

....

....

....

....

....

모범답안

① 토큰은 다양한 강화물로의 교환이 가능하므로 심적포화 효과를 예방할 수 있다.
② 행동을 강화해야 할 시점에 즉시적으로 보상할 수 있어 반응이 강하게 유지될 수 있다.
③ 반응대가를 수행하기 쉽다.
④ 시간과 장소에 제한을 받지 않고 강화가 가능하다.
⑤ 연속적인 반응의 강화가 가능하다.

Part 4 **자문 · 교육 · 심리재활**

01 만성 정신과 환자(만성정신질환자) 정신사회재활의 치료적 개입방법을 3가지 쓰고 설명하시오.

....

....

....

....

....

....

....

....

....

....

....

....

모범답안

① **사회기술훈련** : 만성 정신질환자의 특정 사회기술상 결함과 역기능적인 대인관계를 알아내고 이를 수정하고 보완하는 훈련을 한다.
② **환자 교육** : 환자에게 자신의 병을 극복해 나가는 데 필요한 내용을 교육한다.
③ **가족 교육과 치료** : 환자 가족을 대상으로 정신병의 진단, 경과, 증상 대처 요령, 예후 등을 교육하고 가족 내 존재할 수 있는 긴장 및 스트레스, 비정상적인 의사소통 과정 등을 치료한다.
④ **직업 재활** : 환자가 사회적 역할을 할 수 있도록 직업 재활을 통해 사회 접촉을 늘리고, 자기 실현을 할 수 있게 돕는다.
⑤ **지역사회 지지 서비스** : 환자의 사회 생활을 위한 재정 지원, 주거공간 확보, 의학적 치료, 여가 활동 등을 제공한다.
⑥ **주거 프로그램** : 환자의 입원 기간 단축과 사회 복귀를 위해 중간거주 시설, 장기 집단거주 시설, 요양원 등의 다양한 주거프로그램을 활용한다.

02 다음은 임상심리학자가 참여하는 자문의 일반적 5단계이다. 빈칸에 들어갈 말을 쓰고 간략히 설명하시오.

> • 1단계 : 질문의 이해
> • 2단계 : (   )
> • 3단계 : (   )
> • 4단계 : (   )
> • 5단계 : 추적조사

모범답안

① 1단계 – 질문의 이해 : 자문가는 피자문가의 자문 의뢰 내용이 자신의 전문성에 부합하는지 확인한다.
② 2단계 – 평가 : 면접, 관찰, 다양한 자료를 수집함으로써 의뢰 내용을 조사하며 상황을 평가한다.
③ 3단계 – 중재 : 실제 자문을 통해 중재를 시행한다.
④ 4단계 – 종결 : 자문의 목적이 충족되거나 더 이상의 자문이 무의미한 상황에서 종결된다.
⑤ 5단계 – 추적조사 : 자문 효과를 극대화하기 위해 자문 결과에 의한 변화를 추적한다.

Clinical Psychology Practitioner

2021년 1회 기출복원문제

| Part 1 | 기초심리평가

01 K-WAIS-IV의 이해 소검사에 대한 5가지를 쓰시오.

....

....

....

....

....

....

모범답안

① 일반적 규칙, 사회적 상황에 대한 이해를 측정한다.
② 언어적 추론/개념화를 측정한다.
③ 언어적 이해/표현을 측정한다.
④ 언어적 문제 해결력을 측정한다.
⑤ 결정성 지능을 반영한다.

02 다음은 A군에 대한 KEDI-WISC 프로파일이다. 이를 토대로 임상심리사가 (보호자에게) 할 수 있는 치료적 개입에 대한 조언을 5가지 기술하시오.

A군은 만 7세 5개월로 올해 대전에 있는 ○○ 초등학교에 갓 입학하였다. A군은 초등학교에 입학하기 전에는 유치원에 다녔으며, 당시 유치원 선생님의 보살핌으로 인해 별다른 문제를 보이지 않았다. 그러나 초등학교에 입학하면서 수업에 집중하지 못하고 수업시간에 돌아다니는 모습을 보였고, 학업성과도 저조하였다. 또한 같은 반 급우들도 A군에게 가까이 다가가기를 거부하였다. A군의 어머니는 A군의 특이한 성향을 인식하였고, 그동안 어느 정도 과잉보호한 점을 인정하였다.

하위검사명	평가치	하위검사명	평가치
상식	3	빠진 곳 찾기	6
공통성	8	기호쓰기	6
산수	4	차례 맞추기	6
어휘	9	토막짜기	9
이해	9	모양 맞추기	8
숫자(보충)	6	미로(보충)	7

※ 언어성 IQ : 79   동작성 IQ : 78   전체 IQ : 76

모범답안

① A군의 전체 지능은 76으로 경계선 지적기능에 해당한다.
② 주의력을 요구하는 숫자, 산수, 기호쓰기에서 낮은 점수를 취득해 주의력에 상당한 어려움이 있음을 예상할 수 있다.
③ 사례 상의 행동관찰, 산수, 숫자, 기호쓰기의 낮은 점수를 미루어볼 때 ADHD도 함께 진단될 가능성이 높다.
④ 만약 ADHD가 판명된다면 약물치료 및 행동치료를 권장한다.
⑤ 유치원 때는 선생님의 영향으로 별 문제가 없었음을 고려할 때 환경적인 요소가 환아의 일상생활에 대한 적응능력에 상당히 영향을 미치므로 환경적 개입이 필요하다.
⑥ 아동은 집중의 어려움으로 인해 학습에서 어려움을 겪고 있기 때문에 아동의 제한적인 집중력을 고려한 학습적 개입이 필요하다.

03 지능을 평가할 때의 주요쟁점으로 임상적 접근과 개념적 접근에 대해 설명하시오.

....

....

....

....

....

....

....

....

....

....

....

....

....

모범답안

① **임상적 접근**
 ㉠ 비네(Binet), 터만(Terman), 웩슬러(Wechsler) 등을 중심으로 발전하였다.
 ㉡ 지능을 전체적인 잠재적 적응능력으로 정의한다.
 ㉢ 동기, 성격과 같은 비(非)지적 요소가 지적 기능의 수행에 영향을 미치고 지능검사 결과에 반영되며, 이와 같은 결과는 임상적으로 중요한 자료를 제공해 준다고 강조한다.
② **개념적 접근**
 ㉠ 스피어만(Spearman), 손다이크(Thorndike), 써스톤(Thurston), 카텔(Cattell), 길포드(Guilford) 등을 중심으로 발전하였다.
 ㉡ 지능의 개념을 과학적으로 정의하기 위해 개인이 아닌 집단을 대상으로 한 지능검사 결과와 개인의 성별, 연령, 학력변인 등과의 상관관계를 연구하였다.
 ㉢ 지능검사의 소검사들에 대한 요인분석 연구를 바탕으로 지능의 개념을 발전시켰다.

04 다음 사례를 읽고 물음에 답하시오.

> 검사자는 뇌졸중 환자에게 글자 지우기 검사를 실시하였다. 그런데 환자는 시야 좌측의 글자를 다 지우지 못하는 모습을 보였다.

(1) 보기의 사례와 같은 현상을 무엇이라 지칭하는가?

> **모범답안**
>
> 편측무시증후군

(2) 뇌의 어느 반구의 손상인가?

> **모범답안**
>
> 우측 대뇌반구의 손상으로 왼쪽에 있는 사물의 형태를 지각하지 못한다.

(3) 이와 같은 현상을 평가할 수 있는 검사 종류를 한 가지만 쓰시오.

> **모범답안**
>
> ① 선 이등분하기 검사(line bisection test) : 수검자에게 미리 그려진 선에 이등분하는 선을 표시하도록 지시한다.
> ② 알버트검사(Albert test) : 여러 개의 선분을 제시하고 이등분하도록 지시한 뒤, 제시된 선분들 중에서 이등분하지 않은 선의 위치와 개수를 파악하게 한다.

05 MMPI 2개 척도에 대한 분석에서 4-9/9-4 척도의 임상 양상을 5가지 기술하시오.

....
....
....
....

모범답안

① 반사회적 인격장애의 특징을 보인다.
② 사회적 규범과 가치관, 제도에 대해 무관심하거나 무시하는 반응을 보인다.
③ 반사회적 행위로 인해 권위적인 인물과의 잦은 마찰을 겪는다.
④ 충동적이고 무책임하기 때문에 타인과의 관계에서 신뢰를 얻기 어렵다.
⑤ 활동에너지가 높다.

06 심리평가에서 심리검사를 시행하는 주요 목적을 3가지 쓰시오.

....
....
....
....
....
....

모범답안

① 임상적 진단을 명료화하고 세분화한다.
② 증상과 문제의 심각도를 구체화한다.
③ 피검자의 자아강도를 평가한다.
④ 적절한 치료유형을 제시한다.
⑤ 인지적 기능을 측정한다.
⑥ 치료전략을 기술한다.
⑦ 피검자를 치료적 관계로 유도한다.
⑧ 치료적 반응을 검토하고 치료효과를 평가한다.

Part 2 기초심리상담

01 집단상담의 장점과 단점을 각각 3가지씩 쓰시오.

．．

．．

．．

．．

．．

．．

．．

모범답안

① 장점
- ㉠ 경제성 : 한정된 시간에 많은 내담자를 만나기 때문에 효율적이고, 시간·비용 면에서 경제적이며, 학교·기업 등에서 널리 활용 가능하여 실용적이다.
- ㉡ 다양한 자원 획득 : 여러 명의 사람과 상호작용을 함으로써 다른 사람의 사고, 행동, 생활양식을 알아볼 수 있고, 문제 해결방안을 함께 모색하며 다양한 자원을 얻게 된다.
- ㉢ 인간적 성장(자아 성장)의 환경 제공 : 자아가 집단 안에서 성장하고 발전하는 바람직한 환경을 제공하고 신뢰관계를 토대로 간접경험을 통한 학습이 일어난다.
- ㉣ 실생활의 축소판 : 지지적이며 수용적인 대리가족을 제공하고 새로운 행동과 기술을 시험해보거나 연습할 수 있는 작고 안전한 세계를 제공한다.
- ㉤ 문제 예방 : 잠재적 문제가 발생되기 전에 대처할 수 있는 생활 관리 기술의 습득이 가능하고, 집단에 속한다는 소속감으로 인해 외로움, 고립감 같은 정서적 문제가 자연스럽게 해소될 수 있다.
- ㉥ 상담에 대한 긍정적 인식 확대 : 상담을 잘 알지 못하거나 부정적인 인식을 갖고 있던 사람들이 집단 경험을 통해 긍정적 인식을 가질 수 있고 이러한 사람들이 필요한 경우 상담을 받을 가능성이 커진다.

② 단점
- ㉠ 특정 내담자의 개인적 문제를 충분히 다루지 않을 가능성이 있다.
- ㉡ 집단 참여자들이 심리적으로 충분하게 준비되기 전, 자신의 마음을 털어놓아야 한다는 집단 압력을 받기 쉽다.
- ㉢ 비밀보장이 철저하게 이루어지지 않을 가능성이 있다.
- ㉣ 집단에 적합하지 않은 성격이나 개인적 문제를 지닌 사람이 참여하여 집단 상담자의 특정한 지도성을 만났을 때 희생자가 될 수 있다.
- ㉤ 집단경험의 일시적 경험에 도취되어 그 자체가 목적이 될 수 있다.

02 오포드(Orford)가 제시한 자조집단의 1차적 기능을 5가지 쓰시오.

....

....

....

....

....

....

....

....

....

모범답안

① **정보 제공** : 자조집단의 정보는 직접적인 경험에 근거한 실질적이고 구체적인 정보이기 때문에 전문가의 조언, 자료를 통해 얻은 정보보다 문제 해결에 쉽게 활용되며 치료와 적응에 중요하다.

② **사회적 지지 제공** : 자조집단에서 이루어지는 사회적 지지는 전문가 제공하기 어려운 동료애, 격려, 긍정적인 견해를 갖게 하며 스트레스를 감소시킨다. 또한 다른 사람을 도와줌으로써 자신감, 동료 의식, 지속적인 사회 지지망을 갖게 된다.

③ **대인관계 의사소통 능력의 향상** : 자조집단의 참여로 집단원 간의 소통을 통해 의사소통 능력이 향상되고, 사회 적응력도 향상된다.

④ **자기 통제력에 대한 자신감 향상** : 같은 문제를 가진 사람과의 관계 속에서 도움을 주고받는 것은 의존심이 아닌 자기 통제력에 대한 자신감을 향상시킨다.

⑤ **문제 해결에 도움** : 상호 원조 관계를 중심으로 하는 자조집단은 전문가가 시도하지 못했던 새로운 방식으로 문제를 해결할 수 있으며 심리적, 정신적, 물질적인 부분에서 발생하는 문제의 해결을 위한 대처 방법의 습득을 돕는다.

⑥ **권리옹호** : 자조집단 참여를 통하여 성장을 경험한 사람은 이러한 경험을 통하여 본인 스스로의 권리를 옹호하는 활동을 함과 동시에 비슷한 상황에 있는 다른 사람의 권익에 대해서도 적극적인 옹호 활동을 하는 경향이 있다.

⑦ **문제 해결 동기 부여** : 경험을 공유함으로써 자신만의 문제가 아니라는 사실을 알게 되고, 자신의 문제를 감추기보다 드러내어 해결하고자 하는 동기를 부여한다.

⑧ **피드백 제공** : 집단원에게서 자신의 생각이나 행동 등에 대한 피드백을 받을 수 있다.

03 내담자가 상담을 끝낼 준비가 되었는지를 평가할 수 있는 요소 4가지를 쓰시오.

....

....

....

....

....

....

....

....

....

....

모범답안

① 내담자가 더 이상 문제 행동/증상을 보이지 않는다.
② 내담자가 자신의 오래된 갈등에서 기인하는 현재의 상황에 보다 유연하고 적절하게 반응 할 수 있다.
③ 내담자가 자신의 삶을 장래성 있는 새로운 방향으로 전환하기 시작한다.
④ 내담자가 지속적으로 감정이 좋아졌다고 이야기하고, 이전에는 할 수 없었던 새로운 반응을 스스로 발견할 수 있다.
⑤ 내담자가 상담자에게 이전에 보였던 대인 간 대처 전략, 방어, 저항 등과는 새롭고 다른 방식으로 일관되게 반응할 수 있다.
⑥ 내담자의 주변 사람이 내담자에게 많이 달라졌다고 반응해 준다.

04 다음 보기의 내담자의 진술에 대한 상담자의 반응을 서술하시오.

> 지난 밤 저는 너무 황당한 꿈을 꾸었습니다. 저는 제대한지 2년이 넘었는데 제가 아직도 취사병으로 군대에 있었고 거기에서 제가 돼지를 잡아야 하는 상황이 되었어요. 저는 원래 동물을 죽이는 것을 싫어하지만 명령이니 어쩔 수도 없고…. 힘이 센 돼지는 저를 정말 힘들게 했습니다. 목을 몇 번이나 찔렀지만 저를 비웃기나 하는 듯이 죽지 않았어요. 마침내 죽어가던 돼지가 꿈틀거리며 도망가려 하자 저는 돼지 목을 비틀어 칼을 돼지 목 깊숙이 찔러 넣었습니다. 그런데 어떻게 된 일인지 돼지가 목을 돌리는데 제 형이 아니겠어요? 한참 동안 어이가 없어 하다가 잠에서 깨었는데 등에서는 식은땀이 났어요.

모범답안

① **반영** : "지난 밤 꾼 꿈에 많이 놀라셨군요."
② **명료화** : "지난 밤 꿈에서, 어쩔 수 없이 죽이려던 돼지가 형이어서 많이 혼란스럽고 황당하시겠어요."
③ **직면** : "형으로 변한 돼지를 죽이는 꿈을 꾸고 나서 얼마나 어이없었는지에 대한 정도와 느낌은 어떠셨나요?", "어이없다는 것 외에 다른 감정이 있으셨나요?", "돼지가 형으로 변했을 때의 기분은 어떠셨나요?"
④ **해석** : "이 꿈은 형에 대한 무의식적인 생각과 감정을 담고 있는 것 같군요. 앞으로 이에 관하여 이야기해 봅시다."

05 얄롬(Yalom)이 제시한 집단상담의 치료요인을 5가지 기술하시오.

모범답안

① **희망적 고취** : 집단은 집단구성원에게 문제가 개선될 수 있다는 희망을 심어주며, 이 희망 자체가 치료적 효과를 가질 수 있다.
② **보편성** : 참여자 개인이 자신만 심각한 문제나 생각, 충동을 가진 것이 아니라 다른 참여자들도 자신과 비슷한 갈등, 생활경험, 문제를 지니고 있다는 사실을 알게 되고 위로를 얻는다.
③ **정보전달** : 집단상담자는 집단구성원에게 다양한 정보를 제공하고, 집단구성원은 이를 습득하여 자신의 문제를 보다 명확하게 이해하며, 동료 참여자에게서도 직·간접적인 제안, 지도, 충고 등을 얻게 된다.
④ **사회기술 발달** : 집단구성원에게서 피드백을 받고 특정 사회기술을 학습할 수 있어 대인관계에 필요한 사회 기술이 개발된다.
⑤ **대인관계 학습** : 집단구성원과의 상호작용을 통해 참여자 개인의 대인관계에 대한 통찰이 이루어지고, 원하는 관계 형성에 대한 아이디어를 얻을 수 있으며, 새로운 방식의 대인관계 형성을 시험해 볼 수 있다.

06 인간중심 치료에서 로저스가 제시한 내담자의 긍정적 성격변화를 위한 치료의 필요충분 조건을 4가지 쓰시오.

모범답안

① 치료자(상담자)는 내담자와 심리적 접촉을 유지해야 한다.
② 내담자는 부조화 상태에 있어 상처받기 쉬우며 초조하다.
③ 치료자와 내담자의 관계는 일치성을 보이며 통합적이다.
④ 치료자는 내담자에 대해 무조건적인 긍정적 관심과 진실한 태도를 가져야 한다.
⑤ 치료자는 공감적 이해를 통해 내담자의 내적 준거틀을 이해하고 이러한 경험을 내담자에게 전달하고자 노력해야 하며, 치료자의 공감적 이해와 무조건적 긍정적 관심이 내담자에게 일정수준 이상 전달되어야 한다.

07 인간중심 상담에서 로저스가 강조한 상담자(치료자)의 자세를 3가지 쓰시오.

> **모범답안**
>
> ① **일치성(진실성)** : 상담자가 내담자를 대하면서 드는 생각, 감정, 태도를 있는 그대로 인정하고 개방하는 것을 의미한다. 일치성은 상담자의 인격적 성숙을 전제로 하며, 자기와 경험 간의 불일치를 줄여가는 밑거름이 된다.
>
> ② **무조건적인 긍정적 존중과 수용** : 아무런 가치 조건화 없이 내담자를 한 인간으로서 긍정적 존재로 대하는 것을 의미한다. 내담자를 한 인격체로서 깊게 돌보는 것을 말하며, 내담자의 감정, 행위, 생각의 좋고 나쁨의 평가와 판단에 영향을 받지 않고 내담자에 대한 돌봄은 비소유적이다.
>
> ③ **정확한 공감적 이해** : 내담자의 경험과 감정을 민감하고 정확하게 이해하는 것을 의미한다. 공감적 이해의 목적은 내담자가 자신에게 더욱 밀접하게 다가가 더 깊고 강렬한 감정을 경험하게 함으로써 내담자 내부에 존재하는 불일치성을 인식하여 해결하도록 격려하는 것이다. 내담자가 자신의 정체감 분리 없이 현재 보고 느끼는 주관적 세계를 파악할 때 건설적 변화가 일어나게 된다.

08 상담자가 상담 시 내담자와의 관계에 대해 알고 있어야 할 윤리문제에 대한 기본원칙을 쓰고, 행동지침을 5가지 기술하시오.

모범답안

① 윤리적 기본 원칙
　㉠ 선의와 무해 : 자신이 서비스를 제공하는 사람의 이익을 위해 노력하고 해를 끼치지 않는다.
　㉡ 비밀엄수와 책임감 : 사회에 대한 전문가적, 과학적 책임이 있고 신뢰를 바탕으로 관계를 정립한다.
　㉢ 성실성 : 모든 활동에 있어 정확하고 정직하며 진실됨을 추구한다.
　㉣ 공정성 : 모든 사람은 심리학적 서비스를 이용하고 이익을 얻을 권리가 있다. 상담자는 자신이 가진 편견, 능력의 한계를 인지하고 있어야 한다.
　㉤ 다른 사람의 권리와 존엄성의 존중 : 모든 사람의 권리와 존엄성을 존중하고 이러한 권리의 보호 방법을 규정화한다.

② 행동지침
　㉠ 상담관계 : 상담자(치료자)는 항상 내담자에게 최대한의 유익을 주기 위해 노력해야 한다.
　㉡ 치료계획을 세우고 적절한 접근방법을 사용하는 데 유능해야 한다. 만약 자신의 치료가 더 이상 내담자에게 도움이 되지 않는다고 생각하면 보다 적합한 사람이나 기관에 의뢰해야 한다.
　㉢ 치료자는 다양성 및 인간의 권리와 존엄성에 대한 존중이 반영되게 해야 한다.
　㉣ 비밀보장 : 상담자는 내담자의 비밀정보를 보호해야 할 일차적 의무가 있으며 비밀보호에 대한 의무는 내담자의 가족, 동료에게도 지켜져야 한다. 단, 법률에 의해 위임받은 경우, 자해/타해의 위험이 있는 경우 등의 상황에서는 비밀보장의 한계가 있다.
　㉤ 전문가적 한계 : 상담자는 자신의 능력, 전문성을 개발, 발전, 유지하기 위해 지속적으로 노력하고 자신의 전문적 분야에 한해서만 서비스를 제공하며, 자신의 한계를 인식하여 자신의 능력과 자격 이상의 조력활동은 하지 않아야 한다.
　㉥ 이중관계의 지양 : 상담자와 내담자의 사적 관계는 객관적, 효율적 업무수행을 방해하여 내담자의 이익을 해할 우려가 있기 때문에 상담자는 내담자와 사적 관계를 맺어서는 안 되며 상담료 외에 어떤 경제적 관계도 맺어서는 안 된다(이중관계 : 이중관계란 상담사가 내담자와 치료적 관계 이외의 관계를 맺는 것으로 사적으로 친밀한 관계, 사제관계, 친척 관계, 같은 기관 소속의 고용 및 상하 관계가 이에 해당된다.).
　㉦ 성적관계의 지양 : 상담자는 내담자, 내담자의 중요한 타인과 어떤 종류의 성적 친밀성도 허용되지 않으며 과거에 그러한 관계를 가졌던 사람을 내담자로 받아들이지 않아야 하고 치료종결 후 최소 3년 동안 내담자였던 사람과 성적 친밀성을 갖지 않아야 한다(가능하면 치료 종결 후 3년이 지나도 내담자였던 사람과 성적 친밀성을 갖지 않음).
　㉧ 치료 절차에 대한 설명과 동의 : 상담자는 내담자에게 치료에 대한 상세한 설명(본질, 절차, 비용, 비밀유지의 한계 등)을 제공하고 내담자의 동의를 구하며 내담자 최선의 이익을 고려해야 한다.
　㉨ 타 기관에서 서비스를 받고 있는 내담자에게 서비스를 제공할 때는 치료적 쟁점과 내담자의 복지를 심사숙고하여 세심하게 처리해야 한다.

09 심리상담자가 준수할 윤리적인 의무 중 '다중관계(이중관계)'의 의미와 이에 대한 대처방안을 설명하시오.

모범답안

① **다중(이중)관계의 의미** : 상담자 – 내담자 관계 이외에 추가적으로 상담자가 내담자와 다른 관계를 갖는 것을 말한다. 다중(이중)관계에는 상담자 – 내담자 관계인 동시에 상담자가 내담자의 친·인척, 친구, 직장 상사 등의 관계일 경우, 상담 회기 내에 내담자와 맺는 사적 관계, 상담료 외의 경제적 거래 관계 등이 포함된다.
② **이중관계의 대처방안**
　㉠ 상담자는 상담회기 내에 내담자와 사적 관계를 갖지 않아야 한다.
　㉡ 상담료 외에 어떠한 경제적 거래 관계도 맺어서 안 된다.
　㉢ 상담자는 다중(이중)관계의 우려가 있을 때에 내담자와 이중관계를 맺지 않도록 다른 전문 상담자에게 의뢰해야 한다.

Part 3 ▸ 심리치료

01 불안장애 환자를 대상으로 체계적 둔감법을 실시하고자 한다. 체계적 둔감법의 3단계 과정을 순서대로 쓰고, 각 단계에 대해 간략히 설명하시오.

....

....

....

....

....

....

....

....

....

모범답안

① 1단계(근육긴장이완 훈련) : 특정 근육을 긴장시킨 다음 긴장을 풀도록 한다.
② 2단계(불안위계표 작성) : 공포와 관련되어 점진적으로 불안을 유발하는 일련의 장면을 작성하도록 지시하여 불안 하위, 불안 중위, 불안 상위의 10~15개 항목을 채택한다.
③ 3단계(역조건 형성 단계) : 환자에게 위계상 가장 낮은 수준의 장면을 가능한 한 분명히 이완한 상태에서 상상하도록 지시한다. 이 장면도 약간의 불안을 유발하기 때문에 첫 접촉은 아주 짧아야 한다. 그 다음에 상상하는 장면의 지속 시간은 역조건 형성이 진행됨에 따라 서서히 증가될 수 있으며 낮은 위계에서 충분히 이완되면 점차 높은 위계로 진행한다.

| 해설 |
Wolpe의 체계적 둔감법 : 조건형성된 부적응적 반응을 새로운 조건형성을 통해 해체하는 치료방법이다. 편안하게 이완된 상태에서는 불안해지기 어려운 것과 같이 동시에 존재하기 어려운 두 반응의 상호억제를 이용한다.

02 관찰학습이 효과적으로 일어날 수 있는 조건을 4가지 쓰시오.

....

....

....

....

모범답안

① 모델에 대한 관심이 높아야 한다.
　예 성별, 나이가 비슷한 사람, 좋아하는 사람, 사회적 지위나 높거나 인기인일 경우
② 획득한 정보를 심상이나 언어화해서 기억하고, 유지하고 있어야 한다.
③ 모델 행동을 재현할 수 있는 능력이 있어야 한다. 아무리 생생하게 기억하고 있어도 재현할 수 있는 능력이 없으면 재생이 이루어지기 어렵다.
④ 모델의 행동을 재생하고 싶은 동기화가 일어나야 한다.

03 방어기제의 유형을 3가지만 간략히 설명하시오.

....

....

....

....

모범답안

① **합리화** : 자신의 생각이나 행동, 감정의 진실한 동기를 숨기고, 자신의 선택을 적절하지 않은 방식으로 자신에게 유리하게 해석한다.
② **부인** : 타인에게는 분명해 보이는 현실적 측면을 인정하기 거부한다.
③ **억압** : 용납되지 않는 욕구, 생각 또는 경험을 무의식 영역으로 몰아내는 무의식적 과정이다.
④ **퇴행** : 자신의 발달 단계 이전의 단계로 돌아가는 것으로 심각한 스트레스 상황에서 미성숙하고 적절하지 않은 행동을 보인다.
⑤ **투사** : 용납할 수 없는 자신의 감정이나 충동, 사고 등을 부당하게 타인의 탓으로 돌린다.
⑥ **치환(대치, 전치)** : 정서적 느낌이나 반응을 야기한 상황보다 덜 위협적인 대상에 자신의 정서를 표출한다.

홍쌤's 한마디
방어기제 유형은 기본적인 내용이므로 위에 제시된 유형 외에도 반드시 기억해야 합니다!

Part 4 자문 · 교육 · 심리재활

01 자문의 정신건강 모델과 행동주의 모델의 차이점을 설명하시오.

....

....

....

....

....

....

....

....

....

....

....

모범답안

① 정신건강 모델은 기본적으로 자문 요청자(피자문자)에게 문제해결의 능력이 있다고 가정한다. 자문가와 자문 요청자 간의 관계는 평등하며, 자문가는 조언과 지시를 제공하여 촉진자로서의 역할을 수행한다. 자문의 성공 여부는 자문 요청자의 진단, 대처, 기술적·정서적 문제 해결 능력의 확장 정도 등으로 평가한다.

② 행동주의 모델에서 자문가는 학습이론이 어떻게 개인, 집단 및 조직의 문제에 실질적으로 적용될 수 있는지를 가르치고 보여주는 인정된 전문가이다. 자문가와 자문 요청자 간에 보다 분명한 역할이 있으며, 문제해결에 있어 상호관계가 있을 수 있지만 행동지식 기반에 있어서 자문가와 자문요청자 사이에는 커다란 불균형이 있다.

• 부록 _ 최신기출복원문제

02 학습 및 환경변화를 통해 만성 정신질환자의 사회적 기능을 최대한 회복시키는 것을 '정신사회재활'이라고 한다. 정신사회재활에서 환자를 대상으로 한 치료적 개입에 포함되는 구성요소 5가지를 쓰시오.

....

....

....

....

....

....

....

....

....

....

....

....

....

모범답안

① 내담자의 정확한 기능 및 자원평가가 우선 이루어져야 하며 이를 통해 적절한 개입이 가능하다.
② 주요 초점은 내담자의 능력 및 건강한 행동의 증진과 직업성과 향상이다.
③ 희망을 가지는 것이 재활의 필수 요소이다.
④ 내담자의 적극적인 참여가 요구된다.
⑤ 환경적인 지원으로 사회적·직업적 기반을 제공한다.

Part 1 ▶ 기초심리평가

01 웩슬러 지능검사 중에서 소검사 상식(기본지식)이 측정하는 영역 5가지를 적으시오.

모범답안

① 결정성 지능
② 학교나 환경에서 얻은 정보를 유지하고 인출하는 능력
③ 장기기억
④ 언어적 표현과 이해 능력
⑤ 폭넓은 독서와 초기환경의 풍부함

02 임상적 연구를 할 때나 실무에서 의사결정을 할 때 임상적 판단 또는 통계적 판단을 사용한다. 임상적인 판단보다 통계적인 판단을 사용할 때의 장점과 단점을 각각 2가지씩 적으시오.

....

....

....

....

....

....

....

....

....

....

모범답안

① 장점
  ㉠ 모호한 개념을 구체화하여 보다 명확하게 정의함으로써 통계적 공식에 따른 구체적 예측이 가능하다.
  ㉡ 임상적 판단에서는 제시하기 어려운 신뢰도를 제시할 수 있다.
② 단점
  ㉠ 인간은 복잡한 존재로서 수량화하는 데 한계가 있다.
  ㉡ 통계적으로 유의미하거나 유의미하지 않다는 것만으로 의사결정을 내리기에는 한계가 있다. 통계적 판단과 함께 관찰 및 다양한 정보를 통합하여 보다 입체적인 판단이 필요하다.

※ 임상적 판단의 장·단점
① 장점
  ㉠ 다양한 검사자료, 사례사, 의학적 기록, 언어/비언어적 행동의 관찰에 의한 광범위한 정보들을 토대로 비교적 정확성 있는 판단을 할 수 있다.
  ㉡ 과학적 예측이나 통계적인 방법으로 규정이 힘든 경우에도 적용할 수 있다.
② 단점
  ㉠ 통계적 접근에 비해 신뢰도가 떨어진다.
  ㉡ 임상가의 주관적 판단이 개입될 수 있으며 검사과정에서 편향이 나타날 수 있다.

03 심리평가자가 지녀야 하는 과학자로서의 자질과 예술가로서의 자질의 의미에 대해 서술하시오.

모범답안

과학자로서의 자질은 심리평가자가 과학자로서 전문적 지식, 객관적 실험, 논리적 검증을 통해 내담자에 대해 종합적이고 체계적인 해석과 판단을 내릴 수 있어야 한다는 뜻이다. 예술가로서의 자질은 복잡한 인간의 심리가 보편적인 법칙에 따르지만은 않기 때문에 동일한 문제라고 해도 내담자의 특성에 따라 서로 다른 가설로 설명될 수 있다는 사실을 인식하고 심리평가자로서 다양한 평가와 치료경험에 근거하여 통찰력을 발휘해야 한다는 뜻이다.

04 어떤 내담자에게 MMPI 검사를 실시한 결과, 방어적 응답 경향성이 강한 것으로 보여 검사 결과 해석이 매우 어려웠다. 하지만 이 내담자에게 심리검사는 꼭 필요하다고 판단되었다. 이러한 상황에서 임상심리사가 할 수 있는 방법을 2가지 적으시오.

모범답안

① 수검자가 자신에게 심리적 문제가 있음을 드러내는 것에 거부감을 가지고 있을 경우 : 척도 점수가 중요한 것이지 각 문항의 개별적인 응답내용이 중요한 것이 아니라는 것을 강조해야 한다.
② 수검자가 검사 및 검사자를 불신할 경우 : 검사결과에 대해 반드시 비밀 유지가 이루어짐을 수검자에게 확신시킨다.

05 MMPI 결과 타당도척도 L 36, F 110, K 34, 임상척도는 5번 척도를 제외하고 대부분 높게 나타났다. 이와 같은 프로파일을 나타낼 가능성이 있는 사람들의 유형 3가지를 제시하시오.

> 올해 22세로 군 입대를 앞두고 있는 B씨는 병사용 진단서를 위해 검사에 의뢰되었다. MMPI 검사 결과 타당도 척도 T점수가 L척도 36, F척도 110, K척도 34로 나타났다. 또한 임상척도 T점수는 5번 Mf척도를 제외하고는 대부분의 임상척도에서 점수가 높았고, 그중에서 6번 Pa척도, 7번 Pt척도, 8번 Sc척도 점수는 88 이상으로 다른 임상척도에 비해 더 높은 점수를 나타냈다. B씨는 자신이 평소 과대망상 증상이 있다고 호소하였다.

모범답안

① 도움이 절실하게 필요하다는 것을 강하게 호소하기 위한 유형
② 심각한 심리문제를 겪고 있는 것처럼 보임으로써 정신이상으로 인한 무죄 선고, 병역기피 등 자신에게 부과된 책임을 회피하려는 유형
③ 상해보험금이나 장애 배상금 수령 등 금전적 이득을 얻기 위한 유형

| 해설 |

① 유추가능한 진단명 : 꾀병
② 진단의 이유 : 타당도 척도 중 F척도만 두드러지게 110으로 높게 나타나고 다른 타당도 척도인 K와 L척도는 40 미만으로 나타나 자신을 의도적으로 좋지 않은 방향으로 드러내려는 증상의 과장이 의심된다. A씨가 군입대를 앞두고 있다는 점을 고려할 때 자신에게 주어진 책임을 회피하기 위해 증상을 과장하는 꾀병을 의심할 수 있다.

홍쌤's 한마디

기출에 제시된 유형 3가지와 해설에 제시된 유추 가능한 진단명과 이유를 함께 알아두는 것이 좋습니다.

06 Rorschach(로샤)검사의 특수점수 중에서 특수내용을 3가지 적고 각각을 설명하시오.

모범답안

① **추상적 내용(abstract content, AB)** : 분명하고 구체적인 상징적 표현을 포함하는 반응
   ㉠ 반응내용기호가 인간경험(Hx)인 경우로 인간의 정서나 감각적 경험을 나타낸다.
      예 이것 전체가 우울을 나타낸다.
   ㉡ 분명하고 구체적인 상징적 표상을 사용하는 경우
      예 이 조각은 삶에 대한 사랑을 나타낸다.
② **공격적 운동(aggressive movement, AG)** : 운동반응(M, FM, m)에 '싸움, 파괴, 논쟁' 등 분명히 공격적인 내용을 포함하는 반응으로 반드시 주체적인 공격이 포함되어 있어야 한다.
   예 무엇을 관통한 총알처럼 보인다.
③ **협조적 운동(cooperative movement, COP)** : 둘 이상의 대상이 적극적 또는 협조적인 상호작용을 하는 운동반응(M, FM, m)을 포함하는 반응으로 반드시 적극적이거나 협조적 상호작용이 명백해야 한다.
   예 두 사람이 무엇을 들어올리고 있다.
④ **병적인 내용(morbid content, MOR)** : 대상을 죽은, 파괴된, 손상된, 오염된 대상으로 지각하거나, 대상에 대해 우울한 감정, 특징을 부여하는 반응이다.
   예 깨진 유리, 해진 장화, 슬픈 나무, 불행한 사람

07 HTP 그림검사에서 그림의 크기가 클 때/작을 때, 그림의 위치가 높을 때/낮을 때의 특징을 2가지씩 적으시오.

모범답안

① **크게 그려졌을 때** : 공격성, 충동 조절의 문제, 행동화 가능성 시사, 내면 열등감, 무가치감을 과잉 보상하려는 시도를 반영한다.
② **작게 그려졌을 때** : 내면의 열등감, 부적절감, 사회적 상황에서 불안감, 지나친 억제, 낮은 자아 강도, 위축감, 우울감, 사회적 위축을 반영한다.
③ **높게 그려졌을 때** : 욕구나 포부 수준이 높고 현실 세계보다는 자신만의 공상 속의 과도한 낙관주의, 대인관계에 대한 무관심, 고집스러운 경향을 반영한다.
④ **낮게 그려졌을 때** : 상당한 내면의 불안정감과 부적절감, 또는 우울증적 상태를 나타내며, 현실에 뿌리를 두고 실제적인 것을 추구하는 경향성을 반영하기도 한다.

08 50대 여성 내담자 A의 Wechsler(웩슬러) 지능검사 결과 상식 9점, 숫자 5점, 어휘 10점, 산수 7점, 이해 9점, 공통성 9점, 빠진곳찾기 6점, 차례맞추기 5점, 토막짜기 6점, 모양맞추기 6점, 바꿔쓰기 5점이 나왔다.

(1) 정신과적 진단 2가지와 고려해야 할 사항을 쓰시오.

....

....

....

....

모범답안

① 진단 : 주요우울장애, 범불안장애
② 감별진단을 위해 고려할 사항 : 우울삽화의 여부, 자살가능성, 사고장애 가능성, 불안의 원인 탐색

(2) 위 사례의 내담자는 신경학적인 검사상에서 특별한 이상소견은 보이지 않았고, 최근 남편의 외도로 인하여 스트레스를 받았나고 한나. 이 내담자가 보이는 동작성 지능의 전반적인 저하와 숫자 및 산수 점수의 상대적 저하에 대해 설명하시오.

....

....

....

....

....

....

모범답안

남편의 우울이라는 스트레스 사건에 대한 반응성 우울증상로 보이며 이로 인해 정신운동속도의 저하, 무기력, 동기저하가 일어나 숫자와 산수 점수가 상대적으로 저하되고 동작성 지능이 전반적으로 저조하게 나타난 것으로 보인다.

09 심리검사 결과 해석 시 해석지침을 4가지 쓰시오.

모범답안

① 검사자는 검사정보를 내담자가 이해하기 쉬운 용어로 제공하여 정보의 의미를 자신의 문제와 연결할 수 있도록 내담자가 해석의 중심이 되어야 한다.
② 내담자에게 필요한 것은 검사점수 자체가 아니라 검사점수가 지닌 정보라는 것을 유념하여 검사점수가 내담자의 의사결정에 도움이 되도록 한다.
③ 개인차에 대하여 높은 점수는 좋고 낮은 점수는 나쁘다는 등의 의미를 부여하지 않고 중립적 입장을 유지해야 한다.
④ 검사 점수 외에 다른 정보들도 고려하여 검사 결과를 종합적으로 해석해야 한다.

10 심리검사 결과와 생활사적 정보를 통합하는 이유 5가지를 설명하시오.

모범답안

내담자의 지능, 정서, 성격 등의 심리적인 특성은 내담자의 인격적인 특성이나 적응적인 행동과 깊이 관련되어 있기 때문에 생활사적 정보를 통합하여 평가보고서를 작성해야 한다. 심리검사 결과와 생활사적 정보를 통합함으로써 내담자가 증상이나 주호소문제에 대한 인과관계를 알아내고 설명할 수 있으며 다양한 측면에서 내담자를 바라볼 수 있다.

Part 2 **기초심리상담**

01 심리치료사는 통상적으로 내담자의 비밀을 보장해야 하는 윤리적 의무가 있다. 내담자에 대해 비밀보장을 할 수 없는 예외적인 상황 5가지를 적으시오.

....

....

....

....

모범답안

① 법률에 의해 위임된 경우
② 필요한 전문적 서비스를 제공하기 위한 경우
③ 적절한 전문적 자문을 구하기 위한 경우
④ 내담자/환자, 심리학자 또는 그 밖의 사람들을 상해로부터 보호하기 위한 경우
⑤ 내담자/환자로부터 서비스에 대한 비용을 받기 위한 경우

02 좋은 상담자가 되기 위한 경청의 구체적인 방법을 5가지 적으시오.

....

....

....

....

모범답안

① 내담자의 언어적, 비언어적 메시지 모두에 주의를 기울인다.
② 때때로 고개를 끄덕이고, 미소 짓고, "음-"이라고 하면서 주의를 기울이고 있다는 것을 보여 주며, 눈을 맞추면서 내담자 외의 것에 신경쓰고 있다는 인상(예를 들어 시계를 보거나 소음 이 들리는 상담실 밖을 쳐다보는 등)을 주지 않도록 한다.
③ 비록 대수롭지 않다고 생각될지라도, 내담자가 심각하게 말하고 있는 것을 그대로 받아들인다.
④ 개방된 마음으로 인내심을 가지고 들으며, 내담자의 말을 듣는 동안 상담자 자신의 생각을 정리할 수 있는 기민성을 키운다.
⑤ 상담실을 산만하게 만들 수 있는 외부 요인을 제거하여 내담자가 편하게 말할 수 있는 공간 을 보장한다.

03 상담윤리에서 상담 시 지켜야 할 행동지침 5가지를 적으시오.

....

....

....

....

....

....

....

....

모범답안

① **상담관계** : 상담자(치료자)는 항상 내담자에게 최대한의 유익을 주기 위해 노력해야 한다.
② **치료계획**을 세우고 적절한 접근방법을 사용하는 데 유능해야 한다. 만약 자신의 치료가 더 이상 내담자에게 도움이 되지 않는다고 생각하면 보다 적합한 사람이나 기관에 의뢰해야 한다.
③ **치료자**는 다양성 및 인간의 권리와 존엄성에 대한 존중이 반영되게 해야 한다.
④ **비밀보장** : 상담자는 내담자의 비밀정보를 보호해야 할 일차적 의무가 있으며 비밀보호에 대한 의무는 내담자의 가족, 동료에게도 지켜져야 한다. 단, 법률에 의해 위임받은 경우, 자해/타해의 위험이 있는 경우 등의 상황에서는 비밀보장의 한계가 있다.
⑤ **전문가적 한계** : 상담자는 자신의 능력, 전문성을 개발, 발전, 유지하기 위해 지속적으로 노력하고 자신의 전문적 분야에 한해서만 서비스를 제공하며, 자신의 한계를 인식하여 자신의 능력과 자격 이상의 조력활동은 하지 않아야 한다.
⑥ **이중관계의 지양** : 상담자와 내담자의 사적 관계는 객관적, 효율적 업무수행을 방해하여 내담자의 이익을 해할 우려가 있기 때문에 상담자는 내담자와 사적 관계를 맺어서는 안 되며 상담료 외에 어떤 경제적 관계도 맺어서는 안 된다(이중관계 : 이중관계란 상담사가 내담자와 치료적 관계 이외의 관계를 맺는 것으로 사적으로 친밀한 관계, 사제관계, 친척관계, 같은 기관 소속의 고용 및 상하 관계가 이에 해당된다.).
⑦ **성적관계의 지양** : 상담자는 내담자, 내담자의 중요한 타인과 어떤 종류의 성적 친밀성도 허용되지 않으며 과거에 그러한 관계를 가졌던 사람을 내담자로 받아들이지 않아야 하고 치료종결 후 최소 3년 동안 내담자였던 사람과 성적 친밀성을 갖지 않아야 한다(가능하면 치료 종결 후 3년이 지나도 내담자였던 사람과 성적 친밀성을 갖지 않음).
⑧ **치료 절차에 대한 설명과 동의** : 상담자는 내담자에게 치료에 대한 상세한 설명(본질, 절차, 비용, 비밀유지의 한계 등)을 제공하고 내담자의 동의를 구하며 내담자 최선의 이익을 고려해야 한다.
⑨ 타 기관에서 서비스를 받고 있는 내담자에게 서비스를 제공할 때는 치료적 쟁점과 내담자의 복지를 심사숙고하여 세심하게 처리해야 한다.

Part 3 ▸ 심리치료

01 해결중심치료에서 쓰이는 질문기법을 3가지 적으시오.

....

....

....

....

모범답안

① **기적질문** : "기적이 일어나 자고 일어난 아침 당신의 모든 문제가 해결되었다면 무엇을 통해 문제가 해결되었는지 알 수 있을까요? 달라진 것이 무엇일까요?"
② **척도화된 질문** : "지금 겪고 계신 어려움을 10점 만점 중에 몇 점으로 표현할 수 있을까요? 몇 점 정도가 되면 불편함을 느끼지 않을까요?"
③ **예외질문** : "불안을 느끼지 않았던 날은 어떤 일이 있었나요?"
④ **대처질문** : "어떻게 그런 어려운 상황을 헤쳐낼 수 있었나요?"

02 조현병 양성증상의 대처방법을 3가지 쓰시오.

....

....

....

....

모범답안

① **입원치료** : 현실 검증력의 손상과 자신 및 타인을 해칠 위험이 있기 때문에 입원치료가 권장된다.
② **약물치료** : 항정신병 약물을 처방하여 망상, 환각 등을 억제시킨다.
③ **체계적 둔감법** : 불안할 때마다 환각을 경험할 경우 체계적 둔감법을 이용해 불안을 감소시키도록 한다.

03 Rogers(로저스)가 인간중심상담에서 강조한 상담자가 지녀야 할 필요충분조건 3가지를 적으시오.

모범답안

① 일치성(진실성)
  ㉠ 상담자가 내담자를 대하면서 드는 생각, 감정, 태도를 있는 그대로 인정하고 개방하는 것을 의미한다.
  ㉡ 일치성은 상담자의 인격적 성숙을 전제로 하며, 자기와 경험 간의 불일치를 줄여가는 밑거름이 된다.
② 무조건적 긍정적 존중과 수용
  ㉠ 아무런 가치 조건화 없이 내담자를 한 인간으로서 긍정적 존재로 대하는 것을 의미한다.
  ㉡ 내담자를 한 인격체로서 깊게 돌보는 것을 말하며, 내담자의 감정, 행위, 생각의 좋고 나쁨의 평가와 판단에 영향을 받지 않고 내담자에 대한 돌봄은 비소유적이다.
③ 정확한 공감적 이해
  ㉠ 내담자의 경험과 감정을 민감하고 정확하게 이해하는 것을 의미한다.
  ㉡ 공감적 이해의 목적은 내담자가 자신에게 더욱 밀접하게 다가가 더 깊고 강렬한 감정을 경험하게 함으로써 내담자 내부에 존재하는 불일치성을 인식하여 해결하도록 격려하는 것이다.
  ㉢ 내담자가 자신의 정체감 분리 없이 현재 보고 느끼는 주관적 세계를 파악할 때 건설적 변화가 일어나게 된다.

04 인지행동치료 REBT의 ABCDE 모델에 기반한 치료계획 5단계를 적으시오.

··

··

··

··

모범답안

① A(Antecedent event ; 선행사건) : 개인에게 정서적 혼란을 불러일으키는 어떤 사건이나 행위를 말한다.
② B(Belief ; 믿음) : 어떤 사건이나 행위 등과 같은 환경적 자극에 개인이 갖는 태도 또는 사고방식을 말하며 합리적인 신념과 과장적, 절대적 특성으로 인해 정서적 혼란의 원인이 되는 비합리적 신념이 있다. 엘리스의 합리정서행동치료는 비합리적 신념을 논박을 통해 합리적 신념으로 바꾸도록 한다.
③ C(Consequence ; 결과) : 선행사건에 접했을 때 비합리적 태도나 사고방식으로 그 사건을 해석함으로써 느끼게 되는 정서적 결과를 말한다.
④ D(Dispute ; 논박) : 내담자의 비합리적인 신념·사고에 대해 도전하고 그 신념이 사리에 맞는 것인지 다시 한번 검토해 보도록 상담자가 촉구한다. 비합리적 신념의 탐지를 통해 내담자는 자신의 절대적 신념과 자기 비하적 신념 등을 확인하고 논리적으로 질문하는 방법과 스스로 논쟁하는 방법 및 비합리적 신념에 도전하는 방법으로 역기능적 신념을 논박한다.
⑤ E(Effect ; 효과) : 논박으로 인해 나타나는 효과로 내담자가 가진 비합리적인 신념을 철저하게 논박하여 합리적인 신념으로 대체하게 된다.

05 일반적으로 개인치료보다 가족치료를 권하게 되는 상황을 2가지 적으시오.

··

··

··

··

모범답안

① 내담자의 어떤 증상이 역기능적인 가족관계에서 야기되었다고 판단되는 경우
② 내담자의 주호소가 가족 개인의 문제가 아니라 가족 간의 관계 변화에 있다고 판단되는 경우
③ 가족이 서로 분리되지 못하는 어려움을 겪는 경우

06 사례를 읽고 답하시오.

> 올해 14세 6개월의 중학교 3학년생인 남자 청소년 내담자는 친구들과 잘 사귀지 못하고, 학교에 등교할 시간이 되면 울면서 학교에 가지 않겠다고 하여 어머니에 의해 개인연구소를 경유하여 내원하였다. 내담자는 학교에서는 반 친구들이 자신을 괴롭히고 째려본다고 말하며, 집에서는 가족 모두가 내담자를 격려해 주지만, 학교에 가면 '죽고 싶을 정도'로 반 친구들이 자신과 놀아주지 않는다고 귀가를 할 때면 불평을 하곤 했다. 내담자는 어려서부터 태권도를 좋아하여 지금까지 계속 하고 있으며, 골격이 크고 당당한 체구이다. 중학교 진학 이후 내담자의 성적은 계속 최하위권에 머무르고 있으며 현재 중3 담임선생님이 일반고에 진학하는 것이 어려울 것 같다고 어머니를 불러 최근 실시된 집단지능검사 결과를 알려주었다. 어머니는 내담자가 정말 일반고에 진학하지 못할 만큼 심각한 수준인지, 왕따 문제는 어떻게 해야 할지, 앞으로 내담자를 어떻게 키워야 하는 것인지 등의 문제를 호소하였다. 심리평가를 위해 내원하였을 때 내담자는 무표정하였으며, 다소 발음이 부정확하여 검사자가 응답을 재확인해야 하는 경우가 잦았다. 매번 과제들을 쉽게 포기하려 하고, 짧은 답변으로 일관하였는데, 내담자의 다 귀찮다는 식의 태도는 후반부로 갈수록 다소 나아지는 양상을 보였다.

행동수정의 원리를 적용하여 이 내담자에 대한 치료계획을 3가지 제시하시오.

....

....

....

....

....

모범답안

① 정적강화 : 학교적응을 어려워하는 내담자가 바람직한 행동이나 친사회적 행동을 했을 때 칭찬을 하여 바람직한 행동의 빈도수를 늘리도록 돕는다.
② 토큰 경제 : 관찰내용으로 보아 내담자는 어려움을 견디는 좌절인내력이 저조한 것으로 보이기 때문에 어려움을 극복할 때마다 토큰을 지급하고 내담자가 원하는 강화물로 바꿔줌으로써 좌절인내력을 향상시키도록 돕는다.
③ 행동조형 : 내담자의 저조한 학업성취를 향상시키기 위해 현재의 학습방법을 검토하고 학습시간을 조금씩 늘려나가 결과적으로 일정 시간 이상 학습할 수 있는 능력을 키워 학업성취가 향상될 수 있게 돕는다.

| 해설 |
내담자의 정확한 상태를 평가하기 위해 우선적으로 종합심리검사를 내담자와 부모에게 제안하여 실시한다.

> **유사문제**
>
> 이 내담자의 인지 정서 행동적 측면에서 치료계획 4가지를 세우시오.
>
> **모범답안**
>
> **인지적 측면**
>
> ① 학교에서 실시한 집단지능검사 결과와 내원하여 실시한 종합심리검사의 인지기능 결과를 비교해보고 내담자와 부모에게 보다 정확한 정보를 제공한다.
> ② 뒤처진 학업의 원인을 살펴보고 개발할 수 있도록 인지학습치료를 권장한다.
>
> **정서적 측면**
>
> ③ 내담자는 현재 학습부진과 친구들의 따돌림으로 인해 자신감 저하와 심리적 위축이 예상되므로 심리검사 결과를 통해 이를 확인하고, 태권도와 같이 내담자의 강점을 발견하여 자신감을 높여줄 수 있는 치료적 개입이 필요하다.
>
> **행동적 측면**
>
> ④ 정확하지 못한 발음 문제가 따돌림과 같은 문제를 더 악화시킬 수 있으므로 언어치료를 권한다.
> ⑤ 또래관계의 어려움 때문에 등교거부를 하고 있으므로 심리상담/치료 및 대인관계훈련 프로그램을 통해 원인을 찾고 책략을 개발해 나간다(사회성 훈련 프로그램, 자신감 증진 프로그램 등).

Part 4 ▶ 자문 · 교육 · 심리재활

01 정신질환자가 직업적 재활을 해야 하는 이유 3가지를 적으시오.

모범답안

① 질병의 치료를 위해 경제적 비용을 부담해야 하는 정신장애인에게 재정적 안정을 제공한다.
② 직업을 통해 생산적 활동과 소비를 하게 되면 자존감이 향상되고 역할정체성 확립에도 도움이 된다.
③ 직업을 통해 다른 사람과 상호작용을 할 수 있어 대인관계를 통한 사회화를 경험한다.
④ 활동적으로 생산적인 일을 할 때 정신적 증상이 감소된다.

Part 1 · 기초심리평가

01 MMPI-2의 재구성 임상척도 개발 목적을 서술하시오.

모범답안

MMPI와 MMPI-2의 요인분석 결과 불안, 일반적인 부적응, 정서적 고통감으로 명명된 요인이 몇몇 임상척도 사이의 높은 상관이 나타나게 하는 요인임을 파악하게 되었다. 수검자가 특정 임상척도에서 받은 점수는 특정 임상척도에서 측정하는 특징과 더불어 공통적인 정서적 고통감이 함께 반영된 결과인 것이다. 재구성 임상척도는 이러한 제한점을 해결하기 위해 개발되었다. Auke Tellegen은 임상척도 상승의 의미를 보다 명확하게 해석하기 위해 공통적인 정서적 고통감을 나타내는 의기소침(RCd)척도를 분리한 뒤 각 임상척도만의 핵심 특성을 측정하였다. RC1~RC4는 1~4번, RC6~RC9은 6~9번 임상척도 각각의 특징적이고 실질적인 핵심을 파악하기 위해 제작되었다.

02 K-WAIS를 구성하는 소검사 11가지와 측정내용을 적으시오.

....

....

....

....

....

....

....

....

모범답안

① **토막짜기** : 추상적 시각자극의 분석과 종합, 시지각/시각적 조직화, 시공간적 문제 해결, 시각 –운동 협응
② **공통성** : 결정성 지능, 언어적 추론/개념 형성, 언어적 문제 해결, 비본질–본질적인 특성 간의 구분, 언어적 표현
③ **숫자**
  ㉠ 숫자 바로 따라하기 : 청각적 단기기억, 계열화 기술, 주의 집중
  ㉡ 숫자 거꾸로 따라하기 : 청각적 단기기억, 작업기억, 정신적 조작, 시공간적 형상화
  ㉢ 숫자 순서대로 따라하기 : 정신적 조작, 작업기억
④ **행렬추론** : 유동성 지능, 비언어적 문제 해결, 비언어적 추론, 공간적 시각화에 대한 측정
⑤ **어휘** : 결정성 지능, 학습된 지식, 언어적 개념화, 언어적 추론, 장기기억, 언어적 표현
⑥ **산수** : 주의집중력, 청각적 언어적 이해, 정신적 조작, 작업기억, 장기기억, 수 관련 추론 능력
⑦ **동형찾기** : 시각–운동 처리 속도, 시각–운동 협응, 단기 시각 기억, 인지적 유연성, 시각적 변별, 집중력
⑧ **퍼즐** : 비언어적 추론, 유동성 지능, 추상적 시각 자극의 분석/통합 능력, 공간적 시각화/조작 능력
⑨ **상식** : 결정성 지능, 학교/환경에서 얻은 정보를 유지/인출하는 능력, 장기기억, 언어적 표현과 이해능력, 폭넓은 독서와 초기 환경의 풍부함
⑩ **기호쓰기** : 시각–운동 처리 속도, 단기기억, 학습 능력, 시지각, 시각–운동 협응, 주의력, 동기, 인지적 유연성
⑪ **순서화** : 주의력, 정신적 조작, 계열화, 유연성, 청각적 작업기억, 시공간적 형상화, 처리 속도
⑫ **무게비교** : 양적 추론, 유추적 추론, 귀납적/연역적 추론 실행기능 기술
⑬ **이해** : 언어적 추론/개념화, 언어적 이해/표현, 언어적 문제 해결, 결정성 지능
⑭ **지우기** : 시각적 선택주의, 각성, 처리속도, 시각적 무시
⑮ **빠진 곳 찾기** : 집중력, 시각적 지각/조직화, 시각적 변별, 사물의 본질적인 세부에 대한 시각적 재인, 추리, 장기기억

03 MMPI 재구성 임상척도 중에서 타인을 믿을만하지 못하고 다른 사람을 배려하지 않으며, 자기만 생각하고 착취적이라고 생각하는 경우에 상승하는 척도를 적으시오.

··

··

모범답안

RC3(냉소적 태도)
| **해설** |
RC3의 점수가 높은 사람들은 타인을 믿을 수 없는 사람으로 여기며 다른 사람을 배려하지 않고 자신만 생각하며 다른 사람을 착취한다고 여긴다. 반대로 점수가 낮은 사람들은 다른 사람에게 잘 속고, 지나치게 신뢰할 가능성이 높다.

04 다음 신경심리검사들의 인지기능 평가영역을 서술하시오.

- Contrasting Program
- Go-No-Go Test
- Alternating Square & Triangle
- Luria Loop
- Controlled Oral Word Association Test(COWAT)
- Fist-Edge-Palm
- Alternating Hand Movement
- Korean-Color Word Stroop Test

··

··

··

··

모범답안

전두엽의 집행(실행)기능 평가
| **해설** |
전두엽 집행(실행) 기능은 추상적 개념의 형성 능력, 인지적 융통성, 판단 능력, 범주화 능력 등의 목표지향적이고 계획을 세우고 행동을 조절하고 통제하는 능력으로 고차원적 인지기능에 속한다.

05 접수면접에서 반드시 포함되어야 할 내용 5가지를 설명하시오.

모범답안

① **내담자의 기본 정보** : 인적 사항, 종교, 질병 유무, 투약하고 있는 약의 존재 여부, 치료 경험, 신체적 결함, 신청 경로 등을 기록한다.

② **외모 및 행동** : 옷차림, 말투, 위생 상태, 눈 맞춤 가능 여부, 대화 태도, 예절, 표정 등을 기록한다.

③ **주호소 문제**(내담자가 상담을 받기 위해 찾아온 이유) 및 주호소 문제와 관련된 개인사적 정보와 가족 관계를 기록한다.

④ **현재/최근 주요 기능 상태** : 현재의 적응 기능과 최근 1년 간의 적응 기능을 바탕으로 내담자의 전반적 기능 상태를 파악한다(인지, 생활 활동, 사회 참여, 대인관계, 이동성, 자조능력).

⑤ **스트레스의 원인** : 내담자의 표현 그대로 내담자의 스트레스 원인을 기록한다.

⑥ **사회적 지원 체계** : 내담자가 곤란을 겪을 때 의지하거나 지원을 받을 수 있는 대상이 있는지의 여부를 파악한다.

06 다음 사례를 읽고 물음에 답하시오.

> 중1인 B군은 부모님이 이혼한 뒤 어머니와 함께 살고 있고, 아버지와는 주말이나 방학에 만나고 있다. B군은 아버지를 잘 따르고 아버지와 함께 지내는 것을 좋아한다. B군은 학교에서 친구들과 잘 어울리며 교우관계도 좋은 편이지만 과제를 제대로 하지 않고, 수업시간에 주의가 산만하고 짜증을 부리는 모습이 보였다. B군의 웩슬러 지능검사 결과 언어성 점수(VIQ)는 114, 동작성 점수(PIQ)는 133, 전체 지능(FIQ)은 126으로 나타났다. 특이한 점은 산수에서 7점, 숫자따라외우기에서는 11점을 받아 다른 하위검사들에 비해 상대적으로 낮은 점수를 보였다는 것이다.

사례의 내용에서 B군의 신상정보와 지능검사 결과를 바탕으로 유추 가능한 해석을 기술하시오.

모범답안

B군은 부모의 이혼이라는 불행한 일을 겪었지만 친구들과의 관계가 원만하고 따로 사는 아버지와의 관계도 좋은 것으로 보인다. 그러나 지능검사 결과, B군은 지능이 높지만 주의력을 측정하는 산수, 숫자따라외우기 소검사에서 상대적으로 낮은 점수를 받았고, 학교에서 수업시간에 주의가 산만한 모습을 보여 주의력에 어려움이 있음을 알 수 있다. 또한 언어성 점수가 동작성 점수에 비해 상대적으로 낮으며, 과제를 제대로 하지 않는 점을 보았을 때 학습이 잘 이루어지지 않음을 알 수 있다.
부모의 이혼에서 많은 스트레스를 받았을 것으로 짐작되며 B군이 짜증을 내는 모습에서 아동기 우울을 고려해볼 수 있다. 현 자료를 바탕으로 유추할 수 있는 적합한 진단은 ADHD 또는 주요 우울장애이며 감별진단이 필요하다.

Part 2 ▶ 기초심리상담

01 다음 내담자의 말에 대한 상담자의 공감적 반응을 적으시오.

> • 내담자 : "남편이 출근하는 날은 거의 매일 야근이나 회식으로 자정이 가깝게 퇴근하는 거예요.
> 회사일 때문이라고 이해하긴 하는데…. 공적인 일이 없어도 핑계를 대고 늦게 들어왔어요. 육
> 아를 도와주기는커녕 주말에는 집에서 잠만 자더라고요. '내가 꿈꿔왔던 결혼생활이 이런 건가'
> 하는 자괴감이 생기고 우울증도 걸린 것 같아 정말 힘들었어요. 그래서 저는 남편에게 "회사일
> 이 아닌 일로 늦게 들어오면 친정으로 가겠다."라고 말을 했죠. 저는 남편이 회사일이 아닌 다
> 른 일로 집에 늦게 들어온다면 실제로 친정으로 가 남편의 버릇을 고쳐놓겠다고 다짐했어요.
> 그런데 믿을 수 없게도 그렇게 말한 다음날, 남편이 선물을 사가지고 집에 일찍 들어오는 거예
> 요. 남편이 이렇게 약속을 잘 지킬 줄은 몰랐어요. 정말 놀랐어요."
> • 상담자 : _____.

모범답안

> "남편이 정말로 약속을 지킬 것이라고 생각하지 않았는데, 일찍 들어오는 것을 보고 기대 이상
> 으로 약속을 잘 지킨 것에 대해 놀랍기도 하고, 무척 기쁘셨나 보군요."

02 상담사나 임상심리사가 가져야 할 전문가로서의 윤리원칙 5가지를 쓰시오.

모범답안

① 선의와 무해 : 자신이 서비스를 제공하는 사람의 이익을 위해 노력하고 해를 끼치지 않는다.
② 비밀 엄수와 책임감 : 상담자는 내담자의 비밀 정보를 보호해야 할 일차적 의무가 있으며 비밀 보호에 대한 의무는 내담자의 가족, 동료에게도 지켜져야 한다.
③ 성실성 : 모든 활동에 있어 정확하고 정직하며 진실됨을 추구한다.
④ 공정성 : 모든 사람은 심리학적 서비스를 이용하고 이익을 얻을 권리가 있다. 심리학자는 자신이 가진 편견, 능력의 한계를 인지하고 있어야 한다.
⑤ 다른 사람의 권리와 존엄성의 존중 : 모든 사람의 권리와 존엄성을 존중하고 이러한 권리 보호 방법을 규정화한다.

03 상담의 종결을 해도 되는지 평가할 때 유용한 영역 6가지를 적으시오.

모범답안

① 내담자가 더 이상 문제 행동/증상을 보이지 않는다.
② 내담자가 자신의 오래된 갈등에서 기인하는 현재의 상황에 보다 유연하고 적절하게 반응할 수 있다.
③ 내담자가 자신의 삶을 장래성 있는 새로운 방향으로 전환하기 시작한다.
④ 내담자가 지속적으로 감정이 좋아졌다고 이야기하고, 이전에는 할 수 없었던 새로운 반응을 스스로 발견할 수 있다.
⑤ 내담자가 상담자에게 이전에 보였던 대 인간 대처 전략, 방어, 저항 등과는 새롭고 다른 방식으로 일관되게 반응할 수 있다.
⑥ 내담자의 주변 사람이 내담자에게 많이 달라졌다고 반응해 준다.

Part 3 심리치료

01 정신역동치료의 특징 5가지를 적으시오.

....

....

....

....

....

....

....

....

....

....

....

....

모범답안

① **행동 이면에 심리적인 인과관계 존재** : 정신역동적 접근은 심리적인 문제의 근원에 의식적/무의식적 생각, 감정, 신념이 있다고 가정한다.

② **무의식의 영향** : 우리의 모든 생각과 감정이 의식되는 것이 아니라 자각되지 않는 능동적인 무의식이 영향을 미치게 된다. 무의식적 생각들을 의식하여 무의식이 미치는 영향력을 감소시키고 의식적 선택에 기반한 행동을 하게 돕는다.

③ **대인관계의 내면화** : 초기 애착대상들과의 대인관계는 내면화되어 인간관계에 대한 기대와 자기자신에 대한 태도에 영향을 주며 성격구조를 형성한다.

④ **방어기제** : 누구나 방어기제를 사용하며 방어기제는 자아를 보호하고 불안을 감소시킨다.

⑤ **치료적 관계의 도움** : 치료적 관계는 내담자에게 힘과 도움이 된다.

⑥ **발달적 관점 중시** : 개인의 성장배경은 심리적 문제의 원인과 과정을 이해하는 데 중요한 자료가 된다.

⑦ **심리적 갈등** : 생각, 감정, 욕망은 내적인 갈등의 원인이 되며 건강한 발달을 방해할 수 있다.

02 소크라테스식 질문법이 지니는 특징 3가지와 질문의 예시 2가지를 서술하시오.

(1) 소크라테스식 질문법의 특징 3가지

....

....

....

....

....

모범답안

① '문답식 산파술' 즉, 대화를 이용해 내담자의 불확실한 지식을 진정한 개념으로 유도하는 기법으로 내담자의 비합리적 신념, 자동적 사고의 내용이 드러난다.
② 소크라테스식 대화법은 사고의 논리적 구조를 가정하기 때문에 더 깊은 수준의 인지적 왜곡인 핵심 신념을 통찰할 수 있게 한다.
③ 상담자의 질문과 내담자의 답이 오가는 과정에서 내담자는 스스로 비합리적 신념을 깨닫게 된다.

(2) 구체적인 예(질문 유형) 2가지

....

....

....

....

....

....

모범답안

① 논리적 논박 : "그러한 신념의 논리적 근거는 무엇입니까?"
② 경험적 논박 : "그 신념의 증거는 무엇입니까?"
③ 대안적 논박 : "당신의 삶이 더 행복해지기 위한 더 합리적인 신념은 무엇입니까?"
④ 실용적/기능적 논박 : "그러한 신념이 인생을 행복하게 사는 데 어떠한 도움을 줍니까?"
⑤ 철학적 논박 : "그러한 신념이 당신의 인생에 어떤 의미를 갖습니까?"

03 놀이치료에서 놀이의 치료적 가치 5가지를 적으시오.

....

....

....

....

....

모범답안

① 저항을 극복하는 데 도움이 되므로, 치료적 관계형성에 유용하다.
② 의사소통의 매체로서 아동을 이해하고 진단하는 데 유용하다.
③ 아동의 불안 감소 및 긴장이완을 통해 효과적인 치료를 가능하게 한다.
④ 정화를 통해 심리적인 외상을 극복할 수 있도록 한다.
⑤ 창조적 사고를 통해 참신한 문제해결능력을 발달시키도록 한다.

04 어떤 여성이 전화를 걸어 다급한 목소리로 자신이 방금 강간을 당했다고 말하면서 두려움을 호소하고 있다. 상담자로서 취해야 할 조치 5가지를 적으시오.

....

....

....

....

....

모범답안

① 위험 요소에서부터 멀리 피하도록 조치한다.
② 내담자에게 안정적이고 지지적인 환경을 제공할 수 있도록 편안하게 진정시킨다.
③ 의료적 개입, 법적 개입 및 관련 전문기관에 대한 정보를 제공한다.
④ 가족이나 친구 등 가까이에서 현재 도움을 받을 수 있는 사람들에게 도움을 청하도록 하거나, 실제 접촉한다.
⑤ 실제 지원을 해줄 수 있는 관련 기관들(예 병원. 경찰서. 상담센터)에 연계시킨다.

05 행동치료에서 제시하는 불안장애에 대한 근거와 치료기법의 구체적인 예를 적으시오.

(1) 불안장애의 학습이론 근거

....

....

....

....

모범답안

행동치료는 어떤 행동이 행동에 앞서 일어나는 선행요인에 의해 유발되고, 행동에 뒤따른 결과에 의해 강화된다는 행동주의 이론의 'ABC패러다임'의 원리를 토대로 한다. 따라서 행동치료는 행동을 직접 변화시키려 하기보다 그 행동의 선행 조건이나 후속 조건을 변화시킴으로써 행동의 전반적인 맥락을 변화시키고자 시도한다.

선행요인 (Antecedents)	⇨	행동 (Behavior)	⇨	결과 (Consequences)

(2) 구체적인 치료 기법의 예시

....

....

....

....

모범답안

① 체계적 둔감법 또는 체계적 둔감화(Systematic Desensitization) : 특정한 상황이나 상상에 의해 조건형성된 불안이나 공포에 대해 불안 자극을 단계적으로 높여가며 노출시킴으로써 내담자의 불안 반응을 경감 또는 제거한다.
② 홍수법(Flooding) : 불안이나 두려움을 발생시키는 자극들을 계획된 현실이나 상상 속에서 지속적으로 제시함으로써 시간의 경과에 따른 소거의 과정을 거쳐 내담자의 불안 수준을 경감시킨다.
③ 주장적 훈련(Assertive Training) : 가상의 개인관계 장면에서 주장적 사고 및 주장 행동을 펼치도록 함으로써 내담자에게 대인관계에 있어서의 불안과 공포를 해소하도록 한다.

06 토큰경제에서 강화는 학습이론의 어떤 원리를 바탕으로 한 것인지 적으시오.

모범답안

토큰경제는 강화하고자 하는 행동을 하면 토큰을 지급하여 행동의 빈도수를 늘리는 조작적 조건형성의 원리를 근거로 한 것이다. 토큰은 음식과 같은 일차강화물과는 다르게 행동을 한 즉시 지급할 수 있고 다양한 강화물과 교환할 수 있기 때문에 심적 포화를 예방할 수 있다는 장점을 지닌다.

07 인터넷 중독이 의심되는 내담자에게 인터넷 중독에서 벗어날 수 있도록 추천하는 방법을 4가지 적으시오.

모범답안

① 자신의 인터넷 중독 행동이 얼마나 심각한지, 이로 인해 삶의 다른 중요한 영역에서 얼마나 많은 피해를 입고 있는지, 심리적 및 물질적 손해는 얼마나 되는지 등을 정확하게 인식하여 인터넷 중독에 대한 문제 의식을 갖도록 한다.
② 친구와 만나거나 영화관을 가거나, 도서관을 가는 등 인터넷 활동에 대한 적절한 대안활동을 찾는다.
③ 인터넷을 사용할 수 없는 곳에서 주로 활동하거나, 혹은 컴퓨터를 사용할 수 없도록 만드는 등의 자극 통제법을 사용하여 자기통제력을 증진시킨다.
④ 효율적인 시간 관리를 통해 인터넷 사용에 대한 욕구를 느낄 수 있는 무료한 시간 등을 없애 도록 유도한다.
⑤ 인터넷 중독은 재발 가능성이 높기 때문에, 내담자 주변의 가까운 타인(특히 가족이나 자주 만나는 친구들)이 앞서 제시한 방법들을 내담자 스스로가 잘 해내고 있는지 감찰하도록 한다.

08 자극통제 중 행동 강화 시 나타나는 선행자극을 (ㄱ), 행동이 강화되지 않을 때 나타나는 선행자극을 (ㄴ) 라고 한다. ㄱ, ㄴ에 해당되는 용어를 쓰시오.

모범답안

(ㄱ) 식별자극(Discriminative stimulus, SD)　　　　(ㄴ) 에스델타(S-delta, SΔ)

| 해설 |

자극통제는 행동이 일어나기 전, 행동이 일어난 시점에서 자극을 통제하여 행동을 변화시키는 과정을 의미한다. 예를 들어 신호등이 녹색(식별자극)일 때 건너는 행동은 해도 되지만(강화) 빨간색(에스델타)일 때 건너는 행동은 하면 안 된다(강화받지 못함).

Part 4 │ 자문 · 교육 · 심리재활

01 재활과 치료의 의미와 차이를 적으시오.

모범답안

① **재활과 치료의 의미**
　㉠ 재활은 기능을 개선하고 만족감을 증대하며 내담자가 재기하도록 도와 현재와 미래의 환경에 적응토록 하는 것을 의미한다.
　㉡ 치료는 환자의 증상을 경감시키고 치유하는 것으로 증상을 없애는 것을 의미한다.
② **재활과 치료의 차이**
　㉠ 목적 : 재활은 만성정신질환자들의 사회적 적응능력을 향상시키는 데 목적을 두는 반면 치료는 증상을 치유하거나 경감 또는 개선시키는 데 목적을 둔다.
　㉡ 기법 : 재활은 기술교육, 자원조정, 직업훈련, 의사소통훈련, 집단상담 등을 활용하고 치료는 약물치료와 정신치료를 활용한다.
　㉢ 이론 : 재활에서는 인과이론에 기반하지 않지만 치료는 인과이론에 기반을 둔다.
　㉣ 진단 : 재활은 현재 요구되는 기술과 자원에 중점을 두는 반면 치료는 증상과 가능한 원인들을 측정한다.
　㉤ 역사적 근거 : 재활은 인간자원개발, 직업훈련, 신체발달, 내담자 중심요법, 특수교육, 학습이론에 역사적 근거를 두며 치료는 신체의학, 정신역동에 역사적 근거를 둔다.

02 정신사회재활의 재활계획 4단계 모형을 적으시오.

....

....

....

....

....

....

....

....

모범답안

① **증상과 인지손상, 회복에 대한 역량과 강점 평가** : 치료장소(입원 또는 외래), 치료방법, 지원 서비스 등을 결정하기 위해 내담자의 증상에 대한 심각도와 지속기간, 인지적 손상의 정도, 회복을 위한 역량과 강점을 평가한다.

② **치료적 개입** : 내담자의 평가 후 재활 목표와 행동계획을 세우고 약물치료, 상담치료를 실행하며 역량과 강점을 개발한다.

③ **평가** : 목표의 달성과 성공의 정도를 평가하고 목표와 계획을 재검토한다.

④ **지역사회 재통합, 동료의 지지와 자조** : 사회적 기술을 익혀 사회에서 자신의 역할을 할 수 있도록 도우며, 정신보건 서비스 내 동료지지와 가족과 주변인으로부터의 지지를 통해 회복한 기능을 유지하고 사회의 일원으로서 적응적 삶을 유지한다.

※ 정신재활 4단계

① 손상(Impairment) : 생리적·해부학적 구조나 기능의 상실이나 이상(시력 또는 청력의 상실, 사지운동의 감소, 근력 상실 등) 또는 심리적 기능의 상실이나 이상(기억력 감소, 사고장애, 환각, 불안, 우울, 무쾌감증 등)이 생긴 상태를 의미한다. 손상은 사회적 역할수행의 저하와 무능력의 원인으로 작용한다. 손상에 대한 개입 방안은 진단, 약물치료, 입원치료가 있다.

② 기능결함(역기능, Dysfunction) : 손상으로 인해 개인의 기능이 저하된 상태를 의미한다. 기능저하를 개선하기 위한 사회기술훈련, 직업훈련이 개입방안이 된다.

③ 역할장애(무능력, 불능, Disability) : 기능결함으로 인해서 한 사람이 사회적으로 기대되는 역할 또는 업무를 수행하는 데 제한되거나 전혀 수행하지 못하는 상태를 의미한다. 개입 방안은 사회적 지지, 직업재활 상담, 기술훈련, 환경 지원이 있다.

④ 불이익(Handicap/Disadvantage) : 다른 사람과의 관계에서 경험하게 되는 불이익을 의미하며 사회적 편견, 낙인, 차별 등에 의해 발생한다. 사회적으로 발생하게 되는 불이익은 개인의 힘만으로 대처가 어렵기 때문에 개입 방안은 제도 변화(법 제정), 권익 옹호, 지역사회지지 프로그램이 해당된다.

03 다음 사례를 읽고 연구 절차상의 문제점 4가지와 그에 대한 대안을 제시하시오.

> 한 임상심리학자가 사회공포증에 대한 새로운 치료기법을 개발하고 효과를 검증하기 위해 사회공포증이 의심되는 사람 20명을 모집한 후 5회기 동안 직접 치료하여 변화를 살펴보았다. 치료효과를 검증하기 위해 치료 시작 이전과 치료 종료 이후 내담자들에게 증상에 대한 심각도를 7점 척도로 평가하게 했다. 평가 결과, 치료 종료 후의 점수가 유의미하게 낮아졌음을 확인하였다. 이 임상심리학자는 본 결과를 근거로 자신이 개발한 새로운 치료법이 효과가 있음을 주장하였다.

모범답안

① **집단 설정 및 표본의 대표성 문제** : 임상심리학자는 사회공포증이 의심되는 20명을 실험대상자로 선정하였다. 그러나 비교적 소수의 인원으로 실험을 하는 만큼 통계적 검증력이 결여될 수밖에 없다. 더욱이 실험대상자들의 연령이나 성별, 증상의 심각성 정도 및 주 호소 불안의 유형(발표불안 또는 대인불안)에 대한 구체적인 기준도 없이 막연히 사회공포증 의심자들을 실험대상자로 선정함으로써 실험 결과를 일반화하는 데 한계를 나타내 보인다. 따라서 임상심리학자는 집단 설정 과정에서 표본의 크기 및 표본의 대표성에 문제가 없는지 확인해야 한다.

② **통제집단의 결여** : 실험설계는 기본적으로 실험집단, 통제집단, 자극의 3요소로 이루어진다. 집단을 실험집단과 통제집단으로 나누는 것은 보다 정확한 인과관계의 추리를 위한 것이므로 필요한 과정이라고 할 수 있다. 다만, 실험대상자들을 두 집단으로 구분할 때 이들을 무작위로 배치함으로써 두 집단을 동질적으로 구성하며, 실험과정에서 두 집단에 대한 적절한 통제가 이루어지도록 주의해야 한다.

③ **조사반응성(반응효과)** : 실험대상자들은 제한된 실험 환경에서 자신이 연구자나 다른 실험대상자들의 관찰 대상이 된다는 사실을 인식함으로써 평소 자신의 모습과 다르게 반응할 수 있다. 따라서 임상심리학자는 연구 결과가 제한된 연구 환경을 벗어나 보다 현실적이면서 다양한 환경에서도 적용될 수 있는지 검토해야 한다.

④ **비교 및 검증 과정의 결여** : 실험설계는 사전·사후 검사 결과 변수 간 의미 있는 변화를 비교·검토하는 과정이 요구된다. 실험결과에 따른 치료적 효과는 단순히 자기보고식 평정척도만으로 검증될 수 있는 것이 아니다. 연구자의 객관적 관찰자로서의 진단, 실험과정상 포착된 실험대상자의 생리적·행동적 반응의 변화, 치료적 효과의 임상적 유의성에 대한 판단 등이 종합적으로 고려되어야 한다.

Part 1 기초심리평가

01 종합심리평가보고서 작성 시 양식에 들어가야 할 내용 5가지를 적으시오.

모범답안

① 인적사항
② 의뢰사유, 주 호소 문제
③ 현 병력, 과거 병력, 개인력, 가족력
④ 실시된 검사종류, 행동관찰, 검사내용 및 결과
⑤ 의심되는 진단명 및 치료 시 권고사항

02 로샤(Rorschach) 검사 결과를 엑스너(Exner) 방식으로 채점하고자 할 때 중요채점법 중 5가지를 기술하시오.

모범답안

① 반응영역 또는 위치 : 수검자의 주된 반응이 어느 영역에서 일어나고 있는가?
② 발달질 : 반응영역에서 발달수준은 어떠한가?
③ 결정인 : 반응을 결정하는 데 영향을 미친 반점의 특징은 어떠한가?
④ 형태질 : 반응이 잉크반점의 특징에 얼마나 부합하는가?
⑤ 쌍반응 : 사물에 대해 대칭적으로 지각하고 있는가?
⑥ 반응내용 : 반응은 어떤 내용의 범주에 포함되는가?
⑦ 평범반응 : 일반적으로 흔히 나타나는 반응인가?
⑧ 조직화 활동 : 자극을 어느 정도 조직화하여 응답하고 있는가?
⑨ 특수점수 : 어떠한 특이한 반응을 보이고 있는가?

03 MMPI 6번 척도의 T점수가 72점으로 나왔다면 임상적으로 어떤 의미가 있는지 5가지를 적으시오.

모범답안

① 다른 사람을 의심하고 경계하며 타인이 부당하게 자신을 대우하거나 피해를 입히려고 시도한다고 생각한다.
② 지나치게 예민하며 화를 잘 내고 원한을 품으며 논쟁적이다.
③ 사고장애, 관계망상, 피해망상, 관계사고 등 분명한 정신증적 행동을 나타낼 수 있으며 70T 이상은 흔히 조현병, 망상장애 편집형, 조현형 성격장애 진단을 받는다.
④ 주방어기제는 투사이다.
⑤ 치료자와 라포형성이 매우 어려우며 치료적 예후가 좋지 않다.

04 MMPI 검사 결과, L척도와 K척도는 30이고 F가 70일 때 상태 2가지를 쓰시오.

....

....

....

....

모범답안

① 지나치게 자기비판적이고 자아강도가 저하되어 있으며 당면한 문제를 해결할 자신이 없음을 반영할 수 있다.
② 문제해결을 위한 도움을 얻고자 증상을 과장하거나 위장할 가능성이 있다.

05 아동을 대상으로 한 평가 척도 중에서 보호자의 보고에 의해 진단이 가능한 평가척도 2가지를 쓰시오.

....

....

....

....

....

모범답안

① 아동, 청소년 행동 평가척도(K-CBCL ; Korean-Child Behavior Check List)
② 한국아동인성검사(KPRC ; Korean Personality Rating Scale for Children)

| 해설 |
① 아동, 청소년 행동 평가척도(K-CBCL ; Korean-Child Behavior Check List)는 4~18세 연령의 아동 및 청소년을 대상으로 보호자가 보고하며 수검아동에 대한 문제 행동영역과 적응행동에 대한 정보(아동의 대인관계패턴, 학업 유능성, 선호하는 활동 평정)를 제공한다.
② 한국아동인성검사(KPRC ; Korean Personality Rating Scale for Children)는 만 3세~만 17세 연령의 아동 및 청소년을 대상으로 보호자가 평가하며 아동의 적응에 지장을 줄 수 있는 문제가 있는지 여부와 임상적 진단에 대한 객관적 정보 제공으로 진단 및 선별한다.

06 병원의 정신건강의학과 또는 심리상담센터에서 정신장애환자를 평가하기 전 면담 시 일반적으로 유의할 사항 2가지를 적으시오.

모범답안

① 현재 내담자가 겪고 있는 문제를 명료화하고 구체화한다. 내담자가 겪고 있는 문제가 발생하게 된 원인과 그동안 내담자의 적응과정과 방식, 문제가 발생되는 현재 상황의 특징을 알아본다.
② 내담자 개인의 성격 및 대인관계에서 나타나는 특징을 파악한다.

07 MMPI의 2개 척도 상승형태 분석에서 4−9/9−4 프로파일을 나타내는 수검자에 대해 가능한 해석을 5가지 쓰시오.

모범답안

① 반사회적 인격장애 특징을 지닌다.
② 사회적 규범과 가치관, 제도에 대한 무관심과 무시를 나타낸다.
③ 반사회적 행위로 인한 권위적인 인물과의 잦은 마찰을 일으킨다.
④ 충동적이며 무책임하여 타인과의 관계에서 신뢰를 얻기 어렵다.
⑤ 신체적, 정서적 흥분을 추구하며 욕구지연능력이나 좌절인내력이 빈약하다.
⑥ 도덕성과 윤리의식이 발달하지 않아 자기 멋대로 행동한다.

08 다음 지능검사 결과를 보이는 환자의 특징을 서술하시오.

> • 내담자의 지능검사 결과 상식, 어휘, 토막짜기 점수가 높았고, 모양맞추기와 공통성 점수는 낮았음
> • 동작성 지능이 언어성 지능보다 낮게 나타남

모범답안

환자는 병전 지능을 추정하는 기준점으로 삼는 소검사인 상식, 어휘, 토막짜기 점수가 높은 것으로 나타났다. 하지만 모양맞추기와 공통성 점수는 낮아 병전에 비해 지적기능의 저하가 있음을 짐작할 수 있다. 또한 동작성 지능이 언어성 지능에 비해 낮게 나타났는데 동작성 지능이 저하되는 가장 대표적인 정신장애는 우울장애이다. 환자는 집중력 저하, 불안, 낮은 동기로 인한 정신운동속도 지연과 지속적인 우울한 기분, 흥미나 즐거움의 현저한 저하를 보일 수 있다.

09 기능성 기억장애와 기질성 기억장애의 예를 1가지씩 쓰고 차이점을 설명하시오.

모범답안

① **기능성 기억장애의 예** : 해리성 기억상실, 해리성 정체감 장애
② **기질성 기억장애의 예** : 주요/경도 신경인지장애, 해마손상으로 인한 기억장애
③ **차이점** : 기능성 기억장애는 기능에 손상이 있지만 아무런 기질적 병리를 증명할 수 없는 경우를 말한다. 기능성 기억장애의 경우 특정사건이나 시기만 기억하지 못하는 국소적/선택적 기억장애와 자신의 정체성, 생활사를 모두 기억하지 못하는 전반적 기억장애가 모두 나타날 수 있다. 반면 기질성 기억장애는 뇌 외상, 감염, 독성, 혈관성 질환 등이 원인이며 병리가 증명된 경우가 해당된다. 대체로 기질적 기억장애는 기억상실의 범위가 광범위하다는 특징을 보인다.

Part 2 ▶ 기초심리상담

01 다음 내담자 진술에 대한 적절한 상담자의 반응을 제시된 개입기술에 따라 적으시오.

> • 내담자 : "저는 지난 밤에 너무도 이상한 꿈을 꾸었어요. 아버지와 함께 숲으로 사냥을 갔는데 온통 사냥감에 주의를 쏟느라 어느덧 숲의 깊숙한 곳까지 다다르게 되었어요. 그런데 바위 뒤 쪽에서 커다란 물체가 갑자기 튀어나오는 거예요. 저는 순간적으로 사슴인 줄 알고 방아쇠를 힘껏 당겼지요. 어렴풋이 그 물체가 쓰러진 것처럼 보였고, 저는 두근거리는 가슴을 부여잡고 는 물체를 확인하기 위해 서서히 다가갔어요. 그런데 가까이 가서 보니 그 물체는 사슴이 아닌 아버지였어요. 아버지가 숨을 쉬지 않은 채 죽어 있더라고요. 이 꿈이 어제 본 사냥 관련 영화 탓인지 모르겠지만, 너무도 황당하고 두려운 나머지 잠에서 깨어났어요. 잠에서 깨어난 후에도 등에서 식은 땀이 줄줄 흐르더군요."
> • 상담자 : _____.

(1) 명료화

....

....

【모범답안】

"황당하고 두려웠다는 것은 구체적으로 어떤 죄책감이 들었다는 의미인가요?"

| 해설 |
명료화(Clarification) : 내담자의 말 속에 포함되어 있는 불분명한 내용에 대해 상담자가 그 의미를 분명하게 밝히는 것 이다.

(2) 직면

....

....

....

【모범답안】

"평소에 아버지를 미워했나요?"

| 해설 |
직면(Confrontation) : 내담자의 자기 이해를 돕기 위해 상담자의 눈에 비친 내담자의 행동 특성 또는 사고방식의 스타 일을 지적하는 것이다.

02 다음 사례를 읽고 B군의 행동을 윤리적으로 판단하여 타당한지의 여부를 적고, 그 이유도 제시하시오.

> 임상심리학을 전공하는 대학원생 B군은 자신이 개발한 새로운 치료기법을 상담에 적용하고 싶었다. 마침 평소에 자신이 호감을 느끼던 한 여학생이 상담센터에 상담신청을 하자, 자신이 그 여학생의 상담을 맡겠다고 하였다.

(1) 윤리적 타당성 여부

모범답안

B군의 행동은 윤리적으로 타당하다고 볼 수 없다.

(2) 이유

모범답안

상담자는 상담자 역할의 효과적인 수행에 방해가 되지 않게 하기 위해 특별한 경우를 제외하고는 상담자 – 내담자 관계 이외에 내담자와 추가적인 다른 관계를 가지지 않도록 이중관계를 지양해야 하는 윤리적인 의무를 가진다. 상담자 – 내담자 간의 힘의 불균형이 있을 수밖에 없기 때문에 B군은 이러한 유리한 지위를 본인의 사적인 이익을 위해 쓸 가능성이 높다. 특히 상담자는 상담회기 내에 내담자와 사적 관계를 갖지 말아야 하는데 B군은 오히려 평소 호감이 있던 여학생을 만나는 기회로 상담을 이용하려는 의도가 있기 때문에 내담자의 이익이 우선이 되어야 하는 상담에서 내담자에게 좋지 않은 영향을 줄 수 있다.

03 다음은 상담 초기에 흔히 볼 수 있는, 상담자와 내담자 간 이뤄질 수 있는 대화이다. 다음 내용을 읽고 질문에 대한 답을 쓰시오.

> • 내담자 : 선생님, 솔직하게 말씀드리면 상담에 대한 확신이 생기지 않아요. 상담을 받고 나면 과연 좋아질까요?
> • 상담자 : 그렇게 말씀해주시니 다행입니다. 솔직하게 자신의 감정을 말한다는 것 자체가 쉽지 않은 일이거든요.
> • 내담자 : 오해는 하지 말아주세요. 제가 선생님을 믿지 못해서가 아니라…. 단지 상담을 받아도 좋아지지 않으면 어떻게 해야 할지 불안해져서요.
> • 상담자 : _____.

내담자는 상담의 효과에 대해 의문을 품으며 불안을 보이고 있다. 이러한 경우 상담자는 어떻게 반응해야 하는지, 그러한 반응의 근거는 무엇인지 서술하시오.

....
....
....
....
....
....
....
....
....

모범답안

① **상담자의 반응** : "상담을 처음 받는 상황이니 얼마나 긴장되고 걱정되시겠어요. 상담을 받고도 문제가 해결되지 않을까봐 불안함을 느끼는 것 같군요. 그 마음이 충분히 이해가 갑니다. 누구라도 처음 겪는 상황에서는 불편함과 불안을 느끼기 쉽지요. 하지만 분명한 것은 우리가 지금 하고자 하는 작업의 목표가 ○○님의 문제 해결이라는 것입니다. 희망을 갖고 함께 해결점을 찾아보도록 합시다."

② **반응의 근거** : 막연한 불안감을 느끼는 내담자의 현 상황을 충분하게 공감하며 이러한 감정이 상담 초기에 가질 수 있는 정상적인 감정임을 인지시키고 격려한다. 더불어 상담에 대한 동기를 지니도록 촉진한다.

04 다음 내용은 슈퍼비전이 지니는 기능에 대한 설명이다. 어떤 기능인지 적으시오.

(1) 업무에 필요한 지식 및 기술을 제공하는 기능

....

....

....

....

(2) 업무를 수행하는 데 있어 심리적 만족감을 제공하는 기능

....

....

....

....

....

모범답안

(1) 교육적 기능, (2) 지지적 기능

| 해설 |

Kadushin이 제시한 supervision(슈퍼비전)의 기능

① 교육적 기능(education supervision) : 상담자(슈퍼바이지)-내담자 관계의 상세한 분석을 통해 상담업무에 필요한 지식과 기술을 제공함으로써 상담자의 기술, 이해, 지식, 능력, 전문성 등을 높이는 것으로 임상적 슈퍼비전이라고도 한다.

② 행정적 기능(administrative supervision) : 상담자(슈퍼바이지)의 행정적인 성장이 목적으로 작업환경의 구조화와 업무수행에 관련한 접근법을 제공하는 슈퍼비전의 질적 통제를 제공하며 슈퍼바이저가 상담기관의 규정과 절차에 맞는 서비스를 제공하는 것이다.

③ 지지적 기능(supportive supervision) : 슈퍼바이저-상담자(슈퍼바이지)가 정서적으로 상호작용하면서 슈퍼바이저가 상담자의 개별적인 욕구에 관심을 가지는 것으로 업무 관련 스트레스와 불안에 대처할 수 있는 슈퍼바이지의 자아능력 강화를 돕는다.

05 상담에서 '생산적인 경청'을 하는 상담자가 보이는 구체적 태도를 5가지 쓰시오.

모범답안

① 비언어적 표현은 자율신경계에서 비롯되는 비자의적인 반응으로 언어적 표현보다 좀더 정확한 메시지를 전달할 가능성이 높기 때문에 상담자는 내담자의 비언어적 표현에 주목해야 한다.

② 상담자 자신의 비언어적 행동에 주목하고, 이런 행동이 내담자의 반응과 대화 흐름에 어떤 영향을 미치는지 알아차리도록 노력하며 자신의 비언어적 행동이 어떤 의도나 내적 상태와 연관되는지 지각하도록 한다.

③ 효과적인 경청을 위하여 내담자가 말로써 전달하는 메시지와 비언어적 행동을 통해 전달하는 메시지도 함께 포착하도록 노력한다.

④ 내담자의 진술에는 말의 내용과 내담자의 느낌이나 정서가 포함되므로 감정에도 함께 주목한다.

⑤ 내담자의 말을 들을 때 내담자의 진술 문제나 사태와 연관된 사실적인 정보와 더불어 그에 대한 내담자의 지각, 감정, 해석과 같은 주관적인 반응을 파악하도록 한다.

⑥ 핵심 주제는 반복적으로 나타나는 경향이 있기 때문에 내담자의 이야기를 들으며 공통적으로 나타나는 주제나 패턴을 찾도록 한다.

⑦ 자신의 가치에 따라 내담자에게 충고하지 않도록 내담자를 평가하는 태도로 듣지 않아야 한다.

06 상담 종결 시 상담자가 해야 할 일 5가지를 서술하시오.

....
....
....
....
....
....
....
....
....
....

모범답안

① **이별의 감정 다루기** : 상담은 상담자와 내담자의 특별한 만남에서 시작된 치료적 관계로, 내담자 입장에서는 상담의 종결로 인한 이별을 쉽게 수용하지 못할 수 있고, 특히 의존적 내담자의 경우 이별에 따른 분리불안이 더욱 클 수 있기 때문에, 상담자는 이별의 감정을 다루어 내담자가 자립할 수 있도록 지지해야 한다.

② **상담 성과에 대한 평가** : 상담자는 내담자가 상담 과정을 통해 얼마만큼 변화하고 성장했는지, 상담을 통해 해결하지 못한 것은 무엇인지 탐색해야 한다.

③ **문제 해결력 다지기** : 상담 성과에 도달하기 위한 과정도 검토하며, 상담 성과가 일상 생활에서도 계속 유지될 수 있도록 필요한 방안을 구체화해야 한다.

④ **재발 가능성에 대한 안내** : 종결 이후 내담자의 증상이 재발되는 경우에는 원인을 잘 살피고, 상담에서 얻은 지혜를 활용해 대처하여 스스로 문제해결 역량을 키워가도록 내담자를 준비시킨다.

⑤ **추수 상담(추후상담)에 대한 논의**
   ㉠ 상담자는 상담 종결 이후 필요하다면 언제든 다시 상담할 수 있음을 알려주어야 한다. 상담 성과를 통한 내담자 행동 변화를 지속적으로 점검하며, 내담자의 긍정적인 변화를 강화하고, 부족한 부분의 보완을 목표로 한다.
   ㉡ 추수상담은 상담 문제 해결 과정의 적합성을 판단할 수 있다는 면에서 상담자 입장에게도 의미 있는 작업이다.

Part 3 **심리치료**

01 '오염에 대한 걱정 때문에 반복적으로 손 씻기를 하는 환자'의 경우 가능한 장애 진단명,
치료기법과 효과적인 치료과정 4단계를 기술하시오.

....
....
....
....
....
....
....
....
....
....
....

모범답안

① **진단명** : 강박장애
② **치료기법** : 노출 및 반응방지법
③ **효과적인 치료과정 4단계**
　⊙ **1단계** : 강박증상을 보이는 내담자가 특히 불안을 느끼거나 두려워하는 특정 자극을 상상
　　하도록 노출시킨다. **예** 더러운 세균이 손에 묻었다는 생각
　ⓛ **2단계** : 이러한 생각에 대한 반응인 강박적 행동을 일정시간 동안 하지 못하도록 제지한다.
　ⓒ **3단계** : 1, 2 단계를 하는 동안 불안수준이 높아지지만 강박행동을 하지 않아도 자신이
　　두려워하는 결과가 초래되지 않는다는 사실을 학습하면 점차 불안이 완화된다.
　ⓔ **4단계** : 점진적으로 불안이 감소되어 자극상황에 노출되었을 때도 불안을 느끼지 않게 되
　　고, 결과적으로 강박행동도 하지 않게 된다(습관화 및 소거).

| 해설 |
노출 및 반응방지법의 원리는 두려움과 거부감의 대상이 되는 자극에 체계적이고 반복적으로 노출시켜 내담자는 자신
의 강박적 사고가 근거 없는 것임을 깨닫고, 강박적 행동에 의한 중화 또한 불필요하다는 사실을 깨닫도록 하는 것이다.

02 Prochaska(프로차스카)가 제시한 내담자의 행동변화계획 6단계를 적으시오.

....

....

....

....

....

....

....

....

....

....

모범답안

① 1단계 – 인식전단계(Precontemplation) : 내담자가 아직 변화에 대해 생각하지 않는 단계로 변화하고자 하는 마음이 없고 시도도 할 수 없다.

② 2단계 – 인식단계(Contemplation) : 내담자는 변화의 가능성을 생각하기는 하지만 변화에서 오는 이익과 비용에 대한 생각으로 양가감정을 느끼며 변화에 대한 확신이 없다.

③ 3단계 – 준비단계(Preparation) : 내담자는 가까운 미래에 변화하려는 마음을 먹고 변화에 대한 계획을 세우는 시기로 이 단계에서 실행 가능한 목표를 세우는 것이 중요하다.

④ 4단계 – 행동실천단계(Action) : 내담자가 적극적으로 변화하는 단계로 개인적인 노력과 시간을 많이 들여야 하는 시기이고 아직 행동변화가 일정하게 지속되지는 않는다.

⑤ 5단계 – 유지단계(Maintenance) : 내담자의 행동변화가 6개월 이상 지속된 단계로 변화를 유지하기 위해 주변의 지원이 필요한 단계이다. 변화 이전의 단계로 돌아가지 않기 위해 계속 노력하는 단계이지만 이전 단계보다는 변화유지에 대한 자신감이 있어 돌아갈 확률이 적다.

⑥ 6단계 – 종료단계(Termination)/재발(Relapse) : 종료단계에서 내담자는 더 이상 변화 이전의 단계로 돌아가려는 유혹에 빠지지 않고 변화유지에 대해 완전하게 자기효능감을 갖게 된다. 또는 내담자는 변화 이전으로 되돌아가는 재발을 경험할 수 있는데 이 단계에서 내담자는 결과에 대처하며 앞으로 어떻게 해야 할지 결정한다.

| 해설 |

Prochaska(프로차스카)는 행동 변화에 대한 초이론적 모델(Transtheoretical Model, TTM)을 제안한 학자로서 이미 행동변화를 이룬 사람들의 행동 패턴을 조사하며 행동변화가 달성된 목표가 아니라 수년 혹은 수개월 동안 지속되는 과정임을 발견하였다. Prochaska(프로차스카)는 사람들이 변화 과정에서 변화를 유지하지 못하고 이전 단계로 돌아가기도 하지만 변화과정을 지속하면 결국에는 변화 이전의 부정적 행동에서 벗어나 새로운 행동습관을 갖는다고 제안한다.

03 자기점검은 Beck의 인지치료에서 제안하는 핵심과제로서 5개의 칼럼으로 구성된 사고 기록지를 통해 가능하다. Beck과 그의 동료들이 제안한 사고기록지 5개의 칼럼 내용을 적으시오.

모범답안

① **상황(Situation)** : 불쾌한 감정을 유발한 실제 사건, 생각의 흐름, 기억의 내용을 기술한다.
② **감정(Emotion(s))** : 앞선 상황에서 발생한 감정의 유형(슬픔, 불안, 분노 등) 및 그 감정의 강도를 기술한다.
③ **자동적 사고(Automatic Thought(s))** : 감정과 연관된 자동적 사고 및 그 사고의 확신 정도를 기술한다.
④ **합리적 반응(Rational Response)** : 자동적 사고에 대한 합리적 반응 및 그 반응의 확신 정도를 기술한다.
⑤ **결과(Outcome)** : 현 상황에서 자동적 사고의 확신 정도와 결과적 감정 강도를 기술한다.

Part 4 > 자문 · 교육 · 심리재활

01 만성 정신과 질환을 지닌 환자의 치료와 재활을 위한 가족의 태도 중에서 긍정적 태도와 부정적 태도를 각각 3가지씩 적으시오.

모범답안

① 긍정적 태도
  ㉠ 애정과 관심을 표명하여 심리적 안정을 취하도록 돕는다.
  ㉡ 환자에 대한 충분한 이해(환자의 증상이 문제이지 환자 자신이 문제가 아니라는 것이나 병전의 기능을 그대로 회복할 수는 없다는 등의)와 긍정적인 의사소통으로 문제 상황에 대처한다.
  ㉢ 환자의 기능 및 자원을 개발할 수 있는 적절하고 건강한 환경을 유지한다.
  ㉣ 사소한 것이라도 환자가 성취해냈을 때 충분히 격려하고 칭찬하여 자긍심을 갖도록 유도한다.
  ㉤ 규칙적이고 올바른 약물 복용을 돕는다.
② 부정적 태도
  ㉠ 환자를 혼자 내버려두고 방치한다.
  ㉡ 환자를 물리적 압력으로 통제하고 대한다.
  ㉢ 환자가 잘못했을 때도 무조건 감싼다.
  ㉣ 환자의 존재 가치를 인정하지 않는다.
  ㉤ 환자에게 언어적 폭력을 가한다.

02 재활치료 중인 정신과 환자의 교육 방법 중에서 2가지를 쓰고 서술하시오.

....
....
....
....
....
....
....
....
....
....
....
....
....
....

모범답안

① **사회기술 훈련** : 만성 정신질환자의 특정 사회기술상 결함과 역기능적인 대인관계를 알아내고 이를 수정하고 보완하는 훈련으로 사회기술 훈련 대상에는 조현병, 우울장애, 불안장애, 비행, ADHD, 자폐스펙트럼 장애환자도 포함될 수 있으며 다른 사람을 만나서 악수를 하고, 식당에서 주문을 하는 것까지 많은 기술이 포함된다.
② **환자 교육** : 환자에게 자신의 병을 극복해 나가는 데 필요한 내용을 교육한다.
③ **가족의 교육과 치료** : 환자 가족을 대상으로 정신병의 진단, 경과, 증상 대처 요령, 예후 등을 교육하고 가족 내 존재할 수 있는 긴장·스트레스, 비정상적인 의사소통 과정 등을 치료한다.
④ **직업 재활** : 환자가 사회적 역할을 할 수 있도록 직업재활을 통해 사회접촉을 늘리고, 자기실현을 할 수 있게 돕는다.

Part 1 ▶ 기초심리평가

01 웩슬러가 말한 지능의 정의를 설명하고, 유동성 지능과 결정성 지능의 특징 2가지를 적으시오.

....

....

....

....

....

....

....

....

....

....

....

모범답안

① Wechsler의 지능관 : 지능이란 합리적인 사고, 합목적적인 행동과 능률적으로 환경을 처리하는 능력으로 성격의 다른 부분과 분리될 수 없으며 인지적/정서적/정의적 측면을 포괄하는 전체적이고 총합적인 능력이다.

② 유동성 지능 : 14세경까지 지속적으로 발달하나 22세 이후 급격히 감소되는 선천적 능력(타고난 지능)으로 뇌손상, 정상적 노령화에 따라 감소되는 지적 능력을 말한다.

③ 결정성 지능 : 유동적 지능을 바탕으로 개인의 문화적, 교육적 경험에 따라 영향을 받는 지능(학습된 지능)으로 40세 또는 환경적 영향에 따라서는 그 이후까지 발전될 수 있는 지적 능력을 말한다.

02 현병력을 기술할 때 포함되어야 할 정보 5가지를 적으시오.

....

....

....

모범답안

① 현재의 증상 출현과 발달
② 병전 성격
③ 문제의 진술 혹은 의뢰 사유
④ 현재의 생활 조건(환자의 가족, 주거 조건, 현재 직장/작업 조건, 경제적 문제)
⑤ 특수한 긴장과 스트레스 요인 및 사건

03 투사검사의 장점과 단점을 각각 3가지씩 적으시오.

....

....

....

....

....

....

모범답안

① 장점
  ㉠ 독특하고 다양한 반응의 도출이 가능하다.
  ㉡ 객관적 검사에 비해 수검자가 심리적으로 방어하기 어렵다.
  ㉢ 평소에는 의식하지 못했던 사고나 감정의 자극으로 인해 수검자의 전의식적·무의식적 심리적 특성이 반영될 수 있다.
② 단점
  ㉠ 검사의 신뢰도가 부족할 수 있다.
  ㉡ 검사의 타당도가 문제될 수 있다.
  ㉢ 검사자의 인종, 성, 태도, 검사자에 대한 수검자의 선입견 등 반응에 대한 상황적 요인에 영향받을 수 있다.

04 MMPI 검사에서 과장된 보고를 할 때 상승하는 척도 3개를 적고 간략하게 설명하시오.

....

....

....

....

....

....

모범답안

① **F척도** : 수검자가 대부분의 정상적인 사람들과 다르게 반응하는 것을 측정하며, 점수가 높은 경우 문제영역이 많고 그 정도가 심각한 것으로 볼 수 있다. F척도의 상승은 심각한 정신병리를 반영하기도 하지만 지나치게 높이 상승한 경우는 증상의 과장을 반영한다.
② **F(P) 척도** : 일반인은 물론 정신과 환자들에게서도 거의 채점되지 않는 문항으로 구성되어 있으며 자신의 심리적 상태를 부정적으로 보이고자 할 때 상승한다. 흔히 F(P)척도의 상승은 병역문제나 법적문제 같은 이차 이득과 관련된다.
③ **FBS 척도** : Lees-Haley, English, Glenn(1991)이 상해소송, 신체적 장애 신청을 목적으로 한 꾀병을 탐지하기 위해 개발한 척도로 증상을 과장하고자 할 때 상승한다.

05 내담자 면접 시 행동을 평가하는 방법을 적고 간략하게 설명하시오.

....

....

....

모범답안

① **자연관찰법** : 비참여 관찰자가 미리 선정된 관찰 대상의 행동을 자연스러운 환경에서 체계적으로 관찰하고 기록하는 방법이다. **예** 병동 내 관찰, 가정 내 관찰, 학교 내 관찰 등
② **유사관찰법** : 관찰의 효율성을 높이기 위해 제한이 가해진 체계적 환경에서 관찰하는 방법이다. **예** 면담실 관찰, 놀이실의 놀이상황 평가 등
③ **자기관찰법(Self-monitoring, 자기-감찰법)** : 관찰자가 자기자신의 행동을 스스로 관찰하고 기록하는 방법이다. **예** 흡연, 음주, 음식 섭취, 두통 등을 스스로 기록
④ **참여관찰법** : 자연스러운 환경 내에 참여하고 있는 관찰자가 관찰대상의 행동을 관찰하는 방법이다. **예** 부모의 아동 관찰, 교사의 학생 관찰 등

06 내담자의 병전지능을 추정할 때 사용되는 Wechsler 지능검사의 소검사 3개와 그 이유를 간략하게 적으시오.

모범답안

① 소검사 : 상식, 어휘, 토막짜기
② 이유 : 상식, 어휘, 토막짜기는 뇌손상에 비교적 둔감하며 점수가 안정적이기 때문이다.

07 MMPI의 긍정왜곡과 부정왜곡이 나타날 때 특징을 설명하시오.

모범답안

① **긍정왜곡** : 자신의 심리적 어려움을 축소하거나 숨기고 긍정적으로 보이고자 시도할 때 나타나며 취업, 인사 선발, 자녀양육권 평가 등에서 자신의 증상을 축소하는 경향을 보인다. 주로 L척도, K척도, S척도가 상승한다.
② **부정왜곡** : 자신의 심리적 어려움을 과장하고 실제보다 더 부적응적으로 보이고자 할 때 나타나며 ⊙ 도움이 절실하게 필요할 때, ⓒ 심각한 심리적 문제가 있는 것으로 보고하여 자신의 행동에 대한 책임을 회피하려 할 때(예 정신이상을 진단받아 징역형을 면하거나 줄임), ⓒ 경제적 이익을 얻으려 할 때(예 정신적 피해에 대한 상해 보상금을 수령함) 증상을 과장한다. 주로 F척도, F(P)척도, FBS척도가 상승한다.

08 임상면접의 서면보고서를 작성할 때 포함되어야 할 내용 5가지를 적으시오.

모범답안

① **개인적 자료** : 성별, 연령, 생년월일, 결혼 여부, 취업 여부, 주소, 연락처, 면담 날짜
② **의뢰 사유와 주호소 문제** : 현시점에서 도움을 받고싶은 이유와 당면한 문제의 진술
③ **행동관찰** : 일반적·특징적 외양, 언어적·비언어적 의사소통 방식, 면담태도(협조적 – 비협조적(저항적, 방어적, 피상적), 면담할 때의 정서적 반응과 융통성
④ **현재의 생활조건** : 내담자가 당면한 문제나 적응과 관련된 현재의 생활조건
　　에 환자의 직계가족, 주거조건, 현재의 직장조건, 경제적 문제, 특수한 긴장이나 스트레스 유발사건 등
⑤ **개인의 발달사적 과거력** : 내담자의 인격 형성과 발달에 영향을 미친 과거 사건들, 주요 행동양식
　　에 출생과 초기 발달, 초기 아동기의 신체적 건강, 가족관계, 교육력, 직업력, 성적 적응과 결혼, 현재 증상의 출현과 발달
⑥ **가족 배경** : 조부모, 부모, 형제 등 의미 있는 관계를 가졌던 친척들에 대한 정보
⑦ **심리검사 결과** : 실시한 각종 심리검사 결과를 종합한 내용으로 내담자의 인지적, 정서적, 대인 관계적, 적응적 특징을 포함
⑧ **의학적 결과** : 의학적인 검사의 전반적인 결과
⑨ **요약과 평가** : 수집된 내용으로 임상적 진단, 당면한 문제의 본질, 내담자의 현재·과거 적응방식과 자아강도 및 취약성, 문제의 심각성과 예후를 요약하고 평가
⑩ **전문가적 견해** : 내담자를 위한 적절한 치료 개입과 치료에 영향을 미치는 주요소 언급
※ 임상면접은 내담자에게는 전체적인 평가 과정을 안내하는 전반적 틀을 제공하며, 평가자에게는 내담자를 이해하는 가치 있는 자료와 인상을 제공한다.

Part 2 **기초심리상담**

01 Yalom(얄롬)이 제안한 집단의 치료 요인을 5가지 적으시오.

모범답안

① **희망적 고취** : 집단은 집단 구성원에게 문제가 개선될 수 있다는 희망을 심어주는데, 이때 희망 자체가 치료적 효과를 가질 수 있다.
② **보편성** : 참여자 자신만 심각한 문제, 생각, 충동을 가진 것이 아니라 다른 사람도 자기와 비슷한 갈등과 생활경험, 문제를 가지고 있다는 것을 알고 위로를 얻는다.
③ **정보 전달** : 집단 구성원은 집단 상담자에게서 다양한 정보를 습득함으로써 자신의 문제에 대해 보다 명확하게 이해하며, 동료 참여자에게서 직·간접적인 제안, 지도, 충고 등을 얻는다.
④ **사회기술의 발달** : 집단 구성원으로부터의 피드백이나 특정 사회기술에 대한 학습을 통해 대인관계에 필요한 사회 기술을 개발한다.
⑤ **대인관계 학습** : 집단 구성원과의 상호작용을 통해 자신의 대인관계에 대한 통찰과 자신이 원하는 관계형성에 대한 아이디어를 가질 수 있으며, 대인관계 형성의 새로운 방식을 시험해 볼 수 있는 장이 된다.
⑥ **이타주의** : 집단원들은 서로 비슷한 문제를 공유하며 서로에게 지지, 위로, 조언 등을 하게 되는데 이 과정에서 자신이 다른 집단원에게 도움이 되고 중요하다는 경험은 자존감을 높여준다.

02 아동 · 청소년 대상의 상담에서는 발달에 대한 고려가 이루어져야 한다. 피아제(Piaget)의 인지발달 이론을 바탕으로 한 인지발달 단계에서 전조작기, 구체적 조작기, 형식적 조작기에 해당하는 아동 · 청소년을 위한 상담의 특성 및 주의 사항을 발달 단계별로 적으시오.

....

....

....

....

....

....

....

모범답안

① 전조작기(Pre-operational Stage, 2~7세)
  ㉠ 이 시기의 아동은 아직 논리적인 사고를 하는 데 어려움이 있으며, 상상(상징)을 통해 보이지 않는 대상을 표현하려는 경향이 있다. 또한 자기중심적인 사고로 인해 또래 아이들과 협동놀이를 하는 데 어려움이 있다.
  ㉡ 상담자는 듣기와 말하기만으로 상담을 이끌어 가는 데 어려움이 있음을 염두에 두고, 오감을 활용한 놀이법을 활용하거나, 상징놀이를 통해 자신을 표현할 수 있도록 놀잇감을 제공하는 등 다양한 기법을 활용할 필요가 있다.
② 구체적 조작기(Concrete Operational Stage, 7~12세)
  ㉠ 이 시기의 아동은 구체적이고 현실적 사고를 하고, 학교에서의 또래 관계를 통해 자신과 타인의 관점 차이를 깨닫게 된다. 그러나 이와 같은 과정에서 오히려 복잡한 정서를 경험하게 되며, 학교에서의 수행이나 또래 관계에서의 수용에 대한 불안감을 갖게 된다.
  ㉡ 상담자는 아동이 가설 · 연역적 사고가 불가능하므로 여러 가지 가능성을 고려하기 어렵다는 사실을 염두에 두고, 역할 연기, 독서 치료, 미술 활동 등을 통한 다양한 체험이 이루어지도록 할 필요가 있다. 또한 학교 수행, 또래 승인 등과 관련된 심리적 불안과 함께 가정의 특수한 상황에 따른 부적응적 감정을 적절히 다뤄야 할 필요가 있다.
③ 형식적 조작기(Formal Operational Stage, 12세 이상)
  ㉠ 이 시기의 청소년은 자신의 능력과 타인의 능력을 비교할 수 있으며, 자의식이 강해지면서 어른에 의지하기보다 또래의 기준과 기대에 동조하려는 경향이 있다. 그러나 신체적 성숙과 실제 성숙도 간에 차이가 있으며, 특히 감정의 기복이 심하여 극도의 침울한 상태와 흥분된 상태를 자주 경험하기도 한다.
  ㉡ 상담자는 청소년의 진정한 감정이 표면적 행동으로 위장되어 있음을 염두에 두어 그의 행동을 의도적인 것으로 간주한 채 과잉 반응하지 않도록 주의한다. 또한 청소년이 자신의 감정을 적절히 다루지 못하여 심각한 문제를 야기할 수 있으므로, 청소년기의 정서적 취약성을 이해하고, 세심하고 민감하게 반응할 필요가 있다.

Part 3 **심리치료**

01 행동치료기법 중 용암법과 조형법을 각각 간략하게 설명하시오.

··

··

··

모범답안

① **용암법(fading)** : 목표행동을 이끌어내기 위해 행동치료 초반에는 언어적 지시, 설명, 힌트 등의 촉진자극을 충분하게 제공하고 단계적으로 점차 촉진자극을 줄인 후 마침내 아무런 도움도 없이 목표행동을 할 수 있도록 하는 치료기법이다.

② **조형법(shaping)** : 목표행동에 도달하기 위해 목표행동을 여러 단계로 나누고 가장 쉬운 단계부터 시작하여 성공하면 다음 단계를 실행하고 최종적인 단계까지 실행하여 목표행동을 할 수 있도록 강화물을 이용해 점진적으로 이끌어가는 치료기법을 말한다. 점진적 과제부여법이 대표적인 조형법이다.

02 정신분석학적 관점의 전이와 역전이를 각각 설명하시오.

··

··

··

··

모범답안

① **전이** : 인생 초기의 의미 있는 대상과의 관계에서 발생했으나, 억압되어 무의식에 묻어두었던 감정, 신념, 욕망을 자기도 모르게 상담자에게 표현하게 되는 현상을 뜻한다. 이는 내담자가 상담자에게 부여하는 모든 투사의 총합이라고 할 수 있다. 하지만 상담자에 대한 내담자의 감정과 태도가 모두 전이는 아니다. 즉, 내담자의 반응행동이 현재 상황에 비추어 보아 실제적인 이유가 있는 행동이라면 전이가 아니다.

② **역전** : 내담자에 대한 상담자의 개인적, 정서적 반응이자 투사를 말하는 것으로 상담자가 내담자를 마치 자신의 내적 대상이라도 되는 것처럼 착각하는 것이다. 전이란 정신분석적 상담과정에서 꼭 필요한 과정이지만 역전이는 교육분석을 통해 지속적으로 점검해야 한다.

03 사례를 읽고 합리적 정서치료(REBT)의 ABCDE모델을 활용하여 문대리에 대한 치료계획을 세우시오.

> 문대리는 업무능력이 뛰어나고 다른 동료들에 비해 승진도 빨랐다. 그러던 어느 날 문대리는 사소한 실수를 저지르게 되었다. 문대리의 상사와 동료들은 모두 수습할 수 있는 사소한 실수이기 때문에 괜찮다고 하였으나 정작 문대리 본인만은 자신이 실수를 저질렀다는 사실을 받아들이기 어려웠다. 문대리는 "한 가지라도 실수를 저지른다면, 나의 회사생활은 끝이다."라고 생각하고 있었던 것이다. 문대리는 극심한 좌절감과 수치감을 느꼈으며, 스스로 자신의 회사생활은 끝이라고 생각하고 이직(사직)을 고려하고 있다.

① A(Activating event, 선행사건) : 문대리에게 정서적 혼란을 일으켰던 '사소한 실수'이다.

② B(Belief, 믿음) : '한 가지라도 실수를 저지른다면, 나의 회사생활은 끝이다.'라는 문대리의 비합리적 믿음(생각)이다.

③ C(Consequenc, 결과) : 비합리적 믿음으로 인해 나타나는 결과로써 사소한 실수로 인해 문대리가 극심한 좌절감과 수치감을 느끼며 이직(사직)을 생각하는 것이다.

④ D(Dispute, 논박) : 상담자가 내담자의 비합리적 신념이나 사고가 사리에 맞는 것인지 검토해 보도록 촉구하며 논박하는 과정을 말한다. 이 과정에서 가능한 질문은 "사람이라면 누구나 실수를 저지르기 마련인데 실수를 하나도 저지르지 않는다는 것이 가능한 일인가?", "단 한 번의 실수로 회사를 사직한다는 것이 타당한 일인가?"이다.

⑤ E(Effect, 효과) : 논박으로 인해 나타나는 효과로써 내담자는 상담자의 논박으로 인해 비합리적 신념을 합리적 신념으로 대체하게 된다. 합리적 신념의 예로는 "사람이라면 누구나 실수를 저지르게 마련이고, 나도 항상 완벽할 수만은 없다.", "다음에는 같은 실수를 저지르지 않도록 예방책을 마련하면 된다."가 있다.

| 해설 |

ABCDE모델

㉠ A(Activating event, 선행사건) : 개인에게 정서적 혼란을 불러일으키는 어떤 사건이나 행위를 말한다.

㉡ B(Belief, 믿음) : 어떤 사건이나 행위 등과 같은 환경적 자극에 개인이 갖는 태도 또는 사고방식을 말하며 합리적인 신념과 과장적, 절대적 특성으로 인해 정서적 혼란의 원인이 되는 비합리적 신념이 있다. 엘리스의 합리정서 행동치료는 비합리적 신념을 논박을 통해 합리적 신념으로 바꾸도록 한다.

㉢ C(Consequence, 결과) : 선행사건에 접했을 때 비합리적 태도나 사고방식으로 그 사건을 해석함으로써 느끼게 되는 정서적 결과를 말한다.

㉣ D(Disput, 논박) : 내담자의 비합리적인 신념·사고에 대해 도전하고 그 신념이 사리에 맞는 것인지 다시 한 번 검토해 보도록 상담자가 촉구한다. 비합리적 신념의 탐지를 통해 내담자는 자신의 절대적 신념과 자기 비하적 신념 등을 확인하고 논리적으로 질문하는 방법과 스스로 논쟁하는 방법, 비합리적 신념에 도전하는 방법으로 역기능적 신념을 논박한다.

㉤ E(Effect, 효과) : 논박으로 인해 나타나는 효과로 내담자가 가진 비합리적인 신념을 철저하게 논박하여 합리적인 신념으로 대체하게 된다.

㉥ F(Feeling, 새로운 감정 및 치료) : 비합리적 신념을 규명하고 논박하기 위한 도구를 찾는 기술을 학습하는 것으로, 비합리적이고 비효과적 사고방식을 합리적이고 효과적인 인지로 대체하여 비합리적 신념의 결과로 야기되었던 부정적 정서반응이 변화하도록 한다.

→ 위의 사례를 대입하자면 '실수를 저지른 것이 후회스럽지는 하지만 우울하거나 불안하지는 않다'는 것이 효과로 인한 새로운 감정의 예가 될 수 있다.

04 Becvar는 가족을 구성원 개개인으로 보는 것이 아니라 하나의 유기체로 간주한다. 이러한 Becvar가 제안하는 가족치료의 기본적인 전제 3가지를 적으시오.

....

....

....

....

....

....

....

모범답안

의사소통의 기본전제(원칙) (Becvar & Becvar, 2018, pp.15-16)

① **사람은 행동하지 않을 수 없다** : 아무 행동도 하지 않는다고 해도 이는 어떤 의미가 있다는 뜻이다. 아무 행동도 하지 않는 사람은 그러한 행동을 통해 자신의 메시지를 주변 사람에게 전달한다.

② **사람은 의사소통하지 않을 수 없다** : 언어적 메시지뿐 아니라 비언어적 메시지를 통해서도 의사소통을 할 수 있다. 침묵하는 사람은 침묵을 통해 자신의 메시지를 주변 사람에게 전달한다.

③ **주어진 행동의 의미는 그 행동의 진정한 의미가 아니다. 그러나 그 행동에 어떤 특별한 의미를 부여했던 사람에게 그 행동은 개인적인 진실이다** : 어떤 행동이나 메시지가 해석되는 방식은 다양하며 어떤 해석이 다른 해석보다 더 정확하다고 단정하기 어렵다. 메시지에 대한 해석은 의사소통 당사자들의 관계와 그들이 처해있는 상황에 따라 달라질 수 있다.

| **해설** |

일반체계이론

① 1937년 생물학자인 Bertalanffy(베르탈란피)가 일반체계이론 개념을 최초로 제안하고 이후 Science(사이언스)지에 논문을 발표한 것을 계기로 체계론적 사고가 서구에서 중요한 과학적 운동으로 수립되었다. 일반체계이론이란 체계가 외부환경과 지속적으로 상호작용하면서 외부환경에서 오는 입력과 이에 대한 산출을 통해 자신을 유지해나간다는 생물학적 모델이다.

② 가족치료의 초기모델들은 어떤 현상을 전체적인 맥락 속에서 이해하며 모든 현상을 상호연관성과 상호의존성에서 파악하는 체계론적 사고에 뿌리를 두고 발달하였다.

③ 체계론적 관점에서 인간은 체계 안에서 작용하는 존재로서 개인이 나타내는 부적응적 행동과 심리적 장애는 역기능적 가족체계가 유지되도록 하는 병리적인 가족체계와 체계의 피드백 기제의 결과이다.

05 체계적 둔감법의 원리와 시행순서를 간략하게 설명하시오.

모범답안

① 체계적 둔감법의 원리

조건형성된 부적응적 반응을 새로운 조건형성을 통해 해체하는 치료방법으로 동시에 존재하기 어려운 두 반응의 상호억제를 이용한다.

② 시행 순서

㉠ 1단계(근육긴장이완훈련) : 특정 근육을 긴장시킨 다음 이완하는 훈련을 반복하여 근육 이완을 익숙하게 한다.

㉡ 2단계(불안위계표 작성) : 공포와 관계되는 점진적으로 불안을 유발하는 일련의 장면들을 작성하도록 지시하며 전형적으로 불안 하위, 불안 중위, 불안 상위의 10~15개 항목을 채택하게 된다.

㉢ 3단계(역조건 형성단계) : 환자에게 위계상 가장 낮은 수준의 장면을 완전히 이완된 상태에서 분명히 상상하도록 지시한다. 이 단계에서도 약간의 불안을 유발하기 때문에 첫 접촉은 아주 짧아야 하고 불안을 느낀다면 즉시 이완상태도 되돌아가도록 한다. 이후 상상하는 장면의 지속시간은 역조건 형성이 진행됨에 따라 서서히 증가될 수 있으며 완전히 이완된 상태로 상상할 수 있다면 불안위계표의 상위항목으로 옮겨가며 진행한다.

06 로저스(Rorgers)가 강조한 상담자(치료자)의 자세 3가지를 적으시오.

모범답안

① 일치성, 진실성
   ㉠ 내담자를 대하면서 드는 생각이나 느낌에 솔직하고 충실하여 그대로 느끼고 경험하는 것과 내담자와의 관계에서 느껴지는 것을 그대로 표현하는 것이다.
   ㉡ 일치성, 진실성은 상담자의 인격적 성숙을 전제로 하며, 자기와 경험 간의 불일치를 줄여가는 밑거름이 된다.
② 무조건적 긍정적 존중과 수용
   ㉠ 아무런 전제나 조건 없이 내담자를 한 인간으로서 긍정적 존재로 대하는 것을 의미한다.
   ㉡ 내담자를 한 인격체로서 깊게 돌보는 것을 말하고, 내담자의 감정, 행위, 생각의 좋고 나쁨의 평가와 판단에 영향을 받지 않으며 내담자에 대한 돌봄은 비소유적이다.
③ 정확한 공감적 이해
   ㉠ 내담자의 경험과 감정을 민감하고 정확하게 이해하는 것으로 공감적 이해의 목적은 내담자가 자신에게 더욱 밀접하게 다가가 더 깊고 강렬한 감정을 경험하게 함으로써 내담자 내부에 존재하는 불일치성을 인식하여 해결하도록 격려하는 것이다.
   ㉡ 이 단계에서 내담자는 명백한 감정의 인식을 넘어 경험 속에서 미처 느끼지 못했던 감정까지도 인지할 수 있고, 부분적으로 인식했던 감정의 자각이 확산되어 간다.
   ㉢ 치료자는 내담자가 자신의 정체감 분리 없이 현재 보고 느끼는 주관적 세계를 파악할 때 내담자의 건설적 변화가 일어난다고 믿는다.

07 노출 및 반응 방지법(ERP)의 원리 및 시행순서를 적으시오.

모범답안

① 원리 : 습관화 및 소거
 ㉠ 두려움과 거부감의 대상이 되는 자극을 체계적이고 반복적으로 노출시킨다.
 ㉡ 이를 통해 내담자는 자신의 강박적 사고가 근거 없는 것이며 강박적 행동에 의한 중화 또한 불필요하다는 사실을 깨닫게 된다.
② 시행순서
 ㉠ 1단계 : 강박증상을 보이는 내담자가 특히 불안을 느끼거나 두려워하는 특정 자극을 상상하도록 노출시킨다. 예 더러운 세균이 손에 묻었다는 생각
 ㉡ 2단계 : 이러한 생각에 대한 반응인 강박적 행동을 일정시간 동안 하지 못하도록 제지한다.
 ㉢ 3단계 : 1, 2 단계를 하는 동안 불안수준이 높아지지만 강박행동을 하지 않아도 자신이 두려워하는 결과가 초래되지 않는다는 사실을 학습하면 점차 불안이 완화된다.
 ㉣ 4단계 : 점진적으로 불안이 감소되어 자극상황에 노출되었을 때도 불안을 느끼지 않게 되고, 결과적으로 강박행동도 하지 않게 된다.

Part 4 자문 · 교육 · 심리재활

01 정신사회재활 모형에서 병리, 손상, 장애, 핸디캡 의미와 개입 방안을 각각 설명하시오.

....

....

....

....

....

....

....

....

....

....

....

....

모범답안

① 병리(Pathology) : 중추신경계의 생물학적인 비정상적 상태를 말하며 실험실 검사나 방사선 검사로 평가하게 된다.

② 손상(Impairment)
  ㉠ 생리적 · 해부학적 구조나 기능의 상실이나 이상(시력 또는 청력의 상실, 사지 운동의 감소, 근력 상실 등) 또는 심리적 기능의 상실이나 이상(기억력 감소, 사고장애, 환각, 불안, 우울, 무쾌감증 등)이 생긴 상태를 의미한다.
  ㉡ 손상은 사회적 역할수행의 저하와 무능력의 원인으로 작용한다.
  ㉢ 손상에 대한 개입 방안은 진단, 약물치료, 입원치료가 있다.

③ 장애(Disability, 무능력, 불능)
  ㉠ 한 사람이 사회적으로 기대되는 역할 또는 업무를 수행하는 데 제한되거나 전혀 수행하지 못하는 상태이며 사회적 위축, 자기관리 미흡, 작업능력의 저하 등이 나타나게 된다.
  ㉡ 개입 방안은 사회적 지지, 직업재활 상담, 기술 훈련, 환경 지원이 있다.

④ 핸디캡(Handicap / 불이익, Disadvantage)
  ㉠ 다른 사람과의 관계에서 경험하게 되는 불이익을 의미하며 편견, 차별 등에 의해 발생한다.
  ㉡ 개입 방안은 제도 변화(법제정), 권익 옹호, 지역사회 지지 프로그램이 있다.

02 임상심리사의 행동규약에서 말하는 유능성의 의미와 이를 위반하게 되는 이유 3가지를 적으시오.

....

....

....

....

....

....

....

....

....

....

....

....

....

....

모범답안

① **유능성의 의미** : 유능성이란 임상심리사가 자신의 강점과 약점, 자신이 가지고 있는 기술과 그것의 한계에 대해 자각하고 지속적인 교육 수련을 받으며 변화와 발전에 대한 대응 및 최신기술을 보유하도록 하는 것을 말한다.

② **유능성을 위반하게 되는 이유**
  ㉠ 임상심리사가 개인적인 심리적 문제를 가지고 있는 경우
  ㉡ 임상심리사가 너무 많은 부담으로 인해 지쳐 있는 경우(소진)
  ㉢ 임상심리사가 교만하여 더 이상 배울 필요가 없다고 생각하는 경우
  ㉣ 임상심리사가 해당되는 특정 전문교육 수련을 받지 않고도 특정 내담자군을 잘 다룰 수 있다고 여기는 경우

Part 1 기초심리평가

01 초기 면담 시에 이루어져야 하는 행동관찰 4가지를 적으시오.

....

....

....

....

....

....

....

....

....

....

....

모범답안

① 일반적이거나 특징적인 외양, 행동, 동작, 태도 및 말투
② 면담에 임하는 태도가 협조적인지 피상적인지 저항적이거나 방어적인지 판단
③ 시간과 장소, 인물에 대한 지남력
④ 정서의 적절성과 정서적 표현
⑤ 언어적이거나 비언어적인 의사소통 방식
⑥ 환각이나 착각, 이인화 등과 같은 지각장애의 유무
⑦ 사고의 흐름과 내용이 일반적인지 기이한지 판단
⑧ 기억장애 유무
⑨ 면담 시 정서적 반응과 융통성

02 Rorschach(로샤)검사에서 반응 영역의 Exner(엑스너)식 채점 시 D, Dd, S의 의미와 기준에 대해 쓰시오.

모범답안

① D : 규준집단의 95% 이상이 반응한 영역을 말한다.
② Dd : W나 D로 채점되지 않은 영역을 말한다.
③ S : 단독으로는 채점되지 않고 흰 공간을 사용하여 반응했을 때 다른 영역과 함께 채점되는 영역이다. 예 WS, DS, DdS

| 해설 |
• 반응영역 : 수검자가 카드의 어느 영역에 반응했는지를 채점하며(수검자가 반응한 영역) W, D, Dd, S로 표기한다.
• W : 수검자가 반점 전체영역에 반응했을 때 표기한다.

03 내담자의 병전 지능 추정방법 3가지를 적으시오.

모범답안

① 병전에 실시한 지능검사 자료가 있다면 활용한다.
② 뇌손상에 둔감한 것으로 알려져 있는 웩슬러 검사의 상식, 어휘, 토막짜기 소검사 점수를 이용한다.
③ 인구통계학적 변인(내담자의 성별, 나이, 인종, 학력, 직업)을 독립변수로 설정하고, 지능검사 점수를 종속변수로 설정한 회귀식으로 병전지능을 추정하는 인구통계학적 추정법을 이용한다.

04 신뢰도의 종류 3가지를 적으시오.

....

....

....

....

....

모범답안

① **검사-재검사 신뢰도** : 초기 검사를 시행하고, 일정 시간 후 동일검사를 재시행하여 각 점수 간의 상관을 비교하여 산출한다.
② **동형검사 신뢰도** : 동일 개념을 측정하지만 문항이 다른 두 가지 형태의 검사를 마련하고, 초기 검사를 시행한 다음 일정한 시간 후에 두 번째 검사를 시행하여 두 점수 간의 상관을 비교하여 산출한다.
③ **반분신뢰도** : 단일 척도(검사)를 시행한 뒤 절반으로 나누어 두 점수 간의 상관을 비교하여 산출하므로, 한 번의 시행으로 산출이 가능하다.
　예 100문항 검사를 시행한 뒤 50문항 vs 50문항으로 나누어 상관점수 비교
④ **내적합치성 신뢰도** : Cronbach's α(alpha)가 대표적인 내적합치성(내적일관성) 신뢰도이다. 각 문항의 분산을 검사문항의 총분산으로 나누어 산출하며, 한 번의 시행으로 산출이 가능하다.

| 해설 |
신뢰도는 측정이 얼마나 일관되는지를 측정한다.

05 행동평가 SORC 모델을 간략하게 설명하시오.

....

....

....

모범답안

① **S(Stimulus, 자극)** : 내담자의 문제행동이나 증상에 선행되는 조건이나 상황을 말한다.
② **O(Organism)** : 유기체 내의 생리적인 요인, 심리적 요인 모두를 포함한다.
③ **R(Response)** : 자극에 대한 내담자의 문제행동이나 반응을 말한다.
④ **C(Consequence)** : 내담자의 문제행동으로 인한 결과를 말하며 내담자의 문제행동을 강화하거나 처벌하여 반응에 영향을 미치게 된다.

06 특정공포증에서 나타나는 하위 유형을 3가지 적으시오.

모범답안

※ 일상적으로 기능하는 데 심각한 지장을 초래할 때에만 장애로 진단한다.

특정공포증의 하위유형
① **동물형** : 주로 7세 경에 시작되며 가고 싶은 많은 장소를 공포증 때문에 포기한다.
　　예 뱀공포증으로 공원이나 산에 가지 못함
② **자연환경형** : 높은 장소, 폭풍, 물 같은 자연환경과 관련한 공포로 7세 경에 주로 시작된다.
③ **혈액·주사·상해형** : 혈액, 상해, 주사 또는 날카로운 의학용 기구를 볼 때 공포감을 느끼는 경우로 다른 공포증과는 다른 패턴의 생리적 반응을 보이게 된다. 다른 공포증은 심박과 혈압이 상승하는 데 비해 혈액·주사·상해형은 초반에 심박과 혈압이 짧게 상승했다가 현저하게 저하되어 실신이나 실신할 것 같은 경험을 하게 된다. 다른 공포증보다 유전 가능성이 높으며 평균 발병연령은 9세이다.
④ **상황형** : 아동기 혹은 20대 중반에 많이 발병하며 대중교통, 터널, 다리, 엘리베이터, 비행기, 막힌 공간과 같은 특정상황에서만 공포반응이 나타난다. 광장공포증이 있는 공황장애와 비슷하지만 상황형 공포증은 두려워하는 특정상황 외에는 공황발작을 일으키지 않는다는 차이가 있다(광장공포증이 있는 공황장애는 언제 공황발작이 일어날지 예측 불가함).

Part 2 　기초심리상담

01 단회 상담에서 강조되는 원리 5가지를 쓰시오.

....

....

....

....

....

....

....

....

....

....

....

....

....

....

모범답안

① 단회상담 실시 여부를 빨리 결정해야 한다.
② 단회상담을 실시하기로 결정되면 구조화를 실시한다.
③ 단회상담에서 다룰 구체적인 해결과제를 정한다.
④ 문제태도를 구체화시킨다. 즉, 내담자가 생각하는 자신의 문제나 결점, 원인과 해결방안, 자신의 해결노력과 결과 등을 구체화시킨다.
⑤ 문제가 해결된 상태를 반영하여 상담목표를 정해야 한다.
⑥ 구체적인 수행과제를 구성하고 이를 수행하는 실제적 과정을 점검한다.
⑦ 단회상담의 성과를 정리하고 필요한 조언 또는 재상담에 대하여 안내한다.

02 회기 문서를 작성할 때 장점 3가지를 적으시오.

....

....

....

....

....

....

....

....

....

....

....

....

....

....

....

모범답안

① 상담자와 내담자 간 의사소통을 촉진한다.
② 올바른 진단과 적절한 치료 계획의 기본을 형성한다.
③ 다른 상담자가 회기문서를 보고 어떤 치료가 이루어졌는지 이해하고 따라갈 수 있도록 하여 치료가 지속되게 한다.
④ 임상적 슈퍼비전을 위한 자료가 된다.
⑤ 회기문서 작성은 제3자 지불과 관련된 계약 의무 조건을 충족시킨다. 많은 경우 정신건강 서비스는 진단, 치료계획, 내담자의 진전에 관한 서류가 없을 때 비용을 변상해주지 않는다.
⑥ 회기문서 작성은 비윤리적이고 해로운 치료를 했다는 혐의를 받았을 때 상담자와 슈퍼바이저를 위한 최선의 보호책이다.

03 집단상담에서 나타나는 치료적 요인 6가지를 적으시오.

모범답안

① **희망적 고취** : 집단은 집단 구성원에게 문제가 개선될 수 있다는 희망을 심어주는데, 이때 희망 자체가 치료적 효과를 가질 수 있다.
② **보편성** : 참여자 자신만 심각한 문제, 생각, 충동을 가진 것이 아니라 다른 사람도 자기와 비슷한 갈등과 생활경험, 문제를 가지고 있다는 것을 알고 위로를 얻는다.
③ **정보 전달** : 집단 구성원은 집단 상담자에게서 다양한 정보를 습득함으로써 자신의 문제에 대해 보다 명확하게 이해하며, 동료 참여자에게서 직·간접적인 제안, 지도, 충고 등을 얻는다.
④ **사회기술의 발달** : 집단 구성원으로부터의 피드백이나 특정 사회기술에 대한 학습을 통해 대인관계에 필요한 사회 기술을 개발한다.
⑤ **대인관계 학습** : 집단 구성원과의 상호작용을 통해 자신의 대인관계에 대한 통찰과 자신이 원하는 관계 형성에 대한 아이디어를 가질 수 있으며, 대인관계 형성의 새로운 방식을 시험해 볼 수 있는 장이 된다.
⑥ **이타주의** : 집단원들은 서로 비슷한 문제를 공유하며 서로에게 지지, 위로, 조언 등을 하게 되는데 이 과정에서 자신이 다른 집단원에게 도움이 되고 중요하다는 경험은 자존감을 높여준다.

04 내담자가 상담 중 침묵하는 이유 4가지를 적으시오.

모범답안

① 두려움이나 불안을 느끼며 상담자가 어떻게 생각할까 두려워서 침묵할 수 있다.
② 내담자가 어떤 이야기를 할까 생각하고 있는 과정의 침묵일 수 있다.
③ 상담자에 대한 신뢰의 부족 등으로 종결을 생각할 경우 거부의 의미로 침묵할 수 있다.
④ 상담자의 재확인이나 해석 등을 기다릴 때도 내담자가 침묵할 수 있다.
⑤ 상담자의 공감이나 배려 해석에 동의하지 않을 때도 내담자가 침묵할 수 있다.

05 상담을 종결할 상황이 되었는지 평가하는 방법 3가지를 적으시오.

모범답안

① 내담자가 더 이상 문제 행동 또는 증상을 보이지 않는다.
② 내담자가 자신의 오래된 갈등에서 기인하는 현재의 상황에 유연하고 적절하게 반응할 수 있다.
③ 내담자가 자신의 삶을 장래성 있는 새로운 방향으로 전환하기 시작한다.
④ 내담자가 지속적으로 감정이 좋아졌다고 이야기하고, 이전에는 할 수 없었던 새로운 반응을 스스로 발견할 수 있다.
⑤ 내담자가 상담자에게 이전에 보였던 대인 간 대처 전략, 방어, 저항 등과는 새롭고 다른 방식으로 일관되게 반응할 수 있다.
⑥ 내담자의 주변 사람이 내담자에게 많이 달라졌다고 반응해 준다.

Part 3 **심리치료**

01 사례를 읽고 이 내담자의 인지적 · 정서적 · 행동적 측면에서 치료계획 4가지를 세우시오.

> 올해 14세 6개월의 중학교 3학년생인 남자 청소년 내담자는 친구들과 잘 사귀지 못하고, 학교에 등교할 시간이 되면 울면서 학교에 가지 않겠다고 하여 어머니에 의해 개인연구소를 경유하여 내원하였다. 내담자는 학교에서는 반 친구들이 자신을 괴롭히고 째려본다고 말하며, 집에서는 가족 모두가 내담자를 격려해주지만, 학교에 가면 '죽고 싶을 정도'로 반 친구들이 자신과 놀아주지 않는다고 불평을 하곤 했다. 내담자는 어려서부터 태권도를 좋아하여 지금까지 계속 하고 있으며, 골격이 크고 당당한 체구이다. 중학교 진학 이후 내담자의 성적은 계속 최하위권에 머무르고 있으며 현재 중3 담임선생님이 어머니를 불러 최근 실시된 집단지능검사 결과를 알려주며 일반고에 진학하는 것이 어려울 것 같다고 하였다. 어머니는 내담자가 정말 일반고에 진학하지 못할 만큼 심각한 수준인지, 왕따 문제는 어떻게 해야 할지, 앞으로 내담자를 어떻게 키워야하는 것인지 등의 문제를 호소하였다. 심리평가를 위해 내원하였을 때 내담자는 무표정하였으며, 다소 발음이 부정확하여 검사자가 응답을 재확인해야 하는 경우가 잦았다. 매번 과제들을 쉽게 포기하려 하고, 짧은 답변으로 일관하였는데, 내담자의 다 귀찮다는 식의 태도는 후반부로 갈수록 다소 나아지는 양상을 보였다.

모범답안

① 학교에서 실시한 집단지능검사 결과와 내원하여 실시한 종합심리검사의 인지기능 결과를 비교해보고 내담자와 부모에게 보다 정확한 정보를 제공한다(인지적 측면).

② 뒤처진 학업의 원인을 살펴보고 개발할 수 있도록 인지학습치료를 권장한다(인지적 측면).

③ 내담자는 현재 학습부진과 친구들의 따돌림으로 인해 자신감 저하와 심리적 위축이 예상되므로 심리검사 결과를 통해 이를 확인하고, 태권도와 같이 내담자의 강점을 발견하여 자신감을 높여줄 수 있는 치료적 개입이 필요하다(정서적 측면).

④ 정확하지 못한 발음 문제가 따돌림과 같은 문제를 더 악화시킬 수 있으므로 언어치료를 권한다(행동적 측면).

⑤ 또래관계의 어려움 때문에 등교거부를 하고 있으므로 심리상담/치료 및 대인관계훈련 프로그램을 통해 원인을 찾고 책략을 개발해 나간다(행동적 측면).
　　예 사회성 훈련 프로그램, 자신감 증진 프로그램 등

| 해설 |
내담자의 정확한 상태를 평가하기 위해 우선적으로 종합심리검사를 내담자와 부모에게 제안하여 실시한다.

02 성인과 구분되는 아동의 심리치료 특징을 5가지 적으시오.

모범답안

① 아동은 축소된 성인이 아니기 때문에 자발성, 변화의 동기, 착석 능력, 언어적 표현 등이 당연하게 여겨져서는 안 된다.
② 아동은 혼자서 치료에 참여하지 못하므로 아동의 부모, 교사 등과 협력관계를 맺는 것이 중요하다.
③ 비밀보장에 대한 문제가 성인과는 다르다. 즉, 부모나 법정후견인이 아동에 대한 책임을 지기 때문에 비밀보장에 대한 법적 의무가 아동의 부모, 법정후견인에게 적용되지 않는다.
④ 아동은 자신의 인생에 대한 통제권이 적거나 거의 없기 때문에 자신의 주변 환경을 변경하기 어렵다.
⑤ 치료기법에는 인지행동치료(사회기술 훈련, 응용행동 분석), 자기지시적 훈련, 부모훈련, 놀이치료(정신역동 놀이치료, 본주의 놀이치료) 등이 있다.

03 가족치료모델 중 역설적 중재, 지시, 재구조화 등을 사용하는 모델을 쓰시오.

모범답안

전략적 가족치료모델

| 해설 |
전략적 가족치료는 가족문제가 특정 가족원의 개인적 문제가 아니라 가족 전체의 역기능적인 상호작용과 위계로 발생하게 된다고 본다. 따라서 치료사는 행동의 이유나 배경보다 반복적으로 나타나는 가족 상호작용에 초점을 두고 역기능적 상호작용에 직접 개입하여 변화를 유도한다. 재정의(Reframing), 증상 처방과 같은 역설적 개입을 주요 치료기법으로 사용하였으며 MRI 상호작용모델, 전략적 구조주의 모델, 밀란 모델이 있다.

04 소크라테스식 질문을 사용할 때 주의해야 할 사항 6가지를 적으시오.

....

....

....

....

....

....

....

....

....

....

모범답안

① 자동적 사고를 평가하는 것은 일종의 기술로서 반복된 연습과 지도가 필요하므로, 내담자에게 이를 미리 알려주어 실망하지 않게 한다.

② 내담자의 자발적 표현이 치료에 가장 효과적이므로, 상담자가 섣불리 답이라고 생각하는 것을 말해주지 않는다.

③ 내담자에게 미리 어려움을 예상하도록 하여 좌절하지 않도록 해주며, 실험으로 과제를 제시한다.

④ 자동적 사고를 찾는 데에만 몰두하여 내담자가 취조를 받는 듯한 느낌을 갖게 해서는 안되며, 내담자의 어려움을 공감하고 관심어린 태도를 보여야 한다.

⑤ 자동적 사고를 찾아내면 그냥 넘어가지 말고, 자동적 사고를 찾는 것의 의미와 유용성에 대해 다뤄야 한다.

⑥ 이전치료 과정에서 다룬 내용과 더불어 이후의 치료 과정에서 다룰 내용을 심사숙고하는 시간이 필요하다.

⑦ 과제는 할 수 있고 해야 하는 범위 내에서 최소한으로 제시하도록 하며, 결과를 충분히 함께 검토하도록 한다.

05 실존주의에서 말하는 정상적 불안의 특징을 3가지 적으시오.

....

....

....

모범답안

① 정상적 불안은 자신의 주어진 상황을 인식하고 직면할 때 발생하며 상황에 적절하고 적당한 수준의 불안이다.
② 정상적 불안은 억압적이지 않다.
③ 정상적 불안은 삶의 변화를 위한 성장 동력으로 작용한다.

※ 신경증적 불안과 특징
신경증적 불안이란 실존적 불안을 회피하는 데에서 오는 불안을 말한다.
① 실존적 불안에 대한 두려움과 갈등으로 인해 자기 자신이 되기를 포기하게 만든다.
② 신경증적 불안은 상황에 적절하지 않으며 억압적·파괴적이고 자기 성장을 가로막는다.
③ 주어진 상황에 대한 책임을 회피하도록 하며 정신병리의 원인이 된다.

06 취약성 스트레스 모델을 간략하게 설명하시오.

....

....

....

....

....

모범답안

취약성 스트레스 모델은 개인의 정신건강에 위협이 되는 심리적, 생물학적 취약성(기질, 질병 등)과 환경에서 오는 스트레스(부모의 불화/이별/죽음, 부정적 학교 경험 등)가 상호작용하여 정신장애로 발병한다고 보는 통합적 입장의 모델로 정신장애 발생에 미치는 취약성과 스트레스 비중의 개인차를 설명할 수 있다. 즉, 매우 심각한 취약성을 지녔다면 경미한 스트레스에도 정신장애를 나타낼 수 있고, 취약성이 경미하면 심각한 스트레스에도 정신장애를 나타내지 않을 수 있다. 반대로 매우 심각한 취약성을 지녔더라도 스트레스가 없다면 정신장애를 나타내지 않고, 취약성이 경미하더라도 매우 심각한 스트레스가 발생하면 정신장애를 나타낼 수 있다.

Part 4 자문 · 교육 · 심리재활

01 자살 또는 타살의 가능성이 의심될 때 개입할 수 있는 방법 3가지를 쓰시오.

....
....
....

모범답안

① 상담이 끝난 이후에 바로 자살 또는 타살을 시도할 가능성이 높을 때 보호자 동의하에 입원을 시키거나, 경찰에 알려 신체 구금을 가한다.
② 지금 당장은 아니지만 자살 또는 타살 가능성이 높을 때, 주변의 중요한 타인들에게 이 사실을 알려 자살 또는 타살 시도 가능성에 대해 준비하도록 한다.
③ 치료자와의 계약(다음 상담 때까지 자살 또는 타살을 시도하지 않겠다는 계약서 작성 또는 자살 또는 타살 시도를 하고자 할 때 상담자에게 연락할 것을 약속하는 등)을 통해 자살 또는 타살 시도를 막는 사전 준비를 한다.

02 만성정신질환자 치료의 탈시설화 배경 3가지를 적으시오.

....
....
....
....

모범답안

① 1955년 지역사회 정신건강 개념 발달을 장려하고 정신병원 입원 감소를 추진하였으며 지역건강센터법이 통과되었다.
② 시설 환자의 증가는 사회적으로 고비용, 저효율의 치료 시설, 정신건강 전문가 인력 부족이라는 문제에 부딪히게 되었다.
③ 정신역동적 접근에 대한 관심이 줄고 전통적 심리치료의 효과에 대한 의문점이 제기되었다.
④ 만성정신질환자의 인권에 대한 의식과 관심이 높아졌다.

Part 1 ▶ **기초심리평가**

01 전환장애의 임상적 특징과 진단기준, 방어기제를 쓰시오.

....

....

....

....

....

....

....

....

....

모범답안

① **전환장애** : 주로 신경학적 손상을 시사하는 한 가지 이상의 신체적 증상을 나타내는 경우를 말하며, 기능성 신경증상 장애(Functional Neurological Symptom Disorder)라고 불리기도 한다.

② **진단기준**
　㉠ 의도적인 운동기능이나 감각기능의 변화를 나타내는 한 가지 이상의 증상이 있어야 한다.
　㉡ 이러한 증상과 확인된 신경학적 또는 의학적 상태 간의 불일치를 보여주는 임상적 증거가 있어야 한다.
　㉢ 이러한 증상이 다른 신체적 질병이나 정신장애로 더 잘 설명되지 않아야 한다.
　→ 이러한 증상이나 손상으로 현저한 고통을 겪거나 일상생활의 중요한 기능에서 현저한 장해가 나타날 경우 전환장애로 진단한다.

③ **방어기제** : 억압

※ 전환장애 환자는 자신이 지닌 증상의 심각성에 비해 그다지 걱정하지 않는 무관심한 태도를 특징적으로 나타내기도 한다.

02 순환성장애(순환감정장애)의 진단기준 3가지를 쓰시오.

....

....

....

....

....

모범답안

① 순환감정장애(Cyclothymic Disorder) : 기분삽화에 해당되지 않는 경미한 우울 증상과 경조증 증상이 장기적으로 번갈아 가며 '2년 이상(아동청소년의 경우 1년 이상)' 나타나는 경우를 말한다.
② 순환감정장애 진단기준
   ㉠ 2년의 기간(아동청소년은 1년 이상) 중 적어도 반 이상의 기간에 우울이나 경조증 증상이 나타나야 하며 아무런 증상이 없는 기간은 2개월 이내이다.
   ㉡ 조증삽화, 경조증삽화, 주요우울삽화를 '한 번도 경험한 적이 없어야' 한다.
   ㉢ 주기적인 우울 및 경조증 증상으로 현저한 고통을 겪거나 일상생활에 상당한 지장이 초래되어야 한다.

03 MMPI-2 성격병리 5요인 척도를 적고 간략하게 설명하시오.

....

....

....

....

....

....

....

....

....

① **공격성(AGGR)** : 공격성에 초점이 맞춰져 있다.

65T 이상의 높은 점수를 보이는 사람은
㉠ 언어적·신체적으로 공격적이다.
㉡ 다른 사람을 지배하거나 통제하기 위해 폭력을 사용한다.
㉢ 다른 사람을 위협하기를 즐긴다.

※ 낮은 점수는 해석하지 않는다.

② **정신증(PSYC)** : 정상적이지 않음에 초점이 맞춰져 있다.

높은 점수(T > 65)를 보이는 사람은
㉠ 현실과 단절된 경험을 한다.
㉡ 다른 사람에게 없는 신념이 있거나 이상한 감각 또는 지각적 경험을 한다.
㉢ 관계 망상을 보고하기도 한다.
㉣ 정신증을 반영하지만 주관적 고통감을 호소할 때도 상승하는 경향이 있다.

※ 낮은 점수는 해석하지 않는다.

③ **통제 결여(DISC)** : 위험을 즐기며 충동적임에 초점이 맞춰져 있다.

높은 점수(T > 65)를 보이는 사람은	낮은 점수(T ≤ 40)를 보이는 사람은
㉠ 충동적이며 자기통제가 결여되어 있다.	㉠ 자제력이 있고 충동성을 보이지 않는다.
㉡ 신체적으로 위험한 행동을 추구한다.	㉡ 신체적으로 위험한 일을 하지 않는다.
㉢ 일상생활을 쉽게 지루해하며 흥분되는 경험을 찾아다닌다.	㉢ 지루함을 잘 견디며 규칙이나 법을 잘 따른다.

④ **부정적 정서성(NEGE)** : 부정적 방향으로 감정과 사고가 기울어짐에 초점이 맞춰져 있다.

높은 점수(T > 65)를 보이는 사람은
㉠ 부정적 정동을 경험하는 소인을 가진다(부정적 정서를 잘 느끼는 체질).
㉡ 문제로 발전할 만한 정보에 주의를 기울인다.
㉢ 자기비판적이며 과도하게 걱정을 한다.
㉣ 불안에 취약함을 반영한다.

※ 낮은 점수는 해석하지 않는다.

⑤ **내향성/낮은 긍정적 정서성(INTR)** : 기쁨, 긍정적 정서에 대한 제한적 경험과 사회적 내향성에 초점이 맞춰져 있다.

높은 점수(T > 65)를 보이는 사람은	낮은 점수(T ≤ 40)를 보이는 사람은
㉠ 기쁨이나 즐거움을 느끼는 능력이 거의 없다.	㉠ 기쁨과 즐거움을 잘 느낄 수 있다.
㉡ 사회적으로 내향적이다.	㉡ 사교적이다.
㉢ 슬프거나 울적하고 우울한 느낌을 보고한다.	㉢ 에너지가 많다.
㉣ 우울에 취약함을 반영한다.	

04 웩슬러 지능검사가 'Full Battery'에서 자주 사용되는 이유 5가지를 쓰시오.

모범답안

① 지능의 언어적·비언어적 측면을 모두 고려한다.
② 넓은 연령대(만 2세 6개월~69세 11개월)에 사용 가능하다.
③ 편차지능지수를 사용함으로써 개인이 속한 해당 연령 집단 내에서 상대적 위치를 IQ로 환산해 수검자의 지능에 대한 상대적 위치에 대한 정보를 제공해주므로 개인 간 비교가 쉽다.
④ 웩슬러는 지능을 "개인이 목적에 맞게 활동하고 합리적으로 사고하며 자신을 둘러싼 환경을 효과적으로 처리해나가는 전반적, 총합적 능력"으로 정의하며 전반적인 인지적 기능에 대한 포괄적 평가(인지적 약점과 강점에 대한 평가)뿐 아니라 성격적·정서적·사회적 요인을 포함시켜 지능을 폭넓게 개념화하였다.
⑤ 웩슬러 지능검사는 단순히 '지능수준'을 평가하는 것이 아니라 개인의 성격을 반영해주는 역동적 도구이다.

05 웩슬러 지능검사 시 라포 형성 방법 4가지를 기술하시오.

모범답안

① 지능검사는 다른 심리검사에 비해 수검자의 불안과 저항을 유발하기 쉽기 때문에 시작 전에 검사에 대한 소개를 하며 가능한 지능에 대한 직접적 평가라는 말을 피하고 수검자의 문제 해결에 도움이 되는 자료를 얻는 검사임을 강조한다.

② 전문가답게 서두르지 말고 과제를 실시해야 하며 문항 간, 소검사 간 이행을 부드럽고 수월하게 할 수 있도록 표준화된 어구들을 꾸며서 이야기할 수도 있으나 '검사문항이나 실시 지시문을 변경하지는 않아야 한다.'

③ 일정한 페이스를 유지하되 수검자의 기분이나 협조에 관한 변화에 대해서는 언제나 주시해야 한다. 휴식이 필요하다고 느낄 경우, 소검사를 마친 후 쉬어야 하며 소검사 중간에는 쉬지 않는다.

④ 수검자의 노력을 칭찬함으로써 열의와 관심을 보이고, 어떤 과제를 수행하지 못하거나 질문에 답을 하지 못했을 경우 "최선을 다하면 됩니다."라는 말로 용기를 북돋아준다.

06 웩슬러 지능검사의 양적 분석에 포함되는 내용 3가지를 기술하시오.

모범답안

① 수검자 수행에 대한 기술
    ㉠ 실시된 각 소검사의 원점수는 모두 표준섬수로 환산하게 되며 모든 소검사의 표준점수는 평균 10, 표준편차 3, 조합점수는 소검사 환산점수의 다양한 조합을 바탕으로 한 표준점수로 평균 100, 표준편차 15를 기준으로 한다.
    ㉡ 이를 통해 동일 연령대에서 수검자가 차지하는 상대적 위치를 파악할 수 있다.
② 백분위 : 연령기준 백분위로 같은 연령대의 다른 수검자들과 비교한 수검자의 순위를 나타낸다.
③ 측정오차와 신뢰구간
    ㉠ 수검자가 지능검사를 통해 얻은 점수는 진점수가 아니라 수검자의 실제 능력과 측정 오류를 포함한 진점수의 추정치이다.
    ㉡ 수검자의 진점수는 표준오차를 이용하여 신뢰구간을 설정함으로써 보다 정확하게 나타낼 수 있다.
④ 기술적 분류
    ㉠ 수검자의 수행이 어떤 수준에 속하는지에 대해 질적인 용어로 기술적 분류를 할 수 있다.
    ㉡ 조합점수의 범위가 130 이상이면 '최우수', 120~129이면 '우수', 110~119이면 '평균 상', 90~109이면 '평균', 80~89이면 '평균 하', 70~79이면 '경계선', 69 이하이면 '매우 낮은'으로 기술하게 된다.
⑤ 프로파일의 분석
    ㉠ FSIQ, VCI, PRI, WMI, PSI 점수를 검토하고 각각 백분위와 신뢰구간을 함께 고려한다.
    ㉡ 지수 수준에서의 차이 값을 비교하여 평가한다(유의미하게 차이나는 지수점수들은 해당 영역에서 수검자의 능력이 다르다는 것을 의미함).
    ㉢ 강점과 약점을 평가한다.
    ㉣ 소검사 수준에서의 차이 값을 비교 분석한다.

Part 2 기초심리상담

01 인간중심 상담의 주요 기술을 서술하시오.

....

....

....

....

....

....

....

....

....

모범답안

① 일치성, 진실성
  ㉠ 내담자를 대하면서 드는 생각이나 느낌에 솔직하고 충실하여 그대로 느끼고 경험하는 것과 내담자와의 관계에서 느껴지는 것을 그대로 표현하는 것이다.
  ㉡ 일치성, 진실성은 상담자의 인격적 성숙을 전제로 하며, 자기와 경험 간의 불일치를 줄여가는 밑거름이 된다.

② 무조건적인 긍정적 존중과 수용
  ㉠ 아무런 전제나 조건 없이 내담자를 한 인간으로서 긍정적 존재로 대하는 것을 의미한다.
  ㉡ 내담자를 한 인격체로서 깊게 돌보는 것을 말하고, 내담자의 감정, 행위, 생각의 좋고 나쁨의 평가와 판단에 영향을 받지 않으며 내담자에 대한 돌봄은 비소유적이다.

③ 정확한 공감적 이해
  ㉠ 내담자의 경험과 감정을 민감하고 정확하게 이해하는 것으로 공감적 이해의 목적은 내담자가 자신에게 더욱 밀접하게 다가가 더 깊고 강렬한 감정을 경험하게 함으로써 내담자 내부에 존재하는 불일치성을 인식하여 해결하도록 격려하는 것이다.
  ㉡ 이 단계에서 내담자는 명백한 감정의 인식을 넘어 경험 속에서 미처 느끼지 못했던 감정까지도 인지할 수 있고, 부분적으로 인식했던 감정의 자각이 확산되어 간다.
  ㉢ 치료자는 내담자가 자신의 정체감 분리 없이 현재 보고 느끼는 주관적 세계를 파악할 때 내담자의 건설적 변화가 일어난다고 믿는다.

02 상담 초기, 중기, 후기 단계의 특징과 상담기법에 대해 기술하시오.

....
....
....
....
....
....
....
....
....
....
....

모범답안

① 상담 초기 단계
　㉠ 내담자의 호소 문제를 듣고 문제를 파악한 후 상담 목표와 계획을 세우는 기간이다.
　㉡ 상담 관계 형성, 상담 구조화, 내담자의 문제 파악을 위한 정보 수집, 사례 개념화, 상담 목표 및 전략을 수립한다.
② 상담 중기 단계 : 상담 초기 내담자의 부정적 시각과 모호한 목표를 희망적 시각과 구체적 목표로 전환하는 과업이 어느 정도 수행된 후 내담자의 저항 다루기, 심층적 공감, 직면 등으로 내담자의 탐색, 수용, 변화를 돕는다.
③ 상담 후기 단계
　㉠ 상담의 전 과정을 통합하는 과정으로 상담 목표와 관련된 상담 성과와 내담자가 종결에 대한 준비도를 파악하고, 내담자와 의논하여 종결 시점을 정한다.
　㉡ 종결 시 이별 감정을 잘 다루어야 하며, 종결 후에도 필요할 때 다시 도움을 줄 수 있음을 내담자에게 알려준다.
　㉢ 종결 후 추수상담을 할 수 있다.

03 '자조모임(집단)'의 기능 5가지를 쓰시오.

모범답안

자조모임(집단)의 기능

① **정보 제공** : 자조집단의 정보는 직접적인 경험에 근거한 실질적이고 구체적인 정보이기 때문에 전문가의 조언, 자료를 통해 얻은 정보보다 문제 해결에 쉽게 활용되며 치료와 적응이 중요하다.

② **사회적 지지 제공** : 자조집단에서 이루어지는 사회적 지지는 전문가들이 제공하기 어려운 동료애, 격려, 긍정적인 견해를 갖게 하여 스트레스를 감소시킨다. 또한, 다른 사람을 도와줌으로써 자신감, 동료의식, 지속적인 사회 지지망을 갖게 된다.

③ **대인관계 의사소통 능력의 향상** : 자조집단의 참여로 집단원 간 소통을 통해 의사소통 능력이 향상되고, 사회적응력도 향상되었다.

④ **자기통제력에 대한 자신감 향상** : 같은 문제를 가진 사람과의 관계 속에서 도움을 주고받는 것은 의존심이 아닌 자기 통제력에 대한 자신감을 향상시킨다.

⑤ **문제 해결에 도움** : 상호원조 관계를 중심으로 하는 자조집단은 전문가들이 시도하지 못했던 새로운 방식으로 문제를 해결할 수 있으며 심리적·정신적·물질적인 부분에서 발생하는 문제의 해결을 위한 대처방법의 습득을 돕는다.

⑥ **권리 옹호** : 자조집단 참여를 통하여 성장을 경험한 사람들은 이러한 경험을 통하여 본인 스스로의 권리를 옹호하는 활동을 함과 동시에 비슷한 상황에 있는 다른 사람의 권익에 대해서도 적극적인 옹호 활동을 하는 경향이 있다.

⑦ **문제해결 동기 부여** : 경험을 공유함으로써 자신만의 문제가 아니라는 사실을 알게 되고, 자신의 문제를 감추기보다 드러내어 해결하고자 하는 동기를 부여한다.

⑧ **피드백 제공** : 집단원에게서 자신의 생각이나 행동 등에 대한 피드백을 받을 수 있다.

| 해설 |

자조집단(Self-help Group)의 의미 : 공통의 문제를 서로 나누고 상호 원조를 통해 공동의 장애, 문제를 해결하여 자신의 삶을 효과적으로 조절하기 위해 모인 사람들의 집단을 말한다.

04 내담자 반응을 해석할 때 치료자의 주의사항 5가지를 기술하시오.

....

....

....

....

....

모범답안

① 내담자가 해석을 받아들일 만한 준비가 되어있는지 파악해야 한다(해석을 해도 되는 시기인가?).
② 내담자가 해석을 받아들일 만한 준비가 되어있지 않은 경우, 반영 – 명료화 – 직면의 과정을 거친 뒤에 해석한다.
③ 잘못된 해석을 할 경우를 생각하여 대비해야 한다(해석은 하나의 가설일 뿐이다).
④ 즉각적인 해석을 하지 않는다.
⑤ 충고적 해석을 하지 않는다.

05 부인의 말에 대한 상담자의 반영적 반응을 쓰시오.

"선생님, 지난주에 여기서 남편이 일찍 오겠다고 약속했잖아요. 그런데 남편이 정말로 일찍 들어왔어요. 남편이 그렇게 약속을 잘 지킬 줄은 몰랐어요. 정말 놀랐어요."

....

....

....

....

모범답안

"남편분께서 정말로 약속을 지킬 것이라고 기대하지 않았는데, 일찍 들어오시는 것을 보고 기대 이상을 해낸 것에 대해 새삼 놀랍기도 하고, 무척 기쁘셨던 것 같군요."

06 사회기술훈련을 집단으로 시행할 때의 장점 3가지를 기술하시오.

....

....

....

....

....

....

....

....

....

....

....

....

모범답안

① 개인 간 상호작용 유형 등을 관찰할 수 있어서 집단활동에 참여하는 개별 구성원의 대인관계 기술을 파악할 수 있다.
② 집단치료자 및 집단의 다른 구성원에게서 피드백을 제공받을 수 있으므로 개별 구성원이 스스로 자신의 문제를 발견하고 교정할 수 있다.
③ 다양한 구성원이 참여하게 되어 개별 구성원들에게 실제 생활영역과 유사한 환경을 제공할 수 있다.
④ 유사문제를 가지고 있는 사람들과 접촉함으로써 자신이 이상하다거나 비정상적이라고 생각하는 경향이 줄어들어 개인 프로그램보다 집단 프로그램을 더욱 쉽게 받아들인다.
⑤ 역할연습이 가능하므로 상호작용 능력을 습득하기에 유리하다.

※ 단점
• 우울증, 조증, 자폐증 등의 정신병리, 성격장애를 가지고 있거나 성폭행 피해자와 같이 비밀 유지가 필수적인 사람을 대상으로 하는 경우 집단의 참여, 활동이 매우 제한적일 수 있다.
• 집단 활동 진행 과정에서 개별 구성원이 자신의 속마음을 털어놓아야 한다는 심리적 압박을 받을 수 있다.
• 집단치료자 경험이 적은 경우 집단 역동을 유도하기 어려울 수 있다.

Part 3 ❯ 심리치료

01 엘리스(Ellis)의 비합리적 신념 5가지를 쓰시오.

모범답안

① 반드시 주위의 모든 사람으로부터 사랑과 인정을 받아야만 한다.
② 가치 있다고 여겨지기 위해서는 완벽하리만큼 유능하고, 적절하며, 성취적이어야만 한다.
③ 어떤 사람은 나쁘고 사악하며 악랄하다. 그러므로 그런 사람은 반드시 비난과 처벌을 받아야만 한다.
④ 일이 바라는 대로 되지 않는 것은 곧 무시무시한 파멸이다.
⑤ 사람의 불행은 외부 환경 때문이며, 사람으로서는 그 불행을 막을 길이 없다.
⑥ 위험하거나 두려운 일이 일어날 가능성은 항상 있는 것으로 끊임없이 걱정의 원천이 된다.
⑦ 어떤 어려움에 직면하거나 자기가 책임을 지는 것보다는 이들을 피하는 것이 더 쉽다.
⑧ 사람은 다른 사람에게 의존해야만 하고, 자신이 의존할 만한 더 강한 누군가가 있어야만 한다.
⑨ 과거 경험이나 사태가 현재 행동을 결정하며, 사람은 과거의 영향에서 벗어날 수 없다.
⑩ 주위의 다른 사람이 어려운 문제나 혼란에 처할 경우, 자신도 당황할 수밖에 없다.
⑪ 이 세상의 모든 문제에는 반드시 가장 적절하고 완벽한 해결책이 있으며, 이를 찾아내지 못하는 것은 두렵고 끔찍한 일이다.

02 벡(Beck)의 인지적 오류 4가지를 쓰고 각각을 설명하시오.

....

....

....

....

....

....

....

....

....

....

....

....

모범답안

① **흑백논리적 사고(이분법적 사고, Dichotomous Thinking)** : 생활 사건의 의미를 이분법적인 범주 중 하나로 해석하는 오류 **예** 완벽하지 않은 것은 곧 잘못된 것이라고 판단하는 경우

② **과잉 일반화(Overgeneralization)** : 한두 번의 사건에 근거하여 일반적인 결론을 내리고 무관한 상황에도 그 결론을 적용시키는 오류 **예** 맞선으로 처음 만난 사람에게서 좋은 인상을 받았다고 하여 그 사람의 모든 됨됨이가 올바르고 선할 것이라고 판단하는 경우

③ **정신적 여과(Mental Filtering, 선택적 추상화 ; Selective Abstraction)** : 어떤 상황에서 일어난 여러 가지 일 중에 일부만 뽑아내어 상황 전체를 판단하는 오류 **예** 친구와의 전체적 대화 내용이 긍정적이었음에도 불구하고 몇 번의 부정적인 내용에 근거해 '그 녀석이 나를 비판했다.'고 생각하는 경우

④ **의미 확대/축소(Magnification/Minimization)** : 어떤 사건의 의미나 중요성을 실제보다 지나치게 확대하거나 축소하는 오류 **예** 친구가 한 칭찬은 그냥 지나가는 말로 듣기 좋으라고 한 것이라고 의미를 축소하고, 비판은 평소 친구의 속마음이라고 확대하여 받아들이는 경우

⑤ **개인화(Personalization)** : 자신과 무관한 사건을 자신과 관련되어 잘못 해석하는 오류 **예** 지나가는 길에 벤치에 앉아서 웃으며 이야기하는 사람들을 보고 자신을 보고 웃었다고 생각하는 경우

⑥ **감정적 추리(Emotional Reasoning)** : 충분한 근거 없이 막연히 느껴지는 감정에 근거하여 결론을 내리는 오류 **예** 내가 죄책감이 드는 걸 보니 뭔가 잘못한 것이 틀림없다고 생각하는 경우

03 자기표현 훈련이 필요한 내담자의 특성과 자기표현 훈련을 통해 내담자가 인식해야 할 사항에 대해 기술하시오.

....

....

....

....

모범답안

① **자기표현훈련이 필요한 내담자의 특성**
  ㉠ 남의 시선을 회피한다.   ㉡ 상대방의 잘못을 지적, 언급하기를 두려워한다.
  ㉢ 친구의 비합리적 요구를 거절하지 못한다.   ㉣ 자기를 비난하는 소리를 듣고만 있다.
  ㉤ 지나치게 변명하고 사과하는 경향이 있다.
  ㉥ 모임이나 회의에서 구석자리에만 앉으려고 한다.
② **자기표현 훈련을 통해 내담자가 인식할 자기권리**
  ㉠ 자신은 인간으로서의 기본권리가 있다.   ㉡ 스스로 결정할 권리가 있다.
  ㉢ 타인으로부터 침해받지 않을 권리가 있다. ㉣ 자신의 생각과 감정을 표현할 권리가 있다.
※ 훈련과정의 유의사항 : 지나친 지적이나 비판을 히지 말아야 하며, 내담자에게 소외감(불안)을 느끼지 않도록 해야
  한다.

04 토큰 강화의 장점 3가지를 기술하시오.

....

....

....

....

모범답안

① 토큰은 다양한 강화물로의 교환이 가능하므로 심적포화 효과를 예방할 수 있다.
② 행동을 강화해야 할 시점에 즉시적으로 보상이 가능하다.
③ 반응대가를 수행하기 쉽다.
※ 토큰 강화 순서 : 목표행동 결정 → 기저선 정하기 → 교환강화물 선택 → 사용할 토큰 유형 선택 → 적절한 강
  화계획과 교환계획 세우기

Part 4 자문 · 교육 · 심리재활

01 자신이 성폭력 당한 것을 부인하는 피해자를 경찰이 데리고 왔을 때 피해자에게 해야 할 자문과 해야 할 조치를 적으시오.

....
....
....
....
....
....
....
....
....
....
....
....
....
....

모범답안

① 성 피해자가 성폭력 피해가 없다고 계속 주장하면 일단 수용하며 언제든지 상담의 기회가 있음을 알려야 하고, 피해자가 자신의 감정을 솔직하게 드러내지 않아도 정상적인 감정이라고 수용해 준다.
② 상담자는 내담자에게 상담의 주도권을 주고, 내담자가 현재 표현할 수 있는 내용만 언급할 수 있도록 배려한다.
③ 상담자는 내담자와의 신뢰관계를 유지하여 치료관계 형성에 힘써야 한다.
④ 상담자는 내담자의 언어적 표현과 비언어적 표현 모두에 주의를 기울여 그에 대한 적절한 반응을 해야 한다.
⑤ 상담자는 내담자의 가족 상황, 피해로 인한 합병증 여부를 파악해야 한다.

02 같은 반 학생의 자살 사고 뒤에 반 학생들에게 도움을 주기 위해 임상심리사를 초빙하였다. 임상심리사의 주요 역할, 기능과 학생들을 도울 수 있는 방법 4가지를 쓰시오.

....
....
....
....
....
....
....
....
....
....

모범답안

① 임상심리사의 기능(역할)
  ㉠ 진단과 평가 : 심리적 문제의 발생에 대한 정확한 평가를 내리도록 한다.
  ㉡ 치료 및 개입 : 집단 상담 및 개별 상담을 진행하고, 극심한 심리적 고통을 받고 있는 아동을 필요하다면 소아정신과나 아동청소년 상담센터 등과 같은 외부 전문 치료기관으로 연계하여 의뢰한다.
  ㉢ 자문 : 학교장 및 담당 교사들(가능하다면 학부모 대상으로도)에게 자문을 제공하고, 외상을 경험한 학생들에게 어떤 식의 지도를 해야 할지에 대한 교육 및 자문을 실시한다.
② 학생들을 도울 방법(4가지)
  ㉠ 급우가 죽었다는 사실이 슬프고 안타까운 사실임을 인정하고 공감한다.
  ㉡ 죽은 친구에 대하여 추모행사를 실시한다.
    예 친구를 회상하고 친구에게 하고 싶은 말을 편지형식으로 적게 하기
  ㉢ 친구의 죽음으로 죄책감을 갖기보다는 자원봉사와 같은 활동을 통해 죽은 친구처럼 어려움을 겪고 있는 사람을 돕도록 권장한다.
  ㉣ 충분한 애도 뒤에는 정상적인 생활로 돌아와서 친구의 죽음을 교훈으로 새겨 올바르고 정직한 삶을 살아가는 것이 중요하며, 그것이 친구가 바라는 뜻일 것이라고 설명한다.
  ㉤ 재발 방지와 혼란을 막기 위해 학교 규칙을 수립한다.
  ㉥ 부적응적인 양상을 보이는 학생을 선별하고, 개별 치료를 권장한다.

부록 2018년 1회 기출복원문제

01 로샤(Rorschach)검사의 특수점수에서 특수 내용의 종류를 세 가지 쓰고 각각에 대해 설명하시오.

모범답안

① **추상적 내용(AB ; Abstract content)** : 분명하고 구체적인 상징적 표현을 포함하는 반응이다. 반응내용 기호가 인간의 정서나 감각적 경험을 나타내는 인간경험(Hx)인 경우(예 이것 전체가 우울을 나타낸다)와 분명하고 구체적인 상징적 표상을 사용하는 경우(예 이 조각은 삶에 대한 사랑을 나타낸다.)가 있다.

② **공격적 운동(AG ; Aggressive movement)** : 운동반응(M, FM, M)에 '싸움, 파괴, 논쟁' 등 분명히 공격적인 내용을 포함하는 반응으로 반드시 주체적인 공격이 포함되어 있어야 한다.
예 무엇을 관통한 총알처럼 보인다.

③ **협조적 운동(COP ; Cooperative movement)** : 둘 이상의 대상이 적극적 또는 협조적인 상호작용을 하는 운동반응(M, FM, m)을 포함하는 반응으로 반드시 적극적이거나 협조적 상호작용이 명백해야 한다. 예 두 사람이 무엇을 들어 올리고 있다.

④ **병적인 내용(MOP ; Morbid content)** : 대상을 죽은, 파괴된, 손상된, 오염된 대상으로 지각하거나, 대상에 대해 우울한 감정, 특징을 부여하는 반응이다.
예 깨진 유리, 해진 장화, 슬픈 나무, 불행한 사람

02 전체 지능점수가 낮고 학습부진 및 주의집중이 안 되는 아동의 사례에서 학부모에게 치료적 개입에 대한 자문(조언) 5가지를 쓰시오.

....
....
....
....
....
....
....
....
....
....
....
....
....
....

모범답안

① 아동의 경우 지능검사를 포함한 심리종합평가(K-WISC-IV, K-CAT, HTP, SCT, KFD, BGT)를 진행하고, 부모에게도 KPRC(또는 CBCL), MMPI-II(부모)를 실시하여 정확한 평가를 진행할 것을 권한다.
② 근래의 환경 변화, 학교 및 가정에서의 생활태도, 관계문제, 개인력, 가족력, 아동·부모가 각각 원하는 사항을 확인한다.
③ 지능 수준을 판단하고 ADHD의 감별이 필요하다.
④ 만약 ADHD로 판명된다면 약물치료 및 행동치료를 권장한다.
⑤ 인지학습치료, 인지행동치료, 행동수정, 부모교육, 사회기술훈련 등을 심리종합평가 결과에 따라 권한다.

03 지능을 평가할 때의 주요 쟁점인 임상적 접근과 개념적 접근에 대해 설명하시오.

....

....

....

....

....

....

....

....

....

....

....

....

....

모범답안

① 임상적 접근
  ㉠ 비네(Binet), 터만(Terman), 웩슬러(Wechsler) 등을 중심으로 발전했다.
  ㉡ 지능을 전체적인 잠재적 적응능력으로 정의한다.
  ㉢ 동기, 성격과 같은 비(非)지적 요소가 지적 기능의 수행에 영향을 미치고 지능검사 결과
    에 반영되며 이와 같은 결과는 임상적으로 중요한 자료를 제공해준다고 강조한다.
② 개념적 접근
  ㉠ 스피어만(Spearman), 손다이크(Thorndike), 써스톤(Thurston), 카텔(Cattell), 길포드
    (Guilford) 등을 중심으로 발전했다.
  ㉡ 지능의 개념을 과학적으로 정의하기 위해 개인이 아닌 집단을 대상으로 한 지능검사 결과
    와 개인의 성별, 연령, 학력변인 등과의 상관관계를 연구했다.
  ㉢ 지능검사의 소검사들에 대한 요인분석 연구를 바탕으로 지능의 개념을 발전시켰다.

04 와이너(Weiner)는 객관적 검사와 투사적 검사의 구분에서 로샤(Rorschach)검사를 투사적 검사로 분류하는 것에 대해 이의를 제기했는데 그 이유를 2가지 쓰시오.

....

....

....

....

....

....

....

....

....

....

....

....

....

모범답안

① 로샤(Rorschach)검사를 객관적 도구가 아니라고 분류하게 되면 로샤(Rorschach)검사가 전적으로 주관적 측정이라는 오명을 쓰게 되고 이로 인해 로샤(Rorschach)검사의 해석이 수검자와 검사자에 따라 달라지는 평가방법이라는 비난을 받게 된다. 로샤(Rorschach)검사 해석이 지나치게 주관적이 되는 것은 검사자의 미숙함이 원인이다.

② 로샤(Rorschach)검사를 투사적 검사로 구분하는 것은 반응 과정에 반드시 투사가 작용하고 그로 인해 유용한 정보를 얻을 수 있다는 것을 의미하는데 로샤(Rorschach)검사에서 투사는 가장 중요한 핵심이 아니다. 수검자는 연상이나 귀인, 상징화에 의존하지 않고 해석적으로 의미 있는 반응을 할 수 있으며, 검사자의 지시에 잘 따를 수 있고 타당한 프로토콜을 만들 수 있다.

05 TCI의 척도를 구성하는 4가지 기질 차원과 3가지 성격 차원을 설명하시오.

모범답안

① 4가지 기질 차원
 ㉠ 감각 추구(Novelty Seeking ; NS) : 새로운 자극이나 잠재적인 보상 단서에 활동이 활성화되는 경향성을 말하며, 흥분과 보상을 추구하고 처벌과 단조로움을 회피한다.
 ㉡ 위험 회피(Harm Avoidance ; HA) : 위험하거나 혐오스러운 자극에 행동이 억제되고 위축되는 경향성을 말하며, 처벌이나 위험이 예상될 때 이를 회피하기 위해 행동이 억제되고 이전에 하던 행동을 중단한다.
 ㉢ 사회적 민감성(Reward Dependance ; RD) : 사회적 보상신호에 민감하게 반응하는 경향성을 말하며 사회적 보상신호(칭찬, 찡그림 등)와 타인의 감정(기쁨, 슬픔, 분노, 고통 등)을 민감하게 파악하고 이에 따라 정서반응이나 행동반응이 달라진다.
 ㉣ 인내력(Persistence ; P) : 지속적인 강화가 없더라도 한번 보상된 행동을 일정한 시간 동안 꾸준히 지속하려는 경향성을 말하며 당장 보상이 주어지지 않거나 간헐적인 보상, 심지어 간헐적 처벌에도 한번 시작한 행동을 지속한다.
② 3가지 성격 차원
 ㉠ 자율성(Self Directedness ; SD) : 자신을 자율적 개인으로 이해하고 동일시하는 정도를 말하며 자신이 선택한 목표와 가치를 이루기 위하여(자기결정력) 자신의 행동을 상황에 맞게 통제, 조절, 적응시키는 능력(의지력)이다.
 ㉡ 연대감(Cooperativeness ; C) : 자신을 인류 혹은 사회의 통합적 한 부분으로 이해하고 동일시하는 정도를 말하며 타인에 대한 수용 능력 및 타인과 동일시하는 능력이다.
 ㉢ 자기 초월(Self Transcendence ; ST) : 자신을 우주의 통합적인 한 부분으로 이해하고 동일시하는 정도를 말하며 우주 만물과 자연을 수용하고 동일시하며 이들과의 일체감을 느끼는 능력이다.

06 다음 보기의 사례처럼 확연하게 말랐는데도 뚱뚱하다고 생각하는 여성의 진단명 및 진단 기준을 설명하시오.

> 20대 중반 여성 A씨는 대기업에 우수한 성적으로 입사한 재원이다. 완벽주의적 근성이 있는 그는 몸매 또한 완벽해지기를 원했다. 대학생이 되면서 다이어트를 시작했고 음식 섭취량을 줄여갔다. 다이어트가 인생의 가장 큰 목표가 되면서 음식만 보면 칼로리 덩어리로 보였다. 한 입한 입 먹을 때마다 살이 찌는 것 같아 음식에 대한 거부감이 생겼다. 누가 봐도 확연히 말랐는데도 음식에 대한 거부감은 계속되었고, 음식을 삼키기 두렵고 힘든 상태가 되었다.

(1) A씨 사례의 진단명을 제시하시오.

....

....

`모범답안`

> 신경성 식욕부진증(Anorexia Nervosa) : 체중 증가와 비만에 대한 극심한 두려움을 지니고 있어서 음식 섭취를 현저하게 감소시키거나 거부함으로써 체중이 비정상적으로 저하되는 경우이다.

(2) A씨 사례의 진단 기준을 설명하시오.

....

....

....

....

`모범답안`

> ① 필요한 것에 비해 음식 섭취를 제한함으로써 나이, 성별, 발달 수준과 신체 건강에 비추어 현저한 저체중 상태(정상 체중의 최저 수준 이하의 체중)를 초래한다.
> ② 심각한 저체중임에도 불구하고 체중 증가와 비만에 대한 극심한 두려움을 지니거나 체중 증가를 방해하는 지속적인 행동을 나타낸다.
> ③ 체중과 체형을 왜곡하여 인식하고, 체중과 체형이 자기평가에 지나친 영향을 미치거나 현재 나타나고 있는 체중 미달의 심각함을 지속적으로 부정한다.

07 다음 보기의 사례를 읽고 물음에 답하시오.

> 30대 중반의 주부인 B씨는 요즘 매사에 의욕이 없고 무기력해져서 집안 살림을 하는 것도 매우 힘든 상태이다. 안정된 직장에 다니는 남편과 건강하게 잘 자라는 남매가 있어 주변에서는 행복하겠다고 모두들 부러워하지만, 실상 B씨는 자신이 가정에서 무가치한 존재이며 사회에서도 무관한 존재로 전락해 버렸다는 생각을 지워버릴 수가 없었다. 자신이 마치 헤어날 수 없는 깊은 수렁에 빠져 있다는 느낌이 들면서 불행감과 좌절감이 밀려왔으며 무기력감에 빠져들게 되었다.

(1) 우울장애에 대한 진단기준을 4가지 기술하시오.

모범답안

① 주요 우울 장애의 핵심 증상 9가지(㉠~㉨) 중 5개 이상의 증상이 거의 매일 연속적으로 2주 이상 나타나야 한다.
② 또한 5개 이상의 증상에는 지속적인 우울한 기분(㉠)이나 흥미나 즐거움의 현저한 저하(㉡) 중 하나가 반드시 포함되어야 한다.
  ㉠ 하루의 대부분, 그리고 거의 매일 지속되는 우울한 기분이 주관적 보고나 객관적 관찰을 통해 나타난다.
  ㉡ 거의 모든 일상 활동에 대한 흥미나 즐거움이 하루의 대부분 또는 거의 매일 같이 뚜렷하게 저하되어 있다.
  ㉢ 체중 조절을 하고 있지 않은 상태에서 현저한 체중 감소나 체중 증가가 나타난다. 또는 현저한 식욕 감소나 증가가 거의 매일 나타난다.
  ㉣ 거의 매일 불면이나 과다 수면이 나타난다.
  ㉤ 거의 매일 정신운동성 초조나 지체를 나타낸다. 즉, 안절부절못하거나 축 처져 있는 느낌이 주관적으로 경험될 뿐만 아니라 다른 사람에 의해서도 관찰된다.
  ㉥ 거의 매일 피로감이나 활력 상실을 나타낸다.
  ㉦ 거의 매일 무가치감이나 과도하고 부적절한 죄책감을 느낀다.
  ㉧ 거의 매일 사고력이나 집중력의 감소, 우유부단함이 주관적 호소나 관찰에서 나타난다.
  ㉨ 죽음에 대한 반복적인 생각이나 특정한 계획 없이 반복적으로 자살에 대한 생각이나 자살 기도를 하거나 자살하기 위한 구체적 계획을 세운다.

(2) 내담자가 자살 위험이 있는지 알아보기 위한 평가 내용을 3가지 기술하시오.

....

....

....

....

....

....

....

....

....

....

....

모범답안

① 자기보고척도인 벡(Beck)의 우울척도(Beck, Depression Inventory), 무망감 척도(Beck Hopelessness Scale), 자살사고 척도(Beck's Scale for Suicidal Ideation) 등을 사용하여 자살과 관련된 심리적 문제를 탐색하고, 자살 위험의 심각성을 평가한다.

② 내담자와의 면담을 통해 자살과 관련된 내용인 자살 의도, 자살 계획, 자살 방법과 준비 정도, 자살 시도를 구체적으로 탐색하고 평가한다.
ㄱ 자살 의도 탐색 **예** "자살하고 싶은 마음이 있는가?", "만일 그렇다면, 구체적으로 자살에 대해 생각해 본 적이 있는가?"
ㄴ 자살 계획 평가 **예** "구체적으로 자살 계획을 세우고 있는가?"
ㄷ 자살 방법과 상황, 장소, 방법의 가용성에 대한 준비평가 **예** "자살 방법을 생각해 봤는가? 그 도구(혹은 상황)를 구하려고 시도했는가? 지금 가지고 (혹은 그 장소를 알고) 있는가?", "자살을 시도하는 데 필요한 것들을 구할 수 있는가?(자살 방법의 가용성)"
ㄹ 자살 시도 평가 **예** "자신이 생각한 방법으로 자살을 시도한 적이 있는가?"

③ 자살과 관련된 과거력이나 현재 상황에 대한 취약성 요인들을 구체적으로 탐색한다.
예 "예전에 자살을 시도해 본 적이 있는가?", "가족이나 친지, 가까운 주변 사람 중에 자살로 죽은 사람이 있는가?"
※ 취약성 요인 : 내담자의 정신・신체적 건강문제(우울장애・조현병・암・당뇨 등), 경제적 문제(빚・실업・무직 등), 대인관계문제(관계의 상실・갈등・가족・친구 등 가까운 관계에 있는 사람의 자살)

④ 자살의 예방 요인을 확인한다. **예** "예전에 자살을 생각해 보았지만 실제로 시도하지 않았다면, 그 이유가 무엇인가?", "현재 주변에 자살로 인해 슬퍼할 중요한 타인이 있는가?"

(3) 내담자가 자살위험이 높을 때 조치방법을 3가지 기술하시오.

....

....

....

....

모범답안

① 상담이 끝난 이후에 바로 자살을 시도할 가능성이 높을 때 보호자 동의하에 입원을 시키거나, 경찰에 알려 신체 구급을 가한다.
② 지금 당장은 아니더라도 자살 가능성이 높을 때, 주변의 중요한 타인들에게 알려 자살 시도 가능성에 대한 준비를 하도록 한다.
③ 치료자와의 계약(다음 상담 때까지 자살을 시도하지 않겠다는 계약서 작성 또는 자살 시도를 하고자 할 때 상담자에게 연락할 것을 약속하는 등)을 통해 자살 시도를 막는 사전 준비를 한다.

08 어떤 환자에게 MMPI를 실시한 결과 L, K가 70이 넘어 방어적 경향이 강한 것으로 나타났고, 검사 결과를 해석할 수 없는 정도였다. 그러나 이 사람에게 심리검사는 꼭 필요한 것으로 판단되었다. 이때 임상심리사가 취할 수 있는 방법을 2가지로 구분해서 설명하시오.

....

....

....

....

....

....

모범답안

① 수검자가 자신에게 심리적 문제가 있음을 드러내는 것에 거부감을 가지고 있을 경우 : 척도 점수가 중요한 것이지 각 문항의 개별적인 응답 내용이 중요한 것이 아니라는 것을 강조한다.
② 수검자가 검사 및 검사자를 불신할 경우 : 검사 결과에 대해 반드시 비밀 유지가 이루어짐을 수검자에게 확신시킨다.

Part 2	기초심리상담

01 이중관계(다중관계)의 의미와 피해야 하는 이유를 예를 들어 설명하시오.

모범답안

① **이중관계의 의미** : 상담자 – 내담자 관계 이외에 추가적으로 상담자가 내담자와 다른 관계를 가지는 것을 말한다. 즉, 상담자 – 내담자 관계인 동시에 상담자가 내담자의 친·인척, 친구, 직장 상사 등의 관계일 경우, 상담 회기 내에 내담자와 맺는 사적 관계, 상담료 외의 경제적 거래 관계 등이 포함된다.
② **이중관계를 피해야 하는 이유** : 내담자와의 이중관계가 상담자의 객관성을 해쳐 상담자 역할의 효과적인 수행에 방해가 될 수 있기 때문이다. 따라서 상담자는 상담회기 내에 내담자와 사적 관계를 갖지 말아야 하고, 상담료 외에 어떠한 경제적 거래 관계도 맺어서 안 된다. 상담자는 이중관계의 우려가 있을 때에 내담자와 이중관계를 맺지 않도록 다른 전문 상담자에게 의뢰해야 하는 윤리적 의무가 있다.

02 단기 상담이 적합한 내담자의 특징 4가지를 쓰시오.

모범답안

① 내담자가 비교적 건강하며 그 문제가 비교적 심각하지 않은 경우
② 내담자가 자신의 경미한 문제에 대한 명확한 인식을 원하는 경우
③ 내담자가 임신·출산 등 발달 과정상의 문제를 경험하는 경우
④ 내담자가 중요 인물의 상실로 인해 생활상의 적응을 필요로 하는 경우
⑤ 내담자가 급성적 상황으로 인해 정서적인 어려움을 겪는 경우
⑥ 내담자가 조직이나 기관의 구성원으로 소속되어 있는 경우

03 Yalom이 제안하는 집단상담의 치료요인 5가지를 쓰시오.

....

....

....

....

....

....

....

....

....

....

....

....

....

모범답안

① **희망적 고취** : 집단은 집단 구성원에게 문제가 개선될 수 있다는 희망을 심어주는데, 이때 희망 자체가 치료적 효과를 가질 수 있다.
② **보편성** : 참여자 자신만 심각한 문제, 생각, 충동을 가진 것이 아니라 다른 사람도 자기와 비슷한 갈등과 생활 경험, 문제를 가지고 있다는 것을 알고 위로를 얻는다.
③ **정보 전달** : 집단 구성원은 집단 상담자에게서 다양한 정보를 습득함으로써 자신의 문제에 대해 보다 명확하게 이해하며, 동료 참여자에게서 직·간접적인 제안, 지도, 충고 등을 얻는다.
④ **사회기술의 발달** : 집단 구성원으로부터의 피드백이나 특정 사회기술에 대한 학습을 통해 대인관계에 필요한 사회 기술을 개발한다.
⑤ **대인관계 학습** : 집단 구성원과의 상호작용을 통해 자신의 대인관계에 대한 통찰과 자신이 원하는 관계 형성에 대한 아이디어를 가질 수 있으며, 대인관계 형성의 새로운 방식을 시험해 볼 수 있는 장이 된다.

Part 3 ▶ **심리치료**

01 해결중심 가족치료에서 주로 사용하는 질문 유형 3가지를 쓰고 설명하시오.

....
....
....
....
....
....
....
....

모범답안

① **기적 질문** : 문제가 해결된 상태를 상상해보는 것으로, 해결을 위한 요구사항들을 구체화·명료화하는 데 도움을 주는 질문이다.
　예 당신이 자고 일어나자 기적처럼 그 문제가 해결되었습니다. 아침에 일어나서 문제가 해결되었다는 사실을 어떻게 알 수 있을까요?
② **예외 발견 질문** : 문제 해결을 위해 우연적이며 성공적으로 실행한 방법을 찾아내어 이를 의도적으로 실행하게 하는 질문이다.
　예 문제가 발생하지 않은 때는 언제인가요?
③ **척도 질문** : 숫자를 이용하여 내담자에게 자신의 문제, 문제의 우선순위, 성공에 대한 태도, 정서적 친밀도 등의 수준을 수치로 표현하도록 하는 질문이다.
　예 그 사람과의 관계가 안 좋은 정도를 0점에서 10점까지의 점수로 표현해볼 수 있을까요?
④ **대처 질문** : 어려운 상황에서의 적절한 대처 경험을 상기시키도록 함으로써 내담자 스스로의 강점을 발견하도록 하는 질문이다.
　예 그렇게 힘든 상황에서 어떻게 지금의 상태를 유지하며 지내실 수 있었나요?
⑤ **관계성 질문** : 내담자와 중요한 관계에 있는 사람들의 관점에서 그들이 내담자 자신의 문제에 대해 어떻게 생각할지 추측해 보도록 하는 질문이다.
　예 만약 당신의 어머니가 지금 여기 계시다고 생각할 때, 어머니는 문제가 해결되면 무엇이 달라질 것이라고 말씀하실까요?
⑥ **상담 전 변화에 대한 질문** : 해결중심 모델은 가족에서의 변화는 지속적으로 일어난다고 가정하기 때문에 내담자에게 가족이 상담을 예약한 후 상담에 오기 전까지 변화한 점이 있는지에 대해 질문한다.
　예 가족이 상담을 예약한 후 현재 이곳에 오기 전까지 변화한 점이 있나요?

02 집단치료에서 집단 구성 시 현실적으로 고려해야 하는 사항 5가지를 쓰시오.

....

....

....

....

....

모범답안

① **집단 대상 선정** : 집단의 목적을 토대로 대상을 선정하되 성별, 연령, 학년, 성숙도, 교육수준 및 문제의 유형과 관심사 등과 같은 요소를 고려해야 한다.
② **동질·이질 집단의 결정**
　㉠ 동질집단은 비슷한 문제를 가진 사람들에게 효과적이다.
　㉡ 이질집단은 집단원을 통해 다양한 학습이 일어나도록 할 때 효과적이다.
③ **집단원의 적정 인원수** : 모든 집단원이 원만한 상호작용을 하고, 집단의 정서를 느낄 수 있는 정도의 적당한 인원수를 결정한다.
④ **집단의 일정** : 집단 상담의 총 회기수, 회기 간격, 회기당 시간, 집단모임 시간 등을 결정한다.
⑤ **집단모임 장소** : 조용하고 안정된 공간이며 집단원 수에 맞는 적당한 넓이여야 하고, 안락하고 정돈된 좌석 배치로 집단원에게 안정감을 주고 주의집중을 도울 수 있는 장소여야 한다.

03 공포증 환자 대상으로 체계적 둔감화를 3단계로 구분하여 순서대로 설명하시오.

....

....

....

....

모범답안

① **1단계 - 근육긴장이완 훈련** : 특정 근육을 긴장시킨 다음 긴장을 풀도록 한다.
② **2단계 - 불안위계표 작성** : 공포와 관련되어 점진적으로 불안을 유발하는 일련의 장면을 작성하도록 지시하여 불안 하위, 불안 중위, 불안 상위의 10~15개 항목을 채택한다.
③ **3단계 - 역조건 형성 단계** : 환자에게 위계상 가장 낮은 수준의 장면을 가능한 한 분명히 이완한 상태에서 상상하도록 지시한다. 이 장면도 약간의 불안을 유발하기 때문에 첫 접촉은 아주 짧아야 한다. 그 다음에 상상하는 장면의 지속 시간은 역조건 형성이 진행됨에 따라 서서히 증가될 수 있으며 낮은 위계에서 충분히 이완되면 점차 높은 위계로 진행한다.

04 정신과 병동에 입원해 있는 A씨는 만성조현병 환자이다. 임상심리사는 이 환자에게 인사하는 기술을 가르치고자 한다. 이를 위해 토큰경제 방법을 사용하고 방법은 5단계로 구분하여 순서대로 설명하시오.

모범답안

① **목표행동 결정하기** : 바람직한 행동을 확인, 정의하는 것으로 목표 행동은 행동 수정을 받는 사람에게 사회적으로 중요하고, 의미 있는 행동이어야 한다. 목표 행동은 인사하는 기술로 정한다.

② **기저선 정하기** : 목표 행동에 대한 기초자료를 수집하고, 토큰경제 방법이 시작되고 나면 기저선과 비교함으로써 효과를 평가할 수 있다.

③ **교환강화물 선택하기**
  ㉠ 토큰은 교환강화물과 짝지어지기 때문에 교환강화물이 토큰경제 방법의 효과성을 좌우하게 된다.
  ㉡ 강화되는 조건이 개인마다 다르므로 교환강화물은 개인마다 특별하게 선택될 수 있으며 이때 교환강화물은 특권이어야 하고 기본권이어서는 안 된다.
  ㉢ 문제의 사례에서 A씨가 좋아하는 음료수나 과자 등으로 설정할 수 있다.

④ **사용할 토큰 유형 선택하기** : 목표 행동을 수행한 즉시 줄 수 있는 토큰이어야 하며 교환 관리자가 가지고 다니고 지급하기 편해야 한다.

⑤ **적절한 강화계획과 교환계획 세우기**
  ㉠ 바람직한 목표행동이 일어날 때마다 토큰을 제공하는 연속적 강화로 시작해 목표 행동이 규칙적으로 일어나면 고정비율이나 변동비율과 같은 강화계획을 적용할 수 있다.
  ㉡ 처음 시작할 때는 충분히 많은 토큰을 제공하여 주기적으로 교환강화물로 교환하는 경험을 하도록 하여 바람직한 목표행동이 강화되도록 하는 것이 중요하다.
  ㉢ 토큰과 교환강화물의 교환은 내담자가 약간의 교환강화물을 얻을 수 있는 수준으로 하되 너무 많은 교환강화물을 받는 정도는 안 된다.

05 Beck의 인지적 왜곡 6가지를 쓰고 설명하시오.

....
....
....
....
....
....
....
....
....
....
....
....
....
....

모범답안

① 흑백논리적 사고(이분법적 사고, Dichotomous Thinking) : 생활 사건의 의미를 이분법적인 범주 중 하나로 해석하는 오류
② 과잉 일반화 (과도한 일반화 Overgeneralization) : 한두 번의 사건에 근거하여 일반적인 결론을 내리고 무관한 상황에도 그 결론을 적용시키는 오류
③ 정신적 여과(Mental Filtering, 선택적 추상화 ; Selective Abstraction) : 어떤 상황에서 일어난 여러 가지 일 중에 일부만 뽑아내어 상황 전체를 판단하는 오류
④ 의미 확대/축소(Magnification/Minimization) : 어떤 사건의 의미나 중요성을 실제보다 지나치게 확대하거나 축소하는 오류
⑤ 개인화(Personalization) : 자신과 무관한 사건을 자신과 관련되어 잘못 해석하는 오류
⑥ 감정적 추리(Emotional Reasoning) : 충분한 근거 없이 막연히 느껴지는 감정에 근거하여 결론을 내리는 오류

06 인간중심치료에서 로저스(Rogers)가 제시한 긍정적인 성격 변화를 위한 필요충분조건 5가지를 쓰시오.

모범답안

① 치료자(상담자)는 내담자와 심리적 접촉을 유지해야 한다.
② 내담자는 부조화 상태에 있어야 한다.
③ 치료자와 내담자의 관계는 조화롭고 통합적인 상태여야 한다.
④ 치료자는 내담자에 대해 무조건적인 긍정적 관심과 진실한 태도를 가져야 한다.
⑤ 치료자는 공감적 이해를 통해 내담자의 내적 준거틀을 이해하며 이러한 경험을 내담자에게 전달하고자 노력해야 한다.
⑥ 치료자의 공감적 이해와 무조건적 긍정적 관심이 내담자에게 일정수준 이상 전달되어야 한다.

Part 4 **자문 · 교육 · 심리재활**

01 재활치료의 손상, 장애, 핸디캡의 의미를 쓰고 개입방법의 차이를 설명하시오.

....

....

....

....

....

....

....

....

....

....

....

....

모범답안

① **손상(Impairment)** : 생리적 · 해부학적 구조나 기능의 상실이나 이상(시력 또는 청력의 상실, 사지운동의 감소, 근력 상실 등) 또는 심리적 기능의 상실이나 이상(기억력 감소, 사고장애, 환각, 불안, 우울, 무쾌감증 등)이 생긴 상태를 의미한다. 손상은 사회적 역할수행의 저하와 무능력의 원인으로 작용한다. 손상에 대한 개입 방안은 진단, 약물치료, 입원치료가 있다.

② **장애(Disability, 무능력, 불능)** : 한 사람이 사회적으로 기대되는 역할 또는 업무를 수행하는 데 제한되거나 전혀 수행하지 못하는 상태를 말하며 사회적 위축, 자기관리 미흡, 작업능력의 저하 등이 나타나게 된다. 개입 방안은 사회적 지지, 직업재활 상담, 기술 훈련, 환경 지원이 있다.

③ **핸디캡(Handicap/불이익, Disadvantage)** : 다른 사람과의 관계에서 경험하게 되는 불이익을 의미하며 편견, 차별 등에 의해 발생한다. 개입 방안은 제도 변화(법제정), 권익 옹호, 지역사회 지지 프로그램이 있다.

Part 1 ▶ 기초심리평가

01 심리평가를 위한 자료원 중 면담, 행동관찰과 비교한 심리검사의 장점 3가지를 기술하시오.

....

....

....

....

....

....

....

....

....

....

....

....

....

모범답안

① **객관성** : 실시와 채점 해석이 체계적으로 이루어져 있으므로 타당도와 신뢰도를 확보할 수 있으며 내담자에 대한 보다 객관적인 정보를 얻을 수 있다.
② **수치화** : 면담이나 행동관찰의 자료는 수치화하기 어려워 비교가 제한적이지만 검사는 수치화가 가능하여 개인 내 비교뿐 아니라 개인 간 비교도 가능하다.
③ **다양한 심리적 속성의 평가** : 다양한 심리검사를 활용하여 심리적 속성의 다양한 측면을 평가함으로써 내담자에 대해 보다 구체적이고 입체적인 정보를 얻을 수 있다.

02 다음 사례를 읽고 물음에 답하시오.

> 50대 여성 내담자 A씨의 Wechsler 지능검사 결과, 각 소검사별 평가치는 기본지식 8점, 숫자 6점, 어휘 10점, 산수 7점, 이해 9점, 공통성 9점, 차례 맞추기 6점, 빠진 곳 찾기 5점, 토막짜기 5점, 모양 맞추기 6점, 바꿔 쓰기 5점이었다.

(1) 위 사례에서 고려될 수 있는 정신과적 진단 종류 2가지와 감별 진단을 위해 고려해야 할 사항 4가지를 쓰시오.

....

....

....

....

....

모범답안

① 정신과적 진단 종류 : 주요우울장애, 범불안장애
② 감별진단을 위해 고려할 사항 : 우울삽화의 여부, 자살 가능성, 사고장애 가능성, 불안 원인 탐색

(2) 위 사례의 내담자에게 신경학적 검사상 특별한 이상소견은 없었고, 단지 남편의 외도로 인하여 스트레스를 받은 것이라면, 이 내담자의 숫자 및 산수 점수의 상대적 저하와 동작성 지능의 전반적인 저하에 대하여 설명하시오.

....

....

....

....

모범답안

남편의 외도라는 사건에 의한 반응성 우울증상으로 보이며 이로 인해 정신운동 속도의 저하, 무기력, 동기 저하가 일어나 동작성 지능이 전반적으로 저조하게 나타난 것으로 보인다.

03 MMPI나 BDI와 같은 객관적 자기보고형 검사의 장점과 단점을 각각 3가지씩 기술하시오.

....

....

....

....

....

모범답안

① 장점
　㉠ 검사의 시행, 채점, 해석이 용이하다.
　㉡ 검사의 신뢰도와 타당도를 검증할 수 있다.
　㉢ 검사자/상황 변인의 영향이 적기 때문에 개인 간 비교가 객관적으로 제시되어 객관성이 증대된다.
② 단점
　㉠ 응답방식에 따라 결과가 영향을 받는다(긍정 응답방식/부정 응답방식).
　㉡ 응답범위가 제한되어 있어 특정한 상황에서 특성 – 상황 상호작용을 파악하기 어렵고 검사결과가 지나치게 단순화된다.
　㉢ 문항 내용이 사회적으로 바람직한 내용인지 아닌지에 따라 수검자의 응답이 달라질 수 있다(방어 가능성).

04 MMPI 검사 결과에서 4번 척도와 6번 척도가 상승되어 있고, 5번 척도는 이들 척도보다 10점 이상 낮거나 T점수 50점 이하로 하락되어 있는 형태의 명칭과 특징 3가지를 기술하시오.

....

....

....

....

....

....

모범답안

① **명칭** : 수동공격형 V 또는 Scarlett O'hara V라고도 부르며 여성에게 흔하다.
② **특징**
  ㉠ 매우 수동-의존적이며, 전통적 여성의 역할에 과도하게 동일시된다.
  ㉡ 겉으로는 자신만만하고 사교적으로 보이나 내적으로는 분노감, 적대감이 넘치고, 애정에 대한 욕구가 강하다.
  ㉢ 타인에게 지나치게 애정과 관심을 요구하지만 만족하지 못한다.
  ㉣ 남자에 대한 의존성은 수동-공격적 경향성을 보인다.
  ㉤ 원하는 것을 얻기 위해 요구적·도발적 태도를 보이고, 타인을 조정하려고 하는데 이러한 태도는 타인을 짜증나게 만들어 떠나게 한다.
  ㉥ 6번 척도는 편집증적 경향이라기보다 타인에 대한 비난, 만성적 분노감을 반영한다.
  ㉦ 타인을 화나게 하지만 그에 대한 책임은 인정하지 않기 때문에 치료적 개입이 매우 어렵다.

05 로샤(Rorschach)검사의 엑스너(Exner) 방식에 따른 채점 항목 중 형태질의 종류 3가지를 기술하시오.

모범답안

① + : 'o' 채점 반응에서 형태를 비일상적으로 상세하게(사진처럼) 설명하는 경우를 말한다.
② o : 대상의 특징을 묘사하기 위한 일상적 반응으로 '+' 반응처럼 자세하지는 않다.
③ u : 대상의 특징을 묘사하기 위한 비일상적인 반응이지만 쉽게 알아볼 수 있다.
④ - : 반응하는 형태가 왜곡되고 임의적, 비현실적인 경우를 말한다.

| **해설** |
형태질 : 반점의 특징에 근거해 보았을 때 반응내용이 적절한지를 평가한다.

06 심리평가 최종보고서에 반드시 포함되어야 할 내용을 5가지 기술하시오.

....

....

....

모범답안

① 인적사항
② 의뢰 사유, 주호소 문제
③ 현 병력, 과거 병력, 개인력, 가족력
④ 실시된 검사종류, 행동관찰, 검사내용 및 결과
⑤ 의심되는 진단명 및 치료 시 권고사항
※ 지침 : 생활사적 정보와 심리검사 내용을 잘 조합시켜 보고해야 하며, 보고서를 받는 이가 누군가에 따라 그에 맞춰 작성해야 한다.

07 아동평가에서 특정한 문제영역이 아닌 전반적인 광범위한 문제영역을 보호자의 보고에 의해 평가할 수 있는 평정척도 2가지를 기술하시오.

....

....

....

....

....

모범답안

① 아동 · 청소년 행동평가척도(K-CBCL ; Korean-Child Behavior Check List)
  ㉠ 4~18세 연령의 아동 · 청소년을 대상으로 한다.
  ㉡ 문제행동 영역과 적응행동에 대한 정보(아동의 대인관계 패턴, 학업 유능성, 선호하는 활동 평정)를 제공한다.
  ㉢ 교사의 경우 적응기능으로 분류하고 적응적 학교생활 기술을 측정한다.
  ㉣ 사회능력척도(사회성+학업수행=총사회능력)+문제행동증후군(12개 합산)으로 구성된다.
  ㉤ 문제행동증후군은 위축, 신체화, 우울/불안, 사회적 미성숙, 사고 문제, 주의집중 문제, 비행, 공격성, 성 문제, 정서 불안정, 내재화 문제, 외현화 문제로 구성된다.
  ㉥ 사회성척도와 학업수행척도의 표준점수인 T점수가 30 이하이면 문제가 있다고 판단되며

총 사회능력척도의 T점수가 33점 이하이면 문제가 있는 것으로 판단한다.
- ⓐ 총 문제척도의 T점수 63 이상(90% 이상), 각 문제증후군의 T점수 70 이상(97% 이상)이 주의 대상으로 판단된다.

② **한국아동인성검사(KPRC ; Korean Personality Rating Scale for Children)**
- ㉠ 아동의 적응에 지장을 줄 수 있는 문제가 있는지 여부와 임상적 진단에 대한 객관적 정보를 제공하여 진단과 선별에 사용한다.
- ㉡ 아동과 매우 친숙한 어른(부모)이 응답하도록 되어 있으며 비교적 짧은 시간에 손쉽게 수행할 수 있는 검사로, 다수를 대상으로 할 수 있어 선별검사로 유용하다.
- ㉢ 검사결과가 표준화된 점수로 제공되므로 임상적 문제의 가능성을 비교적 쉽게 변별할 수 있다.
- ㉣ 타당도 척도(3), 자아탄력성 척도(1), 임상척도(10)로 구성된다.
  - ⓐ 타당도 척도 : 검사 – 재검사 신뢰도, 방어적 태도, 증상의 과장/무선반응
  - ⓑ 자아탄력성 척도 : 내/외적 스트레스에 융통성 있고 적절하게 대처하는 개인의 전반적 능력
  - ⓒ 임상척도
    - 언어발달 : 전반적 지적수준, 언어이해, 읽기, 쓰기, 기본연산, 시간개념이 포함되며 척도 점수가 높으면 언어발달은 지체된 것으로 해석된다(척도↑ = 언어발달↓).
    - 운동발달 : 정신운동 기능의 협응정도/속도, 신체 운동발달을 나타내며 척도 점수가 높으면 운동발달이 지체된 것으로 해석된다(척도↑ = 운동발달↓).
    - 불안 : 자연 현상, 사회관계에서의 두려움, 긴장, 불안이 포함되며 척도 점수가 높으면 불안과 긴장수준이 높은 것으로 해석된다(척도↑ = 불안, 긴장↑).
    - 우울 : 우울한 기분, 사회적 고립감, 신체적 무기력감을 나타내며 척도 점수가 높으면 우울 관련 증상이 있음을 나타낸다(척도↑ = 우울증상↑).
    - 신체화 경향성 : 신체적 피로감, 건강과 관련된 호소 정도를 나타내며 척도점수가 높으면 심리사회적 스트레스가 신체적으로 표현되고 있는 것으로 해석된다(척도↑ = 신체화↑). 실제적으로 신체적 취약성을 반영하기도 하지만 신체증상을 통한 책임회피, 불편한 상황에서의 도피를 위해 사용하는 경우도 있다.
    - 비행 : 아동의 비순응성, 공격성, 충동성, 학교나 가정에서의 규칙위반 등을 반영하며 척도 점수가 높으면 규칙을 따르지 않고, 적대적이며 충동적이고 무책임함을 나타낸다(척도↑ =반항/불복종/비순응성/거짓말/적대적/충동적/공격성/무책임 성향↑).
    - 과잉행동 : 과잉행동 충동성과 학습·대인관계에서의 어려움을 나타내며 높은 척도 점수는 주의력 결핍이나 과잉행동의 가능성을 나타낸다(척도↑ = 과잉행동↑).
    - 가족관계 : 가족 내 긴장감, 불화 정도를 나타내며 높은 점수는 가족 구성원 간의 갈등과 비난수준이 높아 가정 내 긴장이 아동에게 스트레스의 주 원천이 되며 가정이 화목하지 못하고 아동에게 필요한 심리적 지지를 해주지 못함을 의미한다(척도↑ = 가정 불화↑).
    - 사회 관계 : 또래나 일반적인 대인관계에서 겪는 어려움을 반영하며 높은 점수는 사람들과 관계를 맺는 데 어려움을 느끼며 이로 인해 심한 스트레스를 겪음을 나타낸다(척도↑ = 대인관계 어려움/위축·고립 가능성↑).
    - 정신증 : 현실 접촉의 어려움, 부적절하고 특이한 행동, 대인관계에서의 고립이나 회피, 전반적인 부적응을 나타내며 높은 점수는 심각한 부적응·심리적 혼란을 나타낸다(척도↑ = 정신증적 증상↑). 하지만 아동기 정신병은 매우 드물며 정신병으로 진단된 아동들이 이 척도의 상승을 보이기는 하나 이 척도 상승이 항상 정신병을 시사하는 것은 아니다.

Part 2 기초심리상담

01 상담자와 내담자와의 관계에서의 윤리적 원칙과 행동지침 5가지를 기술하시오.

....
....
....
....
....
....
....
....
....
....

모범답안

① 윤리적 원칙
  ㉠ 선의와 무해 : 자신이 서비스를 제공하는 사람의 이익을 위해 노력하고 해를 끼치지 않는다.
  ㉡ 비밀엄수와 책임감 : 사회에 대한 전문가적, 과학적 책임이 있고 신뢰를 바탕으로 관계를 정립한다.
  ㉢ 성실성 : 모든 활동에 있어 정확하고 정직하며 진실됨을 추구한다.
  ㉣ 공정성 : 모든 사람은 심리학적 서비스를 이용하고 이익을 얻을 권리가 있다. 상담자는 자신이 가진 편견, 능력의 한계를 인지하고 있어야 한다.
  ㉤ 다른 사람의 권리와 존엄성의 존중 : 모든 사람의 권리와 존엄성을 존중하고 이러한 권리의 보호 방법을 규정화한다.
② 행동지침
  ㉠ 상담관계 : 상담자(치료자)는 항상 내담자에게 최대한의 유익을 주기 위해 노력해야 한다.
    ⓐ 치료계획을 세우고 적절한 접근방법을 사용하는 데 유능해야 한다. 만약 자신의 치료가 더 이상 내담자에게 도움이 되지 않는다고 생각하면 보다 적합한 사람이나 기관에 의뢰해야 한다.
    ⓑ 치료자는 다양성 및 인간의 권리와 존엄성에 대한 존중이 반영되게 해야 한다.
  ㉡ 비밀보장 : 상담자는 내담자의 비밀정보를 보호해야 할 일차적 의무가 있으며 비밀보호에 대한 의무는 내담자의 가족, 동료에게도 지켜져야 한다. 단, 법률에 의해 위임받은 경우, 자해/타해의 위험이 있는 경우 등의 상황에서는 비밀보장의 한계가 있다.
  ㉢ 전문가적 한계 : 상담자는 자신의 능력, 전문성을 개발, 발전, 유지하기 위해 지속적으로 노력하고 자신의 전문적 분야에 한해서만 서비스를 제공하며, 자신의 한계를 인식하여 자

신의 능력과 자격 이상의 조력활동은 하지 않아야 한다.

② 이중관계의 지양 : 상담자와 내담자의 사적 관계는 객관적, 효율적 업무수행을 방해하여 내담자의 이익을 해할 우려가 있기 때문에 상담자는 내담자와 사적 관계를 맺어서는 안 되며 상담료 외에 어떤 경제적 관계도 맺어서는 안 된다(이중관계 : 이중관계란 상담사가 내담자와 치료적 관계 이외의 관계를 맺는 것으로 사적으로 친밀한 관계, 사제관계, 친척 관계, 같은 기관 소속의 고용 및 상하 관계가 이에 해당된다.).

⑩ 성적관계의 지양 : 상담자는 내담자, 내담자의 중요한 타인과 어떤 종류의 성적 친밀성도 허용되지 않으며 과거에 그러한 관계를 가졌던 사람을 내담자로 받아들이지 않아야 하고 치료종결 후 최소 3년 동안 내담자였던 사람과 성적 친밀성을 갖지 않아야 한다(가능하면 치료 종결 후 3년이 지나도 내담자였던 사람과 성적 친밀성을 갖지 않음).

⑪ 치료 절차에 대한 설명과 동의 : 상담자는 내담자에게 치료에 대한 상세한 설명(본질, 절차, 비용, 비밀유지의 한계 등)을 제공하고 내담자의 동의를 구하며 내담자 최선의 이익을 고려해야 한다.

⑫ 타 기관에서 서비스를 받고 있는 내담자에게 서비스를 제공할 때는 치료적 쟁점과 내담자의 복지를 심사숙고하여 세심하게 처리해야 한다.

02 집단상담의 일반적인 치료요인 5가지를 기술하시오.

모범답안

① **희망적 고취** : 집단은 집단구성원에게 문제가 개선될 수 있다는 희망을 심어주며, 이 희망 자체가 치료적 효과를 가질 수 있다.

② **보편성** : 참여자 개인이 자신만 심각한 문제나 생각, 충동을 가진 것이 아니라 다른 참여자도 자신과 비슷한 갈등, 생활경험, 문제를 지니고 있다는 사실을 알게 되고 위로를 얻는다.

③ **정보전달** : 집단상담자는 집단구성원에게 다양한 정보를 제공하고, 집단구성원은 이를 습득하여 자신의 문제를 보다 명확하게 이해하며, 동료 참여자에게서도 직·간접적인 제안, 지도, 충고 등을 얻게 된다.

④ **사회기술 발달** : 집단구성원에게서 피드백을 받고, 특정 사회기술을 학습할 수 있어 대인관계에 필요한 사회 기술이 개발된다.

⑤ **대인관계 학습** : 집단구성원과의 상호작용을 통해 참여자 개인의 대인관계에 대한 통찰이 이루어지고, 원하는 관계 형성에 대한 아이디어를 얻을 수 있으며, 새로운 방식의 대인관계 형성을 시험해 볼 수 있다.

Part 3 **심리치료**

01 다음 보기의 내용은 사티어(Satir)의 경험적 가족치료모델의 의사소통 유형에 대한 설명이다. ( )에 들어갈 각각의 의사소통 유형을 기술하시오.

- (①) : 다른 사람을 존중하면서도 자신의 진정한 가치나 감정은 무시한다.
- (②) : 오로지 자신만을 생각하며, 다른 사람들은 무시한다.
- (③) : 비인간적인 객관성과 논리성의 소유자이며, 자신과 타인을 무시한다.
- (④) : 주변상황과 관계없이 행동하며, 버릇없고 혼란스럽다.
- (⑤) : 자신 및 타인, 상황을 모두를 존중하며 신뢰한다.

모범답안

① **회유형** : 다른 사람은 존중하지만 자신의 진정한 가치 또는 감정은 무시한다. 의존적이고 상처받기 쉽고, 자아개념이 약하다.
② **비난형** : 오직 자신만 생각하고 다른 사람들은 무시한다. 완고하고 독선적이며 융통성이 없다.
③ **초이성형** : 비인간적인 객관성과 논리성의 소유자이며, 자신과 타인을 무시하고 믿지 못한다.
④ **혼란형(산만형)** : 주변상황과 관계없이 행동하며, 버릇없고 혼란스럽다.
⑤ **일치형** : 자신 및 타인, 상황을 모두 존중하고 신뢰하며 자존감이 높고 자율적이며 유연하다.

02 개인의 취약성과 환경으로부터 주어지는 스트레스가 상호작용하여 정신장애로 발병한다고 보는 통합적 입장의 모델명을 제시하고, 이 모델에서 개인의 취약성에 해당하는 정신장애 원인을 2가지 기술하시오.

모범답안

① **모델명** : 취약성 - 스트레스 모형(병적소질 - 스트레스조망, Vulnerability - stress model)
② **개인의 취약성에 해당하는 정신장애 원인**
    ㉠ 심리적 취약성 **예** 부모의 양육방식, 개인적 성격 특성
    ㉡ 생물학적 취약성 **예** 유전적 이상, 뇌신경학적 이상

※ 스트레스 요인에 해당하는 정신장애 원인
    ㉠ 신체적 변화 **예** 장애, 질병
    ㉡ 심리사회적 변화 **예** 실직, 이혼, 가족의 사망

| 해설 |

취약성 - 스트레스 모형은 개인의 정신건강에 위협이 되는 심리적(부모의 양육방식, 개인적 성격특성 등)·생물학적 취약성(유전적 이상, 뇌신경학적 이상 등)과 환경에서 오는 스트레스(부모의 불화/이혼/죽음, 부정적 학교 경험 등)가 상호작용하여 정신장애로 발병한다고 보는 통합적 입장의 모델이다.

취약성 스트레스 모형은 정신장애 발생에 미치는 취약성과 스트레스 비중의 개인차를 설명할 수 있다. 즉, 매우 심각한 취약성을 지녔다면 경미한 스트레스에도 정신장애를 나타낼 수 있고, 취약성이 경미하면 심각한 스트레스에도 정신장애를 나타내지 않을 수 있다. 반대로 매우 심각한 취약성을 지녔더라도 스트레스가 없다면 정신장애를 나타내지 않고, 취약성이 경미하더라도 매우 심각한 스트레스가 발생하면 정신장애를 나타낼 수 있다.

03 최근 네트워크 기술의 발달과 함께 인터넷중독이 사회적 문제로 대두되고 있다. 인터넷중독이 의심되는 청소년 내담자에게 추천할 만한 인터넷중독에서 벗어나기 위한 방법 5가지를 기술하시오.

모범답안

① 자신의 인터넷중독 행동에 대해 정확하게 인식하여 인터넷중독에 대한 문제의식을 갖게 한다.
　예 얼마나 심각한지, 이로 인해 삶의 다른 중요한 영역에서 얼마나 많은 피해를 입고 있는지, 심리적 및 물질적 손해는 얼마나 되는지 등
② 인터넷 사용 행동 외의 적절한 대안활동을 찾도록 한다.
　예 친구와 만나거나 영화관 또는 도서관 가기 등
③ 자극 통제 방법을 사용하여 자기통제력을 증진시킨다.
　예 인터넷을 사용할 수 없는 곳에서 주로 활동하거나, 컴퓨터를 사용할 수 없는 환경 만들기 등
④ 효율적인 시간 관리를 통해 인터넷 사용에 대한 욕구를 느낄 수 있는 무료한 시간 등을 없애도록 유도한다.
⑤ 인터넷중독은 재발 가능성이 높기 때문에, 주변의 가까운 타인, 특히 가족이나 자주 만나는 친구들이 앞서 제시한 '스스로 해내야 하는 방법'을 내담자 스스로 잘 해내고 있는지 모니터하도록 한다.

04 오염에 대한 지속적인 생각과 반복적인 손 씻기 행동을 보이는 40대 남성이 있다. 이 경우 유추 가능한 진단명을 제시하고, 치료기법 및 치료과정 4단계를 기술하시오.

....

....

....

....

....

....

....

모범답안

① **진단명** : 강박장애
② **치료기법** : 노출 및 반응방지법(ERP ; Exposure and Response Prevention)
③ **치료 과정**
  ㉠ 1단계 : 강박증상을 보이는 내담자가 특히 불안을 느끼거나 두려워하는 특정 자극을 상상하도록 노출시킨다. **예** 더러운 세균이 손에 묻었다는 생각
  ㉡ 2단계 : 이러한 생각에 대한 반응인 강박행동을 일정 시간 동안 하지 못하도록 제지한다.
  ㉢ 3단계 : 1, 2 단계를 하는 동안 불안수준이 높아지지만 강박행동을 하지 않아도 자신이 두려워하는 결과가 초래되지 않는다는 사실을 학습하면 점차 불안이 완화된다.
  ㉣ 4단계 : 점진적으로 불안이 감소되어 자극상황에 노출되었을 때도 불안을 느끼지 않게 되고, 결과적으로 강박행동도 하지 않게 된다(습관화 및 소거).

심화학습

① **노출 및 반응방지법** : 두려움과 거부감의 대상이 되는 자극을 체계적이고 반복적으로 노출시킴으로써 내담자는 자신의 강박적 사고가 근거없는 것이며 강박적 행동에 의한 중화 또한 불필요하다는 사실을 깨닫게 된다.
② **노출 방식**
  ㉠ 상상 노출 : 공포유발 자극에 대한 상상만 하며 실제적인 노출은 하지 않는다.
  ㉡ 가상현실 노출 : 현실에서 제공하기 어려운 상황을 가상현실로 구성하여 치료실과 같은 안전한 상황에서 노출시켜 노출로 인한 내담자의 불안과 거부감을 완화시킬 수 있다.
  ㉢ 점진적(단계적) 노출 : 가장 불안이 낮은 자극부터 시작하여 높은 불안을 일으키는 자극의 순서로 진행하여 단계적으로 노출시킨다.
  ㉣ 홍수법(flooding therapy, 대량자극법) : 한 번에 강한 공포 유발자극에 대면하도록 한 뒤 위험하지 않음을 충분히 느끼도록 한다.
  ㉤ 간격 노출 : 몇 달의 기간 동안 매주 자극에 노출시킨다.
  ㉥ 집중 노출 : 몇 주 동안 매일 자극에 노출시킨다.

05 소크라테스식 대화의 특징 3가지를 쓰고, 질문 유형과 예시를 2가지 기술하시오.

....

....

....

....

....

....

....

....

....

....

....

....

모범답안

소크라테스식 질문법

① 특징

ㄱ '문답식 산파술'을 사용한다. 즉, 대화를 이용해 내담자의 불확실한 지식을 진정한 개념으로 유도하는 기법으로 내담자의 비합리적 신념, 자동적 사고의 내용이 드러난다.

ㄴ 사고의 논리적 구조를 가정하기 때문에 더 깊은 수준의 인지적 왜곡인 핵심신념을 통찰할 수 있게 한다.

ㄷ 상담자의 질문과 내담자의 답이 오가는 과정에서 내담자는 스스로 비합리적 신념을 깨닫게 된다.

② 질문유형과 예시

ㄱ 논리적 논박 : "그러한 신념의 논리적 근거는 무엇입니까?"

ㄴ 경험적 논박 : "그 신념의 증거는 무엇입니까?"

ㄷ 대안적 논박 : "당신의 삶이 더 행복해지기 위해 더 합리적인 신념은 무엇입니까?"

ㄹ 실용적/기능적 논박 : "그러한 신념이 인생을 행복하게 사는 데 어떤 도움을 줍니까?"

ㅁ 철학적 논박 : "그러한 신념이 당신의 인생에 어떤 의미를 갖습니까?

06 로저스(Rogers)가 강조한 3가지 치료적 조건(내담자 변화를 촉진하는 치료자의 3가지 태도)을 기술하시오.

....

....

....

....

....

....

....

....

....

....

모범답안

① 일치성(진실성)
  ㉠ 상담자가 내담자를 대하면서 드는 생각, 감정, 태도를 있는 그대로 인정하고 개방하는 것을 의미한다.
  ㉡ 일치성은 상담자의 인격적 성숙을 전제로 하며, 자기와 경험 간의 불일치를 줄여가는 밑거름이 된다.
② 무조건적 긍정적 존중과 수용
  ㉠ 아무런 가치조건화 없이 내담자를 한 인간으로서 긍정적 존재로 대하는 것을 의미한다.
  ㉡ 내담자를 한 인격체로서 깊게 돌보는 것을 말하며, 내담자의 감정, 행위, 생각의 좋고 나쁨의 평가와 판단에 영향을 받지 않으며 내담자에 대한 돌봄은 비소유적이다.
③ 정확한 공감적 이해
  ㉠ 내담자의 경험과 감정을 민감하고 정확하게 이해하는 것을 의미한다.
  ㉡ 공감적 이해의 목적은 내담자가 자신에게 더욱 밀접하게 다가가 더 깊고 강렬한 감정을 경험하게 함으로써 내담자 내부에 존재하는 불일치성을 인식하여 해결하도록 격려하는 것이다.
  ㉢ 내담자가 자신의 정체감 분리 없이 현재 보고 느끼는 주관적 세계를 파악할 때 건설적 변화가 일어나게 된다.

07 방어기제의 의미와 방어기제의 유형 4가지를 기술하시오.

....

....

....

....

....

....

....

모범답안

① **방어기제의 의미** : 불안이나 죄책감 같은 불쾌한 정서 상태에서 이성적이거나 합리적으로 자신을 보호하지 못할 때 붕괴 위기의 자아를 보호하기 위한 무의식적인 반응이다.

② **방어기제의 유형**

㉠ 합리화 : 자신의 생각이나 행동, 감정의 진실한 동기를 숨기고, 자신의 선택을 적절하지 않은 방식으로 자신에게 유리하게 해석한다.

㉡ 부인 : 타인에게는 분명해 보이는 현실적 측면을 인정하기 거부한다.

㉢ 억압 : 용납되지 않는 욕구, 생각 또는 경험을 무의식 영역으로 몰아내는 무의식적 과정이다. 의식적 과정인 억제와는 달리 무의식적으로 일어난다는 점에서 억제와 구별된다.

㉣ 퇴행 : 자신의 발달 단계 이전의 단계로 돌아가는 것으로 심각한 스트레스에 상황에서 미성숙하고 적절하지 않은 행동을 보인다.

㉤ 투사 : 용납할 수 없는 자신의 감정이나 충동, 사고 등을 부당하게 타인의 탓으로 돌린다.

㉥ 치환(대치, 전치) : 정서적 느낌이나 반응을 야기한 상황보다 덜 위협적인 대상에 자신의 정서를 표출한다.

㉦ 반동형성 : 용납할 수 없는 생각이나 감정을 감추고 정반대의 행동이나 생각, 감정들로 대치한다.

㉧ 동일시 : 타인의 일을 마치 자기 자신의 일인 것처럼 느끼고 행동한다.

㉨ 승화 : 잠재적으로 부적응적인 감정이나 충동을 사회적으로 용납될 수 있는 행동으로 변형시켜 표현한다.

㉩ 주지화 : 불편한 감정을 조절하거나 최소화하기 위해 지나치게 추상적으로 사고하거나 일반화한다.

㉪ 억제 : 비생산적이고 정서적 혼란감을 느끼게 하는 사건에서 의도적으로 주의를 돌리는 의식적인 과정이다.

㉫ 내사 : 다른 사람의 가치/기준을 받아들이는 것으로 부모나 상담자의 가치관을 받아들이는 것이 해당된다.

㉬ 보상 : 자신의 한계를 만회하려고 약점을 감추거나 긍정적인 특성을 개발한다.

Part 4 자문 · 교육 · 심리재활

01 건강심리학의 발달 배경을 3가지 기술하시오.

....

....

....

....

모범답안

① **질병의 양상 변화** : 기존방식의 의학적 치료만으로는 심리정서적 요인의 영향이 큰 성인병을 효과적으로 다루지 못한다.
② **질병과 건강에 대한 관점의 변화** : 건강과 질병을 제대로 이해하기 위해서는 질병의 생물학적 원인뿐만 아니라 심리사회적 원인 모두를 고려해야 하며, 건강은 단지 질병이 없는 상태가 아니라 신체적, 심리적, 사회적 모두가 안녕을 누리는 상태로 봐야 한다.
③ **건강이 심각한 사회문제가 되어 사회적 비용 증가** : 사회 문제의 해결이라는 심리학의 기능과 관련하여 건강과 질병에 대한 관심이 증가하였으며 건강심리학 연구에 대한 관심 또한 증가하였다.

02 심리적 응급처치 방법을 5단계로 구분하여 기술하시오.

....

....

....

모범답안

① **안정감 갖게 하기** : 혼란감을 겪었던 생존자가 안정감을 누리도록 안전하다고 설명한다.
② **차분하게 만들어주기** : 생존자에게 차분하고 침착한 어투로 말하도록 하고, 차분하게 행동하도록 함으로써 안전한 장소에 있는 것으로 느껴 스스로도 심리적 안정감을 느끼게 하며 깊은 심호흡을 하도록 한다. 또한 생존자를 진정시키기 이전에 상담자가 먼저 진정된 상태로 있어야 한다.
③ **자기와 집단 효능감 만들어주기** : 생존자에게 적극적으로 구조 활동에 참여하도록 함으로써 자기효능감을 높이고 무력감을 극복할 수 있게 한다.
④ **연결감 만들기** : 생존자와 연결된 관계를 만들어 사회적 지지를 받게 한다.
⑤ **희망감 만들기** : 지금 당장은 어렵고 힘들더라도 현재 상황에 대해 정확하고 긍정적인 측면을 지적하고 예측 가능한 다음 단계를 논의하여 희망을 유지하도록 한다.

Part 1 ▶ 기초심리평가

01 기질성 기억장애와 기능성 기억장애의 차이점을 3가지 기술하고, 각각의 예를 1가지씩 제시하시오.

모범답안

① **뇌기능 손상(기질적 병리 여부)** : 기질성 기억장애는 기억장애에 대해 뇌병변이나 뇌손상으로 인한 기질적 병리가 증명된 경우(圆 뇌 외상, 감염, 혈관성 질환 등)인 반면, 기능성 기억장애는 기억장애가 있으나 뇌병변이나 뇌손상이 없는 경우(圆 조현병, 우울증, 외상후 스트레스 장애 등에서 나타나는 기억장애)를 가리킨다.

② **기억상실의 범위** : 기질성 기억장애는 뇌손상이나 뇌병변으로 인하여 발생하기 때문에 기억상실의 범위가 광범위하고 어떤 시기의 경험 전체를 잊어버리는 경우가 많다. 반면, 기능성 기억장애는 정서적 충격을 주는 사건으로 발생하기 때문에 해당 사건과 관련된 기억만 상실되는 경우가 있어 기억상실의 범위를 예측하기가 어렵다.

③ **학습 가능 유무** : 기질성 기억장애는 뇌손상에서 기인하기 때문에 정보의 입력과 인출과정에 영향을 받아 새로운 지식을 학습하는 것이 사실상 불가능할 수 있다. 반면, 기능성 기억장애는 새로운 지식을 학습하는 데 이상이 없다. 예를 들어 해마손상으로 인한 기질성 기억장애는 손상 시기 이전의 기억은 인출할 수 있지만 새로운 지식의 학습이 불가능한 반면, 기능성 기억장애는 정서적 충격을 준 사건에 대한 기억은 나지 않지만 새로운 지식을 학습할 수는 있다.

④ **다른 장애 동반 유무** : 기질성 기억장애의 원인이 되는 뇌손상은 기억장애뿐 아니라 다른 기능에도 영향을 주는 경우가 흔하다. 예를 들어 운동속도의 저하, 시간-공간 능력의 손상, 복잡한 자극을 정확하게 지각하지 못하는 시지각장애, 청지각과 촉지각 영역의 장애(실인증), 실어증, 주의력의 손상 등이 기억장애와 함께 동반될 수 있다. 반면, 기능성 기억장애는 이와 같은 장애를 동반하지 않는다.

02 MMPI 2개 척도 해석에서 4-9/9-4 프로파일에 대해 가능한 해석을 5가지 기술하시오.

모범답안

① 반사회적 인격장애 특징을 지닌다.
② 사회적 규범과 가치관, 제도에 대한 무관심과 무시를 나타낸다.
③ 반사회적 행위로 인해 권위적인 인물과의 잦은 마찰을 일으킨다.
④ 충동적이며 무책임하여 타인과의 관계에서 신뢰를 얻기 어렵다.
⑤ 신체적, 정서적 흥분을 추구하며 욕구지연 능력이나 좌절 인내력이 빈약하다.
⑥ 도덕성과 윤리의식이 발달하지 않아 자기 멋대로 행동한다.

03 다음 MMPI의 임상척도 중 응급적 개입이 필요한 코드타입을 고르고 그 이유에 대해 기술하시오.

① 1-2-3   ② 3-4   ③ 7-8-9   ④ 2-7-3

모범답안

③ 7-8-9의 상승은 정신증적 증상을 반영하며 현실 검증력의 손상, 극심한 혼란감, 행동화 경향으로 인해 자신과 타인을 해칠 가능성이 높기 때문에 가장 응급하게 조치가 필요한 코드타입이다. 신속한 조치를 취하여 정서적 혼란감의 정도와 현실검증력의 정도를 살피고 필요한 개입이 이루어져야 한다.

04 K-WAIS-IV의 3가지 주요 지표와 각각 포함되는 핵심 소검사를 기술하시오.

....

....

....

....

....

....

....

....

....

모범답안

① **언어이해(VCI) 지표** : 언어직 추론과 이해, 언어적 개념화, 언어적 자극에 대한 주의력, 획득된 지식 등에 대한 측정치이다. 언어이해 지표의 핵심 소검사는 공통성, 어휘, 상식이다.

② **지각추론(PRI) 지표** : 유동적 추론 능력, 즉 시각적 자극을 통합하거나 비언어적으로 추론하는 능력, 학습을 통해 배울 수 없는 문제를 해결하기 위해 시공간적인 시각-운동 기술을 적용하는 능력, 세부적인 특징에 주의를 기울이는 능력에 대한 측정치이다. 지각추론 지표의 핵심소검사는 토막짜기, 행렬추론, 퍼즐이다.

③ **작업기억(VMI) 지표** : 주의력, 집중력, 제시되는 정보를 효율적으로 처리하기 위해 아주 짧은 시간 동안 머릿속에 정보를 유지하는 능력, 정보의 변환과 산출이 일어나는 곳의 정신적 용량에 대한 측정치이다. 작업기억 지표의 핵심소검사는 숫자, 산수이다.

④ **처리속도(PSI) 지표** : 시각적 정보를 빠르게 정확하게 탐색하고 변별하는 능력, 일상적이고 단순한 정보를 오류 없이 신속하게 처리하는 정신 속도와 소근육의 처리 속도에 관한 능력을 측정한다. 처리속도 지표의 핵심소검사는 동형 찾기, 기호쓰기이다.

심화학습

① **언어이해 지표의 핵심소검사**

ㄱ 공통성 : 두 가지 단어를 듣고 비슷한 점을 말하는 검사로 언어적 추론, 언어적 문제해결력, 청각적 이해, 언어적 표현, 본질적인 것과 비본질적인 것에 대한 이해능력을 측정한다.

ㄴ 어휘 : 검사자가 읽어주는 단어의 뜻을 수검자가 말하는 검사로 획득된 지식, 언어적 표현능력, 장기기억, 결정성 지능, 청각적 지각과 이해능력을 측정한다.

ㄷ 상식 : 일반적인 지식에 대한 광범위한 질문에 수검자가 답을 하는 검사로 결정성 지능, 학교나 환경에서 얻은 정보를 유지하고 인출하는 능력, 장기기억을 측정한다.

ㄹ 이해(보충 소검사) : 일반적 규칙, 사회적 상황에 대한 이해를 바탕으로 검사자의 질문에 대답하는 검사로 언어적 추론/개념화, 언어적 이해/표현, 언어적 문제해결, 결정성 지능을 측정한다.

② **지각추론 지표의 핵심소검사**

⊙ 토막짜기 : 흰 면, 빨간 면, 흰 면/빨간 면의 토막으로 제시된 예시와 똑같은 모양을 만드는 검사로 추상적 시각 자극의 분석과 종합, 시지각 및 시각적 조직화, 시공간적 문제해결능력, 시각–운동 협응능력을 측정한다.

⊙ 행렬추론 : 불완전한 행렬을 보고, 다섯 개의 반응 선택지에서 행렬의 빠진 부분을 고르는 검사로 유동성 지능, 비언어적 문제해결, 비언어적 추론, 공간적 시각화를 측정한다.

⊙ 퍼즐 : 완성된 퍼즐그림을 보고 퍼즐을 완성할 수 있는 세 개의 퍼즐 조각을 보기에서 고르는 검사로 비언어적 추론, 유동성 지능, 추상적 시각자극의 분석/통합 능력, 공간적 시각화 및 조작 능력을 측정한다.

⊙ 무게 비교(보충 소검사) : 양팔저울의 양쪽에 올려진 도형들의 무게를 바탕으로 양팔 저울의 균형을 맞추기 위해 비어있는 쪽에 어떤 도형의 조합을 넣어야 하는지 유추하도록 하는 검사로 양적 추론, 유추적 추론, 귀납적/연역적 추론 실행기능 기술을 측정한다.

⊙ 빠진 곳 찾기(보충 소검사) : 제시된 그림에서 빠져있는 중요한 부분을 가리키거나 말하도록 하는 검사로 집중력, 시각적 지각/조직화, 시각적 변별, 사물의 본질적인 세부에 대한 시각적 재인, 추리, 장기기억을 측정한다.

③ 작업기억 지표의 핵심소검사

⊙ 숫자 : 숫자 바로 따라하기 과제에서는 검사자가 읽어 준 것과 같은 순서로 따라하고, 숫자 거꾸로 따라하기 과제에서는 검사자가 읽어준 것과 반대 순서로 따라하는 검사로 숫자 바로 따라하기 과제는 청각적 단기기억, 계열화 기술, 주의집중력을 측정하고, 숫자 거꾸로 따라하기 과제는 청각적 단기기억, 작업기억, 정신적 조작, 시공간적 형상화를 측정한다.

⊙ 산수 : 검사자가 말해주는 일련의 산수 문제를 암산하는 검사로 주의집중력, 청각적 언어적 이해, 정신적 조작, 작업 기억, 장기 기억, 수관련 추론 능력을 측정한다.

⊙ 순서화(보충 소검사) : 연속된 숫자와 글자를 읽어주고, '숫자 → 글자'의 순서대로 정렬하여 말하도록 하는 검사로 주의력, 정신적 조작, 계열화, 유연성, 청각적 작업기억, 시공간적 형상화, 처리속도를 측정한다.

④ 처리속도(PSI) 지표의 핵심소검사

⊙ 동형 찾기 : 반응 부분에 제시된 모양이 보기에 제시된 모양과 일치하는지 보고 '예/아니오'에 표시하는 검사로 시각–운동 처리속도, 시각–운동 협응, 단기 시각 기억, 인지적 유연성, 시각적 변별, 집중력을 측정한다.

⊙ 기호쓰기 : 숫자와 대응되는 간단한 기하학적 모양의 기호표를 보여주고 숫자만 제시된 표에서 숫자에 대응하는 기호를 빈칸에 그리는 검사로 시각–운동 처리속도, 단기 기억, 학습 능력, 시지각, 시각–운동 협응, 주의력, 동기 인지적 유연성을 측정한다.

⊙ 지우기(보충 소검사) : 무선으로 배열된 그림, 일렬로 배열된 그림에서 표적그림에 표시하는 검사로 시각적 선택 주의, 각성, 처리속도, 시각적 무시를 측정한다.

---

05 MMPI의 9번 척도에서 T점수가 27점인 경우 임상적으로 어떠한 의미가 있는지 2가지를 기술하시오.

....

....

....

모범답안

① 낮은 에너지 수준, 동기부족 등이 시사되며 2번 척도의 뚜렷한 상승이 없어도 우울이 시사된다.

② 만일 45세 이하의 젊은 연령의 정상범위 프로파일이라면 낮은 9번 척도는 의학적 문제(질병)를 시사할 수 있으므로 건강검진을 받아보도록 권해야 한다.

06 뇌졸중 환자를 대상으로 글자 지우기 검사를 실시한 결과, 이 환자는 좌측 글자만 지우지 못했다.

(1) 이 경우 추론 가능한 진단명을 쓰시오.

···

···

모범답안

편측무시증후군

| 해설 |

편측무시증후군은 주로 우측 대뇌반구의 병변으로 왼쪽에 있는 사물의 형태를 자각하지 못하는 증상을 말한다.

(2) 이 경우는 뇌의 좌반구와 우반구 중 어느 곳이 손상된 경우인지 쓰시오.

···

···

모범답안

우반구

(3) 이 경우 추가적으로 시행할 수 있는 검사는 무엇인지 쓰시오.

···

···

모범답안

① 선 이등분하기 검사(Line Bisection Test) : 수검자에게 미리 그려진 선분을 이등분하도록 지시하여 이등분하지 않은 선의 위치와 개수를 세고, 양쪽 손에서 실제 편차의 평균값을 계산하여 편측무시 정도를 측정한다.
② 알버트 검사(Albert test) : 흩어져 있는 몇몇의 선분의 중앙에 선분의 방향에 따라 세로 또는 가로로 가운데를 표시하는 선을 그리게 하고 그어진 선분의 개수를 세어 편측무시 정도를 측정한다.

07 다음 사례의 내담자에게 감별이 필요한 진단과 가능한 치료적 개입을 2가지씩 기술하시오.

> 20세 남성 A씨는 지난해 대학수학능력시험에 불합격하여 재수를 하였다. 이에 A씨는 우울감과 불안감, 불면증에 시달리고 있다. 또한 가슴이 두근거리고 두통이 있으며 집중력 저하로 공부하는 데에 어려움을 겪고 있다. 다행히 A씨는 올해 원하던 대학에 합격하였으나 여전히 그 증상이 남아있어 병원에서 검사를 받게 되었다. 특별한 신체적 이상은 나타나지 않았지만 A씨는 의사의 권유로 상담센터에 방문하였다. 그곳에서의 검사 결과, MMPI 프로파일에서는 2-7번 척도의 상승이 나타났고, 웩슬러 지능검사에서는 언어성 지능 125, 동작성 지능 95, 전체 지능 114로 나타났으며, BDI 검사에서는 27점으로 나타났다.

모범답안

① **감별이 필요한 진단 : 주요우울장애, 범불안장애**
 | 해설 | MMPI 프로파일에서 2-7척도가 상승하고, 웩슬러 지능검사에서 언어성 지능이 동작성 지능에 비해 유의하게 높으며 BDI검사 점수도 27점으로 우울이 시사된다. 더불어 2-7척도 상승과 불안감도 함께 느끼고 있으므로 범불안장애에 대한 고려도 필요하다.

② **치료적 개입**
 ㉠ 불면증에 대한 약물치료
 ㉡ 비합리적 신념이나 역기능적 신념을 수정하는 인지행동치료
 | 해설 | 불면증의 정도에 따라 약물치료를 고려해야 하며 불안감, 우울감의 원인이 되는 역기능적 신념이나 비합리적 신념을 탐색하고 이를 수정하는 인지행동 치료적 개입이 필요할 것으로 판단된다.

Part 2 기초심리상담

01 얄롬(Yalom)이 제시한 집단상담의 치료요인을 5가지 기술하시오.

....
....
....
....
....
....
....
....
....
....
....
....

모범답안

① **희망적 고취** : 집단은 집단구성원에게 문제가 개선될 수 있다는 희망을 심어주며, 이 희망 자체가 치료적 효과를 가질 수 있다.
② **보편성** : 참여자 개인이 자신만 심각한 문제나 생각, 충동을 가진 것이 아니라 다른 참여자들도 자신과 비슷한 갈등, 생활경험, 문제를 지니고 있다는 사실을 알게 되고 위로를 얻는다.
③ **정보전달** : 집단상담자는 집단구성원에게 다양한 정보를 제공하고, 집단구성원은 이를 습득하여 자신의 문제를 보다 명확하게 이해하며, 동료 참여자에게서도 직·간접적인 제안, 지도, 충고 등을 얻게 된다.
④ **사회기술 발달** : 집단구성원에게서 피드백을 받고, 특정 사회기술을 학습할 수 있어 대인관계에 필요한 사회 기술이 개발된다.
⑤ **대인관계 학습** : 집단구성원과의 상호작용을 통해 참여자 개인의 대인관계에 대한 통찰이 이루어지고, 원하는 관계 형성에 대한 아이디어를 얻을 수 있으며, 새로운 방식의 대인관계 형성을 시험해 볼 수 있다.

02 성인상담과 비교하여 아동상담의 특징을 3가지 기술하시오.

모범답안

① 아동은 축소된 성인이 아니기 때문에 자발성, 변화의 동기, 착석능력, 언어적 표현 등이 당연하게 여겨져서는 안 된다.
② 아동은 혼자서 치료에 참여하지 못하므로 아동의 부모, 교사 등과 협력관계를 맺는 것이 중요하다.
③ 치료기법에는 인지행동치료(사회기술 훈련, 응용행동 분석), 자기지시적 훈련, 부모훈련, 놀이치료(정신역동 놀이치료, 인본주의 놀이치료) 등이 있다.

03 심리상담에서 상담목표를 설정할 때의 기준을 5가지 기술하시오.

모범답안

① 행동보다는 결과나 성취로 진술되어야 한다.
② 검증 가능하며, 구체적인 행동으로 이어질 수 있어야 한다.
③ 가시적이며 실제적 차이로 나타나는 것이어야 한다.
④ 내담자의 능력이나 통제력을 고려해 현실적이어야 한다.
⑤ 내담자의 가치에 적절해야 한다.
⑥ 목표 달성을 위한 현실적인 기간이 설정되어야 한다.

04 다음은 Kadushin(1985)이 분류한 슈퍼비전의 세 가지 기능 수준에 대해 기술한 것이다. A, B, C에 들어갈 알맞은 말을 쓰시오.

- (A)적 기능은 상담업무에 요구되는 지식 및 기술을 제공하여 상담자의 기술, 지식, 이해, 능력, 전문성 등을 높이는 것이다.
- (B)적 기능은 슈퍼비전의 질적 통제를 제공하고, 슈퍼바이저가 상담 기관의 절차 및 규정에 맞는 서비스를 제공하는 것이다.
- (C)적 기능은 슈퍼바이저와 상담자 간 정서적인 상호작용을 통해 슈퍼바이저가 상담자의 개별적 욕구에 관심을 갖는 것이다.

모범답안

① A : 교육
교육적 기능(Education Supervision)은 상담자(슈퍼바이지) – 내담자 관계의 상세한 분석을 통해 상담업무에 필요한 지식과 기술을 제공함으로써 상담자의 기술, 이해, 지식, 능력, 전문성 등을 높이는 것으로 임상적 슈퍼비전이라고도 한다.
② B : 행정
행정적 기능(Administrative Supervision)은 상담자(슈퍼바이지)의 행정적인 성장이 목적으로 작업환경의 구조화와 업무수행에 관련한 접근법을 제공하는 슈퍼비전의 질적 통제를 제공하고, 슈퍼바이저가 상담기관의 규정과 절차에 맞는 서비스를 제공하는 것이다.
③ C : 지지
지지적 기능(Supportive Supervision)은 슈퍼바이저 – 상담자(슈퍼바이지)가 정서적으로 상호작용하면서 슈퍼바이저가 상담자의 개별적인 욕구에 관심을 가지는 것으로 업무 관련 스트레스와 불안에 대처할 수 있는 슈퍼바이지의 자아능력 강화를 돕는다.

05 상담종결 과정에서 다루어야 할 내용을 5가지 기술하시오.

모범답안

① **이별의 감정 다루기** : 상담은 상담자와 내담자의 특별한 만남에서 시작된 치료적 관계이다. 따라서 내담자 입장에서는 상담의 종결로 인한 이별을 쉽게 수용하지 못할 수 있고, 특히 의존적 내담자의 경우 이별에 따른 분리불안이 더욱 클 수 있기 때문에, 상담자는 이별의 감정을 다루어 내담자가 자립할 수 있도록 지지해야 한다.

② **상담 성과에 대한 평가** : 상담자는 내담자가 상담 과정을 통해 얼마만큼 변화하고 성장했는지, 상담을 통해 해결하지 못한 것은 무엇인지 탐색해야 한다.

③ **문제해결력 다지기** : 상담 성과에 도달하기 위한 과정도 검토하며, 상담 성과가 일상생활에서도 계속 유지될 수 있도록 필요한 방안을 구체화해야 한다.

④ **재발 가능성에 대한 안내** : 종결 이후 내담자의 증상이 재발되는 경우에는 원인을 잘 살피고, 상담에서 얻은 지혜를 활용해 대처하여 스스로 문제해결 역량을 키워가도록 내담자를 준비시킨다.

⑤ **추수상담(추후상담)에 대한 논의** : 상담자는 상담 종결 이후 필요하다면 언제든 다시 상담할 수 있음을 알려주어야 한다. 또한 상담 성과를 통한 내담자 행동 변화를 지속적으로 점검하며, 내담자의 긍정적인 변화를 강화하고, 부족한 부분의 보완을 목표로 한다. 추수상담은 상담문제 해결과정의 적합성을 판단할 수 있다는 면에서 상담자 입장에게도 의미 있는 작업이다.

06 다음 보기의 사례를 읽고 내담자의 말에 대한 반영적 반응을 적절히 제시하시오.

> • 내담자 : 저는 다른 사람들에게 아무런 도움도 되지 않는 쓸모없는 존재인 것 같아요.
> • 상담자 : 비참하겠네요. 그렇게 생각하는 이유가 무엇이죠?
> • 내담자 : 제 친구가 저에게 그렇게 말했거든요.
> • 상담자 : _____.

모범답안

"ㅇㅇㅇ님은 친구에게서 아무 도움이 되지 않는 쓸모없는 존재라는 말을 듣고 비참함을 느끼셨나 보군요."

Part 3 ▶ **심리치료**

01 성공적 심리치료의 공통요인을 3가지 기술하시오.

....

....

....

모범답안

① 치료자 내담자 관계, 치료적 관계
② 해석, 통찰, 이해
③ 정화, 방출

02 성폭행을 당했다는 여자 청소년이 전화상담을 요청했을 경우 임상심리사로서 취해야 할 조치를 5가지 기술하시오.

....

....

....

....

....

모범답안

① 위험 요소로부터 멀리 피하도록 조치한다.
② 내담자에게 안정적이고 지지적인 환경을 제공할 수 있도록 편안하게 진정시킨다.
③ 의료적·법적 개입 및 관련 전문기관에 대한 정보를 제공한다.
④ 가족이나 친구 등 가까이에서 현재 도움을 받을 수 있는 사람들에게 도움을 청하도록 하거나, 실제로 접촉한다.
⑤ 실제 지원을 해줄 수 있는 관련 기관(병원, 경찰서, 상담센터 등)에 내담자를 연계시킨다.

03 노출치료의 치료효과를 3가지 기술하시오.

....

....

....

....

모범답안

① 불안 유발상황에 대해 현실적으로 인식하도록 함으로써 덜 위협적인 것으로 느낄 수 있다.
② 불안 유발상황에 지속적으로 노출되는 둔감화 과정을 통해 불안수준을 감소시킨다.
③ 불안 유발상황에서의 반복적인 성공체험을 통해 내담자 스스로 불안에 잘 대처할 수 있다는 믿음을 가지게 된다.

04 파괴적 충동조절 및 품행장애를 나타내는 청소년에게 행동수정 원리에 의한 정적강화를 해야 하는 이유를 3가지 기술하시오.

....

....

....

....

....

모범답안

① 파괴적 행동문제를 보이는 청소년들은 만족지연 능력이 부족하고 보상추구의 반응양식을 갖기 쉽기 때문에 만족지연의 선택을 했을 때(적응적 행동을 했을 때) 그에 대한 보상을 해주는 것이 행동수정에 도움이 된다.
② 문제행동에 대한 처벌은 오히려 반항심과 분노를 증가시켜 문제행동을 더 악화시키기 때문에 처벌보다는 강화의 원리가 더 효과적일 수 있다.
③ 부정적인 행동에 초점을 맞추기보다 적응적인 행동에 초점을 맞추는 정적 강화를 통해 상반행동 강화로 파괴적 행동에 대한 의존도를 낮추도록 한다.

05 임상심리사로서 조현병 양성 증상을 보이는 내담자에 대한 대처방안을 3가지 기술하시오.

모범답안

① **입원치료** : 현실 검증력의 손상과 자신 및 타인을 해칠 위험이 있기 때문에 입원치료가 권장된다.
② **약물치료** : 항정신병 약물을 처방하여 망상, 환각 등을 억제시킨다.
③ **체계적 둔감법** : 불안할 때마다 환각을 경험할 경우 체계적 둔감법을 이용해 불안을 감소시키도록 한다.

06 편집증적 망상장애 내담자를 상담할 때 유의사항을 3가지 기술하시오.

모범답안

① 편집성 망상장애 내담자는 타인에 대한 불신, 적대감으로 치료적 관계 형성이 매우 어렵기 때문에 신뢰감 형성에 주력해야 한다.
② 망상을 부정하게 되면 치료에 대한 강한 저항을 보이기 쉽기 때문에 치료 초기에 치료자는 망상을 인정하지도 부정하지도 않는 중립적 자세를 취해야 한다.
③ 신뢰관계가 형성되면 자신의 망상을 반박하면서 적응적 사고로 대체하도록 돕는다.

참고문헌

- 공경애(2017), 검사법 평가 : 검사법 비교와 신뢰도 평가, *Ewha Med J.*, *40*(1) : 9-16
- 김기태·황성동·최송식·방봉길·최말옥(2013), *정신보건복지론*(제3판), 파주 : 양서원
- 김도연·옥정·김현미(2015), *K-WISC-IV의 이해와 실제*, 서울 : 시그마프레스
- 김봉환(2014), *청소년상담사 국가자격연수 교재 : 2급 청소년 진로상담*, 부산 : 한국청소년상담복지개발원
- 김봉환·김아영·차정은·이은경(2007), 청소년용 진로발달검사 개발 및 타당화 연구, 상담학연구, *8*(2), 583-602
- 김춘경(2014), *아동상담*, 서울 : 학지사
- 김한우(2018), MMPI실전해석, Retrieved April 9, 2019, from http://walden3.kr/4637
- 김한우(2018), K-WAIS-IV의해석, Retrieved April 9, 2019, from http://walden3.kr/4126
- 김홍근(2001), 병전 지능 추정의 허와 실, *Korean Journal of Clinical Psychology*, *20*(1), 145-154
- 나운환·장원주(2002), 정신장애인 직업재활 활성화 방안에 관한 연구-직업재활 전문가의 역할을 중심으로, 특수교육재활과학연구, *41*(1), 61-80
- 노안영(2018), *상담심리학의 이론과 실제*(2판), 서울 : 학지사
- 민경환(2002), *성격심리학*, 파주 : 법문사
- 민병배·오현숙·이주영(2007), *기질 및 성격검사 매뉴얼*, 서울 : 마음사랑
- 박경·김혜은(2017), *심리평가의 이해와 활용*, 서울 : 학지사
- 박영숙(1993), *심리평가의 실제*, 서울 : 하나의학사
- 박은희·소유경·김영신·고윤주·노주선·김세주·최낙경(2003), 한국어판 Conners 부모 및 교사용 평가척도의 신뢰도와 타당도에 대한 예비적 연구, *소아·청소년 정신의학*, *14*(2), 183-196
- 박재설·강연욱·이한승·김윤중·마효일·이병철(2007), 한국판 노인용 기호잇기 검사의 유용성 : 전두엽 기능장애의 탐지, *Dementia and Neurocognitive Disorders*, *6*, 12-17
- 박혜원·서예나·이진숙(2015), 한국웩슬러유아지능검사 4 판(K-WPPSI-IV)의 공준타당도 연구, *Korean J, of Child Studies*, *36*(1), 65-83
- 박희경(2001), 기억이론과 신경생리학적 자료, *한국심리학회지 : 일반*, *20*(1), 129-150
- 백현주(2015), *심리상담*, 서울 : 명우임상심리연구소
- 신민섭·권석만·민병배·이용승·박중규·정승아·김영아·박기환·송현주·장은진·조현주·고영건·송원영·진주희·이지영·최기홍(2019), *최신임상심리학*, 사회평론아카데미
- 신수경·조성희(2015), 중독과 동기면담의 실제, 서울 : 시그마프레스
- 신호철(2009), 바이오피드백 개론, *대한임상노인의학회추계학술대회*, 332-340
- 오상우(2012), 유·아동지능검사(K-WISC-Ⅵ), *한국재활심리학회연수회*, 109-150
- 오윤선·정순례(2017), *심리검사의 이해와 활용*, 파주 : 양서원
- 오혜영·방기연·강진구·조병은·문경주·유영권(2014), *청소년상담사 국가자격연수 교재 : 2급 청소년상담과정과 기법*, 부산 : 한국청소년상담복지개발원
- 이우경·한수미·옥정(2018), *임상심리사 2급 한권으로 올인하기*, 서울 : 정훈사
- 이형초·권해수·육성필·박중규(2014), *청소년상담사 국가자격연수 교재 : 2급 청소년위기개입I*, 부산 : 한국청소년상담복지개발원
- 임인선·박현정(2009), 다면화된 무용-체육 (DPA) 프로그램 개발 및 장애아동의 인성과 사회성숙도 변화, 한국특수체육학회지, *17*(3), 117-146
- 임지영(2008), 청소년심리평가에서 한국판 MMPI-A의 임상적 유용성에 대한 연구, *한국청소년연구*, *19*(1), 193-213
- 전겸구·한덕웅(1993), 건강심리학의 발전 과제 및 전망, *한국심리학회지 : 일반*, *12*(1), 98-133
- 정문자·정혜정·이선혜·전영주(2018), *가족치료의 이해*(제3판), 서울 : 학지사
- 정용·나덕렬(2002), 신경행동장애에 대한 병상 평가, *대한신경과학회지*, *20*(4), 325-338
- 정유숙(2012), 심리검사 해석 상담이 도움추구 태도에 미치는 영향, 국내석사학위논문 광주여자대학교 대학원, 광주

참고문헌

- 조성호(2001), 한국판 도식질문지의 요인구조, *한국심리학회지 : 상담 및 심리치료*, *13*(1), 177-192
- 조은경·이남옥·이지은·박주은(2014), *청소년상담사 국가자격연수 교재 : 2급 부모상담*, 부산 : 한국청소년상담복지개발원
- 최윤미(2003), 한국 상담전문가의 역할과 직무 분석, *한국심리학회지 : 상담 및 심리치료*, *15*(2), 179-200
- 최정윤(2016), *심리검사의 이해*(3판), 서울 : 시그마프레스
- 한국임상심리학회(2018), *임상심리전문가수련 윤리규정*, Retrieved April 9, 2019, from http://www.kcp.or.kr/sub02_5_2.asp?menuCategory=2
- 허휴정·한상빈·박예나·채정호(2015), 정신과 임상에서 명상의 활용, *Korean Neuropsychiatric Association*, *54*(4), 406-417
- 홍준표(2006), 과제분석과 용암법에 의한 발달적 결손행동의 치료교육 효과, *한국심리학회지 : 발달*, *19*(3), 89-108 2016-1회
- Bienenfeld, D(2009), *상담 및 임상실무자를 위한 정신역동이론*[유성경·이은진·서은경 공역], 서울 : 학지사
- Becvar, R. J. & Becvar, D. S(2018), *Systems theory and family therapy, A primer*(3rd ed.), Lanham, MD : Hamilton Books
- Corey, J(2013), *심리상담과 치료의 이론과 실제*[조현춘·조현재·문지혜·이근배·홍영근 공역], 서울 : 센게이지러닝코리아
- Cervon, D(2017), *심리학개론 : 사람·마음·뇌 과학*[김정희·김남희·이경숙·이나경·장인희 공역], 서울 : 시그마프레스
- Exner, J(2006), *로르샤하 종합체계 워크북*[김영환, 김지혜, 홍상황 공역], 서울 : 학지사
- Filley, C. M(2012), *임상신경심리학의 기초*[김홍근 역], 시그마프레스
- Friedman, A. F. & Nichols, D. S. & Levak, R. W., & Webb, J. T(2008), *Psychological assessment with the MMPI-2*, Mawah, NJ : Psychology Press
- Gardner, H(2000), A case against spiritual intelligence, *The International Journal for the Psychology of Religion*, *10*(1), 27-34
- Goldstein, E. B(2010), *Encyclopedia of Perception Volume 1*, Thousands of Oaks, CA : Sage Publications
- Graham, J. R(2007), *MMPI-2 : 성격 및 정신병리 평가*[이훈진·문혜신·박현진·유성진·김지영 공역], 서울 : 시그마프레스
- Griffiths, D(2012), *Head first statistics*[임백준 역], 서울 : 한빛미디어
- Kottler, J. A. & Shepard, D. S(2017), *상담심리학*[이영순·강영신·권선중·김장회·민경화 공역], 서울 : ㈜사회평론아카데미
- Kramer, G. P. & Bernstein, D. A., & Phares, V(2012), *임상심리학의 이해*[황순택·강대갑·권지은 공역], 학지사
- Luepker, E. T(2012), *Record keeping in psychotherapy and counseling : Protecting confidentiality and the professional relationship*(2nd ed.), New York, NY : Routledge
- Marra, T(2006), *변증법적 행동치료*[신민섭·박세란·설순호·황석현 공역], 서울 : 시그마프레스
- Neukrug, E(2017), *상담이론과 실제*[정여주·두경희·이자명·이주영·이아라 공역], 서울 : ㈜사회평론아카데미
- Nichols, D. S(2012), *MMPI-2 평가의 핵심*[홍창희·주영희·민은정·최성진·김귀애·이영미 공역], 서울 : 박학사
- Nolen-Hoeksema & Susan & Fredrickson & Barbara L & Loftus & Geoffrey R & Lutz & Christel(2017), *(앳킨슨과 힐가드의) 심리학 원론*[정영숙·신현정·정봉교·이광오·양윤·고재홍·이재식·심은정 공역], 박학사
- Pomerantz, A. M(2019), *임상심리학 : 문화적 관점을 고려한 과학과 임상실무의 조화*[최승원·박은영·송원영·장문선·장은진 공역], 시그마프레스
- Raiford, S. E. & Coalson, D. L(2014), *Essentials of WPPSI-IV assessment*, Hoboken, NJ : John Wiley & Sons
- Robert, K., Lloyd, C., Meehan, T. Deane, F. P., & Kavanagh, D. J(2017), 정신사회재활의 실제[신성만, 강상경, 이영문, 정숙희 공역], 서울 : 시그마프레스
- Seligman, L(2016), *상담 및 심리치료의 이론(제4판)*, [김영혜·박기환·서경현·신희천·정남운 공역], 시그마프레스
- Trull, T. J. & Prinstein, M. J(2014), *임상심리학*[권정혜·강연욱·이훈진·김은정·정경미·최기홍 공역], 센게이지러닝코리아
- Weiner, I. B(2005), *로르샤하 해석의 원리*[김영환·김지혜·홍상황 공역], 서울 : 학지사